高等院校精品课程系列教材

会计信息系统

第2版

精品课主持人　韩庆兰◎编著

Accounting Information Systems, 2nd

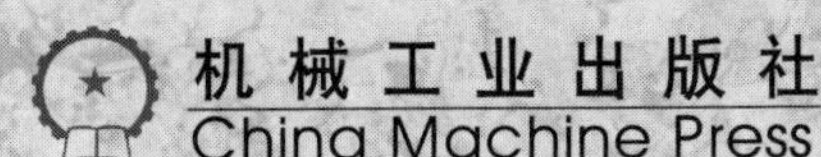

本书在上一版特点的基础上，以真实的轧钢企业为背景，设计了企业实用的会计科目体系、企业日常业务资料；以金蝶K3软件为应用系统，对书中的财务会计模块和供应链模块进行了全方位的运行，为本书的系统应用部分奠定了坚实的基础。本书注重系统的设计原理，同时注重会计信息的完整性和实用性。

本书可作为高等学校信息管理、会计学、财务管理专业的教学用书，也可作为企业财务会计的自学用书及财务软件维护人员的参考书。

图书在版编目（CIP）数据

会计信息系统/韩庆兰编著.—2版.—北京：机械工业出版社，2011.8（2016.1重印）
（高等院校精品课程系列教材）

ISBN 978-7-111-35695-0

Ⅰ.会…　Ⅱ.韩…　Ⅲ.会计信息-财务管理系统-高等学校-教材　Ⅳ.F232

中国版本图书馆CIP数据核字（2011）第171249号

机械工业出版社（北京市西城区百万庄大街22号　邮政编码　100037）
责任编辑：佟欣书　　　　版式设计：刘永青
北京市荣盛彩色印刷有限公司印刷
2016年1月第2版第4次印刷
185mm × 260mm · 20.25印张
标准书号：ISBN 978-7-111-35695-0
定价：36.00元

凡购本书，如有缺页、倒页、脱页，由本社发行部调换
客服热线：(010) 88379210；88361066
购书热线：(010) 68326294；88379649；68995259
投稿热线：(010) 88379007
读者信箱：hzjg@hzbook.com

出版前言

从“华章教育”品牌推出伊始，华章一直秉承“全球采集内容，服务中国教育”的理念，经过近十年的引进、翻译、出版、推广国外优秀教材的历练，培养了一支专业的策划出版及校园营销推广的教育出版队伍。在“十一五”期间将与国内广大院校的老师们共同合作，以严谨的治学态度及全面服务的专业出版精神，陆续推出大批具有国内一流教学水平的“精品课程系列教材”。

精品课程是具有一流教师队伍、一流教学内容、一流教学方法、一流教材、一流教学管理等特点的示范性课程，是教育部实施的“高等学校教学质量与教学改革工程”的重要组成部分，是教育部深化教学改革，以教育信息化带动教育现代化的一项重要举措。它的有序实施将有助于促进以互联网为核心的现代信息技术在教学中的广泛应用，使广大希望接受高等教育的人群共享国内各高校的优质教学资源，同时进一步促进高校中的名师、教授多上讲台，全面提高教育教学质量，造就数以千万计的专门人才和一大批拔尖创新人才，提升我国高等教育的综合实力和国际竞争能力。

自2003年精品课程建设项目持续推进以来，国内高校中的优秀教师纷纷在总结本校富有历史传统而又特色突出的课程教学方法与经验的基础上，充分运用现代网络传播技术将优质的教学资源上网共享，使国内其他高校在实施同类课程教学的过程中能够借鉴、使用这些优质的教学资源，在更大范围内提高高等学校的教学和人才培养质量。经过几年的共同努力，我们已经建立起了较为齐全的各门类及各专业的校、省、国家三级精品课程体系，期间先后有总计1 000多门课程通过了专家评审，获得了“国家精品课程”称号，未来还将有更多的课程加入这个行列。

这些各个层次的精品课程建设过程都充分地体现了教育部所要求的七个重点。即：具有科学的建设规划；配备高水平的教学队伍；不断进行教学内容和课程体系的改革；使用先进的教学方法和手段；注重建设系列化的优秀教材；高度重视理论与实践两个环节；切实激励各方人员共同参与。也正因为这样的多方面积极参与，使得我国的高等教育在近年来由精英教育转向大众教育的跨越式发展中取得了教学质量上的突破与飞跃。精品课教材作为精品课程的要件之一，比以往教材更加具有实践检验性，教学辅助资源经过不断地更新与补充更加丰富，是精品课教学团队智慧的共同体现。

“师者，所以传道、授业、解惑也。”教材是体现教学内容和教学要求的知识载体，是教师进行教学活动的基本工具，是提高教学质量的重要保证。精品课程教学团队中优秀的老师们集多年治学经验与教学实践撰写出版相关教材，也是精品课程建设的一个重要方面。华章作为专业的出版团队，长久以来背负“传承专业知识精华，服务中国教育事业”的使命，遵循“分享、专业、创新”的价值观，实践着“国际视野、专业出版、教育为本、科学管理”的出版理念，愿与高等院校的老师共同携手，为中国的高等教育事业愈加国际化而努力！

为更好地服务于精品课程配套教材的出版，华章不仅密切关注高校的优秀课程建设，而且还将利用自身的优势帮助教师完善课程设置、提供教辅资料、准备晋级申报、推广教学经验。具体详情可访问专门网站http://www.hzbook.com/jpkc.aspx，并可在线填写出版申请，欢迎您与我们合作。投稿专线：010-88379607；hzjg@hzbook.com。

华章经管出版中心

第2版前言

本次再版在秉承以前特点的基础上，突出了鲜明特色，以真实的轧钢企业为背景，设计了企业实用的会计科目体系、企业日常业务资料；以金蝶K3软件为应用系统，对书中的财务会计模块(账务处理系统、应收/应付系统、薪酬管理系统、固定资产系统、会计报表编制）和供应链模块（采购系统、存货系统、成本系统、销售系统）进行了全方位的运行，为本书的系统应用部分奠定了坚实的基础。新版还将“系统实验”更新为“系统应用”，二者有本质的区别。“系统应用”是全面而系统的，它是以企业为背景，将企业的真实环境置入应用，并且保证了各系统间数据的勾稽关系，从而令全书使用的数据形成了一套完整的账务数据。而“实验”则是在局部针对某一个事件进行，并不需要各个实验之间进行数据勾稽。

给出的企业资料不仅仅注重操作，更重要的是保证了科目之间、各子系统之间数据的勾稽关系，严格按照实际企业的系统应用程序进行了月末的对账、结转及费用分配，最终在总账完成损益结转之后编制报表。书中查询列示的数据与报表之间都符合会计业务的勾稽关系，对学生了解系统之间的数据传递关系起到了重要作用。

本书注重系统的设计原理，同时注重会计信息的完整性和实用性，制造与成本控制是企业管理的主题，也是ERP中物流管理的核心，几乎所有的会计信息系统都没有成本核算系统，这也是各类商品化软件的薄弱环节。而笔者在此领域耕耘多年，亲自组织实施过多个企业的系统，积累了一定的经验，也深深懂得成本对企业的重要性。因此，愿借此机会将自己的知识与同行分享。

本书适用于管理类、经济类专业的学生。同时，对于没有系统实施经历的任课教师及首次承担实施会计信息系统的人员而言，本书都是不可多得的参考用书。本书由中南大学商学院韩庆兰教授编著，此外，硕士研究生刘沙、吴武玲、雷晨、熊倩、欧阳朔斯、樊丽梅等为本教材系统应用部分的资料设计、系统的运行、结果数据的核对做了大量的工作，保证了系统数据的正确性，通过转账凭证验证了各系统之间的数据衔接。同时对课程网站进行了更新，增加了讲课视频、案例解析、FLASH演示等内容。在完稿之日，对为本书及课程网站做出贡献的人们，表示真诚的谢意。同时，真诚地希望读者和同行给予批评指正。

韩庆兰

2011年5月10日于长沙

第1版前言

随着经济全球化的发展，会计资料已成为国际通用的商业语言，在国际经济发展中发挥着越来越重要的作用。会计信息是实现资源合理配置的重要依据，是管理者、投资者、债权人以及政府部门改善经营管理、评价财务状况、做出投资决策和进行宏观管理的重要依据。长期以来，会计界认为会计的本质是全面、连续、完整地反映经济活动的信息系统，实质上信息系统并非会计的本质，因为企业还有其他业务管理信息系统，那么，财务信息与业务管理信息之间是什么关系呢？要理清二者之间的关系，只要从会计的本质出发，便可清晰地界定二者的因果关系。财务会计信息表现为结果信息，其他业务信息为原因信息，透过因果关系链分析会计信息报告体系，就可追根问底，寻求形成会计信息的起始原因——业务信息。因此，实现财务、业务一体化管理是社会经济发展的必然要求，也是本书追求的目标。本书的特点突出表现在以下几个方面：

1. 从分析系统的管理业务和核算业务入手，概括其系统的业务处理流程和数据处理流程，以及与其他系统的关系，使读者对系统有了整体认识，通过功能与数据模型设计，使读者对系统的内部存储结构、数据表之间的关系有一个清晰的概念，很容易理解系统实现的实质和原理，对全书的学习起到融会贯通的作用。

2. 突出了网络财务的特点——协同业务。实现了采购、存货、制造与成本、销售与财务会计的一体化整合，保证了会计信息的完整性。

3. 注重理论联系实际。本书归纳总结了笔者近20年来科研及教学工作经验和体会，在多次实践检验中不断充实、完善、精练、提高而逐步走向成熟。因此，本书的内容组织使读者能够掌握和理解系统原理的最佳途径。

本书与其他教材的不同之处是：注重系统的设计原理，同时注重会计信息的完整性和实用性，制造与成本控制是企业管理的主题，也是ERP系统中物流管理的核心，几乎所有的会计信息系统都没有成本核算系统，并且也是各类商品化软件的薄弱环节。而笔者在此领域耕耘多年，积累了一定的经验，也深深懂得成本对企业的重要性。因此，愿借此机会将自己的知识回馈给社会。

本书适用于管理类、经济类专业的学生，也可作为软件开发人员的参考用书。本书由中南大学商学院韩庆兰教授编著，此外，硕士研究生高艳、罗娟、陈利南、王春华为第5章至第12章实验部分的撰写做了实验资料准备、实际系统测试、绘图、文稿校对等大量工作；李红梅老师对实验中可能出现的问题，进行了归纳和解答（在本课程的网站上）；薛振刚老师为最后提交的稿件精心做了全面校对，在此一并表示诚挚的谢意。同时，真诚地希望读者和同行给予批评指正。

韩庆兰

2007年5月16日于长沙

教学建议

教学目的

本课程教学的目的是使会计学及财务管理专业的学生能适应企业全面信息化管理和电子商务时代的要求，了解在会计信息系统与企业管理信息逐步融为一体的情况下，如何从业务信息获取会计信息、加工处理会计信息以及采用灵活多样的方法，完成动态报告会计信息的原理、处理流程和一体化管理的思想。掌握规划会计信息系统的框架、定义数据模型、功能结构及共享机制等技术。并要求在理论的指导下，熟练掌握软件的应用，能够处理软件系统使用过程中出现的各种问题。

前期需要掌握的知识

中级财务会计、成本会计、数据库技术等课程相关知识。

课时分布建议

教学内容	学习要点	讲授课时	实验学时
第1章 会计信息系统的发展演进	（1）了解会计信息系统的发展经历 （2）了解会计信息系统发展的制约因素 （3）了解会计信息与业务信息的关系 （4）了解资金的循环与周转过程所对应的系统	2	
第2章 实施会计信息系统的基础	（1）充分重视数据规范化的作用 （2）结合实际应用，讲清楚每类数据规范化的方法 （3）讲清楚各类数据之间的关系，这是本课程的基础	2	
第3章 账务处理系统	（1）分析账务处理的一般程序及业务 （2）分析手工账务处理各岗位的核算业务及其结转关系 （3）掌握总账系统与其他专业核算系统的接口 （4）讲清楚二者的差异 （5）详细讲授科目设置 （6）通过账务处理系统的内模式的讲授，将本章重点联结在一起	4	4

（续）

教学内容	学习要点	讲授课时	实验学时
第4章 应收账款管理子系统	（1）了解应收款管理的内容 （2）分析应收款管理的处理流程 （3）掌握应收款管理的各种核销业务 （4）掌握应收款管理的凭证处理	2	2
第5章 应付账款管理子系统	（1）了解应付款管理的内容 （2）分析应付款管理的处理流程 （3）掌握应付款管理的各种核销业务 （4）掌握应付款管理的凭证处理	2	2
第6章 职工薪酬管理与核算系统	（1）了解职工薪酬的构成 （2）熟悉职工薪酬核算的流程 （3）熟悉职工薪酬的核算方法 （4）熟悉职工薪酬的结转与分配	3	2
第7章 固定资产管理与核算系统	（1）了解固定资产的管理特点 （2）分析固定资产相关部门应做的工作 （3）熟悉固定资产的卡片数据管理 （4）熟悉固定资产功能的应用	3	2
第8章 会计报表系统	（1）了解会计报表的编制过程 （2）熟悉会计报表的编制方法 （3）熟练掌握各种函数的具体应用	3	2
第9章 采购管理与核算系统	（1）了解采购业务的流程 （2）熟悉采购、应付系统、总账系统之间的关系 （3）分清采购与存货的边界	3	2
第10章 存货管理与核算系统	（1）了解存货管理的业务 （2）熟悉与管理业务对应的核算业务 （3）熟悉各种核算方法及凭证的生成	4	2
第11章 制造与成本管理系统	（1）了解制造与成本的关系 （2）了解哪些业务单据为成本核算提供成本数据 （3）熟悉成本数据的归集分配方法 （4）熟悉成本的核算过程	4	2
第12章 销售管理与核算系统	（1）了解销售管理流程 （2）熟悉销售、应收系统、总账系统之间的关系 （3）熟悉销售与存货核算的关系	2	2
课时总计		34	22

说明：在课时安排上，教师可适当调整，如果还有单独的课程设计。可适当减少课内实验。

目 录

第1章 会计信息系统的发展演进

1.1 会计信息系统的发展历程

会计信息系统在短短的20多年中，从刚起步的会计核算发展到现在的ERP系统，并逐步派生出适合网络时代发展的新功能。

从会计信息系统的软件结构和功能划分，可分为核算型会计软件阶段、管理型会计软件阶段、业务一体化阶段和ERP阶段。

从会计信息系统的软件开发及商品化过程划分，可分为理论研究与定点开发阶段、商品化会计核算软件开发阶段、商品化会计软件不断成熟阶段和管理财务一体化（ERP）阶段。

1.1.1 理论研究与定点开发阶段

在20世纪70年代后期，随着计算机技术在我国的发展与应用，部分单位开始考虑将计算机应用于企业管理工作中。这种将计算机应用于企业管理工作中的尝试，首先起始于易于解决的会计核算工作和工资发放管理工作。在这种背景下，部分高校和研究所的一批学者开始了对会计电算化理论的研究，框架性地提出了会计信息系统的结构与主要功能。在进行会计电算化教学和研究的同时，部分单位开始了会计信息系统的定点开发工作。

这一时期的定点开发工作进行得非常艰难，由于应用单位并不完全了解计算机技术，不懂得计算机管理与手工处理的差异是什么，不能系统全面地描述自己的业务需求，更不能站在系统的高度提出较高的设想，只能阐述手工记账、算账与形成报表的过程。而软件开发人员对会计业务不熟悉，对计算机技术与会计业务处理的结合尚不能达到融会贯通由此形成系统开发人员与使用者之间在相互表达和理解上的差异，这种差异最终会影响到软件的质量，开发的软件只能依靠个人的理解，仅限于模拟手工业务处理过程。

可以说早期的开发工作处于非常盲目的状态，尽管后来随着定点开发工作的深入，开发工作的盲目性逐渐减少，会计信息系统开发的规律也逐渐被人们掌握，定点开发的成功率在一定程度上也有所提高，但总体来说，早期会计信息系统定点开发工作的成功率还是处于一个非常低的水平。

会计信息系统的定点开发工作大多是在DOS操作系统下的dBASEⅢ等小数据库上进行的，开发出的软件功能也比较简单，主要集中在账务处理、报表、工资核算等功能模块上。由于早期的会计信息系统开发主要是企业请大专院校、科研院所进行合作开发，研究与探索过程是必然要付出一定代价的。一些软件开发出来之后，一是由于服务跟不上，造成一些软件没有发挥应有的作用；二是因为企业没有自己的管理维护人员，企业的业务稍有变化，就会影响软件的运行，乃至整个系统废弃。笔者亲身经历了该阶段之后，就着手编著全国最早的一本《会计管理信息系统》教程，目的就是要为企业培养既懂会计又懂计算机的两用人才。

1.1.2 第一批商品化会计软件开发时期

1. 第一批商品化会计软件的产生背景

为了克服专用财务软件重复开发会导致资源浪费这一缺陷，业界提出了开发和使用通用化、商品化财务软件的要求，并为此于1988年8月在吉林市召开了财务管理信息化专业讨论会，也称为第一届会计电算化学术讨论会，其主题是会计核算软件的通用化问题。该讨论会还提出了设计开发此类软件的几项措施。

（1）**第一批商品化会计软件的开发措施** 具体如下：

1）确定通用化财务软件的适用范围。因为不可能设计开发出适用于所有企事业单位的通用化财务软件，而且若适用范围过大，则设计开发难度极大；反之，适用范围过小则缺乏实用及推广价值。所以一般应按工业、商业、外贸、金融、保险、机关、学校、科研等单位的特点，分别开发适用于各行业不同特点的通用财务软件。

2）找出各行业应用单位的共同点，设计出通用功能模块。由于国家会计制度上的统一性，以及同一行业机构设置、业务处理等内容和计算机财务数据处理技术上的相似性，同一类企事业单位财务数据处理中有许多相同或相似之处。针对一些具体的账务处理、财务报表编制方法等，可以设计出通用化功能模块。不同单位之间的财务管理虽然有很多不同点，但这些功能模块还是可以通用的。

3）同一类型企事业单位的业务处理还有一些完全不同的部分。工业企业由于生产组织、技术流程的不同，成本计算和管理也不完全相同。这时可以根据各单位的不同特点，在采用结构化、模块化设计原则的前提下，开发和设计适用于本单位的选用功能模块，并将适用于本单位特点的选用功能模块和通用功能模块组装起来使用。

4）设计通用化财务软件时，不要做得太“死”。有些内容可以留待用户根据本单位的需求选用后，由用户自己来定义，而且要尽量扩大自定义内容。

5）如上述几项措施仍不能满足用户特殊需求，必要时可以做二次开发。但作为通用化软件，二次开发不宜过多，一般限制在编程总量的10%左右，最多不能超过20%。

（2）**第一批商品化会计软件产生的环境** 具体如下：

1）计划经济体制向市场经济体制过渡时期。企业管理主要注重按照一定的生产计划进行生产管理，财务只是作为记账或会计核算部门，在企业管理中发挥的作用很小，在这种体制下开发出的会计软件，其开发和应用必然只注重会计核算。

2）核算型会计软件开发仍然处在探索阶段。软件开发一般从账务处理功能开始，然后逐步扩大系统的边界和范围，扩展系统功能，软件开发缺乏总体设计环节。不断推出的外围专项业务处理系统与账务处理系统之间不存在真正的结构关联性，众多模块不能构成一个系统整体。

3）软件设计以用户描述为准则。在会计人员与计算机软件开发人员结合的过程中，会计人员总是强调对手工会计业务处理过程的模拟而不考虑计算机信息处理的特点，计算机软件开发人员在不精通会计业务的情况下只能根据会计人员对业务的描述进行模拟，所能发挥的就是机械地追求在计算机屏幕上模仿手工凭证与印刷账簿的逼真性。

4）模块功能局限于业务部门。由于核算型会计软件开发主要是模拟手工业务处理流程，而在手工业务处理过程中，财务部门与材料、销售等部门业务相对独立，资金与实物管理相分离。

2. 第一批商品化会计软件的特点和局限性

（1）**第一批商品化会计软件的特点** 这期间开发出的商品化会计软件主要是以计算机替代手工会计核算和减轻会计人员的记账工作量为目的，一般人们称之为“核算型”会计软件，其主要功能包括账务处理、报表生成、工资核算、固定资产核算、材料核算、销售核算和库存核算。各模块可以独立运行，模块之间在结构关联上是松散的，不能称为一个系统整体，未能解决数据重复录入和数据一致性控制机制等问题，其功能结构如图1-1所示。

（2）**第一批商品化会计软件的局限性** 具体如下：

1）在工资系统中录入的工资数据不能自动生成工资费用分配凭证以及其他工资核算凭证，只能从工资系统中打印输出工资汇总表、工资费用分配表等信息，再到账务处理系统中手工制作工资核算凭证。

2）固定资产发生变动时，不能在进行固定资产卡片信息维护的同时，自动生成固定资产核算凭证，而必须由会计人员到账务处理系统中依据有关原始票据手工制作凭证。

3）材料采购必须在材料系统录入采购单和入库单以便进行材料数量、单价和金额的管理，而材料核算则只能由会计人员在账务处理系统中依据相同的原始单据制作核算凭证。

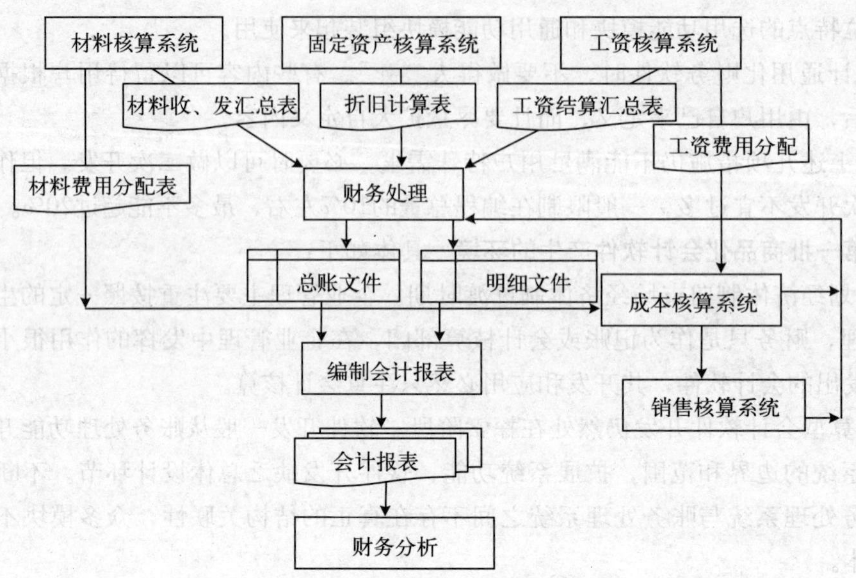

图1-1 第一批商品化软件结构图

1.1.3 商品化会计软件不断成熟时期

财政部提出的会计核算软件功能规范和财政部门对会计核算软件进行的规范化评审，对提高会计核算软件质量和促进商品化发展起到了积极作用。在20世纪90年代，用友、金蝶、浪潮等公司得到迅速发展。该阶段的软件与前一阶段相比,其优势体现在以下几方面：

（1）**开发过程规范化** 在开发过程中，以系统总体设计为指导，实现了会计信息系统各模块数据关联的整体化与集成化。

（2）**功能结构的变化** 在20世纪90年代中期先后推出的商品化会计核算软件从一开始就进行规范化总体设计，力求克服第一批商品化会计核算软件结构上的缺陷，并在功能上作了较大的调整，主要功能包括：账务处理、资金管理、报表、工资核算、固定资产核算、采购与应付账款核算、销售与应收账款核算和存货核算等。

1）实现数据的一次录入与共享使用的机制。主要表现在：①由工资模块进行工资计算并自动生成工资费用分配以及其他工资核算凭证进入账务处理模块；②由固定资产模块录入固定资产变动原始资料，以便对固定资产进行管理，与此同时自动生成固定资产变动核算凭证进入账务处理系统，此外在自动计提每月固定资产折旧额的同时，也能自动生成折旧核算凭证进入账务处理系统；③在采购模块录入采购原始单据对采购业务、应付账款及其核销进行管理的同时，自动生成采购核算凭证进入账务处理系统；④在销售模块录入销售原始单据对销售业务、应收账款及其核销进行管理的同时，自动生成销售核算凭证进入账务处理系统，同时自动结转销售成本；⑤采购和销售模块的信息变动自动改变原材料和产成品库存信息，在实现对库存数量、警戒线等管理的同时，自动按照预先设置的库存成本计价方法进行库存核算。

2）加强往来管理功能。明确地划分为应收账款管理和应付账款管理，并成为相对独立的功能模块，加强了对客户与供应商信息、信誉和应收账款与应付账款余额的管理，强化了对应收账款、应付账款与货币资金的管理功能，体现了企业强化对流动资金管理的意识，这也满足了企业为适应新时期社会主义市场经济发展的需要。

3）将材料管理模块划分为采购和库存管理两个模块。采购与应付账款管理模块相结合，以利于企业对订单、供应商、采购价格、应付账款及其核销的管理，并为企业制定科学的资金支付策略提供支持。此外，库存管理模块的功能不仅注重对生产过程原材料使用的管理，而且增强了对在产品和产成品的库存管理。

从商品化会计核算软件的功能结构和特点，不难看出该阶段的软件在逐步向核算管理型转变，凸现了数据共享机制和往来管理，并将应收账款管理和应付账款管理从总账系统独立出来，实现与相关的销售、采购业务管理系统协同运作。

（3）**商品化会计核算软件运行环境的变化**　为了满足不同应用规模的单位要求，会计核算软件开发商逐渐将软件分为大、中、小三个层次来进行开发，核算软件更具有针对性。商品化会计核算软件基本上具备了网络功能，网络结构体系主要有F/S（文件/服务器）和C/S（客户/服务器）两种。部分会计核算软件使用了服务器数据库，如Sybase、Oracle、Informix、SQLServer、Db2和Access等，提高了数据的安全性。网络操作系统除了NetWare之外，还有WindowsNT和UNIX等。

1.1.4　财务业务管理一体化软件

随着市场经济体制改革的不断深入，越来越多的中国企业迈进了市场，走向了规模，企业管理的自主性和自主权越来越高，单纯记账与核算已经无法满足企业管理决策的需求，Novell局域网的应用配合着财务管理和决策设计理念的软件产品，丰富着财务（管理）软件的阵营。

Windows平台的问世带来了技术上的革命，财务软件模块从分离走向整合，集成管理思想的技术实现成为可能，从而掀起了中国财务管理软件第二次革命的浪潮。在1997年岁末，一股ERP风潮迅速在中国财务软件市场中蔓延开来。当时的所谓ERP软件仅仅是ERP的部分模块，就是我们现在所说的一体化企业管理软件。

1. 财务业务管理一体化软件产生的背景

1）信息技术的发展。计算机技术、网络技术、分布式数据库等技术的飞速发展，ODBC开放式接口技术以及强大的开发工具，为管理一体化软件提供了技术支撑。

2）全球经济一体化进程在飞速加快。中国企业参与世界市场的竞争逐步推进，这就要求企业尽快在内部管理和财务制度方面与国际接轨，实现管理的现代化。

3）企业经营转型。企业由过去的计划管理转向经营决策型，企业需要将经营方面情况和多方面情况相联系，形成以财务核算数据为基础的、全面动态分析和判断企业的经营成效和财务状况的理论体系和理论方法。

4）国外厂商拉动。到1995年以后，外国财务软件和ERP软件厂商开始进入我国。当时认识到我国是财务软件巨大市场的外国企业管理软件公司还不多，多数财务软件都是由其在国外的用户“移植”到我国的，并通过外资企业或合资企业逐步向我国渗透。

2. 一体化管理软件的目标

实现企业资金流与物流的一体化管理,从企业经营管理的角度进行设计，实现购销存业务管理、会计核算和财务管理的一体化，提供经营决策的预测、控制和分析手段,能有效控制成本和经营风险，帮助企业提高竞争力。这种建立在一体化基础之上的会计信息系统能够跨部门应用，使信息资源充分共享，企业管理中各部门都能够第一时间得到其最需要的相关信息，从而以最快速度做出经营决策，实现企业资金流、物流、信息流的一体化管理目标。

3. 一体化管理软件的功能与特点

（1）**软件开发平台与开发技术** 大型企业管理软件主要采用32位的开发工具，运行在Windows95以上的平台上，数据库将不再使用桌面数据库，而多数使用服务器数据库。网络体系结构主要采用三层（数据库服务器/应用服务器或事务处理服务器/客户）或多层结构，以克服传统的C/S结构易于出现的网络瓶颈现象。此外，在企业管理软件系统中，还采用浏览器与Web服务器技术（B/S结构)，以实现软件系统数据的标准化、跨地区和跨平台运行，同时已经开始考虑电子商务（E-Business）在软件功能中的应用。

（2）**一体化管理软件的功能** 具体如下：

1）实现供销存业务与财务一体化管理。在业务处理与业务结算上，实现业务的跟踪管理，同时实现了信息流、资金流、物流的管理统一，解决了长期困扰企业供销存管理的难题。在财务的监控机制上，一体化的特性得到了充分保障。

2）有效控制工业生产成本。在成本数据归集方面，设计了与相关子系统的数据接口，可实现动态成本核算。在成本计划方面，可以编制全面的成本计划，并可用成本计划控制实际发生的成本，实现动态成本控制。

3）有效控制企业财务运营风险。信用控制机制由信用等级、信用发生控制及信用分析等一系列流程组成。付款控制机制由预付款信用控制、付款节奏控制、应付款分析等一系列流程组成。库存资金占用控制机制由存货控制、库存资金占用规划及库存资金占用分析等业务流程来保障实现。

4）提供企业级的分析决策信息。提供了完善的现金流量表解决方案。提供了全面而深入的企业财务分析手段，通过财务分析模块来完成这种具体要求。提供完整而及时的企业决策支持手段，通过可与财务核算及业务管理各模块挂接的决策支持模块来完成。

1.2 MRPⅡ/ERP与会计信息系统之间的关系

1.2.1 ERP与MRPⅡ的区别

ERP与MRPⅡ主要在以下方面存在差别：

1）财务系统的核心位置差别。在MRPⅡ中，财务系统只是一个信息的归结者，它的功能是将供、产、销中的数量信息转变为价值信息，是物流的价值反映。而ERP系统则将财务计划和价值控制功能集成到了整个供应链上。

2）在资源管理范围方面的差别。MRPⅡ主要侧重对企业内部人、财、物等资源的管理，ERP系统在MRPⅡ的基础上扩展了管理范围，它把客户需求和企业内部的制造活动，以及供应商的制造资源整合在一起，形成一个完整供应链，并对供应链上的所有环节如订单、采购、库存、计划、生产制造、质量控制、运输、分销、服务与维护、财务、人事、项目等进行有效管理。

3）在生产方式管理方面的差别。MRPⅡ系统把企业归类为几种典型的生产方式进行管理，如重复制造、批量生产、按订单生产、按订单装配、按库存生产等，对每一种类型都有一套管理标准。而在20世纪80年代末90年代初期，为了紧跟市场的变化，多品种、小批量生产以及看板式生产等则是企业主要采用的生产方式，由单一的生产方式向混合型生产发展，ERP则能很好地支持和管理混合型制造环境，满足企业的这种多角化经营需求。

4）在管理功能方面的差别。ERP除具有MRPⅡ系统的制造、分销、财务管理功能外，还增加了支持整个供应链上物料流通体系中供、产、需各个环节之间的运输管理和仓库管理，支持生产保障体系的质量管理设备维修和备品备件管理，支持对工作流（业务处理流程）的管理。

5）在事务处理控制方面的差别。MRPⅡ是通过计划的及时滚动来控制整个生产过程，它的实时性较差，一般只能实现事中控制。而ERP系统支持在线分析处理（on line analytical processing, OLAP）、售后服务即质量反馈，强调企业的事前控制能力，它可以将设计、制造、销售、运输等通过集成来并行地进行各种相关的作业，为企业提供对质量、适应变化、客户满意、绩效等关键问题的实时分析能力。

6）在跨国（或地区）经营事务处理方面的差别。现在企业的发展，使得企业内部各个组织单元之间、企业与外部的业务单元之间的协调变得越来越多并越来越重要，ERP系统应用完整的组织架构，从而可以支持跨国经营的多国家地区、多工厂、多语种、多币制应用需求。

7）在计算机信息处理技术方面的差别。随着IT技术的飞速发展，网络通信技术的应用，使ERP系统得以实现对整个供应链信息进行集成管理。主流ERP系统采用浏览器/服务器（B/S）体系结构，部分ERP产品采用客户/服务器（C/S）体系结构和分布式数据处理技术，支持Internet /Intranet/Extranet、电子商务（E-business、E-commerce）、电子数据交换（EDI）。此外，ERP还能实现在不同平台上的互操作。

1.2.2　财务会计模块在ERP中的演进

计算机技术特别是数据库技术的发展为企业建立管理信息系统，甚至对改变管理思想起着不可估量的作用，管理思想的发展与信息技术的发展是互成因果的环路，而实践证明，信息技术已在企业的管理层面扮演越来越重要的角色。

正如美国APICS的ERP定义一样，财务会计一直是ERP的核心及导向，国内的老牌ERP

厂商，比如用友、新中大、金蝶等，就是沿着这样一条轨迹清晰的路子走向成功的。

实际上，无论在传统的MRPⅡ还是在ERP中，财务管理始终是核心的模块。会计和财务管理的对象是企业资金流，是企业运营效果和效率的衡量和表现，因而财务信息系统一直是各行业实施ERP时关注的重点。随着企业外部经营环境和内部管理模式的不断变化，企业对财务管理功能提出了更高的要求。主要的ERP供应商，如SAP、用友、金蝶等，都提供了功能强大、集成性好的财务系统。

1.3 会计信息系统的理论框架及发展趋势

我国的ERP厂商，大都是从开发会计软件起步，并以经营商品化会计软件得到广大用户认可而逐步闻名全国的。因此，它们的ERP体系结构都是在以会计软件为核心和主导地位的基础上，向业务系统延伸发展形成的，实现了企业物流、资金流、信息流的有效整合。它们的成功得以积累了丰富的财务会计软件的开发和实施的经验，真正理清了企业资金的循环周转过程，以及与资金周转的每一个环节密切相关的业务活动。笔者认为，真正实现协同业务的会计信息系统就是ERP的主体。一般的会计信息系统都不涉及生产管理，可能是由于人们一直认为生产管理不属会计范畴。但是，如果把生产管理切割出去，资金在企业的循环过程就被卡断，就不可能实现资金的全程控制与管理。因此，完整的会计信息系统必须包括生产管理，必须包括所有与资金有关的业务活动，这样的会计信息系统就是ERP主体和灵魂。

“新一代ERP”已不再是泛化的名词！2003年，863“新一代ERP（NERP）”重大软件专项对其进行了权威论述，为中国管理软件指明了方向。“新一代ERP”应当在继承当前ERP的基础上，不断吸纳最新的、符合中国国情的先进管理思想或管理模式，增强集团化及全球化发展的适应性，满足电子商务环境下企业间协同和商务功能不断创新的需要。其先进性还体现在管理流程的可配置、基于知识的管理智能、实现企业的实时化集成，并通过满足企业组织或业务处理的动态调整来增强快速应变能力，借助快速实施、知识复制来实现管理价值的最大化。

1.3.1 用友U9产品

1. 用友U9产品的功能介绍

用友U9完全基于SOA架构的世界级企业管理软件，面向快速发展与成长的中大型制造企业复杂应用，以“实时企业、全球商务”为核心理念，完全适应多组织供应链协同、多工厂制造协同、产业链协同、产品事业部和业务中心的管理模式，更能支持多生产模式的混合生产与规划、多经营模式的混合管理、精益生产、全面成本、跨国财务等深度应用，具有高度灵活的产品架构，帮助企业快速响应变化，支持经营、业务与管理模式的创新。U9产品的（部分）关键业务模式组件表，如图1-2所示。

采购	常规采购	集中采购	协同采购	询比价	采购合同管理	采购配额管理
	采购货源管理	VMI管理	固定资产采购	费用类采购	KIT件采购	借入转采购
	合程委外	采购收货	采购退货			
库存	库存规划	库存盘点	调拨	借料	跨组织调拨	形态转化
制造	按订单生产	按计划生产	生产模式	计划管理	产能管理	多工厂生产
	委外生产	返工返修	材料管理	派工	现场管理	工程数据
成本	多维度成本	成本池管理	成本模拟	实时成本	标准成本体系	实际成本核算
销售与分销	信用管理	价格与折扣策略	多组织价格管控	销售计划	销售合同管理	一般销售
	内部直运	外部直运	选配销售	套件(KIT件)管理	借出转销售	委托代销
	多角贸易	加工贸易	出货计划	预出货	销售出货	销售立账
	销售退货	销售费用	外部渠道体系	渠道物流	区域库存优化	DRP
	销售返还	销售返点	销售返利额度	配送管理		
财务会计	财务处理	报表管理	总账多账簿	多组织多账簿	科目预算管理	资产多账簿
	资产多组织	多会计准则	应收管理	应付管理	现金银行	网上银行
	票据管理	现金流监控				
HR	集团人力资源管理		公司人力资源管理			

图1-2　U9产品的（部分）关键业务模式组件表

2. U9产品的技术构架

UFIDA U9是完全基于SOA架构的新一代世界级企业管理软件产品，而展现了这种划时代创新理念的正是UAP企业管理软件平台。U9引领了企业开发平台技术的潮流，同步全球前沿科技，它完全采用面向服务架构（SOA），率先实现了全程模型驱动开发（MDD）模式，达到降低集成和开发成本的目的。UAP使企业管理软件具有多项新技术应用特点：企业信息资源变得可重用、透明化，并且系统具有高可扩展性，让业务处理更加高效、简洁、安全。UAP还提供了统一的集成开发环境（IDE），用户可以使用包括企业建模、领域建模、服务设计、UI设计、报表设计、规则设计、数据库设计等全方位的设计器，并通过可视化的界面和友好的交互操作，自动生成用户所需要的各种服务部件。UAP完全支持企业级的集成与应用协同，如Office集成、移动商务、企业搜索、智能客户端等多项领域。UAP作为开发工具和平台，提高了软件开发的效率和质量；作为应用平台，促进了应用软件的灵活性和开放性；作为交付和部署工具，增强了应用软件的可定制性与可集成性。总体构架如图1-3所示。

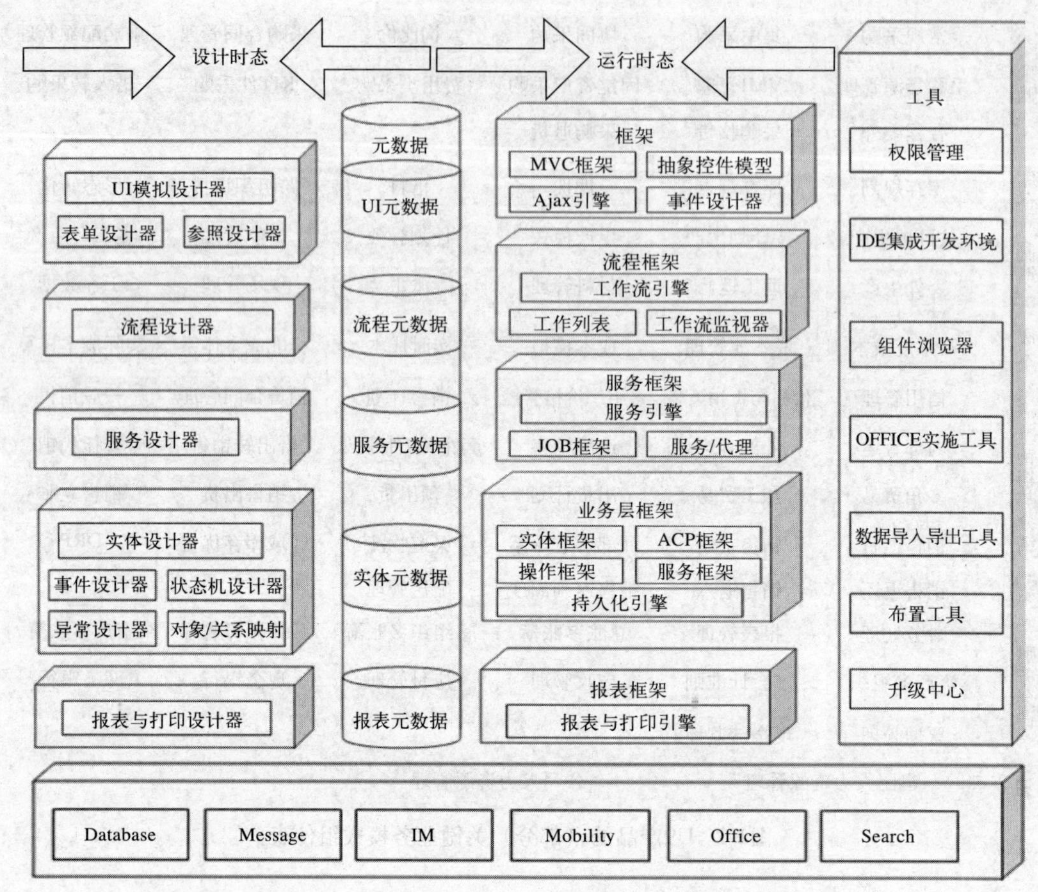

图1-3 U9 UAP 总体构架

1.3.2 金碟ERP系统结构

金碟集团是中国第一个Windows版财务软件、第一个纯JAVA中间件产品、第一个支持WAP的决策信息系统（EIS）、第一个基于三层结构的ERP系统金蝶K/3、第一个互联网基础平台金蝶BOS（Business Operating System）的缔造者。金蝶集团公司的产品包括面向大型集团企业的金蝶EAS，面向中小企业的金蝶K/3，面向小型企业的金蝶KIS和行业解决方案。在此选择了具有代表性的面向大型集团企业的金蝶EAS。

1. 金蝶EAS产品架构

金蝶EAS构建于金蝶自主研发的业务操作系统——金蝶BOS之上，提供了集成的集团财务管理、集团人力资源管理、集团采购管理、集团分销管理、供应链管理、协同平台等50多个应用模块，并为企业提供行业及个性化解决方案、移动商务解决方案，实现企业间的业务协作和电子商务的应用集成。如图1-4所示。

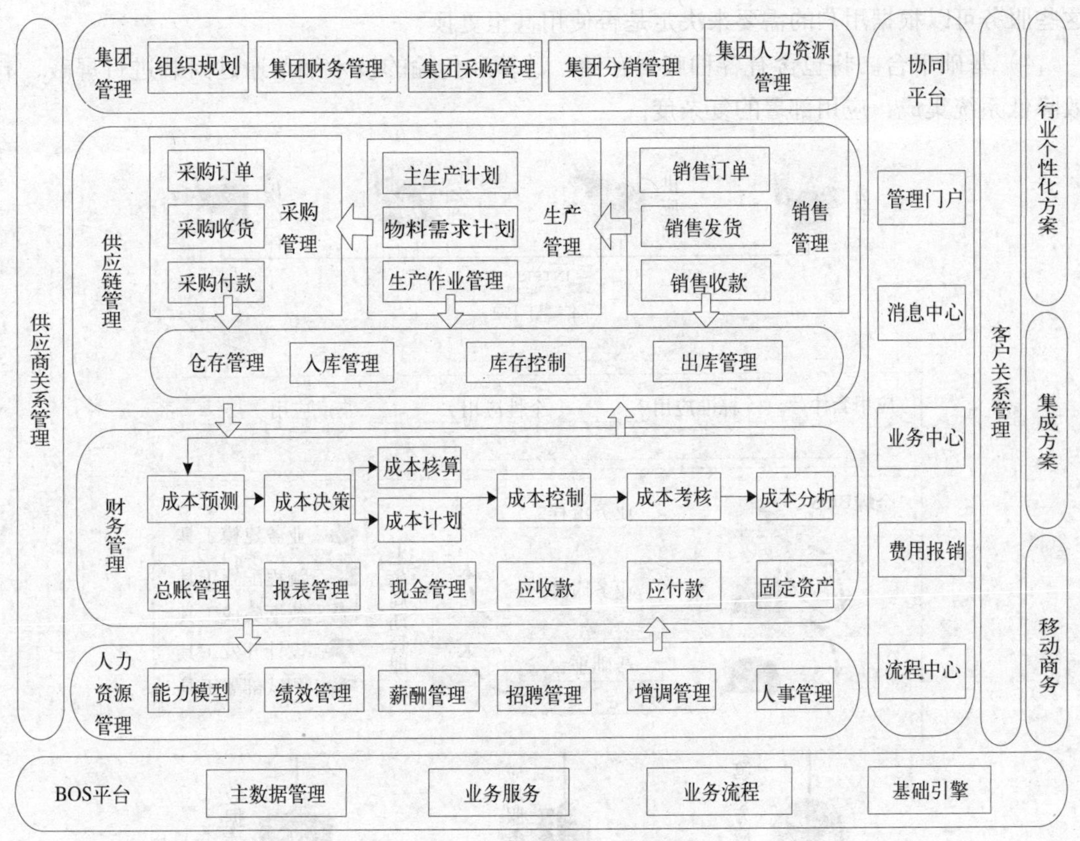

图1-4　金蝶EAS产品构架

2. 金蝶EAS产品特点

EAS秉承40万家用户的最佳应用实践，采用最新的ERPⅡ管理思想和最先进的平台化技术架构，是K/3产品的重大平台升级和管理升级，是国内第一套“ERP+中间件”的企业管理软件，涵盖集团管理、财务管理、人力资源管理、供应链管理、协同平台等管理领域。为中大型企业提供最适合中国企业管理特质的个性化企业管理及电子商务应用解决方案。金蝶EAS支持多种管理模式：全方位支持财务控制型、战略控制型、运营控制型集团企业管理。

3. 金蝶EAS技术结构

基于金蝶BOS构建的金蝶EAS系统在架构模型上遵循SOA（service-oriented architecture）的架构体系，由四部分构成（见图1-5）：

1）信息门户。将企业不同角色的相关人员通过Internet紧密地结合在一起协同工作，并能有效整合第三方的系统。

2）业务流程。具有可灵活配置的流程引擎。其中业务流程和工作流都是可视的，企业可以随时查阅每一项业务的流程规则、路线、处理状态及参与者，用户的操作也变得更加简单和直观。

3）业务服务。提供统一的接口标准，使所有的业务都作为功能插件连接在业务流程上，这些服务可以根据用户的需要来决定是否使用甚至更换。

4）基础平台。将包含有各种底层存储、计算和传输的技术细节通过封装进行屏蔽，有效降低系统集成、应用部署的复杂度。

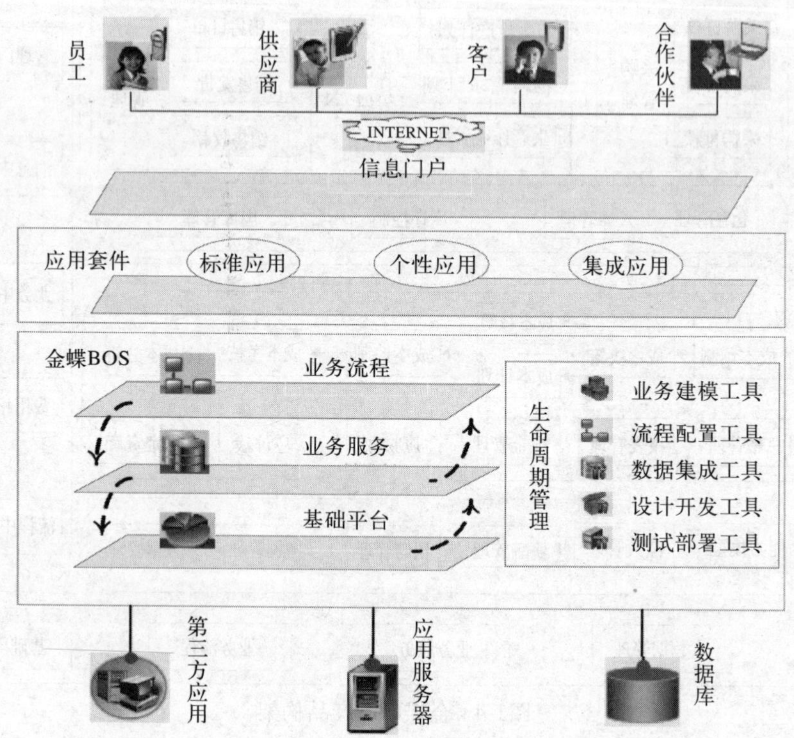

图1-5 金蝶EAS产品的技术结构

1.3.3 会计信息系统的发展趋势

会计信息系统是依托在互联网环境下的对各种交易和事项进行确认、计量和披露的会计活动。同时它已将产生财务信息的所有业务活动融为一体，由企业的财务管理发展成为企业的全面管理，由企业内部管理走向企业的外部，成为电子商务的重要组成部分。它能够帮助企业实现财务与业务的协同远程报表、报账、查账、审计等远程处理，事中动态会计核算与在线财务管理，支持电子单据与电子货币，改变财务信息的获取与利用方式，使企业管理工作走上无纸化的阶段。

1.4 本书的结构及写作思路

1.4.1 本书的写作思路

长期以来，会计界认为会计的本质是全面、连续、完整地反映经济活动的信息系统，实质上信息系统并非会计的本质，因为企业还有其他业务管理信息系统，那么，会计信息系统与业务管理信息系统是什么关系呢？许多观点认为，会计信息系统是企业管理信息系统之中的一个子系统，笔者认为，财务会计是ERP的核心及导向，甚至可以把ERP看做一个大财务系统，因为企业的任何经营活动，都会直接或间接产生财务信息。

本书以理清财务信息与业务管理信息之间的关系为切入点，从会计的本质出发，清晰界定二者的因果关系，明确提出财务会计信息通常为结果信息，其他业务信息通常为原因信息，透过因果关系链分析会计信息报告体系，就可追根问底，寻求形成会计信息的底层原因——业务信息。实质上财务、业务其本源就是一体化的，是手工操作下，人为地将其分离。现在用会计信息系统使其回归一体化的本源，这是本书追求的目标。

本书摈弃以哪个具体的软件为对象解剖软件的应用和操作，而是从实际出发，首先理清系统的业务处理流程和核算程序，使读者懂得系统应该做什么事情，并通过设计懂得如何使系统能够做好这些事情，最后通过每章的实验加深对系统的理解，提高学生解决实际问题的能力。

所有专业子系统，都遵从统一的模式，系统分析从管理业务到核算业务，概括其系统的业务处理流程和数据处理流程，以及与其他系统的关系，使读者对系统有整体认识。然后根据分析结果进行系统设计，通过设计整体数据模型，使读者进一步加深对系统内部存储结构的认识，并通过主从表的对应关系,数据表之间的主外键约束，理解基础设置与系统主要处理业务之间的关系。

由于本书的编写目的是让读者理解系统的处理流程、内在联系、实现原理，而不是做软件开发和编写操作手册，不刻意追求功能完善，因为系统的很多功能都是条件查询，这些功能的实现，都源于完善的数据库表结构设计和科学的信息模型，这是奠定系统各种功能实现的核心和基础。因此，只要是数据库中存储的信息，都可通过不同的条件进行过滤，筛选出符合用户需求的信息。

（1）**通过管理和核算业务分析，了解系统的整体构架**　对于专业核算系统，首先对它的管理业务和核算业务进行全面分析，并明确本系统与其他系统的接口，让读者对系统有一个整体的了解，熟悉该系统的处理流程。

（2）**通过表结构及系统信息模型的设计，理解系统的内部结构**　可以从两方面来加以理解：

1）从系统信息模型，理解系统跟踪管理与控制的实现原理。在销售系统信息模型图12-9（本书297页）中可清楚地看到，销售订单表中包含了对应的销售报价单号，发货通知单中包括了销售订单号、销售发票号，销售发票中包括了销售订单号，销售出库单中包括了销售订单号、销售发票号、发货通知单号。每一种单据编号在本单据内都是主键，而在其他单据中是外键。根据单据编号便可实现业务的跟踪管理和单据联查。

2）通过主从表的对应关系，理解基础设置与系统主要处理业务之间的关系。例如从图3-6（本书36页）中可清楚看到存储凭证的子表与会计科目表、部门关系表、客户关系表、职工关系表、项目关系表之间的关系，这些关系表的主键都是凭证子表的外键。由数据库的知识，读者便非常容易理解，必须先输入主表的数据，才可以输入从表的数据。因此，必须先作好基础资料设置，即先输入会计科目表、部门关系表、客户关系表、职工关系表、项目关系表的数据，才可以输入凭证。其实它们之间的关系就是基础资料设置与相关业务之间的关系，通过数据库技术基础和业务知识的结合，从深层次理解系统，可起到由此及彼融会贯通的作用。

(3) **通过输出原理设计，理解系统各种信息的输出——用户外模式** 会计信息系统中所有的输出，都为用户提供了自由选择限定条件的界面，不同的用户输入的选择值不同，但它们都是基于相同的数据库表。从数据库三级模式的知识进行分析，便很容易理解，实现各种信息的动态输出，其实质就是用户外模式。

(4) **通过系统应用，实现理论与实务的统一** 会计信息系统的每个子系统负责部分业务，各系统之间的分工协作，数据关系的处理，是本课程一直以来的难点。为解决此问题，采用了完整的模拟企业的业务数据，实现具体业务与系统对应，业务系统处理物流，而对应的财务模块处理资金流，达到了在学习中体会，在应用中提高的目的。

1.4.2 各系统之间的信息关系

会计信息系统中，业务系统的交易数据，都必然成为成本系统、应收、应付账款和账务处理系统的一部分，而各交易资料都必须明确定义其对应的会计分录，会计凭证就可以自动生成，而不需要会计人员逐一依据原始凭证的认定编制记账凭证。各章之间的关系如图1-6所示。

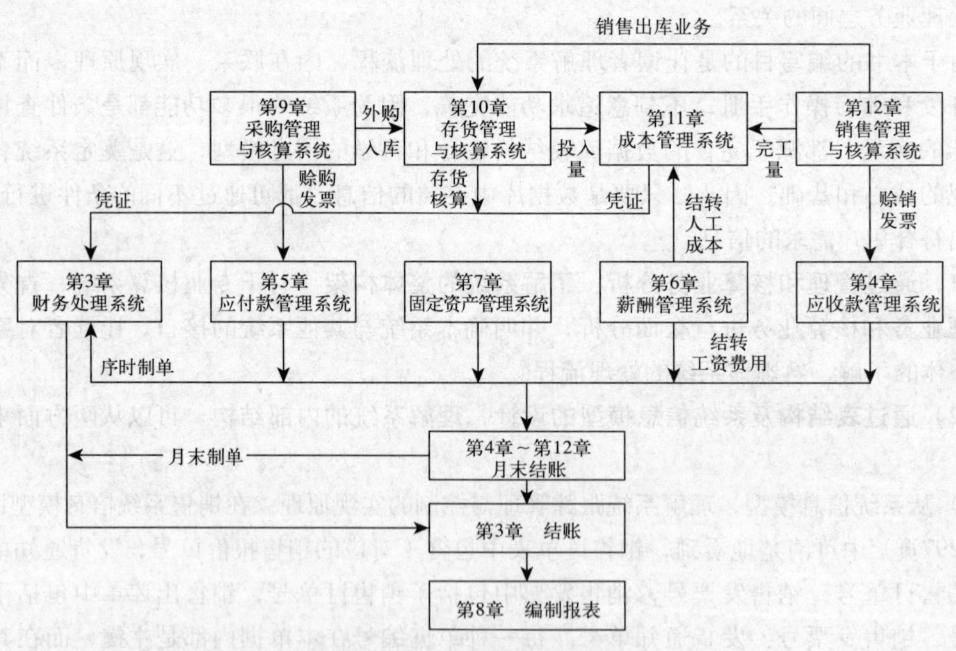

图1-6 各系统之间的关系

1. 财务会计模块

财务会计模块是会计信息系统的核心，是提供反应企业经营业绩的结果信息，它集中完成企业日常的财务核算，对外提供会计信息，为企业提供更为准确、快捷的核算手段，帮助企业加强资金的管理和监督，有效地管理企业的资产，建立健全财务内部管理制度，从而确保企业财务报告的真实完整，并及时从各个子系统接收信息，实现动态核算和动态财务报告，有效地支持企业管理层的决策。

2. 协同业务模块

协同业务模块是描述企业资金循环周转的全部过程：资金的支出循环，从采购开始到应付款项的支付；资金的收入循环，从销售开始到应收款的回收；资金的周转过程，从采购资金支出—存货—制造—产成品—销售到资金的收回。每一项业务活动，必然产生相应的财务信息，及时传递到其财务会计模块的对应系统，真正体现原因信息和结果信息之间的关系，实现物流、资金流和信息流的统一。

3. 基础管理

编写基础管理的目的，就是让读者懂得基础管理工作的重要性，没有扎实的基础管理工作，就不可能有效地实施信息系统，这是笔者多年来开发系统、实施系统的深刻体会。许多专家的至理名言，如“三分技术、七分管理、十二分数据”，以及“首先实现管理科学化，然后实现管理自动化”等，都说明了管理基础对实施信息系统的重要性。可以说，管理是实施信息系统的基础，计算机及其网络是信息系统的脉络，数据是信息系统的血液，各类人员是信息系统的管理和维护者。要使信息系统按照预期的设计目标运行，四者缺一不可。

本章小结

会计信息系统在管理环境、计算机硬件和软件的制约下，经历了理论研究与定点开发阶段、第一批商品化会计软件（核算型会计软件）、商品化会计软件不断成熟（管理型会计软件）及财务业务管理一体化软件四个阶段。会计信息系统在动态变化的环境中不断发展和完善，但是只要环境变化，它必然会继续发展变化，因此，没有一个一劳永逸的系统供人使用。我们必须从企业所处的外部环境和内部管理的要求出发，研究会计信息系统自身的概念、结构、机理、处理技术和开发方法，以推动会计信息系统的发展。

习　题

1. 会计信息系统的发展经历了那些阶段？各阶段的主要特点是什么？
2. 会计信息系统的发展受哪些因素的影响？
3. 举例说明会计信息与业务信息的关系。
4. 简述资金的循环与周转过程所对应的系统。
5. 你怎样理解ERP和会计信息系统？

第2章

实施会计信息系统的基础

会计信息系统不仅仅是会计电算化，它涉及人、财、物、供、产、销等诸多方面，覆盖企业生产经营活动的所有领域，是有效利用企业资源集成化的企业级信息系统，是一个具有系统复杂、实施难度大、应用周期长等特点的企业管理系统工程。因此，企业在实施会计信息系统时，必须从系统工程和科学管理的角度出发，建立健全管理体系和运作机制，打好系统实施所需的基础。这些工作主要包括：①企业的领导班子具有改革进取的决心，对实施的系统有一致的明确目标；②建立现代企业制度、制定明确、量化的应用目标；③扎实做好信息资源的基础管理工作；④建立一支高素质的信息技术队伍；⑤制定和完善企业信息化工作规范；⑥建立与会计信息系统相匹配的网络环境。

通过实施会计信息系统可促进企业解决以下问题：①基础管理不扎实，具体表现在人财物、供产销离制度化、规范化、科学化有相当大距离，人为因素和主观因素的影响都非常大；②战略管理不到位，这是由于企业对内部资源的状况以及环境资源的状况不了解，对市场变化的趋势不能很好地把握，尤其是信息量不够的情况下，决策往往容易盲从；③信息资源不共享。由于企业内部的物资、财务、技术以及其他的部门信息不共享、不集成，沟通严重不足，结果大量的信息是孤岛式的、滞后的，甚至是虚假的和部门利益化了的，管理的依据失真严重。即使是某个部门做得很好，但企业整体的管理水平却很难提高。通过实施会计信息系统，可利用计算机的准确性和非情感性，使基础管理硬化，使综合管理集成，大大减少决策者日常管理时间的消耗，大大增加投入到市场和研发上的精力，提高战略管理的准确性。

实施会计信息系统要进行总体规划，分步实施。第1阶段是基础管理阶段，基础管理阶段重点解决基础数据管理、基本业务流程设计、内部控制设计、员工业务规范的管理等方面。企业通过对这些基础管理的梳理和规范化，初步形成对企业资源的了解，从而能够有选择地对重点资源进行控制和把握。第2个阶段是理顺业务流程，规范企业管理：在实施会计信息系统的过程中，借助管理理念对企业的流程进行优化，当优化后的流程（流程步骤和岗位相结合）借助软件和计算机硬件得以实现后，任何业务操作就必须遵守制定的规则。企业的业务流程集中体现在采购流程、库存管理流程、生产制造流程、销售流程和财务结算流程，不同的步骤由不同的岗位来处理，且严格按照系统控制流程，对企业内部所有环节进行有效的控制和管理，这样就从管理范畴的深度上为企业提供了更丰富的功能和工具。

2.1　管理基础

实现财务管理与业务处理的协同，必须科学地规范企业的管理工作、设计业务流程、统一基础数据管理，如果这些工作做不好，再先进的系统也无法实现系统的设计目标。首先要扎实地做好信息资源的基础管理工作，包括财务管理、人事劳资管理、采购管理、存货管理、生产管理、成本管理、固定资产管理、销售管理、计量数据采集管理等，做到数据准确、完备、客观、及时，为会计信息系统的实施提供足够的基础支持。

2.1.1　管理工作制度化

管理工作必须有相配套的管理制度，这些制度是为使用系统的“人”和系统制定的“规矩”，必须严格遵守这些“规矩”，才能保证会计信息系统的有效运作，实现会计信息系统的高度集成，物流、资金流、信息流的同步。并通过业务处理系统，预制每个业务的财务处理凭证，当特定的业务触发相应的处理时，系统自动生成凭证，保证会计信息及时从业务系统获取。

从企业内部的高层管理制度来讲，每个企业都有自己独特的管理模式，大致可分为以下几种。

1. 企业管理模式

企业管理模式包括：

1）内部核算制。我国大部分大型企业推行内部核算制度，如邯郸钢铁公司、涟源钢铁公司、水口山有色金属有限责任公司等。采用内部核算制，必须制定与该制度相配套的内部价格和内部利润的核算办法，以及考核指标、奖惩制度等，形成一套量化指标和相对稳定的制度。

2）集中管理制。有些大型企业采用集中管理制度，总部设立财务部、物资部、销售部将各分厂的财务、采购、销售进行一级管理，二级厂只负责生产。这种管理制度需要清楚地界定各自的权力和责任以及明确的目标，并且均以量化的指标表示。

当企业决定采用某种管理模式后，根据选定的管理模式，进行基础资料的整理、系统参数的设置、工作流程的设计等工作。管理模式是会计信息系统设置的大前提，必须由最高层领导集体决定。

3）同时兼顾集权与分权

在传统的手工进行信息处理和传递的情况下，由于信息反馈不及时，使得集团公司管理模式选择遭遇两难境地。企业若要增加基础部门的经营灵活性，就要弱化企业的集中管理权；反之，要加强组织的集权管理，势必要牺牲基础部门的经营灵活性。运用信息系统可以使企业摆脱这种顾此失彼、两者无法兼顾的选择。信息网络使企业总部与基层部门能同时获得同样的信息，共享信息资料，每一个基层部门实际上成为企业总部的一部分，这意味着企业能实现集权与分权的有机统一。

2. 企业管理制度化

管理制度是指导职工进行各项管理活动(即调整人、机、环境之间的关系)的规范和准则，是根据企业生产、经营、管理的客观规律要求，对各项管理工作的范围、内容、程序和办法所作的规定。管理制度涉及的面广、包括的内容繁杂，要使管理制度与会计信息系统的设计要求相匹配，才能真正发挥信息系统的作用。因此管理制度标准化是实施会计信息系统的首要基础。

（1）**采购管理所涉及的制度** 具体包括：

1）采购计划制度。编制采购计划时，必须根据计划部门的主生产计划、物料需求计划、库存管理需要、销售订货或零星需求等实际情况，审核各部门提交的采购申请单，将已审核的采购申请单进行归类、合并处理，编制统一的采购计划，并依此作为向主管领导报批的采购申请单，经批准审核后方可执行。

2）采购管理制度。采购过程的管理制度包括：采购执行情况的考核、采购过程中各种费用的控制指标、各种物资采购价格的限定、采购部门的业绩考核指标等。这些指标都必须进行具体的量化，以便进行管理和控制。

（2）**存货管理制度** 存货管理涉及的部门很多，各项具体管理办法的内容也不相同。因此，存货核算与管理就要按照国家制度的要求，协同有关部门共同研讨、共同协商，把各项规章制度拟定好。比如：要同供应部门共同拟定材料管理办法，要同销售部门共同拟订产成品管理办法。拟定规章制度是一件相当复杂的工作，即要熟悉国家有关政策，又要了解本企业具体情况，还要总结工作经验，按照当前管理需要，提出新的举措。必要的存货管理方面的规章制度应有：①材料的采购、验收、领退、保管制度；②材料的节约、代用、综合利用办法；③低值易耗品的领用、摊销、报废管理办法；④包装物的出租、出借及押金管理办法；⑤委托外单位加工合同管理制度；⑥在产品、半成品的内部转移、定期盘点，以及领、退、保管制度；⑦产成品收发、退货、保管办法；⑧存货定额管理制度；⑨存货归口分级管理责任制度；⑩存货清查盘点制度。

（3）**生产管理制度** 包括生产计划的编制、生产任务单的下达与排程。

（4）**成本管理制度** 包括成本计算方法的确定、成本分配标准的制定、计划成本的制定、标准成本的制定及成本考核制度等。

（5）**销售管理制度** 包括制定销售信用政策、制定销售折扣标准及制定客户信用额度。

不同的企业有不同的管理制度，在此不一一列举，只是通过上述所列内容使读者理解，管理制度是规范和约束管理者行为的“规矩”，是人和系统共同遵守的“规矩”，只有按照规定的“规矩”进行管理，才能实现系统设计的目标。

3. 管理制度标准化

国家标准对管理标准作了以下定义：在企业标准化领域中，需要协调统一管理的事项所制定的标准。管理事项主要指在营销、设计、采购、工艺、生产、检验、能源、安全、卫生、环保等管理中与实施技术标准有关的重复性事物和概念。管理标准也是为了调整人、机、环境之间的关系，是指导职工进行与实施技术标准有关的各项管理活动的规范和准则。并按标准化制定程序，对有关的管理工作范围、内容、程序、方法、检查与考核等进行统一规定。

管理制度产生的基础是实践经验，往往在工作中有了失误之后再建立。而管理标准是在原制度的基础上，纳入科技最新成果，运用标准化原理方法，经过提炼、加工，升华而来，因而管理标准比原管理制度更具有科学性。由于它具有特定的格式和严格的审批、发布手续，因而管理标准比原管理制度具有更高的规范化程度。

可以转化为管理标准的管理制度是那些涉及生产、经营全过程的技术性管理，主要包括营销管理、设计和开发管理、采购管理、生产管理、设备管理、产品检验管理、测量和试验设备控制、不合格及纠正措施管理、科技档案管理、定额管理、安全合理、环保卫生管理、质量成本管理、能源管理等。企业应将这些管理制度标准化，使管理目标数字化，做到一切用数字说话，真正实现企业的“数字化”管理。

2.1.2　业务流程科学化

会计信息系统涉及人、财、物、供、产、销等诸多方面，覆盖企业生产经营活动的所有领域，是物流、信息流、资金流高度集中统一的系统，这无疑就要求企业对原有的组织机构、人员设置、工作流程进行重新安排，以保证系统功能的实现。实施信息系统的过程就是依据市场竞争规则的企业再造过程，所以企业实施会计信息系统必须进行业务流程重组，也就是打破企业基于职能结构为基础的、流程被肢解成碎片分布于企业各职能部门的框架，重新整合流程，使之以一种全新而完整的方式运转起来。

1. 以流程为中心

坚持以流程为导向的原则，使再造的目标始终围绕将企业由过去的“以任务为中心”改造成“以流程为中心”。以流程为中心还意味着企业形态的弹性特征，即流程是直接面对客户需求的，随着市场的变化，流程也必须随之变化。为了贯彻以流程为导向的原则，使企业真正走上以流程为中心的模式。如会计信息系统的协同业务篇，所有业务从销售系统的客户订单和市场需求预测开始，进行物料需求计划管理，指导采购计划的编制，安排车间生产任务，它是企业内部的物流管理与控制过程。

2. 整体最优

管理者要具有注重整体流程最优的系统思想，在工作中不断理顺和优化业务流程，强调流程中每一个环节上的活动尽可能实现最大化增值，尽可能减少无效的或不增值的活动，从整体流程全局最优来设计和优化流程。

3. 强化流程管理

管理一个企业的核心是管理它的流程，确保它们是在发挥其潜力。任何一家企业，无论是资源型企业、商业企业，还是金融企业、制造企业以及社会中介机构，都有它独特的主营业务，即核心业务，而核心业务的运作过程就是企业的主导流程。

许多成功的企业在搞企业信息化时，都是紧紧地围绕着企业的核心业务和主导流程来开展的。零售帝国沃尔玛的核心业务是商品零售，而要保证其遍布全球的连锁店能够正常经营，货物配送就成了它的主导流程，因此，沃尔玛不惜花费巨资来“强化”它的核心业务和主导流程。再比如，青岛海尔是一家制造型企业，它在国内率先采用了CIMS（计算机集成制造系统），取得了非常好的效果。现在，海尔全面实行了“索酬、索赔、跳闸”的内部市场链（SST）管理制度。“市场链”实质上是以订单信息流为中心，带动物流和资金流的运行。

一种系统化的管理模式必须讲求管理优化的整体性、管理目标的系统性、管理过程的完整性、管理主体的全员性、管理职能的综合性、管理方法的先进性以及管理程序的循环性，系统模式的这些特点为流程的再造指明了方向。柔性化的管理模式是3C因素的要求，只有柔性化管理模式才能做到快速响应和弹性运作。而网络化管理为实现企业信息集成提供了基础，信息网络对企业内部各个部门、各个岗位的普遍覆盖，使员工可以通过网络得到与自己业务相关的任何信息，大大节省了报表、数据在不同职能部门间的流转，缩短了整个生产周期，精简了管理人员，提高了工作效率，从而使生产技术柔性自动化、智能化以及组织结构扁平化成为可能。

企业必须从自身的实际条件出发，逐步推进企业信息化与流程再造进程。企业流程再造必须同企业的信息化水平相适应，充分发挥信息化对流程再造的催化作用。再造以信息化为基础的企业作业流程，才能真正发挥信息系统的强大功能，在全球化、知识化、信息化的新经济时代取得竞争优势。

2.2 数据基础

2.2.1 基础数据规范化

实施会计信息系统要从基础工作抓起，必须保证基础数据的完整性、准确性和可靠性，同时要对原来管理系统的每一环节进行整顿提高。实施信息化成功企业和专家总结出了这样的名言：“三分技术、七分管理、十二分数据”。可以说，数据是信息系统的基础和核心。一个数据失真、不完整或采集不及时的信息化系统，无论其功能多么完善，使用如何方便，都不会有任何意义。然而，要做到系统中的数据准确、及时、全面，没有一套与之适应的管理规范是难以保证的。

1. 业务数据的规范化

业务数据是会计信息的基础和载体，因此必须从根本上保证业务数据的准确、及时、全面、完整。下面以主要业务为例，来说明对业务数据规范整理如何是一项艰巨而细致的工作。它所涉及的面之广、量之大，不是任何单个部门能够独立承担的。它的完成需要多部门遵守共同的设计规范标准协同工作。

(1) **BOM数据的规范整理** 在工业制造业中，物料清单（bill of material，BOM）描述了物料（包括成品、半成品）的组成情况，即该物料是由哪些原材料、半成品组成的，每一组成成分的用量是多少及成分之间的层次关系如何。在流程型行业中BOM被配方取代，它描述的是产品由哪些原料配合而成，并说明各原料所占的比重。BOM是工业企业最基本的资料之一，应用于企业销售、计划、生产、供应、物料、成本、设计、工艺等各个业务环节，充分体现了企业业务数据共享和信息集成。BOM数据的准确与否，直接影响到其他系统。BOM包括的主要数据项如表2-1所示。

表2-1 BOM包括的主要数据项

数据项	说明	数据项	说明
BOM单的编号	每个产品对应一个BOM单的编号	发料仓库	该物料在生产发料时所属的仓库
物料单位	本BOM单物料的单位	物料代码	本BOM单的物料代码
成品率	本物料在加工组装过程中的成品比率	物料规格	本BOM单物料的规格
状态	本BOM单是否处于使用状态	数量	本BOM单的数量
子项目编码	组成该BOM单的子项	物料名称	子项目的物料名称
规格	子项目的物料规格	单位	子项目的物料单位
用量	在BOM单中该子项的用量	损耗率	BOM中该子项的损耗率
工位	该物料发放到车间的位置	工序号	该物料加工的工序号

分析BOM的数据项可以发现，要建立BOM清单，必须同时规范并确定与BOM相关的数据。

(2) **与BOM相关的数据** BOM数据项中的工序号是产品在某一工作中心加工的过程，而工艺路线是生产产品的一组工序的有机序列。所以直接与BOM相关的数据是划定工作中心，建立相关的部门、工作中心与工序，建立工艺路线组，最后才能建立工艺路线清单。

工作中心主要应用于工艺路线、能力需求计划、工序计划、工序排程与工序汇总以及成本归集等。在编制工艺路线前，先要划定工作中心。

工艺路线的每道工序要消耗资源，每个资源对应一个工作中心，也可以几道连续串行工序对应一个工作中心。工件经过每个工作中心要发生费用，产生加工成本，在作业成本（activity-based cost）中可定义一个或几个工作中心为一个成本中心。

在建立工艺路线前，首先要建立工艺路线组，每一个工艺路线必须归属于某个工艺路线组。工艺路线清单的数据项如表2-2所示。

表2-2 工艺路线清单

数据项	说　明	数据项	说　明
组别	工艺路线组	设备	工序的加工设备，隶属于工作中心
编号	即工艺路线代码，不能重复	时间单位	时间的计量单位
名称	工艺路线名称	排队时间	物料在工作中心等待加工的排队时间
物料代码	产品代码	准备时间	物料批量加工前从工作中心调整到产出第一个（批）合格产品的工作时间
物料名称	产品名称	加工批量	物料加工的最小批量
规格型号	产品规格型号	运行时间	加工一个加工批量的物料所用的加工时间
单位	产品计量单位	移动批量	产品从本工序移动到下一工序的批量
缺省状态	是否为产品的缺省工艺路线	移动时间	产品从本工序移动到下一工序的时间
行号	工序顺序号	是否计费	是否计算工序成本
工序代码	工序代码不能重复	单位成本	工序的单位加工成本，计费单位为元
工序名称	工序名称	是否外协	是否为外协工序
加工说明	工序的补充说明	加工单位	外协工序的加工单位
工作中心代码	工序所在的工作中心的代码	检验方式	工序检验的方式，即免检、全检、抽检
工作中心名称	工序所在的工作中心的名称	检验方案	工序检验方案
工作中心部门	工作中心的隶属部门	检验员	工序检验员
班组	工序的生产班组，为业务组		
操作工	工序操作工		

BOM数据贯穿于企业的物流过程，是联系与沟通各业务部门的纽带，它涉及企业内部的销售、计划、生产、供应、物料、成本、设计、工艺等部门，体现了数据共享和信息集成。通过物料清单可以查询任何一个物料从属的上层父项物料和顶层的最终成品，也可以查询物料的需求量。物料清单是网络层次结构的扩展，这种网络性质使它可以扩展到多方面的用途。例如赋予每项物料以成本信息，构成成本BOM；利用子项和父项的数量关系，形成计划BOM。

2. 采集数据的计量设施

科学管理的基础是计量管理，而计量数据是科学管理的重要依据，因此计量数据管理，应成立计量管理中心。为加强企业内部管理，企业都在推行成本、费用的考核制度。首要的是把各种产品在生产过程中投入产出的各种数据搞清楚，这些数据经测量后都要整理成计量结算数据。因此，计量结算数据管理体制的建立，是企业实行成本否决经营机制的必要计量条件。计量数据中，对企业管理最直接相关的就是计量结算数据，它是企业财务结算、产品统计、指标考核、成本核算的依据。具体阐述如下：

1）生产过程中水、电、汽、燃料消耗的计量。生产过程的消耗构成不同的成本要素准确采集其数据是成本核算的基础。如果企业没有在应该采集的数据点配备计量仪表或计量不准，就无法获取结算数据，因而也不能进行正确的费用分配。例如成本核算要以产品或工作步骤为对象，进行费用的归集与分配，但是整个分厂只安装一个总电表、一个水表，由此造成水费、电费的分配只能按某种比例在各车间分配。这种分配比例一般不变，不管浪费由哪个车间造成，均由分厂共同承担。

2）生产过程中物料投入的计量。生产过程中各种物料投入的计量设施，例如炼钢厂的电子秤和轨道衡等，是自动采集数据的必要条件，只有精确计量投入量，才能精确地计算成本，因为这些物料构成产品的直接材料成本。计量设施的不完备或不准确，会直接影响到系统的输出结果。

2.2.2 财务数据规范化

财务基础数据也包括为财务系统提供信息的各种业务数据、各种材料和产品信息、工艺配方、客户和供应商档案、固定资产及人事信息等。这些数据是企业最重要的资源，是企业信息化建设的基石。通过实施会计信息系统，可以强行规范各种数据的建立，如在输入销售订单时，一定要输入客户编码信息、产品销售的行业流向等。这些规范的数据和特征值为今后信息的查询和决策分析提供了强有力的支持。

财务的基础数据主要有两类：一类是进行管理和会计监督所必需的定额和费用开支的标准和预算（或计划）；另一类是各种核算对象如原材料、零配件、包装物、产成品、固定资产、低值易耗品等的名称和编码。对第一类基础数据，要结合管理制度和具体的管理办法制定出科学、合理、完整的标准，并规定相应的审核、批准权限。第二类基础数据是会计信息系统实施的基础，也是系统能够按照设计要求运行的基本保证，必须对这类数据进行系统的分类整理，为会计信息系统的顺利实施打好基础。

1. 完善各项定额

定额是会计信息系统进行预测、计划、核算、分析的依据，是评价经济效益的标准。这些定额包括原料及主要材料、辅助材料、燃料及动力、修理用备件等消耗定额，以及各部门管理费用定额、工程项目预算定额等，是事中控制的主要依据之一。

2. 制定企业内部价格

企业内部价格是内部核算的必要条件之一，也是财务会计与责任会计有机结合的基础。在制定企业内部价格时，要结合企业的内部核算制度以及责任单位的成本水平，确定合理的互供材料、燃料、动力、半成品、劳务等内部价格。这是计算成本及内部利润的依据。

3. 完善会计科目编码体系

会计科目编码体系是会计信息系统的核心，它的二级科目或明细科目必然会与其他系统产生联系，这是以账务系统为核心，实现与专业核算系统集成的关键。因此，要明确每一会计科目的经济意义、核算范围、与其他科目的对应关系以及与其他系统的关系。总之，应从本单位具体情况出发，遵照国家的统一规定，并充分考虑到单位的变化和发展，建立规范完整的会计科目体系。

4. 完善与会计科目体系相关的各项辅助编码

以下分项阐述：

1）单位往来核算科目。这些科目具体而言就是应收、应付款，应收账款下设的科目是一个个具体的客户，必须对每一个客户编一个码。客户编码必须在账务系统、销售系统、应收款管理系统保持一致，实现三者共享客户资料，保证基础资料的统一。应付账款下设的科目是一个个具体的供应商，必须对每一个供应商确定一个编码。供应商编码必须在账务系统、采购系统、应付账款管理系统保持一致，实现三者共享供应商资料，保证基础资料的统一。

2）部门核算科目。部门核算主要涉及的是费用科目如管理费用，设置部门核算的主要目的是控制各部门的费用，此处的部门编码必须与存货系统、制造与成本系统所使用的部门编码一致。

3）个人核算科目。个人往来核算科目涉及其他应收款，需要对每一个职工进行编号，该编号应与人事、劳资系统的职工编号一致，成为系统的共享资料。

5. 建立各系统主要管理对象的编码

以下分项阐述：

1）物料编码。物料编码是贯穿采购管理系统、存货管理系统、制造与成本管理系统以及账务系统的项目核算管理，是协同业务篇的主要编码。物料编码包括原料及主要材料、辅助材料、外购半成品（外购件）、修理用备件（备品备件）、包装材料、燃料等。要按照系统的编码规则，为企业所使用的每种物料进行逐一编码。

2）产品编码。产品是销售管理系统、存货管理系统、制造与成本管理系统的主要管理与核算对象，并且是账务系统项目核算管理的对象之一，是协同业务篇的主要编码。产品编码指本企业所生产的所有产品，包括生产过程中产生的副产品。

3）半成品编码。半成品是生产与制造管理系统和存货系统的主要管理对象之一，并且是非常复杂的。这是因为半成品编码，不仅仅考虑它的唯一性，而且必须考虑它与产成品的联系，还要考虑它与生产工艺的联系，即要知道它是处于哪道工序，构成哪种产成品。

4）固定资产编码。固定资产管理系统是一个相对独立的系统，但它必须考虑与账务系统会计科目的衔接，以便计提的折旧可直接生成转账凭证。同时要考虑与备品备件联系，要保证备品备件的管理符合设备维修的需要。由于固定资产包括的类别较多，存放地点遍及企业各个角落，进行规范整理是一项繁重的工作。在启用固定资产管理系统前，必须要先进行资产的清查，然后再进行逐一编码。

2.2.3 历史数据规范化

为了保证会计信息系统初始化工作顺利进行，还需要对有关的历史数据进行必要的规范整理。

1. 规范会计科目体系，整理期初数据

按照选择的软件要求，设计企业的会计科目体系。然后对已使用的科目按照新的标准进行调整，使之与新系统对接，并按新科目准备期初数据。这些数据包括如下几个方面：

1）各科目（包括明细科目）的年初数、累计发生数、期末数。

2）辅助核算项目的期初余额，如在建工程项目的明细科目期初余额。

3）待清理的往来款项、数量金额账的数量和单价、外币金额账的外币和汇率等。

初始数据准备完毕之后，应进行正确性校验，包括明细科目与一级科目的平衡，辅助核算项目与一级科目的平衡，以保证会计信息系统有一个良好的运行基础。

2. 往来账户的清理

对于历史遗留下的无望收回的呆账、乱账和难账，应组织整理和处理，不宜进入会计信息系统中的往来账户。根据不同的用户对往来账的管理不同，可将往来账分设为客户往来、供应商往来、个人往来辅助账。系统在登记往来账户明细账、总账的同时，还应按单位名称或个人姓名在辅助账数据文件中，按辅助账的特点进行汇总登记和明细登记。如果往来项目较少，也可把往来账当做普通明细账管理。有的会计软件为了加强往来账管理，单独设置为应收、应付款管理。不论采用哪一种方式，都有必要清理手工方式下的往来账户，还应对往来账户的有关资料，如企业名称、个人姓名、地址、电话、邮政编码等资料进行认真的清理，做到名称使用规范，相关资料齐全，从而为建立会计信息系统打好基础。

3. 银行账的清理

银行账的清理就是将单位的银行账与银行对账单进行核对，并查清未达账项的原因，以保证会计信息系统中银行账初始数据的准确性。

4. 存货的清理

存货的清理就是将各仓库中的物料、半成品、产成品进行盘点，对盘点结果进行相应的处理，如物料编码、物料名称、型号规格、计量单位、计划价格、实际价格、库存量等，然后按照软件的设计要求进行整理。

5. 固定资产的清理

固定资产的清理首先要对所有在册固定资产进行实地盘点，对于盘亏、毁坏的资产进行清理处理，然后按照软件的设计要求对固定资产进行分类整理。具体工作包括整理卡片资料，确定每一资产的编号、原始价值、累计折旧、维修资料等变动项资料。

历史数据的正确与否，是决定系统运行结果是否准确可靠的前提条件，因为会计信息系统中大多数数据的处理，都以期初数作为处理和结转的依据。

本章小结

会计信息系统是一个面向社会、服务于企业、与环境交互作用的开放式信息处理系统。它能对信息的产生、传输、分配和使用全过程的有关要素，如信息、人员、设备（软、硬件）、组织和环境等进行合理的组织与控制。它涉及有关信息活动中的人文因素、经济因素、技术因素、环境因素的综合性与集成性问题。对一个会计信息系统来说，除了设计开发以外，大量的工作是解决实施和运作过程中的问题，还需要管理它的人和使用它的人共同努力，才能更好地发挥其效益。因此，需要研究会计信息系统的实施基础、运作管理、管理制度、工作质量等问题。只有真正懂得管理基础的重要性，并采取有效的措施，使企业的管理工作规范化、基础数据标准化，才能真正发挥会计信息系统的优势，取得实际效益。

习 题

1. 同样的软件在不同的企业是否具有相同的作用？为什么？
2. 要保证会计信息系统的运行结果真实可靠需要什么基础？
3. 为什么说“三分技术、七分管理、十二分数据”？你认为此话正确吗？
4. 一套规范化的BOM数据项，需要涉及哪些系统？
5. 对于基础数据不仅要考虑其规范化，还要考虑其一致性。试述哪些基础数据之间存在一致性。

第 3 章

账务处理系统

3.1 账务处理的一般程序及业务分析

3.1.1 手工进行账务处理的一般程序及处理流程

1. 手工进行账务处理的一般程序

手工进行账务处理的一般程序如下：

1）根据原始凭证编制收款凭证、付款凭证和转账凭证；

2）根据收款凭证、付款凭证登记现金日记账和银行存款日记账；

3）根据收款凭证、付款凭证、转账凭证登记各种明细账；

4）根据收款凭证、付款凭证、转账凭证定期编制科目汇总表；

5）根据科目汇总表登记总分类账；

6）将总账与日记账、明细账核对相符；

7）根据总账和明细账编制会计报表。

2. 手工进行账务处理的处理流程

手工账务处理的流程图如图3-1所示。由图可知，登记明细分类账、日记账、凭证汇总登记总分类账，数据均取自于记账凭证，而进行各种处理的依据都是会计科目。由分析可得出账务处理的两条主线：①账务处理的基础数据是记账凭证；②账务处理的依据是会计科目。因此，必须对会计凭证所涉及的业务范围及其与各种账簿之间的关系进行深入分析，以保证账务处理的结果信息全面、精确可靠；必须对会计科目及其编码体系进行科学的设置，使之能够保证账务处理的顺利进行，二者是账务处理的基础保证。

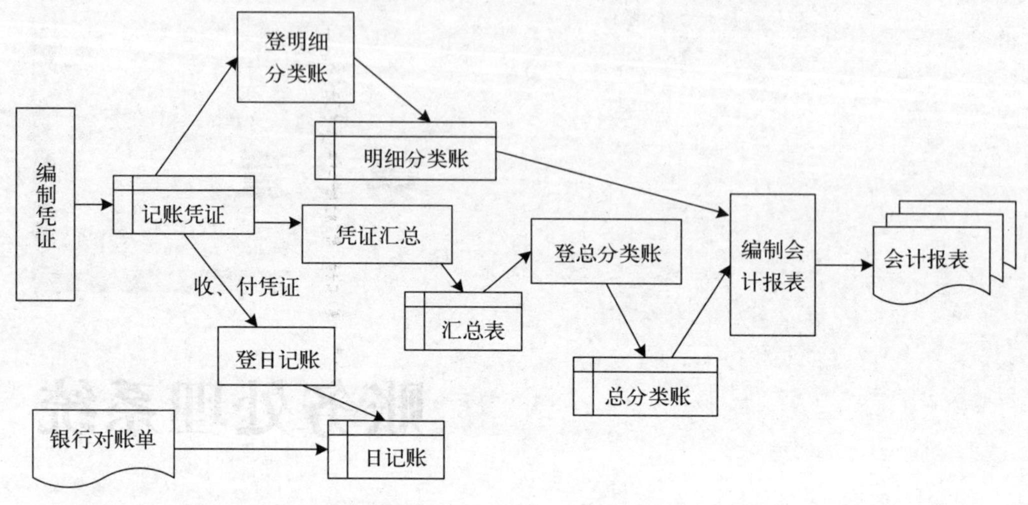

图3-1 手工账务处理流程

3.1.2 账务处理的业务分析

账务处理的数据源是原始凭证，而不同原始凭证来源于不同的经济业务，因此要对原始凭证的来源和种类加以分析，以明确经济业务之间的分工。

1. 记账凭证与原始凭证的对应关系

记账凭证是会计人员根据审核无误的原始凭证或原始凭证汇总表填制的，反映经济业务内容、应借应贷会计科目及金额，并直接作为记账依据的会计凭证。

（1）**记账凭证分类** 记账凭证根据反映的经济业务内容分为收款凭证、付款凭证和转账凭证，下面分别阐述：

1）收款凭证。收款凭证是用来记录现金和银行存款收入业务，根据有关现金和银行存款收入业务的原始凭证填制的记账凭证。收款凭证可分为现金收款凭证和银行存款收款凭证两种：根据现金收入业务的原始凭证填制的收款凭证，称为现金收款凭证；根据银行存款收入业务的原始凭证填制的收款凭证，称为银行存款收款凭证。

2）付款凭证。付款凭证是用来记录现金和银行存款付出业务，根据现金和银行存款付出业务的原始凭证填制的记账凭证。付款凭证可分为现金付款凭证和银行存款付款凭证两种。

3）转账凭证。转账凭证是用来记录不涉及现金和银行存款收付业务，根据现金和银行存款收付以外的其他原始凭证填制的记账凭证。

（2）**记账凭证与原始凭证的对应关系** 一般而言，根据外来原始凭证编制的记账凭证都为收款凭证或付款凭证。根据自制原始凭证编制的记账凭证，大多为转账凭证。

3.1.3 手工账务处理各岗位的核算业务及其结转关系

从账务处理的起源分析入手，由原始凭证追溯数据来源，便可得到各系统与总账之间的数据接口，及数据之间的传递关系。每个专业核算岗位的原始凭证，都必须通过总账手工编制记账凭证，进入账务处理程序。其处理过程如图3-2所示。

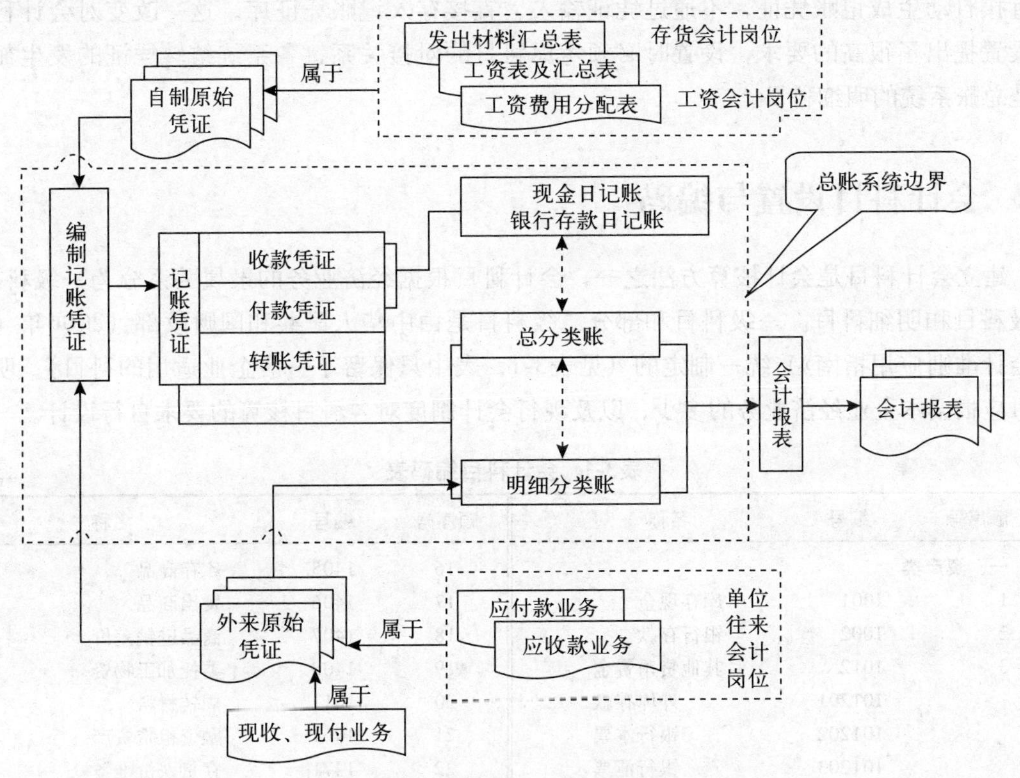

图3-2 不同岗位之间结转的账务处理

3.1.4 总账系统与其他专业核算系统的接口

总账系统与其他系统的接口如图3-3所示。

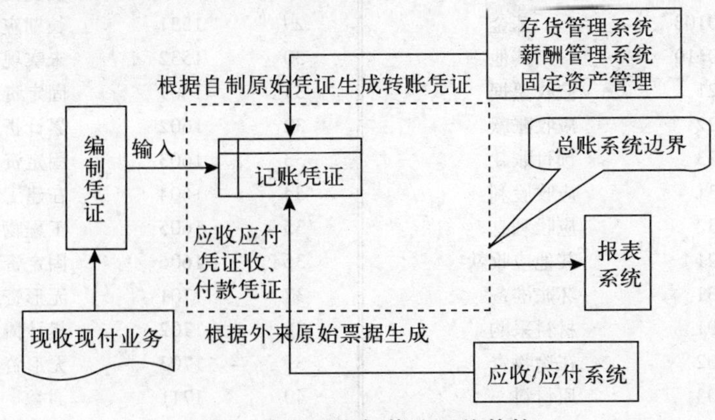

图3-3 总账系统与其他系统的接口

3.1.5 手工与计算机处理的差异分析

比较图3-2和图3-3，便可发现，手工与计算机在账务处理程序上的差异主要体现在原始凭证的处理上。在图3-2中，所有的会计专业岗位核算的最终结果，都作为原始凭证，人工编制记账凭证；而在图3-3中，其他专业核算系统的数据，不再需要人工编制记账凭证，而是直接自动生成记账凭证，不通过凭证输入，直接存入记账凭证库。这一改变对会计科目的设置提出了很高的要求，设置时必须考虑科目的对接关系，各系统结转凭证的发生额必须是总账系统的明细科目。

3.2 会计科目设置与编码

建立会计科目是会计核算方法之一，会计科目根据经济业务的隶属关系分为一级科目、二级科目和明细科目。一级科目和部分二级科目是由中华人民共和国财政部（2006年《企业会计准则应用指南》）统一制定的（见表3-1，表中只保留了一般企业适用的科目）。明细科目应根据本企业经济业务的多少，以及现行会计制度对各科目核算的要求自行设计。

表3-1 会计科目编码表

顺序号	编号	名称	顺序号	编号	名称
一、资产类			16	1405	库存商品
1	1001	库存现金	17	1406	发出商品
2	1002	银行存款	18	1407	商品进销差价
3	1012	其他货币资金	19	1408	委托加工物资
	101201	外埠存款	20	1411	周转材料
	101202	银行本票	21	1461	融资租赁资产
	101203	银行汇票	22	1471	存货跌价准备
	101204	信用卡	23	1501	持有至到期投资
	101205	信用证保证金	24	1502	持有至到期投资减值准备
	101206	存出投资款	25	1503	可供出售金融资产
4	1101	交易性金融资产	26	1511	长期股权投资
	110101	股票	27	1512	长期股权投资减值准备
	110102	债券	28	1521	投资性房地产
	110103	基金	29	1531	长期应收款
	110110	其他	30	1532	未实现金融收益
5	1121	应收票据	31	1601	固定资产
6	1122	应收账款	32	1602	累计折旧
7	1123	预付账款	33	1603	固定资产减值准备
8	1131	应收股利	34	1604	在建工程
9	1132	应收利息	35	1605	工程物资
10	1221	其他应收款	36	1606	固定资产清理
11	1231	坏账准备	37	1701	无形资产
12	1401	材料采购	38	1702	累计摊销
13	1402	在途物资	39	1703	无形资产减值准备
14	1403	原材料	40	1711	商誉
15	1404	材料成本差异	41	1801	长期待摊费用

（续）

顺序号	编号	名称	顺序号	编号	名称
42	1811	递延所得税资产		400201	资本（或股本）溢价
43	1901	待处理财产损溢		400202	其他资本公积
二、负债类			65	4101	盈余公积
44	2001	短期借款		410101	法定盈余公积
45	2101	交易性金融负债		410102	任意盈余公积
46	2201	应付票据	66	4103	本年利润
47	2202	应付账款	67	4104	利润分配
48	2203	预收账款		410401	提取法定盈余公积
49	2211	应付职工薪酬		410402	提取任意盈余公积
50	2221	应交税费		410403	应付现金股利或利润
	222101	应交增值税		410404	转作股本的股利
	22210101	进项税额		410405	盈余公积补亏
	22210102	销项税额		410406	未分配利润
	22210103	出口退税	68	4201	库存股
	22210104	进项税额转出	四、成本类		
	22210105	已交税金	69	5001	生产成本
	222102	应交营业税		500101	基本生产成本
	222103	应交消费税		500102	辅助生产成本
	222104	应交资源税	70	5101	制造费用
	222105	应交所得税	71	5201	劳务成本
	222106	应交城市维护建设税	72	5301	研发支出
	222107	应交土地增值税	五、损益类		
	222108	应交房产税	73	6001	主营业务收入
	222109	应交土地使用税	74	6011	利息收入
	222110	应交车船使用税	75	6021	手续费及佣金收入
51	2231	应付利息	76	6041	租赁收入
52	2232	应付股利	77	6051	其他业务收入
53	2241	其他应付款	78	6061	汇兑损益
54	2314	代理业务负债	79	6101	公允价值变动损益
55	2401	递延收益	80	6111	投资收益
56	2501	长期借款	81	6301	营业外收入
57	2502	应付债券	82	6401	主营业务成本
58	2701	长期应付款	83	6402	其他业务成本
59	2702	未确认融资费用	84	6403	营业税金及附加
60	2711	专项应付款	85	6601	销售费用
61	2801	预计负债	86	6602	管理费用
62	2901	递延所得税负债	87	6603	财务费用
三、所有者权益类			88	6701	资产减值损失
63	4001	实收资本	89	6711	营业外支出
64	4002	资本公积	90	6801	所得税费用
			91	6901	以前年度损益调整

3.2.1　会计科目的设置原则

设置会计科目时需要注意如下原则。

1）会计科目的设置必须满足会计报表编制的要求，凡是报表所用数据，需从账簿中对应的会计科目中取得，必须设立相应科目，避免编制报表时重新计算。

2）会计科目的设置必须保持科目与科目间的协调性和体系完整性，以及科目之间的对应关系。

3）会计科目要保持相对稳定，凡是已经使用的科目，不能增加下级明细科目，也不能随意删除，只能等下一年度开始时，将该科目的余额转入其他科目，然后再删除该科目。

4）设置会计科目要考虑与其他业务核算系统的衔接，在账务处理系统中，只有末级会计科目才允许有发生额，才能接收各个系统转入的数据，因此，要将各个系统中的核算科目设置为末级科目。

3.2.2 会计科目的编码规则

因为会计科目按照核算内容需要分级，如何表示科目的级次称为编码规则，不同软件有不同的规则，科目的表示方法也因规则的不同而异。所有的级次设置规则可归纳为统一设置和弹性设置两种。

1. 统一设置

所谓统一设置就是在启用新建账套时，规定科目的级次，定义科目设为几级以及每级的长度。如定义为422，表示科目定义为3级，第一级为4位，第二级为2位，第三级为2位。以应交税费/应交增值税/进项税额为例，其编码为22210101。由于建账时定义了编码规则，因此级次之间不需要任何分隔符，系统按照编码规则判别编码的级次。一般而言，应选择核算内容最多的科目为对象进行定义，才能使定义的规则满足所有科目的需要。这种方法强制了编码的规范统一，但不灵活，一旦某个科目在实际应用时需突破编码规则，系统则无法进行正确处理。

2. 弹性设置

弹性设置就是没有统一的规范，可根据每个科目的实际业务设置级次和位长。因该方法没有统一规范，所以科目编码的表示上应有分隔符，便于系统识别。仍以应交税费/应交增值税/进项税额为例，编码为2221.1.1。对于这种编码系统识别的标志是分隔符“点”，与各级的位长无关。它无需给后续科目留空位，但可任意扩展某个科目的级次和位长，应用非常方便。

系统采用哪种编码方法是由软件开发时决定，使用者是不能选择的。采用第一种编码的软件，进行科目处理时按照用户定义的规则截取字符串进行处理，因此对于1～99之间的编码必须从01开始。仍以22210101为例，应交税费下有十几项税费，所以编码必须从01开始。第二种编码则不必如此，因为软件处理会计科目时，以“点”来识别级次。

3.2.3 会计科目设置与辅助核算之间的关系

为了充分体现计算机管理的优势，企业应在原有的会计科目基础上进行优化和调整，使其更加科学合理，同时还要考虑与其他业务系统的集成。因此，科目的设置不仅考虑总账系统本身的需要，还必须考虑与其他系统的衔接问题。

对于一些业务量大、涉及面广的科目，可设置辅助核算。辅助核算不仅可以简化科目结构，并且可以充分发挥计算机的优势，深化、强化企业的核算和管理工作。

辅助核算与科目设置是对立统一的两项工作。辅助核算替代了明细科目，使科目表更加清晰；而对业务较少的科目而言，设置明细科目更加方便，如何处理两者的关系，应视具体情况而定。

1. 不设辅助核算

当企业规模不大、往来业务较少时，可将往来单位、个人、部门、项目通过设置明细科目来进行核算管理（见表3-2）。

表3-2　明细科目设置

科目编码	科目名称	科目编码	科目名称
1122	应收账款	2202	应付账款
1122.01	新康机械厂	2202.01	新元炼钢厂
1122.02	涞源公司	2202.02	中华炼钢厂
1403	原材料	6602	管理费用
1403.01	钢锭	6602.01	招待费
1403.02	钢坯	6602.01.1	采购部
		6602.01.02	财务部

2. 设置辅助核算

对于一个往来业务频繁，客户遍布全国，应收、应付款的清理工作量大，且企业内部机构庞大，需要严格的费用控制与管理的企业来说，应该采用账务处理系统提供的辅助核算功能进行管理，即将这些明细科目的上级科目设为末级科目并设为辅助核算科目，然后将这些明细科目设为相应的辅助核算目录。一个科目设置了辅助核算后，它所发生的每一笔业务将会登记在总账和辅助明细账上（见表3-3）。

表3-3　辅助核算设置

科目编码	科目名称	辅助核算
1122	应收账款	客户核算
2202	应付账款	供应商核算
1403	原材料	物料核算
6602	管理费用	
6602.01	招待费	部门核算
…	…	…

3. 会计科目之间的关系

在账务系统中，大量的业务是在不同的科目之间进行结转，因此，这些科目必须具有对应关系，才可能使计算机对其进行正确处理。例如生产成本、库存商品/产成品、主营业务收入/销售收入、主营业务成本/销售成本等科目的明细科目都是物料中的产品，因此，它们之间无论设置明细科目还是设置辅助核算都必须保持一致。

3.2.4 会计科目表的主要属性

在账务处理过程中，会计科目是各项处理的依据。因此，科目表中的所有属性值，包括了对应科目核算的所有判别条件值，在此只列出主要属性进行说明（见表3-4）：ccode列填列的是会计科目代码；cclass列填列的是对应的会计科目所属科目类别，包括资产类、负债类、所有者权益类、成本类和损益类；Cass_book列填列对应会计科目设置的辅助核算类别，如应收账款对应的为客户，则表示这个科目按客户进行核算；cash列值填列“是”或“否”，值为“是”表示该行对应的科目是现金科目，这是编制现金流量表的主要依据；同理bank列值填列“是”表示该行对应的科目是银行存款科目；Budget是预算科目的标志，该列值同样填列“是”或“否”，如果值为“是”表示该行对应的科目有预算方案，该科目发生业务时，系统便自动与其预算值进行比较，超出预算值就不能进行操作。

表3-4 会计科目标的主要属性

ccode	…	cclass	Cass_book	iexch	cash	bank	Cbook_type	Budget	…
1001	…	资产			是				
1002.1	…	资产				是			
1002.2	…					是			
⋮		⋮	⋮	⋮	⋮	⋮			
1122	…	资产	客户		否	否			
⋮		⋮	⋮						
1221	…	资产	个人			否			
⋮		⋮	⋮	⋮	⋮	⋮			
1403	…	…		…	…	…	是		
⋮		⋮	⋮	⋮	⋮	⋮			
6602		损益	部门		否	否		是	
⋮		⋮			⋮	⋮			

3.3 记账凭证管理

3.3.1 记账凭证的数据分析

记账凭证是账务处理的基础数据，因此，凡各类账簿所需反映的信息，必须要在记账凭证中进行记录。如果设置了辅助核算，凭证与辅助核算之间的联系，也必须在凭证表结构设计时统一考虑。为便于对记账凭证进行详细的数据分析，现举一凭证（见图3-4）为例。

分析记账凭证的数据，便可发现其规律，每一张凭证的内容可分为两类。一类是每一张凭证的唯一数据项，如凭证字、凭证编号、日期、附件数、制单人、审核人等，即指一张凭证对应这些数据项只有唯一的值。另一类是重复数据项，如摘要、借方科目、贷方科目、借方金额、贷方金额等，也就是凭证的主体数据。重复数据项是从数据库的基本知识出发而言，即将凭证存入数据库时，每一张凭证对于这四个数据项都有多个值。

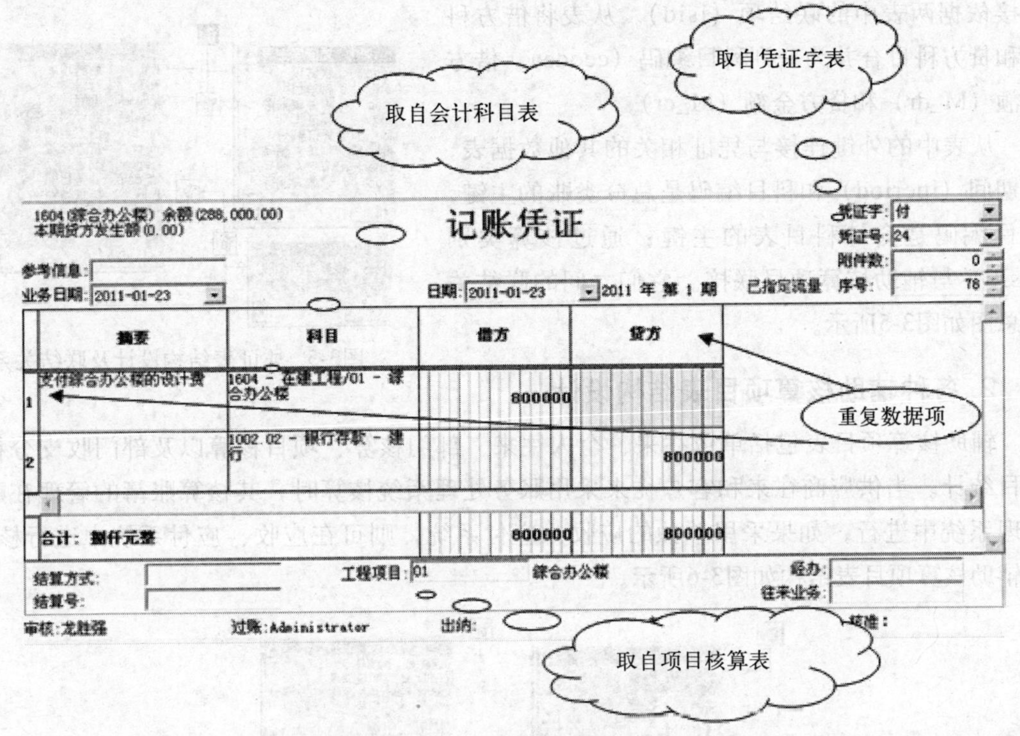

图3-4 记账凭证的一般格式

设计凭证表结构时，凭证的唯一数据项作为主表，重复数据项作为从表。每一张凭证对应多条分录，每笔分录涉及不同的会计科目，而每个会计科目可能设置了不同的核算类别。因此，不仅要考虑主从表的关系，同时要考虑与各辅助核算类别的关系。凭证表结构的设计可以有多种方式，因此不存在唯一的设计方案。只要能满足数据存储和数据处理的要求，便是可行的方案。

3.3.2 凭证库设计应考虑的问题

设计凭证库时应考虑如下问题：

1）存储空间的优化。解决重复数据项和唯一数据项的合理分割问题，避免过多的数据冗余造成的大量存储空间的浪费。除将凭证分成主从表，还可考虑将从表中的某些数据项合并，使存储更加合理，如将借方科目和贷方科目合并，借方金额和贷方金额合并等。

2）存储数据的完整性。因为在总账系统中，记账凭证是系统唯一的输入数据，后续处理所需的数据都必须包括在凭证中，才能满足后续处理的需要。同时要考虑凭证数据中科目与会计科目表科目编码之间的引用完整性规则，以及凭证数据与辅助核算相关的数据存储问题，即如何实现与客户核算、部门核算、个人往来等辅助核算数据关联，为用户提供辅助核算明细账。

3.3.3 凭证设计方案

1. 凭证表结构设计

凭证表结构设计如图3-5所示。主表存储唯一数据项，从表存储重复数据项，主从表的连接依据两表中的联结项（isid）。从表将借方科目和贷方科目合并为一列科目编码（ccode），借方金额（M_dr）和贷方金额（M_cr）。

从表中的外键连接与凭证相关的其他数据表，如期间（iperiod）和科目编码是总分类账的主键，科目编码是会计科目表的主键；通过核算类别（hslb）与辅助核算项目联接。它们之间的联结关系总图如图3-5所示。

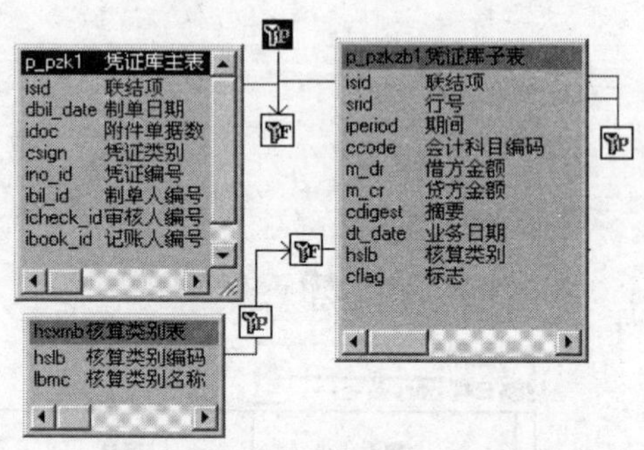

图3-5 凭证表结构设计及联结关系

2. 各种辅助核算项目表结构设计

辅助核算项目表包括单位往来、个人往来、部门核算、项目核算以及部门收支分析和项目统计。当供应商往来和客户往来采用账务处理系统核算时，其核算账簿的管理在账务处理系统中进行；如果采用单独的应收、应付系统，则可在应收、应付系统中进行核算。各辅助核算项目表结构如图3-6所示。

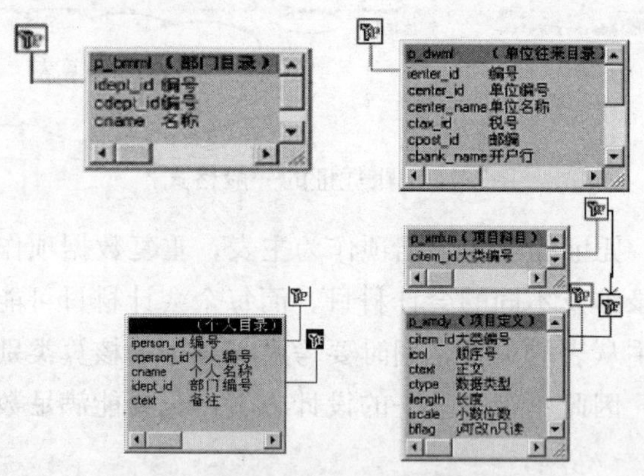

图3-6 辅助核算项目管理表结构

1）部门目录表。部门目录表用于存储本企业所有的部门编码和与之对应的部门名称，其中第一个编号是连接号，用于和凭证的关联。

2）单位往来目录表。单位往来目录表用于存储与本企业具有业务关系的客户及供应商，详细记录每个单位的基本情况，以及往来结算的基本数据。

3）个人往来目录表。个人往来目录表用于存储本企业职工的基本信息。

4）项目核算目录表。项目核算目录表用于存储具体的项目类别和名称。

3. 数据存储举例

为说明实际数据存储时凭证数据与主要相关表的关系，以下面三个凭证数据为例，用图形来表示凭证与相关表之间的关联关系。

凭证实例1：企业2011年1月10日销售部邓娟借支差旅费700元。

借：(1221.01) 其他应收款——应收内部职工款——邓娟　　700

　贷：(1002.02) 银行存款——建行　　700

凭证实例2：企业2011年1月11日验收10吨轻轨钢坯入库，计划单价5 000元，实际单价每吨5 100元。企业应作如下分录，并填制付款凭证：

借：(1403) 原材料——轻轨钢坯　　50 000

　(1404) 材料成本差异——轻轨钢坯　　1 000

　贷：(1401) 材料采购——轻轨钢坯　　51 000

凭证实例3：2011年1月17日，企业管理部刘雄伟报销差旅费1 578元，出差前借款1 700元，应交回现金122元。企业应作如下分录并填制付款凭证。管理费用按部门设辅助核算，其他应收款按职工设个人辅助核算。

借：管理费用——差旅费（企业管理部）　　1 578

　库存现金　　122

　贷：其他应收款——应收单位职工款（刘雄伟）　　1 700

在图3-7中，主要为说明表之间的关联问题，省略了表中的一些属性，如单位编码表中的有关单位的所在地、开户银行、税号、信用等级等信息；再如个人编码表中的部门编号（它与部门编码表中的部门编号相对应，说明该职工所属的部门）以及个人基本信息均予省略。

凭证主表

Isid	Dbil_date	idoc	csign	Ino_id	Ibill_id	Icheck_id	Ibook_id	……
1	20110110	1	付	龙胜强	疗江	王浩	徐晓	
2	20110111	3	付	……	……	……	……	
3	20110117	3	收	……	……	……	……	
…	……	……	……	……				

凭证从表

Isid	srid	ccode	M_dr	M_cr	cdigest	…	hslb	hsxm
1	1	1221.1	700		借差旅费		03	011
1	2	1002.2		700				
2	1	1403	50000		原材料入库		06	018
2	2	1404	1000				06	018
2	3	1401		51000			06	018
3	1	6602	1578		报销差旅费		01	04
3	2	1001	122					
3	3	1221.1		1700			03	013
…	…	……	…	……				
…								

核算类另表

	lbmc
01	部门核算
02	客户核算
03	职工核算
04	供应商核算
05	项目核算
06	物料核算
…	…

部门编码表

hslb	Cdept_id	Cname
01	04	企业管理部
01	05	销售部
…	…	…

单位编码表

hslb	Center_id	Center_name
01	011	红星公司
01	012	钢铁公司
…	…	…

个人编码表

hslb	cperson_id	cname
03	011	刘雄伟
03	013	邓娟
…	…	…

物料编码表

hslb	Wl_id	cname
06	017	20Mnsi坯
06	018	轻轨钢坯
…	…	…

图3-7　辅助核算项目表与凭证表的关系

4. 各种辅助核算项目表与凭证表的关系

在会计科目设置时，设置了辅助核算的科目，当这些科目发生业务时，凭证中必须记录核算项目的类别编号，以便和对应的核算项目管理表关联，凭证表与各种辅助核算项目管理表之间的关系如图3-7所示。

3.4 出纳管理

出纳业务包括现金业务、银行业务、票据管理及其相关报表。由于出纳岗位的特殊性，和货币资金的控制制度，凸显了出纳管理的重要性。出纳管理业务与会计业务的关系如图3-8所示。

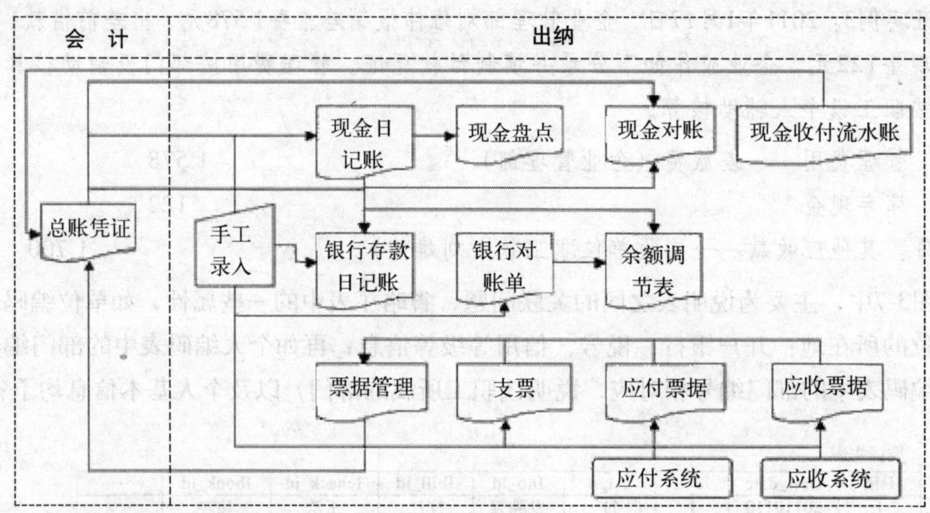

图3-8 出纳管理业务

3.4.1 日记账

日记账是指现金日记账和银行存款日记账，它们都是根据经过复核无误的收款记账凭证和付款记账凭证逐笔序时登记的，并通过日记账进行序时核算。

1. 现金日记账及序时核算

我国会计制度规定，任何企业都必须设立现金日记账。对企业发生的现金收、付款业务，必须在出纳人员取得收、付款凭证后按照发生时间的先后顺序，由出纳人员逐笔进行登记，并于每日终了时，计算出本日发生额合计数及余额数，并与保险柜中现金实有数相核对，以保证现金核算的正确性。现金日记账是用来逐日逐笔反映库存现金的收入、支出和结存情况，以便于对现金的保管、使用及现金管理制度的执行情况进行严格的日常监督及核算的账簿。

2. 银行存款日记账及序时核算

银行存款如同现金的管理一样，企业银行存款的收、付业务也由出纳人员负责办理，并由出纳人员负责银行存款日记账的记录。企业应按开户银行和其他金融机构存款种类等分别设置银行存款日记账，银行存款日记账根据银行存款的收、付款凭证，按业务发生的前后顺序逐笔登记，每日终了应结算出当日银行存款的收、支金额及账面余额，做到日清月结。通过银行存款日记账，可以序时详尽提供每一笔银行存款收付的具体信息，全面反映银行存款的增减变化与结存情况。

3. 日记账的生成及管理

从图3-1可以看出，日记账的数据是从凭证中取得的，它的数据同样是存储在凭证库中。但由于现金和银行存款的特殊性，需要强化管理和控制，因此设计出纳管理岗位，负责这些专门的业务处理，日记账的生成与其他科目的明细账完全相同，但它们是按日进行核算，在查询过滤条件界面选择“按日查询”，科目选择“库存现金”、“银行存款”即可。

3.4.2　支票管理

企业出纳人员经常要购置大量的空白支票进行资金支付业务。为了加强对购置的现金支票、转账支票、普通支票进行管理，防止和杜绝出纳人员和业务人员责任不明确，以及票据遗漏、丢失等现象的发生，需要进行支票管理。支票管理包括支票的购置、支票的领用及支票的报销等工作，现分述如下：

1）支票的购置管理。购置新支票需要登记银行账号、购置的支票类型（现金支票、转账支票、普通支票）、购置支票的支票号码规则，以及购置的支票起始号码和结束号码、购置日期等，完成新购置支票的登记。

2）支票的领用管理。领用支票时，应登记领用日期、支票号码、领用部门、领用人等信息，之后方可领用支票。

3）支票的报销管理。对已领用的支票在支付业务处理完毕后，需进行报销处理。对要报销的支票填写签发日期、收款人名称、付款金额等内容。

以上工作是对支票管理业务的独立处理，是独立于总账之外的模块。

3.4.3　银行对账

银行存款对账是企业的银行存款日记账与银行出具的银行对账单之间的核对。企业的结算业务大部分要通过银行进行结算，但由于企业与银行的账务处理和入账时间的不一致，往往会发生双方账面不一致的情况。为了防止记账发生差错，准确掌握银行存款的实际金额，企业必须定期将企业银行存款日记账与银行出具的对账单进行核对。

银行对账单就是银行定期把企业所发生的所有银行业务列在一张清单上，供企业进行核对之用。由于对账单是银行出具的，它的数据来源于总账之外，应进行手工输入。

银行对账工作，就是将本单位的银行存款日记账与开户银行出具的银行对账单，逐笔进行核对。二者记录的结果有时不一致，这主要是由于企业与银行之间对于同一项业务，因取得凭证的时间不同，导致记账时间不一致所造成的未达账项。

对账完毕，为检查对账结果是否正确，应编制银行存款余额调节表。编制余额调节表的目的就是对未达账项进行调整，将企业银行存款账面余额和银行对账单余额全部调整为现实正确数。调整后双方余额相等，说明双方记账相符，否则说明记账有误，应及时追查原因。

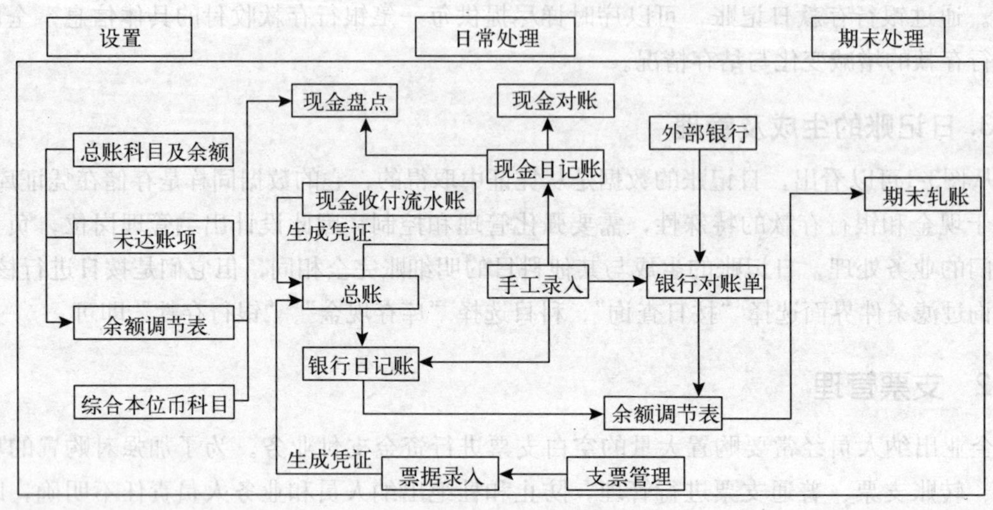

图3-9 出纳业务处理流程

3.5 账务处理系统数据库的体系结构

账务处理系统中最主要的基表，就是存储凭证的主从表、科目表、各辅助项目表。总账和辅助总账中存储的期初余额，各类明细账、总账、辅助核算总账的本期发生数，都是直接从本期凭证中取得。

3.5.1 总账与辅助总账的表结构

总账文件按照会计期间存储各科目的期初余额，辅助总账存储各种辅助核算科目的期初余额。表结构设计如图3-10所示。

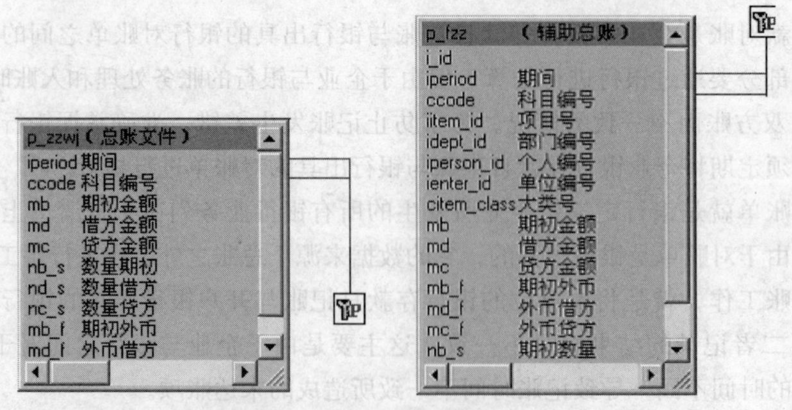

图3-10 总账与辅助总账表结构

3.5.2 账务处理系统基表之间的关系

账务处理系统围绕记账凭证和会计科目进行各种不同类型的处理，其核心信息均存储在凭证库中。对于不同的账务处理，就是从凭证中获取不同的信息，最终达到信息需求者的目的。账务处理系统中主要基表以及它们之间的主外键约束，如图3-11所示。

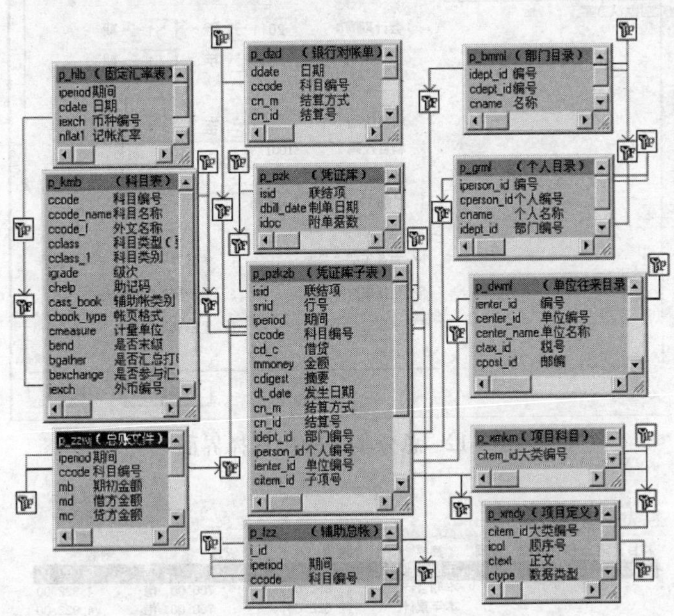

图3-11　账务处理系统信息模型

账务处理系统中主要基表的数据模型，是从设计的角度解析系统的内部结构。如果理解了数据模型中主键、外键之间的约束关系以及主表、从表之间数据的关系，就很容易理解系统的初始化及基础资料的规范化、系统的参数设置，而不必死记操作过程。

3.6 财务处理系统的输出——用户外模式

3.6.1 账务处理系统的输出

会计核算的基本目的是对内、对外提供企业的各种财务信息，以加强管理提高企业的经济效益。为此，账务处理系统设计了多种会计信息的输出功能供用户选择使用，它可提供任意科目、任意时段的动态信息，以满足各种不同类型用户的需求。

1. 总分类账的输出

由图3-11中可知，在会计信息系统中，各种账簿并没有真正存储为物理文件，而是给用户提供一个选择的界面，根据用户输入的选择条件进行组合，生成标准SQL语句。然后执行SQL语句，从凭证库、科目库和与科目、期间相对应的总账库中进行检索，最终生成用户视图。

选择“财务会计”→“总账”→“账簿”→“总分类账”，如图3-12所示输入过滤条件，点击“确定”，得到如图3-13所示的结果。

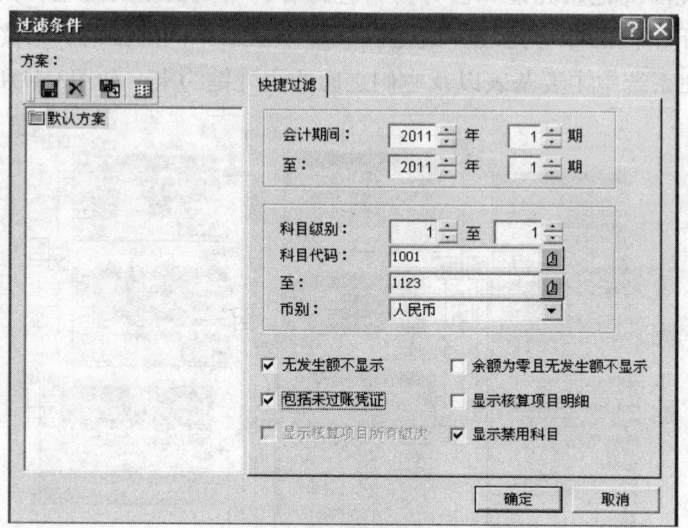

图3-12　总分类账输出选择界面

总分类账

科目代码	科目名称	期间	摘要	借方	贷方	余额	
1001	库存现金	1	年初余额			借	5,000.00
		1	本期合计	622.00	700.00	借	4,922.00
		1	本年累计	622.00	700.00	借	4,922.00
1002	银行存款	1	年初余额			借	356,453.16
		1	本期合计	2,128,661.90	1,839,760.00	借	645,355.06
		1	本年累计	2,128,661.90	1,839,760.00	借	645,355.06
1012	其他货币资金	1	年初余额			平	
		1	本期合计			平	
		1	本年累计			平	
1101	交易性金融资	1	年初余额			平	
		1	本期合计	50,250.00		借	50,250.00
		1	本年累计	50,250.00		借	50,250.00
1121	应收票据	1	年初余额			借	5,000.00
		1	本期合计	9,300.00		借	14,300.00
		1	本年累计	9,300.00		借	14,300.00
1122	应收账款	1	年初余额			借	178,325.02
		1	本期合计	3,086,319.00	2,045,434.40	借	1,219,209.62
		1	本年累计	3,086,319.00	2,045,434.40	借	1,219,209.62
1123	预付账款	1	年初余额			借	20,000.00
		1	本期合计	20,000.00		借	40,000.00
		1	本年累计	20,000.00		借	40,000.00

图3-13　总分类账输出结果界面

2. 明细分类账输出

明细分类账输出与总分类账相似。选择“财务会计”→“总账”→“账簿”→“明细分类账”，如图3-14所示输入过滤条件，点击“确定”，得到如图3-15所示结果。每页显示一个一级科目的明细分类账，点击图3-15栏目的“下一”可逐页显示其他已选科目的明细账。

由图3-14可以看出，输出的明细分类账可以跨会计期间、跨会计年度，也可按照日期生成，会计科目可以从一级到最明细级，并且可选择部分科目。

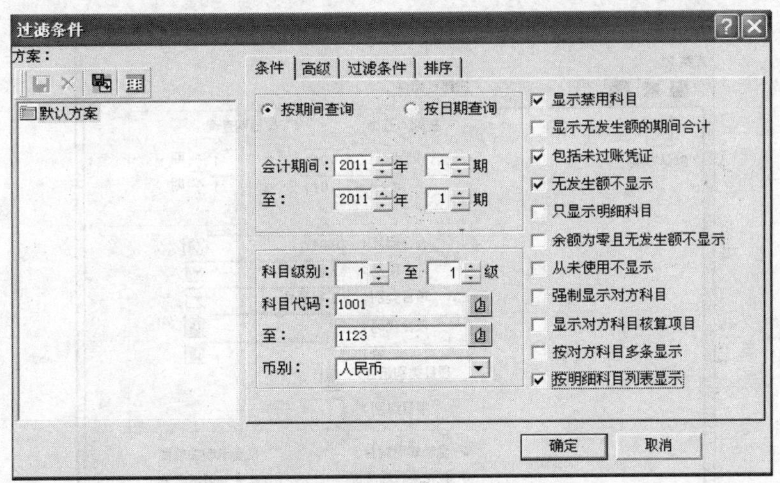

图3-14　明细分类账输出选择界面

预览　打印　刷新　过滤　第一　上一　下一　最后　总账　凭证　跳转　关闭

明细分类账　--[1001]库存现金

科目代码	科目名称	日期	凭证字号	摘要	对方科目	借方金额	贷方金额	余额
1001	库存现金	2011-01-01		年初余额				借 5,000.00
		2011-01-06	付 - 35	其他减少	1602 累计折旧		200.00	借 4,800.00
		2011-01-06	付 - 36	其他减少	1002.01 银行存款 — 工行		200.00	借 4,600.00
		2011-01-06	付 - 37	出售	6711 营业外支出		250.00	借 4,350.00
		2011-01-17	收 - 1	收回刘雄伟余款	1221.01 其他应收款 — 应收内部职工款	122.00		借 4,472.00
		2011-01-18	付 - 6	补付刘思宇差旅费	6602.02 管理费用 — 差旅费		50.00	借 4,422.00
		2011-01-26	收 - 12	库存现金溢余	6301 营业外收入	500.00		借 4,922.00
		2011-01-31		本期合计		622.00	700.00	借 4,922.00
		2011-01-31		本年累计		622.00	700.00	借 4,922.00

图3-15　明细分类账输出结果界面

3. 项目核算分类账

项目核算分类账分为核算项目总分类账和核算项目明细分类账。二者的生成条件和原理基本相同，不同之处在于，核算项目明细分类账可以按日期生成，而核算项目总分类账只能按期间生成。

（1）**项目核算明细分类账**　项目核算明细分类账的生成界面如图3-16所示。选择“财务会计”→“总账”→“账簿”→“核算项目明细账”，如图3-16所示输入过滤条件，点击“确定”，得到如图3-17所示的结果。每页显示一个项目明细，点击图中“下一”，可逐页显示已选其他项目的核算明细账。

（2）**项目核算分类总账**　项目核算分类总账生成界面如图3-18所示。选择“财务会计”→“总账”→“账簿”→“核算项目分类总账”，如图3-18所示输入过滤条件，点击“确定”，得到如图3-19所示的结果。每页显示一个项目明细，点击图中“下一”，可逐页显示已选其他项目的核算分类总账。

过滤条件
方案：
默认方案
快捷过滤
按期间查询
按日期查询
会计期间： 2011 年 1 期
至： 2011 年 1 期
会计科目： 1604
币别： 人民币
项目类别： 工程项目
项目代码： 01
至： 03
项目类别组合：
项目级别： 1
显示禁用科目
包括未过账凭证
无发生额不显示
余额为零且无发生额不显示
只显示明细项目
从未使用不显示
按科目定义单位核算
确定
取消

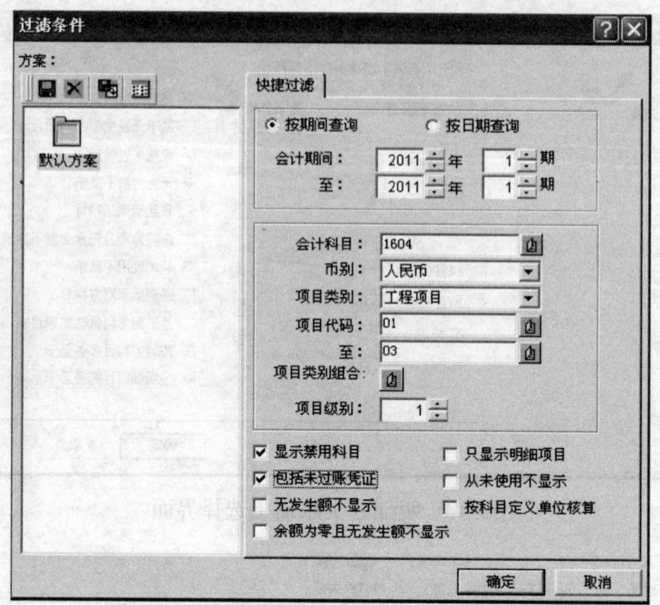

图3-16 项目核算明细账输出选择界面

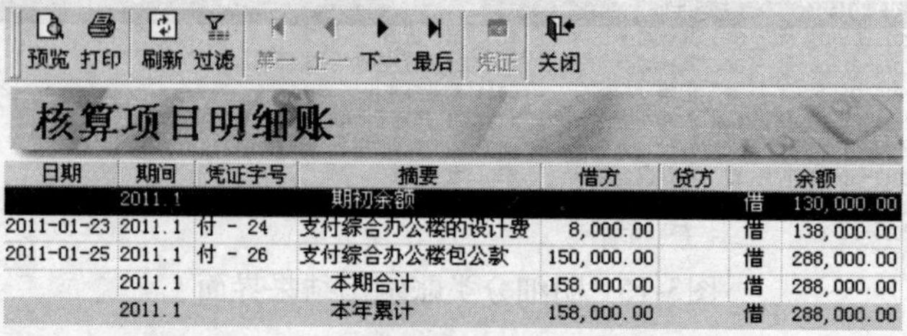

预览 打印 刷新 过滤 第一 上一 下一 最后 凭证 关闭
核算项目明细账
日期 期间 凭证字号 摘要 借方 贷方 余额
2011.1 期初余额 借 130,000.00
2011-01-23 2011.1 付 - 24 支付综合办公楼的设计费 8,000.00 借 138,000.00
2011-01-25 2011.1 付 - 26 支付综合办公楼包公款 150,000.00 借 288,000.00
2011.1 本期合计 158,000.00 借 288,000.00
2011.1 本年累计 158,000.00 借 288,000.00

图3-17 项目核算明细账输出结果界面

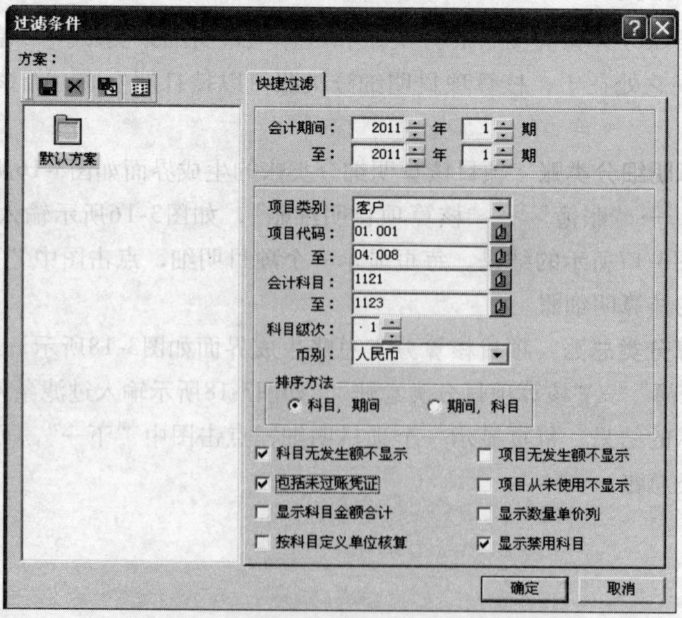

过滤条件
方案：
默认方案
快捷过滤
会计期间： 2011 年 1 期
至： 2011 年 1 期
项目类别： 客户
项目代码： 01.001
至： 04.008
会计科目： 1121
至： 1123
科目级次： 1
币别： 人民币
排序方法
科目，期间
期间，科目
科目无发生额不显示
包括未过账凭证
显示科目金额合计
按科目定义单位核算
项目无发生额不显示
项目从未使用不显示
显示数量单价列
显示禁用科目
确定
取消

图3-18 项目核算分类总账输出选择界面

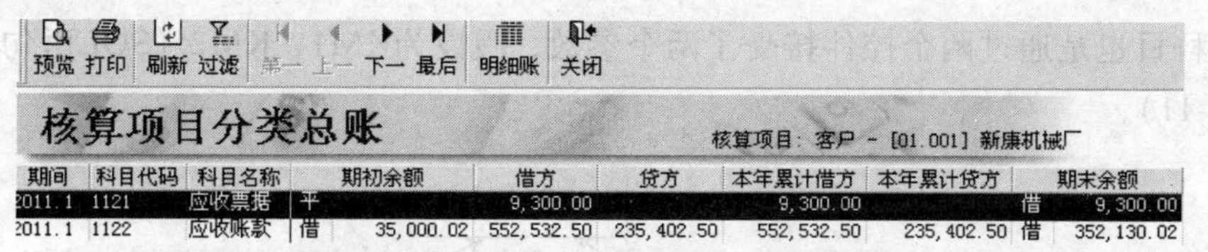

期间	科目代码	科目名称	期初余额		借方	贷方	本年累计借方	本年累计贷方	期末余额	
2011.1	1121	应收票据	平		9,300.00		9,300.00		借	9,300.00
2011.1	1122	应收账款	借	35,000.02	552,532.50	235,402.50	552,532.50	235,402.50	借	352,130.02

图3-19　项目核算分类总账输出结果界面

3.6.2　账务处理系统的输出原理

从账务处理系统的总体信息模型（见图3-11）可知，各类明细账并无实际存储，它们只是临时根据用户选择，生成符合条件的标准SQL语句，然后将生成的SQL语句挂在一个数据窗口对象上，即可生成符合选择条件的明细账。其账簿生成过程，可分为以下三步。

（1）**根据界面的选择，确定账簿的数据范围**　由图3-12至图3-19可以看出，这些界面基本是相同的，为信息使用者设计了多种选择，现将选择条件进行分类分析。

1）会计期间选择。首先选择生成账簿的期间，它由开始期间和结束期间构成，而不是固定12个期间供选择。这就给用户提供了随机的期间选择，不仅可跨会计期间，还可跨会计年度进行。

2）会计科目选择。用户可任意选择自己感兴趣的科目进行查询。

3）排序方法选择。决定账簿数据的排列顺序（见图3-18）。

前两项选择达到了用一套数据，满足多种用户对会计信息不同需求的目的，是最大限度体现计算机管理的优势所在，也是与手工处理的根本区别。同时前两项选择也确定了生成账簿的数据选择条件，也就是SQL语句中WHERE之后条件语句的判定值。排序的功能则由ORDER BY实现。因为选择界面是固定的，所以条件语句也是固定的，如：

WHERE (Dbil_date >=QJ1 AND Dbil_date <=QJ2) AND (ccode>=KM1 AND ccode<=KM2)

其中QJ1是存储用户输入的起始期间值；QJ2是存储用户输入的结束期间值，KM1是存储用户输入的开始会计科目编码；KM2是存储用户输入的结束会计科目编码。

（2）**定义以SQL语句为数据源的数据窗口**　所给出的选择界面，没有选择账簿格式的选项，这是因为账簿格式一般是软件固定的，账簿的栏目由SQL语句中的SELECT 之后的选择列所决定。不同的账对应不同的格式，其格式由显示的数据项决定。

以上两步生成了完整的SQL语句，按照账簿格式可用Power Builder或Visual Basic等开发工具，定义数据窗口对象，用生成的SQL语句作为数据窗口的数据源。

（3）**账簿的实现**　首先为不同类别的账簿，定义账簿的窗口对象，将定义的数据窗口对象挂接在对应的账簿窗口对象上，便可实现用户的查询结果。

3.6.3　输出举例

现以总分类账生成为例来说明，生成原理如图3-20所示。

（1）**根据图3-12的选择，生成SQL语句**　在图3-12中，会计期间是通过两个控件接受两个参数，假设为QJ1，QJ2。科目级别同样是通过两个控件接受两个参数，假设为JB1，

JB2。会计科目也是通过两个控件接受了两个参数，假设为KM1，KM2（SQL语句中的列名，表名见图3-11）。

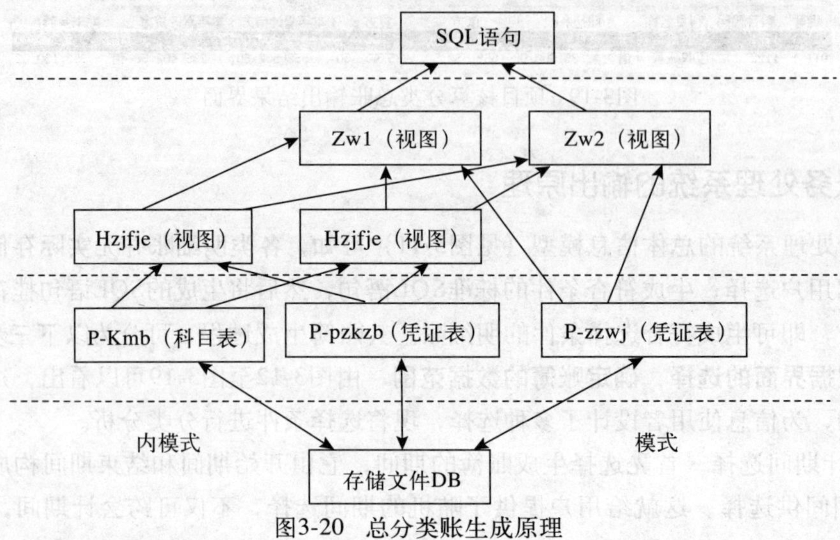

图3-20 总分类账生成原理

1）定义视图：

```
Creat  view fl_v (iperiod, Ccode, Ccode_name, jfje,dfje)
As  SELECT P_Pzkzb.iperiod, P_Pzkzb.Ccode,P_kmb.Ccode_name, P_Pzkzb.mmoney),0
from  P_Pzkzb, P_kmb where cd_c=‘借’ //借方金额视图
union
As SELECT P_Pzkzb.iperiod, P_Pzkzb.Ccode,P_kmb.Ccode_name,0, P_Pzkzb.mmoney
from  P_Pzkzb, P_kmb where cd_c=‘贷’ //贷方金额视图
Creat view zw1 (iperiod, Ccode, Ccode_name,qcje, jfje,dfje,qmye)
As select iperiod,Ccode, Ccode_name,mb, jfje,dfje,mb+jfje-dfje
From fl_v,p_zzwj
Where substr(Ccode,1,1)=‘1’ or substr(Ccode,1,1)=‘5’ and fl_v.ccode= p_zzwj.ccode and
fl_v. iperiod = p_zzwj iperiod//资产类、成本类科目的分类账
Creat view zw2 (iperiod, Ccode, Ccode_name,qcje, jfje,dfje,qmye)
As select iperiod,Ccode, Ccode_name,mb, jfje,dfje,mb+dfje-jfje
From hzjfje,hzdfje,p_zzwj
Where substr(Ccode,1,1)=‘2’ or substr(Ccode,1,1)=‘4’ and fl_v.ccode= p_zzwj .ccode
and fl_v. iperiod = p_zzwj iperiod//负债、权益类科目的分类账
```

2）生成SQL语句：

```
Select Ccode, Ccode_name, iperiod , jfje,dfje, qmye
 from zw1
where (Dbil_date >=QJ1 AND Dbil_date <=QJ2) and (Ccode>=km1 and Ccode<=km2)
```

```
union
Select Ccode, Ccode_name, iperiod, jfje,dfje, qmye
 from zw2
where (Dbil_date >=QJ1 AND Dbil_date <=QJ2) and (Ccode>=km1 and Ccode<=km2)
```

（2）**定义数据窗口**　定义总分类账的数据窗口时，如图3-21所示，该数据窗口的数据源就是上一步生成的SQL语句。

科目代码	科目名称	期间	摘要	借方	贷方	余额

图3-21　定义总分类账数据窗口

（3）**将数据窗口挂在窗口控件上**　定义窗口对象，然后在窗口上添加数据窗口控件，将第2步定义的数据窗口对象与数据窗口控件挂接，即可生成如图3-22所示的总分类账。

总分类账

科目代码	科目名称	期间	摘要	借方	贷方		余额
1001	库存现金	1	年初余额			借	5,000.00
		1	本期合计	622.00	700.00	借	4,922.00
		1	本年累计	622.00	700.00	借	4,922.00
1002	银行存款	1	年初余额			借	356,453.16
		1	本期合计	2,128,661.90	1,839,760.00	借	645,355.06
		1	本年累计	2,128,661.90	1,839,760.00	借	645,355.06

图3-22　总分类账

对于不同的选择条件，实质是选择界面上控件所接收的参数值不同而已，而SQL语句不变。即采用一固定的SQL语句，通过参数的变化来达到满足各种需求的目的。

3.7　账务处理系统应用

账务处理系统的应用，是会计信息系统的核心和基础，它的部分基础资料不仅仅是本系统使用，而是整个会计信息系统的共享信息。为实现基础数据的完整性和共享数据的一致性，必须对会计信息系统有一个全面的了解，以便在进行基础资料设置工作时，考虑问题更加全面。账务系统与其他系统的数据传递关系如图3-23所示。

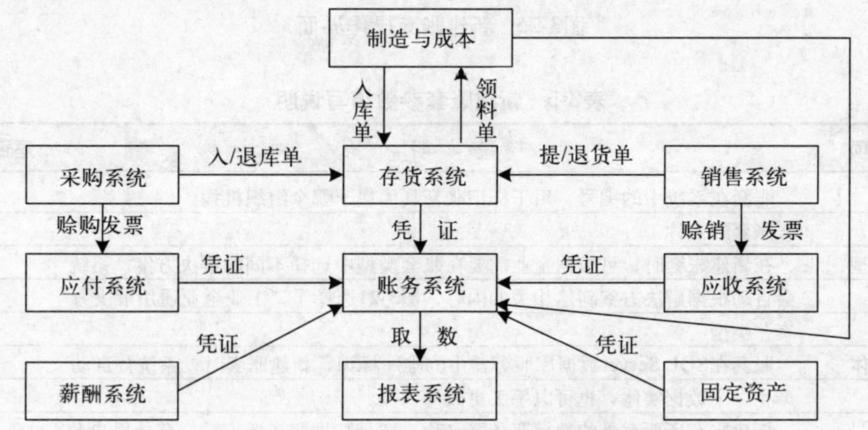

图3-23　账务系统与其他系统的数据传递关系

由图3-23可知，除报表系统外，其他系统的处理结果都会以凭证的形式进入总账，所以其他系统应在总账结账之前进行期末处理和结转工作，才能保证总账系统数据的完整。

3.7.1 建立账套

账套是企业进行会计业务处理的对象，所有的操作都是在一个具体的账套中进行。一个会计主体建立一个账套，它用于存储会计凭证、账簿、报表、应收应付业务、固定资产资料、职工薪酬资料、成本、生产计划、采购、存货、销售资料以及基础资料。在进行实验之前，首先要做的就是建立账套。建立账套简称“建账”，它包括建立一个新账套、设定账套的基本参数、启用账套、建立账套的操作人员并为操作人员分配权限等（见图3-24）。

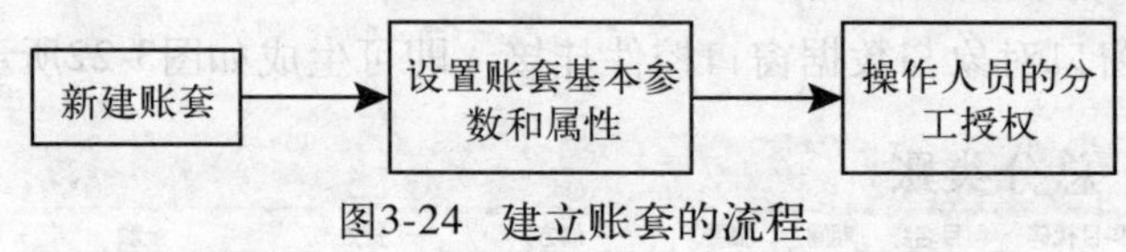

图3-24 建立账套的流程

1. 新建账套

新建账套操作，会出现如图3-25所示的操作界面，需填的参数说明见表3-5。

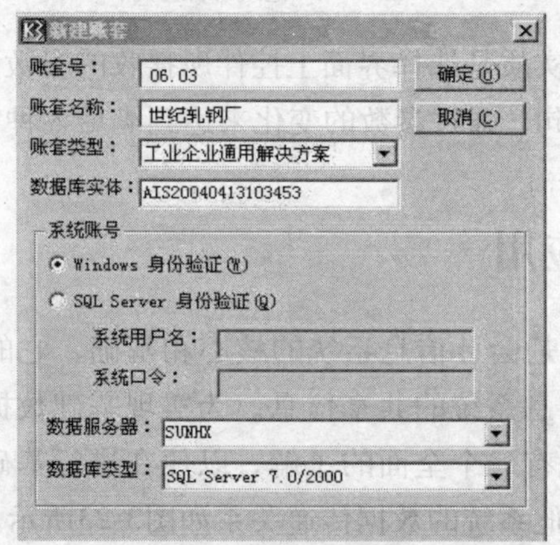

图3-25 新建账套操作界面

表3-5 新建账套参数填写说明

数据项	说　明	是否必填项
账套号	账套在系统中的编号，用于标识账套具体属于哪个组织机构	是
账套名	账套的名称	是
账套类型	在新建账套时，可根据企业需要在账套类型中选择不同的解决方案，系统会自动根据解决方案新建相关的内容，图3-21选择了“工业企业通用解决方案”类型	是
数据实体	账套在SQL Server数据库服务器中的唯一标识，新建账套时，系统会自动产生一个数据实体，也可以手工更改	是
系统账号	新建账套所要登录的数据服务器名称、登录数据服务器方式、登录用户名和密码	是

2. 设置账套的基本参数和属性

选择“系统设置”→“总账”→“系统参数”，进入如图3-26所示的界面，输入公司名称“世纪轧钢厂”、地址“湖南省长沙市”和电话“0731-88830421”。

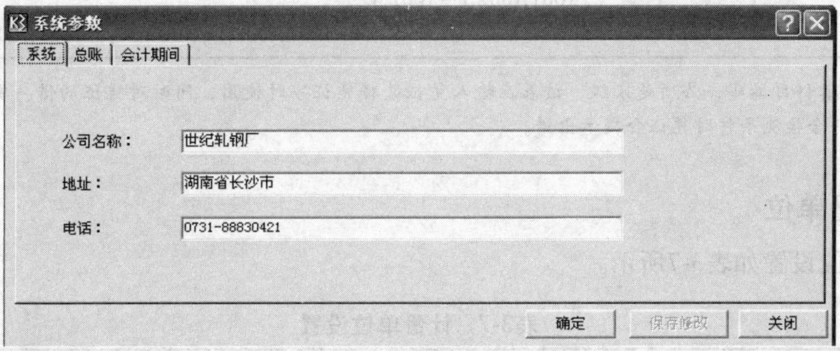

图3-26　账套属性设置界面

在“系统参数”窗口中包含三个标签页，分别是“系统”、“总账”和“会计期间”。系统用以录入用户企业基本信息。在总账标签页中，根据用户实际情况录入“记账本位币代码”（系统默认RMB）、“名称”（系统默认人民币）、“小数点位数”（系统默认2位）。其中“凭证过账前必需审核”可以选择也可以不选择，在以后的设置中还可以再次确认。会计期间则可根据用户实际情况选择，系统默认为“自然年度会计期间”。如果用户不选择该选项，则需选择“会计期间数”。系统可以自定义会计期间，但是期间数只能是12或13个。总账及会计期间的具体设置参见3.7.3节。

3. 操作人员的分工授权

具体步骤为：

1）会计组设置。就是设置用户组，可将用户组分为管理员（administrator）和一般用户（user）。管理员无需授权，具有所有操作权限，用户组则只有管理员授予的权限。一般财务部的主管可作为管理员，其他工作人员根据每个人的具体职责授予相应的权限。一般用户组可分为“总账组”、“出纳组”、“往来组”、“工资组”等。

2）人员分工授权。将每个财务工作人员，根据工作岗位分配到不同的组，并为其设置密码，授予权限。

3.7.2　基础资料设置

基础资料包括币别、凭证字、科目、计量单位、结算方式、仓库、客户、供应商、部门、职员、物料等。因为使用数据中不涉及外币核算，故在此省略外币设置资料介绍。

1. 凭证字

凭证字设置如表3-6所示。

表3-6 凭证字设置

凭证字	借方必有	贷方必有	借方必无	贷方必无
收	1001,1002.1～1002.3			
付		1001,1002.1～1002.3		
转			1001,1002.1～1002.3	1001,1002.1～1002.3

注：表内填科目编码，必须是末级。该表在输入凭证选择凭证字时使用，同时对凭证的借、贷方进行所设科目的检验，不符合检测条件时凭证会提示出错。

2. 计量单位

计量单位设置如表3-7所示。

表3-7 计量单位设置

计量单位组	计量单位代码	名称	是否基本单位	系数
数量组	01	个	是	1
	02	箱	否	20
重量组	01	公斤	是	1
	02	吨	是	1
长度组	01	米	是	1
⋮	⋮	⋮	⋮	⋮

注：可根据所设企业的实际业务进行设置。该表在定义数量、单价、金额类科目时使用。

3. 结算方式

结算方式设置如表3-8所示。

表3-8 结算方式设置

代码	名称	科目代码
JF01	库存现金	1001
JF02	银行汇票	1012.1
JF03	银行本票	1012.2
⋮	⋮	⋮

4. 客户、供应商、物料、职员、设置部门

具体步骤为：

(1) **客户录入操作**（客户资料见表3-9） 选择“系统设置”→“基础资料”→“公共资料”，双击“客户”，点击工具栏的“新增”按钮，依次点击“基本资料”和“应收应付资料”页签，如图3-27输入数据，最后点击“保存”。

表3-9 客户及供应商资料表

分类编码	分类名称	客户编码	客户名称	分类编码	分类名称	供应商编码	供应商名称
01	华南地区	001	新康机械厂	01	华南地区	001	新元炼钢厂
		002	涞源公司			002	中华炼钢厂
02	西南地区	003	彭园公司	02	西南地区	003	大阳炼钢厂
		004	浦华公司			004	巨象炼钢厂
03	东北地区	005	单南公司	03	东北地区	005	启德炼钢厂
		006	高迪公司			006	连庆炼钢厂
04	东南地区	007	巴氏集团	04	东南地区	007	中隆炼钢厂
		008	肯亚集团			008	昌南炼钢厂

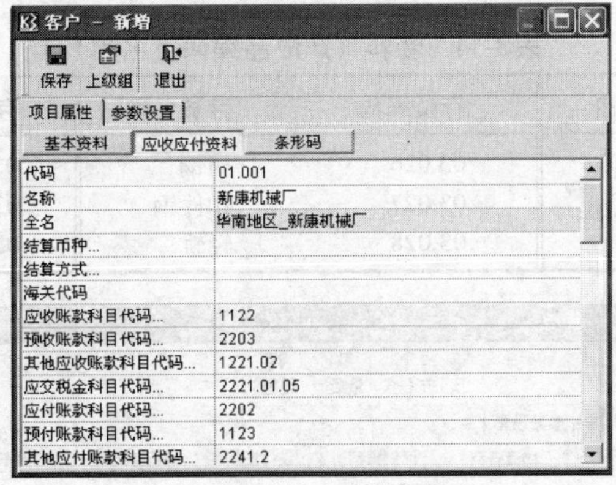

图3-27 客户资料设置

（2）**供应商录入操作**（供应商资料见表3-9） 选择“系统设置”→“基础资料”→“公共资料”，双击“供应商”，点击工具栏的“新增”按钮，依次点击“基本资料”和“应收应付资料”页签，如图3-28输入数据，最后点击“保存”。

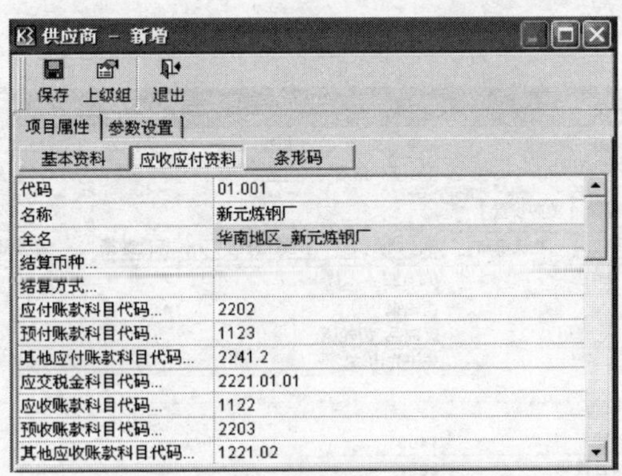

图3-28 供应商资料设置

（3）**物料录入**（原材料及产成品资料见表3-10、表3-11） 选择“系统设置”→“基础资料”→“公共资料”，双击“物料”，点击工具栏的“新增”按钮，依次点击“基本资料”和“物流资料”页签，如图3-29输入原材料“45#锭”信息，最后点击“保存”。如图3-30输入产成品“齿轮钢”信息，最后点击“保存”。

表3-10 物料（原材料01、辅助材料02编码及名称）

存货编码	存货名称	存货编码	存货名称	存货编码	存货名称
01.001	45#锭	01.009	M30Mn2锭	01.017	20Mnsi坯
01.002	20管锭	01.010	40Cr锭	01.018	轻轨钢坯
01.003	T8锭	01.011	45#坯	01.019	R3坯
01.004	27-34SiMn锭	01.012	20-40Cr坯	01.020	DR510坯
01.005	55SiMnMo锭	01.013	25MV坯	02.021	铁水脱硫剂
01.006	60Si2Mn锭	01.014	60Si2Mr坯	02.022	增碳剂
01.007	20CrMnTi锭	01.015	20GrMrTi坯		
01.008	M20Mn锭	01.016	Q235坯		

表3-11 物料（产成品编码及名称）

编码	存货名称	存货编码	存货名称	存货编码	存货名称
03.023	齿轮钢	03.026	槽钢	03.029	链条钢
03.024	螺纹钢	03.027	扣件钢	03.020	锚杆钢
03.025	角钢	03.028	轻轨	03.031	弹条钢

图3-29 物料（原材料）定义

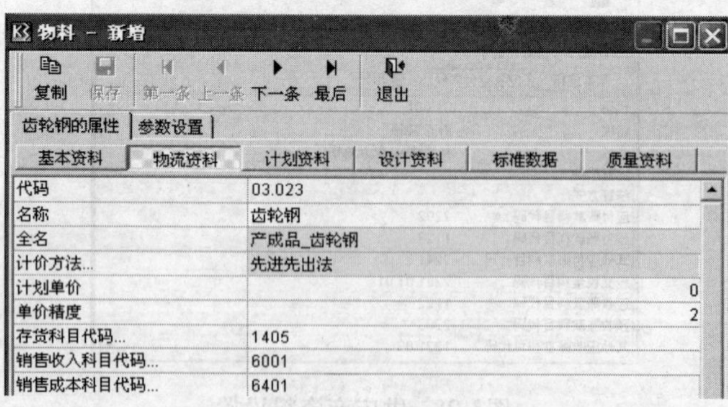

图3-30 物料（产成品）定义

（4）**部门及职员录入**（部门及职工录入资料见表3-12） 选择“系统设置”→“基础资料”→“公共资料”，双击“部门”，点击工具栏的“新增”按钮，依次点击“基本资料”和“应收应付资料”页签，如图3-31输入数据，最后点击“保存”。职员的录入步骤与部门录入相同，见图3-32。

表3-12 部门及职员资料表

部门编码及部门名称		职员编码	职员名称	性别	人员类别	工行账号
01采购部		001	刘思宇	男	管理人员	12345678901
		002	任笑	女	管理人员	12345678902
02财务部		003	龙胜强	男	管理人员	12345678903
		004	疗江	男	管理人员	12345678904
		027	王浩	男	管理人员	12345678927
		028	徐晓	女	管理人员	12345678928
03生产部	0301加热炉车间	005	孙亚楠	男	生产管理人员	12345678905
		006	孙艳	女	生产人员	12345678906
		017	岑洁	男	生产人员	12345678917
		018	覃晓	男	生产人员	12345678918
		019	张巧枚	女	生产人员	12345678919
		020	王传东	男	生产人员	12345678920
	0302轧机车间	007	戴熊	男	生产管理人员	12345678907
		008	熊伟	男	生产人员	12345678908
		021	李文贤	女	生产人员	12345678921
		022	李明	男	生产人员	12345678922
		023	邓超	男	生产人员	12345678923
	0303精整车间	009	熊卓	男	生产管理人员	12345678909
		010	虢娟	女	生产人员	12345678910
		024	孙莉	女	生产人员	12345678924
		025	王杰	男	生产人员	12345678925
		026	袁帅	男	生产人员	12345678926
04企业管理部		011	刘雄伟	男	管理人员	12345678911
		012	刘壮	男	管理人员	12345678912
05销售部		013	邓娟	女	管理人员	12345678913
		014	吴迪	女	管理人员	12345678914
		015	李杰	男	管理人员	12345678915
		016	张星	女	管理人员	12345678916

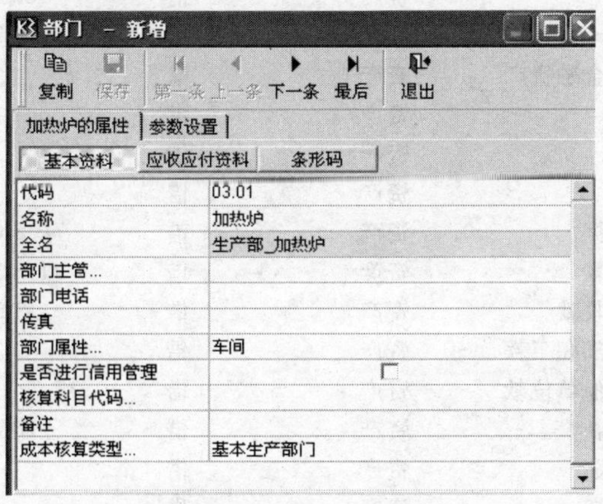

图3-31 部门录入界面

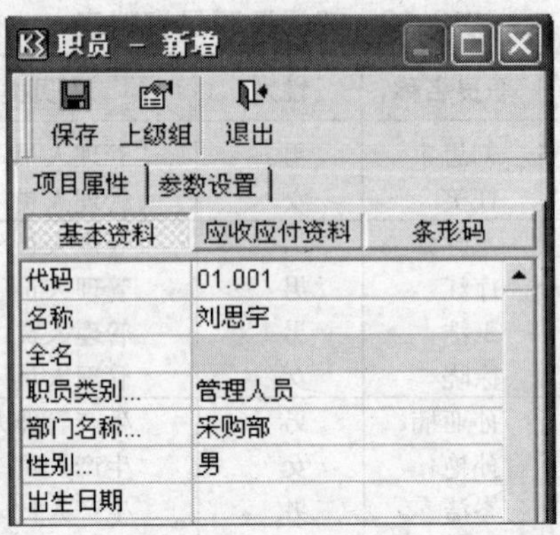

图3-32 职员录入界面

注意：录入部门时，生产部的加热炉车间、轧制车间和精整车间的部门属性选择“车间”。成本核算类型选择“基本生产部门”，否则在成本管理系统中不能使用部门信息，选择“基本生产部门”才能参加成本计算。其他部门的部门属性选择“非车间”，成本核算类型选择“期间费用部门”。

5. 会计科目

会计科目的一级科目可从模板引入（引入后无需修改的在此省略），引入后需新增明细科目，并设置相应的辅助核算。世纪轧钢厂的科目设置及余额见表3-13。

表3-13 会计科目及期初余额资料

科目代码	科目名称	科目类别	余额方向	余额	项目辅助核算
1001	库存现金	资产	借	5 000.00	
1002	银行存款	资产	借	356 453.16	
1002.01	工商行	资产	借	281 952.60	
1002.02	建行	资产	借	68 112.96	
1002.03	招行	资产	借	6 387.60	
1101	交易性金融资产	资产	借	否	
1101.01	债券	资产	借	否	
1101.02	股票	资产	借	否	
1101.03	基金	资产	借	否	
1121	应收票据	资产	借	5 000.00	
1122	应收账款	资产	借	178 325.02	客户
1221	其他应收款	资产	借	1 700.00	
1221.01	应收内部职工款	资产	借	1 700.00	职员
1221.02	应收其他单位款	资产	借	否	客户
1123	预付账款	资产	借	20 000.00	供应商
1401	材料采购	资产	借	否	物料
1402	在途物资	资产	借	否	物料
1403	原材料	资产	借	1 039 400.00	物料
1405	库存商品	资产	借	376 659.65	物料
1411	周转材料	资产	借	10 000.00	
1411.01	包装物	资产	借	10 000.00	

（续）

科目代码	科目名称	科目类别	余额方向	余额	项目辅助核算
1511	长期股权投资	资产	借	5 000.00	
1511.01	股票投资	资产	借	5 000.00	
1601	固定资产	资产	借	603 000.00	
1602	累计折旧	资产	贷	53 017.61	
1604	在建工程	资产	借	230 000.00	项目
2001	短期借款	负债	贷	150 000.00	
2201	应付票据	负债	贷	否	供应商
2202	应付账款	负债	贷	128 700.00	供应商
2203	预收账款	负债	贷	164 380.02	客户
2241	其他应付款	负债	贷	否	
2241.01	应付内部职工款	负债	贷	否	职员
2501	长期借款	负债	贷	700 000.00	
4001	实收资本	权益	贷	1 634 440.20	
5001	生产成本	成本	借	否	
5001.01	基本生产成本	成本	借	否	物料
5001.01.01	材料成本	成本	借	否	物料
5001.01.02	直接人工	成本	借	否	物料
6001	主营业务收入	营业收入	贷	否	物料
6401	主营业务成本	营业成本	借	否	物料
6602	管理费用	期间费用	借	否	
6602.01	招待费	期间费用	借	否	部门
6602.02	差旅费	期间费用	借	否	部门
6602.03	办公费	期间费用	借	否	部门

3.7.3 系统初始化

总账系统初始化的操作流程如图3-33所示。

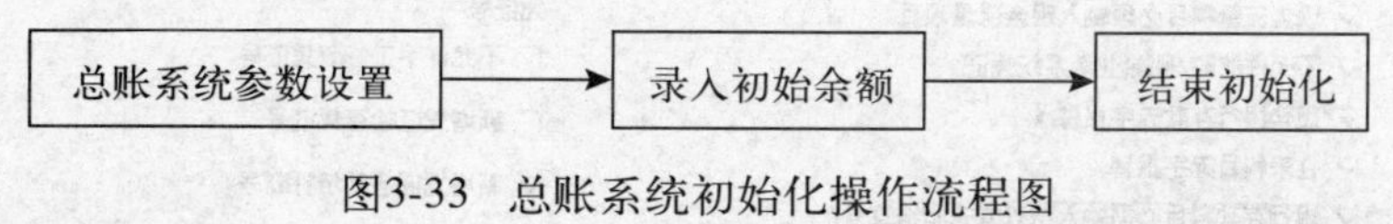

图3-33　总账系统初始化操作流程图

1. 系统参数设置

总账系统参数设置，是为总账的处理设置规则，有些参数一旦设定，无法修改。具体操作界面见图3-34。选择“系统设置”→“总账”→“系统参数”，在如图3-34、图3-35、图3-36所示界面，分别对“总账”页签下的“基本信息”，“凭证”、“预算”进行选择设置。

表3-14对各页签的主要选项设置的作用作了简要说明（有些设置只改变显示结果，而不影响后续处理的在此省略）。

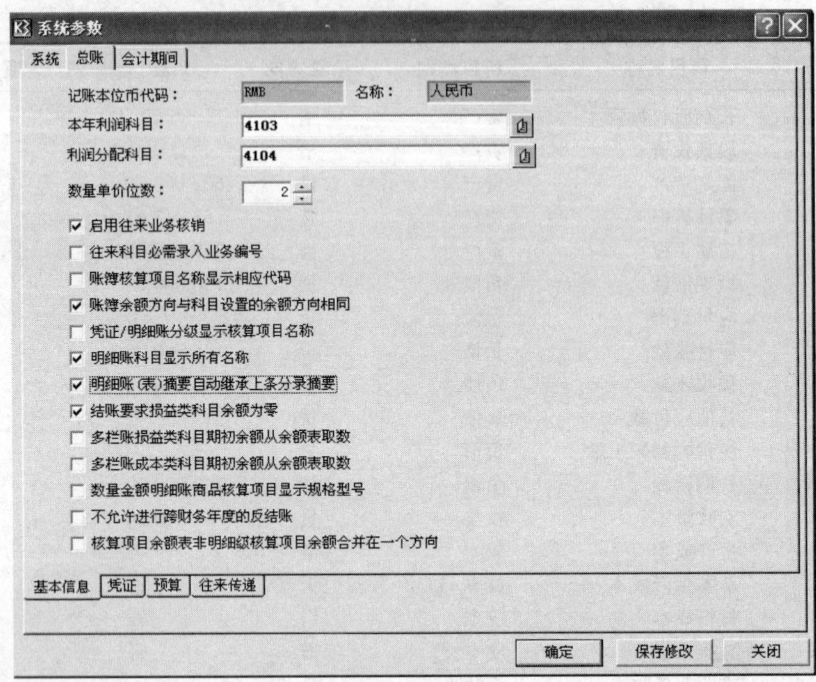

图3-34 总账系统参数设置——基本信息

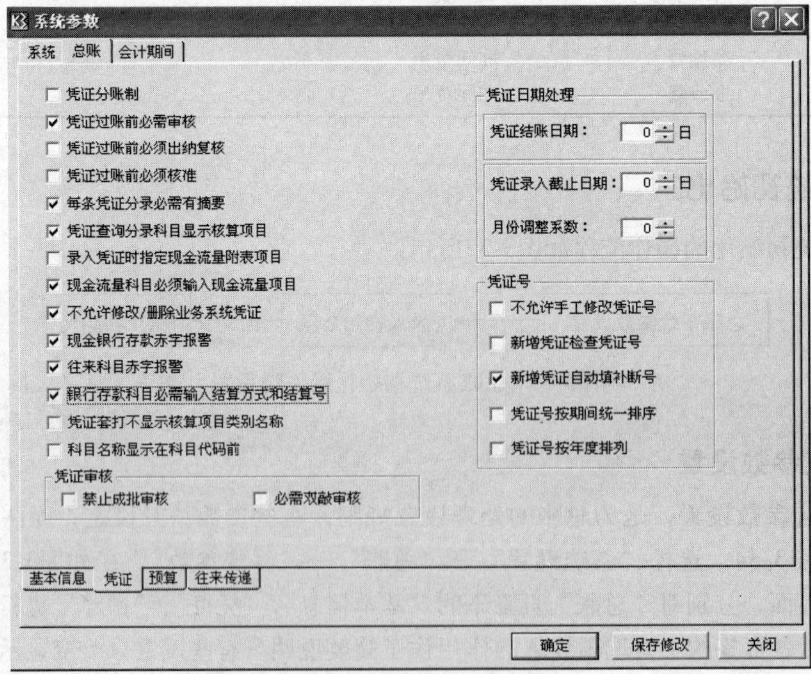

图3-35 总账系统参数设置——凭证

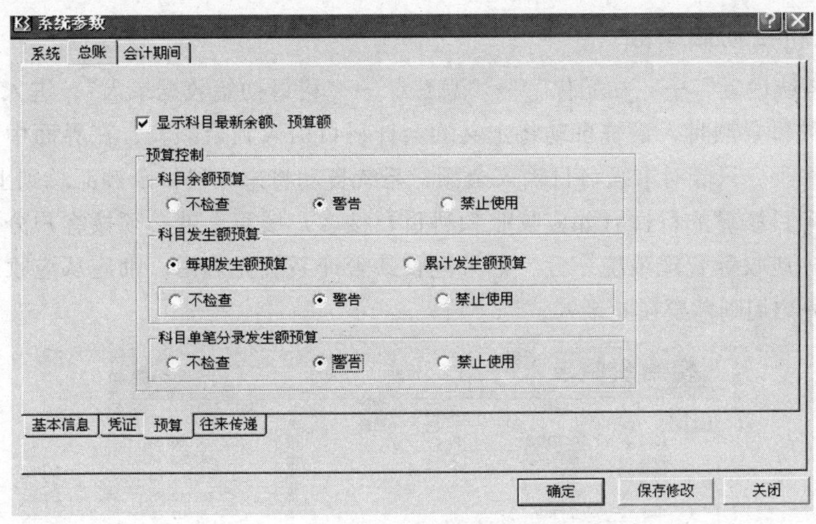

图3-36　总账系统参数设置——预算

表3-14　参数设置说明

页 标 签	选 择 项	作　用
总账/基本信息	启用往来业务核销	选择此项，往来业务核销功能可用
	往来业务必须录入业务编号	凭证录入时对设置了往来业务核算的科目必须录入往来业务编号
	结账时要求损益类科目余额为零	损益结转采用账结法的企业，必须选此项；损益结转采用表结法的企业，则不选择
	不允许跨财务年度的反结账	选择该项，不能进行跨年度的反结账
总账/凭证选项	凭证分账制	针对外币处理，分账制录入外币业务时，不需要进行外市的折算，直接记录外币原币的金额；而采用统账制每笔外币业务都必须折合为本位币进行记录
	凭证过账前必须审核	对凭证过账作的限制；选择了此项，则凭证必须审核后才可以进行过账处理
	凭证过账前必须出纳复核	该选项只对有现金科目或银行存款科目的凭证有效，凭证必须经出纳复核后才能过账
	现金流量科目必须输入现金流量项目	如果选择这个选项，在凭证输入时必须对现金流量科目输入现金流量项目；否则凭证保存不能保存
	录入凭证时指定现金流量表附表项目	若选择该选项，则在凭证录入时对于附表相关科目，必须输入现金流量附表项目；否则视同凭证不合法，不予保存
	不允许修改/删除业务系统凭证	选择这一选项，对非总账系统生成的凭证，在总账中只能查看，不能进行修改或是删除
	不允许手工修改凭证号	选择此参数，新增凭证时，由系统根据用户选择的凭证号规则，自动生成且不允许修改
	凭证日期处理	用于设置“凭证录入截止日期”和“月份调整系数”
预算	显示科目最新余额、预算额	选中此项，在凭证录入时可即时显示该科目的最新余额，包括未过账凭证；预算额是在科目属性中所设置的预算数据的范围
	预算控制	系统对科目余额预算、科目发生额预算、科目单笔分录发生额预算不符合预算（大于最高预算或小于最低预算）的科目录入提供三种选择：不检查、警告（可继续录入）、禁止使用（不可继续录入）

2. 录入科目初始余额

选择“系统设置”→“初始化”→“总账”→“科目初始数据录入”，进入图3-37所示界面。录入科目余额时，系统自动将定义的会计科目引入到余额表，在界面中，不能对科目进行增删修改。只能对末级科目输入余额，系统自动将末级科目余额汇总到上一级科目。对于设置了项目核算的科目（如应收账款科目）按客户核算，就必须按客户分别输入，且客户余额应与应收款管理系统一致。如果应收款管理系统先启用，则应从应收款管理系统引入。总账先启用则需要在此录入。

初始余额录入　币别：人民币　汇率：1 记账本

科目 代码	科目 名称	期初数量	期初余额 方	期初余额 原币	核算项目
1001	库存现金		借	5,000.00	
1002	银行存款		借	356,453.16	
1002.01	工行		借	281,952.60	
1002.02	建行		借	68,112.96	
1002.03	招行		借	6,387.60	
1012	其他货币资金		借		
1012.01	外埠存款		借		
1012.02	银行本票存款		借		
1012.03	银行汇票存款		借		
1012.04	信用卡存款		借		
1012.05	信用证保证金存款		借		
1012.06	存出投资款		借		
1101	交易性金融资产		借		
1101.01	股票		借		
1101.02	债券		借		
1101.03	基金		借		
1101.04	其他		借		
1121	应收票据		借	5,000.00	√
1122	应收账款		借	178,325.02	√
1123	预付账款		借	20,000.00	√

图3-37　初始余额录入界面

（1）**应收账款科目余额录入**　从图3-37可以看到，应收账款科目对应的核算项目标有√，点击√就会出现如图3-38所示界面。应收账款有三个客户欠款，但该界面不能输入数据。点击“插入”，在客户栏选择欠款客户名称，点击客户“涞源公司”对应的业务编号，出现如图3-39所示界面。在此输入涞源公司的数据，点击“保存”，系统将按客户汇总填入图3-38。然后用同样的方法操作客户“新康机械厂”和“高迪公司”，系统自动汇总图3-38的数据，填入图3-37应收账款期初余额栏目（此处三个客户欠款的期初数据详见第4章）。

核算项目初始余额录入　（科目：1122 应收账款）

客户	期初余额 原币	业务编号
01-新康机械厂	35,000.02	√
02-涞源公司	28,080.00	√
06-高迪公司	115,245.00	√

□ 自动保存　插入[I]　删除[D]　保存[S]　还原[R]　关闭[C]

图3-38　应收账款初始余额汇总

核算项目初始余额录入　（科目：1122 应收账款）-往来业务

客户	期初余额 原币	业务发生时间	业务编号
02-涞源公司	28,080.00	2010-12-15	001

□ 自动保存　插入[I]　删除[D]　保存[S]　还原[R]　刷新[R]　关闭[C]

图3-39　应收账款客户初始余额录入

（2）**原材料科目初始余额录入**　在如图3-37所示的界面，点击原材料科目后的✓，在如图3-40所示的界面点击“插入”，选择物料，填写期初余额和期初数量，最后点击“保存”。

核算项目初始余额录入　（科目：1403 原材料　）

物料	期初余额	期初数量
	原币	
01.01.001-45#锭	41,800.00	10.00
01.01.003-T8锭	77,250.00	15.00
01.01.010-40Cr锭	39,000.00	10.00
01.02.011-45#坯	102,500.00	25.00
01.02.012-20-40Cr坯	80,000.00	20.00
01.02.013-25MV坯	159,250.00	35.00
01.02.014-60Si2Mr坯	154,000.00	40.00
01.02.015-20GrMrTi坯	115,000.00	25.00
01.02.016-Q235坯	72,000.00	20.00
01.02.018-轻轨钢坯	150,000.00	30.00
01.02.019-B3坯	48,600.00	10.00

自动保存

插入[I]　删除[D]　保存[S]　还原[R]　关闭[C]

图3-40　原材料初始余额录入

（3）**库存商品科目的初始余额录入**　在如图3-37所示界面，点击库存商品科目后的✓，在如图3-41所示的界面点击“插入”，选择物料，填写期初余额和期初数量，最后点击“保存”。

核算项目初始余额录入　（科目：1243 库存商品　）

物料	期初余额	期初数量
	原币	
03.023-齿轮钢	41,035.14	9.00
03.024-螺纹钢	58,630.20	10.00
03.025-角钢	41,943.28	8.00
03.026-槽钢	40,187.91	7.00
03.027-扣件钢	33,659.78	7.00
03.028-轻轨	56,698.30	10.00
03.029-链条钢	44,185.00	10.00
03.030-锚杆钢	35,791.02	6.00
03.031-弹条钢	23,899.02	6.00

自动保存

插入[I]　删除[D]　保存[S]　还原[R]　关闭[C]

图3-41　库存商品初始余额录入界面

3. 试算平衡

所有科目的期初余额录入完毕后，结束初始化之前，余额必须试算平衡。在如图3-37所示界面点击工具栏的“平衡”，即得到如图3-42所示试算平衡结果。

试算借贷平衡

试算项	借方	贷方	差额
期初余额(原币)			
期初余额(本位币)	2,830,537.83	2,830,537.83	0.00
本年累计(原币)			
本年累计(本位币)			

试算结果平衡。　关闭

图3-42　试算平衡界面

只有在综合本位币状态下试算平衡后，系统才允许结束初始化，否则就不能结束初始化。

4. 结束初始化

选择“系统设置”→“初始化”→“总账”→“结束初始化”，在如图3-43所示界面点击“开始”，系统弹出提示窗口“余额初始化工作已结束”，点击“确定”。

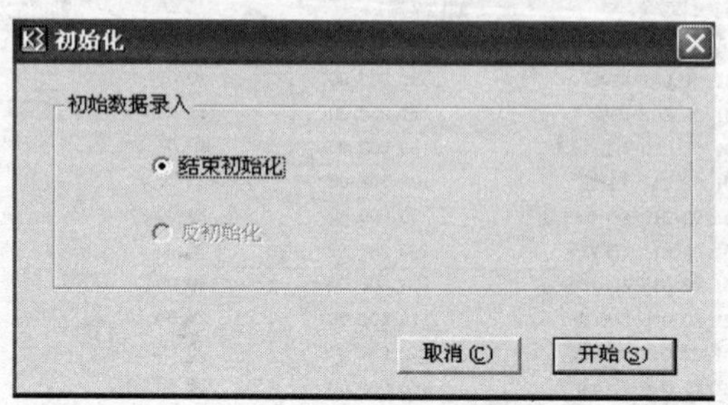

图3-43 结束初始化界面

结束初始化后，初始数据录入界面将变为不可编辑状态，此时，就可以开始一系列日常工作了。

3.7.4 凭证管理

凭证管理包括凭证录入、凭证查询、审核与反审核、对冲、凭证汇总等（见图3-44）。其中最重要的是凭证录入，因为必须保证凭证数据的正确，这是账务系统的基础。

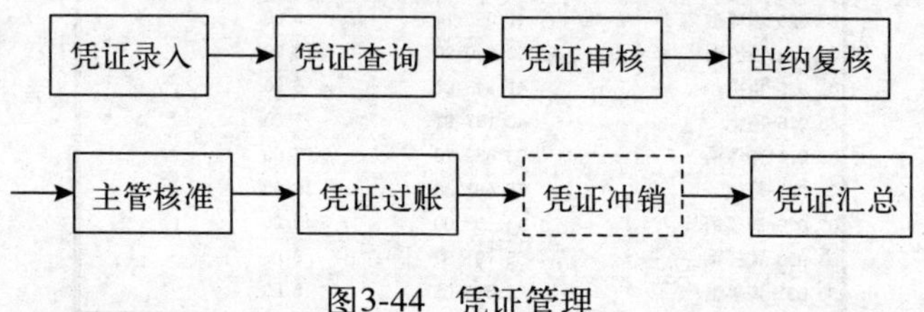

图3-44 凭证管理

1. 资料要求及录入

业务1：2011-01-01，销售一部邓娟借支差旅费700元。

借：122101（其他应收款——应收内部职工款——邓娟）　700.00

　贷：100202（银行存款——建行）　700.00

业务2：2011-01-03，对巴氏公司长期投资100 000元。

借：151102（长期股权投资——其他股权投资）　100 000.00

　贷：100201（银行存款——工行）　100 000.00

业务3：2011-01-10，支付本月长期借款利息5 000元。

借：6603（财务费用）　5 000.00

　贷：100201（银行存款——工行）　5 000.00

业务4：2011-01-12，支付本月短期借款利息1 500元。

借：6603（财务费用）　1 500.00

贷：100201（银行存款——工行）　　1 500.00

业务5：2011-01-15，销售部吴迪报销差旅费396元。

借：660202（管理费用——差旅费——销售部）　　396.00

贷：100202（银行存款——建行）　　396.00

业务6：2011-01-17，企业管理部刘雄伟报销差旅费1 578元。

借：660202（管理费用——差旅费——企业管理部）　　1 578.00

1001（库存现金）　　122.00

贷：122101（其他应收款——应收内部职工款——刘雄伟）　　1 700.00

业务7：2011-01-18，采购部刘思宇报销差旅费500元。

借：660202（管理费用——差旅费——采购部）　　500.00

贷：1001（库存现金）　　500.00

业务8：2011-01-20，企业管理部报销招待费用794元。

借：660201（管理费用——招待费——企业管理部）　　794.00

贷：100201（银行存款——工行）　　794.00

业务9：2011-01-23，支付综合办公楼的设计费8 000元。

借：1604（在建工程——综合办公楼）　　8 000.00

贷：100202（银行存款——建行）　　8 000.00

业务10：2011-01-23，向昌南炼钢厂采购包装物4 000元。

借：141101（包装物）　　4 000.00

贷：100201（银行存款——工行）　　4 000.00

业务11：2011-01-25，支付综合办公楼包工款150 000元。

借：1604（在建工程——综合办公楼）　　150 000.00

贷：100202（银行存款——建行）　　150 000.00

业务12：2011-01-25，支付购入短期债券款及手续费50 250元。

借：110102（交易性金融资产——债券）　　50 250.00

贷：100201（银行存款——工行）　　50 250.00

业务13：2011-01-25，支付专利登记费及公证费3 000元。

借：1701（无形资产）　　3 000.00

贷：100202（银行存款——建行）　　3 000.00

业务14：2011-01-25，购买技术10 000元。

借：1701（无形资产）　　10 000.00

贷：100201（银行存款——工行）　　10 000.00

业务15：2011-01-25，企业管理部报销费用385元。

借：660203（管理费用——办公费）　272.00

　660202（管理费用——差旅费）　86.00

　贷：100201（银行存款——工行）　358.00

业务16：2011-01-25，支付长期借款500 000元。

借：2501（长期借款）　500 000.00

　贷：100201（银行存款——工行）　500 000.00

业务17：2011-01-26，清查时发现库存现金溢余500元，原因待查。

借：1001（库存现金）　500.000

　贷：1901（待处理财产损溢——待处理流动资产损溢）　500.00

业务18：2011-01-26，借入长期借款200 000元。

借：100201（银行存款——工行）　200 000.00

　贷：2501（长期借款）　200 000.00

业务19：2011-01-26，投资者投入100 000元。

借：100201（银行存款——工行）　100 000.00

　贷：4001（实收资本）　100 000.00

业务20：2011-01-26，购买工程物资10 000元。

借：160501（工程物资——专用材料）　10 000.00

　贷：100201（银行存款——工行）　10 000.00

业务21：2011-01-27，收到政府的补助5 000元。

借：100201（银行存款——工行）　5 000.00

　贷：4002（资本公积）　5 000.00

业务22：2011-01-22，接收捐赠的一项专利，市场价格确定为50 000元。

借：1701（无形资产）　50 000.00

　贷：6301（营业外收入）　50 000.00

业务23：2011-01-27，支付电费18 200元。

借：510101（制造费用——水电费）　18 200.00

　贷：100203（银行存款——招行）　18 200.00

业务24：2011-01-30，发放工资204 820元。

借：2211（应付职工薪酬）　204 820

　贷：100201（银行存款——工行）　204 820

2. 凭证处理

（1）**凭证录入**　现以业务9为例来说明凭证录入。选择“财务会计”→“总账”→“凭证处理”→“凭证录入”，进入凭证录入界面（见图3-45）。在日期栏填入2011-1-23，在凭证字栏选择“付”，凭证号自动生成，附件数直接填入，摘要栏填入“支付综合办公楼设计费”，科目栏填入“1604”，借方栏填入8000，系统提示“填入核算项目”，出现如图3-46所示的窗口，选择“01-综合办公楼”。下行科目栏填入“1002.02”，贷方栏填入8000，此时系统会提示“填入核算项目”，凭证下方出现如图3-47所示现金流量项目指定窗口。选择对方科目“在建工程”及主表项目“CI2.02.01”，点击“确定”，最后点击工具栏的“保存”即可。

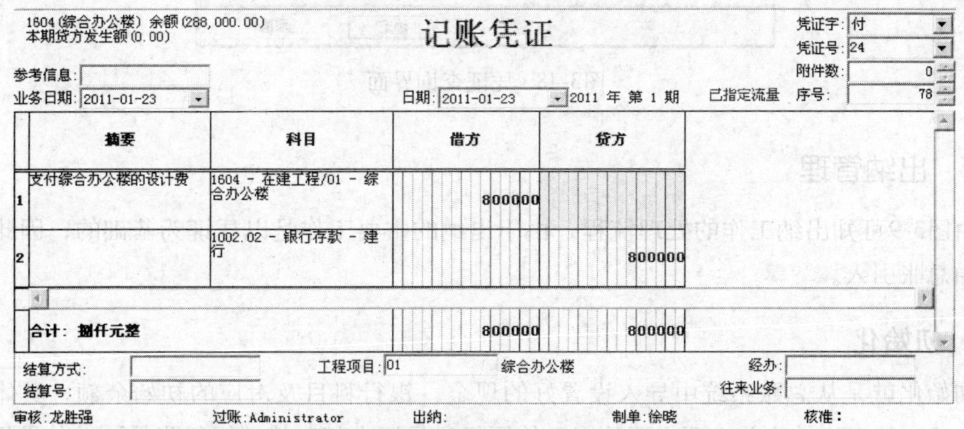

图3-45　凭证输入界面

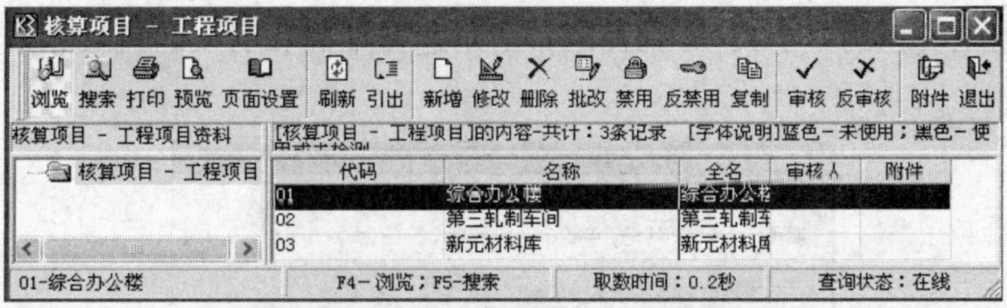

图3-46　核算项目输入界面

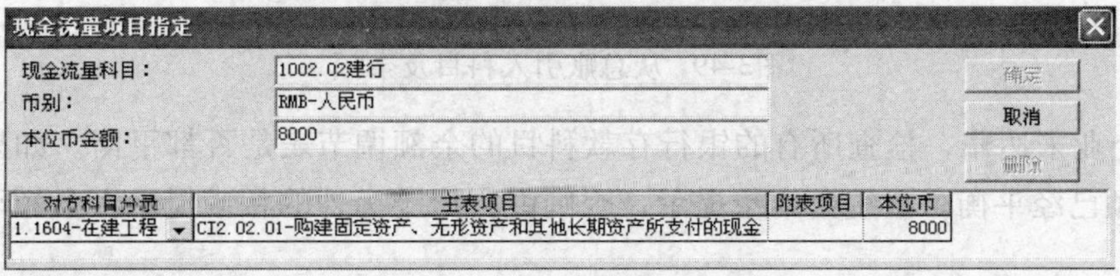

图3-47　现金流量项目录入界面

（2）**凭证查询**　对于已生成的凭证，系统提供了任意组合条件的查询界面（见图3-48），字段列给出了凭证主从表的所有字段，可根据凭证的某些特征进行查询。例如查询2011年1月26日的收款凭证，如图3-48所示的界面选择过滤条件，最后点击“确定”即可。

（3）**凭证审核**　凭证审核、出纳复核、主管核准操作相同。这三项操作由不同的人员进行，审核凭证者与凭证录入者为不同人，出纳组的人员对收、付凭证进行复核，财务主管最后进行核准。

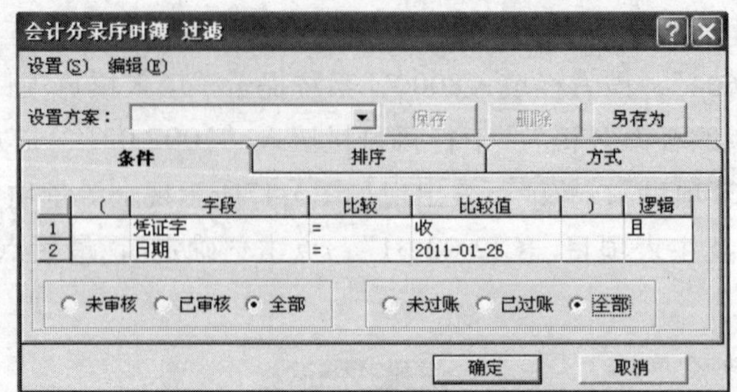

图3-48 凭证查询界面

3.7.5 出纳管理

由图3-9可知出纳工作的处理流程。由于出纳的主要工作是以凭证为基础的，因此初始数据由总账引入。

1. 初始化

初始化就是从总账系统中导入设置好的现金、银行科目及对应的初始余额，具体操作见图3-49。结束初始化前，还需要给引入的银行科目添上相应的"银行账号"；如果没有添加，系统将给予相应的提示。选择"系统设置"→"初始化"→"现金管理"→"初始数据录入"，点击工具栏的"引入"，如图3-49所示选择期间和引入的科目和余额，最后点击"确定"。

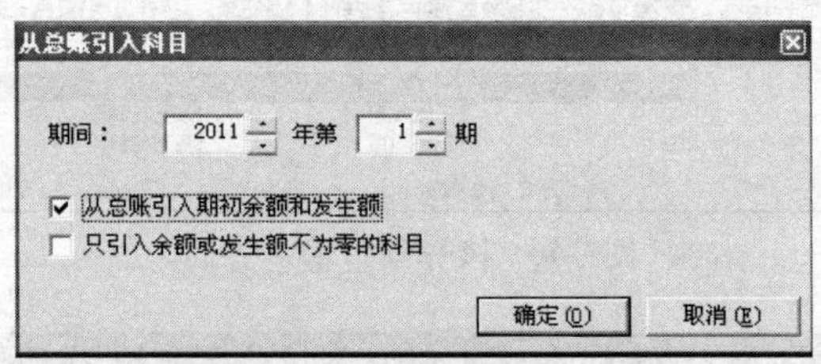

图3-49 从总账引入科目及余额

录入企业未达账，检查所有的银行存款科目的余额调节表是否都平衡。如果银行存款科目的余额已经平衡，系统会给予提示，否则就会给予另外的相应提示。余额平衡就可结束初始化。

2. 登账设置

选择"财务会计"→"现金管理"→"总账数据"→"引入日记账"，在如图3-50所示界面点击对应科目的选择栏按钮，勾选引入方式"按银行存款科目"、日期"使用凭证日期"及期间模式"引入本期所有凭证"，然后点击"引入"即可。

登账设置就是设置登账的规则，即是按照现金、银行存款科目登账，还是按照对方科目登账（见图3-50中的"引入方式"）。选择按银行存款科目登账，系统会根据凭证中的银行科目的第一个对应科目登记日记账；如果选择按对方科目登账，系统会根据凭证中的银行存款科目所对应科目登记日记账。

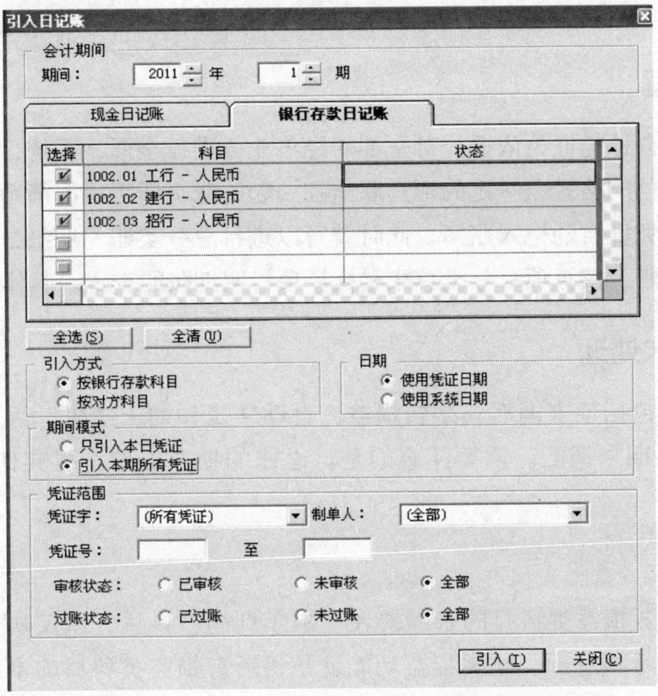

图3-50 引入银行存款日记账之前的登账设置

3. 复核登账

复核登账并非真正登账，而是查询凭证记录，选中需要登账的记录，单击工具条上的“登账”即可。也可以双击该条记录，进行登账的操作。登账后该条记录不再显示在复核记账的查询界面上。

4. 日记账

登日记账有两种方法，可以从总账引入，也可由出纳直接手工录入。但二者只能选其中之一，不能混用，因为混用容易出错。

从总账引入现金日记账和银行存款日记账的操作界面如图3-50所示。在图3-50中选择会计期间及科目、引入方式、日期和期间模式，最后点击“引入”。引入现金日记账的操作相同，因为是日记账，所以期间模式选择“只引入本日凭证”。

手工录入现金日记账或银行存款日记账时，录入的信息是没有生成凭证的信息，要用日记账的信息生成凭证。这种方法与引入日记账的操作顺序正好相反，由出纳根据发生的现金、银行存款业务登记日记账，之后利用生成凭证功能，生成收、付款凭证存入总账。

5. 现金盘点、现金对账、现金日报表

现金盘点工作就是选择要盘点的科目、币别、日期，然后录入有关盘点的数据。也可取上次盘点数，或在此基础上加以修改。现金对账就是查询核对现金管理系统的现金日记

账余额、总账系统的现金日记账余额、实际盘点的金额。现金日报表是根据现金日记账自动生成的。

3.7.6 账簿管理

会计账簿是以会计凭证为依据，对全部的经济业务进行全面、系统、连续、分类的记录和核算，并按照专门的格式以一定的形式联结在一起的账页所组成的簿籍。经过凭证管理工作，系统已将记账凭证自动记入账簿，此时就可以进行总分类账、明细分类账、数量金额总账、数量金额明细账、核算项目分类总账和核算项目明细账的查询。具体操作见3.6节。

3.7.7 总账期末处理

期末处理主要包括期末调汇、结转损益、自动转账和期末结账。因本套账没有外币核算，所以此处省略期末调汇。需要注意的是，总账的期末处理，要其他系统都结账之后，才能进行。

1. 结转损益

期末时，应将各损益类科目的余额转入“本年利润”科目，以反映企业在一个会计期间内实现的利润或亏损总额。结转损益功能就是将所有损益类科目的本期余额全部自动转入本年利润科目，并生成一张结转损益记账凭证。本功能只有对“科目类别”中设定为“损益类”的科目余额才能进行自动结转。必须将所有的凭证全部录入并审核过账之后才可执行。

1）选择“财务会计”→“总账”→“结账”→“结转损益”，点击“下一步”，进入如图3-51所示的损益类对应本年利润科目列表界面。点击“下一步”，进入如图3-52所示的结转损益凭证参数录入界面，选择凭证字“转”，填写摘要“结转本期损益”，选择凭证类型“损益”和凭证生成方式“按普通方式结转”，点击“完成”，即自动生成一张转账凭证。

结转损益

除<以前年度损益调整>科目对应利润分配科目外，其他损益类科目对应<本年利润>科目

	代码	名称	结转科目	结转科目名称
1	6001	主营业务收入	4103	本年利润
2	6011	利息收入	4103	本年利润
3	6021	手续费及佣金收入	4103	本年利润
4	6041	租赁收入	4103	本年利润
5	6051	其他业务收入	4103	本年利润
6	6061	汇兑损益	4103	本年利润
7	6101	公允价值变动损益	4103	本年利润
8	6111	投资收益	4103	本年利润
9	6301	营业外收入	4103	本年利润
10	6401	主营业务成本	4103	本年利润
11	6402	其他业务成本	4103	本年利润

取消(C)　上一步(P)　下一步

图3-51 损益类对应本年利润科目列表界面

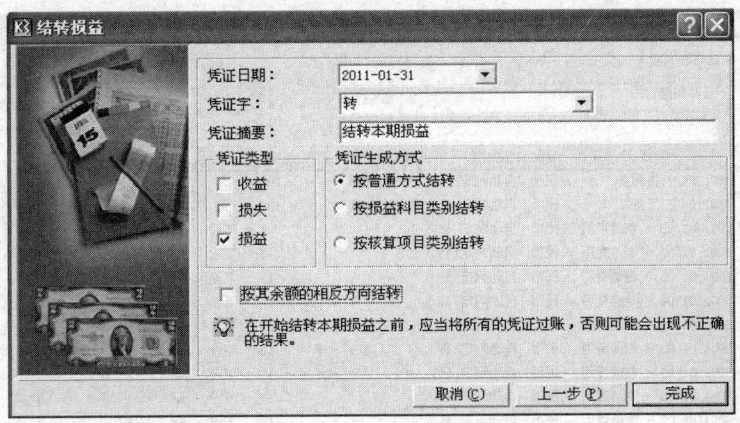

图3-52　结转损益设置界面

2）录入有关凭证参数，参数及说明如表3-15所示。

表3-15　凭证参数说明

参　　数	说　　明
凭证日期	选择或手工录入生成的结转损益凭证的凭证日期
凭证字	选择生成的结转损益凭证的凭证字
凭证摘要	可手工输入结转损益凭证的摘要
生成凭证分类	系统提供三种凭证的分类，即收益、损失、损益。选择“损益”，系统将收入、费用损失类科目结转生成一张凭证。系统默认为“损益”
按其余额的相反方向结转	选择该选项，在结转损益时，按损益类科目余额的相反方向结转，不选则按损益类科目自身定义的余额方向的反方向进行结转
按损益科目类型分别结转	不同类型的损益类科目生成多张结转损益凭证，即分科目生成结转损益凭证
按核算项目类别结转损益	结转损益时可以根据损益类科目所挂的不同核算项目分别生成凭证。系统搜索出所有带此核算项目类别的损益类科目，将这些损益类科目按照此核算项目类别下所挂的不同核算项目结转生成不同的凭证，同时将剩下的没有带此核算项目类别的科目也结转生成另外一张结转损益凭证

2. 自动转账

每一个会计期间必须定期进行结账。结账之前，按企业财务管理和成本核算的要求，进行制造费用、产品生产成本及损益的结转等工作。若为年底结转，还必须结平本年利润和利润分配账户。

1）设置转账凭证模板，即分别为期末结转进行科目定义。选择“财务会计”→“总账”→“结账”→“自动转账”，点击“编辑”页签，填写名称“结转制造费用”，凭证字“转”。如图3-53所示录入凭证摘要，选择科目、方向、转账方式、转账比例和核算项目，勾选“包含本期未过账凭证”，最后点击“保存”。

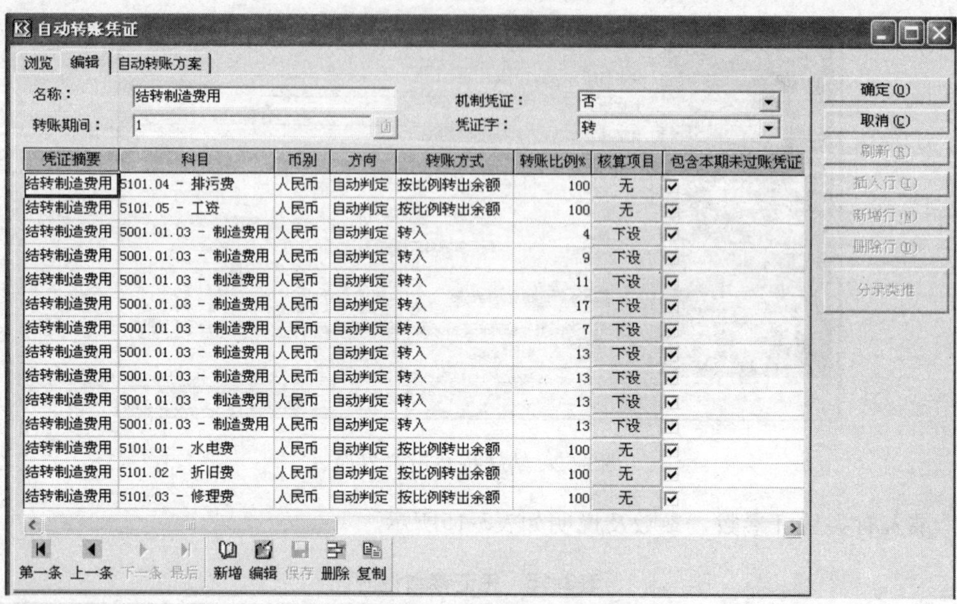

图3-53 转账凭证模板设置

2）凭证定义模板的填写说明见表3-16。

表3-16 自动转账模板定义填写说明

数 据 项	说 明
转账期间	系统提供了1～12个会计期间，根据实际选择
凭证字	选择生成凭证的凭证字
凭证摘要	手工录入正确的意思表达
科目	选择或输入结转的科目，科目必须是末级
币别	显示币别
方向	会计分录的借贷方向，根据转账方式，可以选择“自动判断”
转账方式	共有六种：“转入”指该会计科目属于转入科目；“按比例转出余额”指按该科目余额的百分比例转出；“按比例转出贷方发生额”指按该科目的贷方发生额的比例转出；“按比例转出借方发生额”指按该科目的借方发生额的比例转出；“按公式转出”指根据后面的“公式定义”中的公式取数转出；“按公式转入”指根据后面的“公式定义”中的公式取数转入
转账比例	用于选择了比例转入（出）的转账方式，直接录入百分比例
核算项目	如果会计科目下还下挂核算项目，则在此选择相应的核算项目
公式定义	当“转出方式”选择“按公式转入”或“按公式转出”，则在此定义公式，根据科目是否下设外币及数量，可以录入原币取数公式、本位币取数公式、数量取数公式
机制凭证	提供了自动转账凭证的一些控制参数，如选上“不参与多栏账汇总”，这种凭证如月底的成本结转不参加多栏账的汇总

用户有多个自动转账凭证时，特别是凭证之间存在先后的逻辑处理顺序时，需要将其在一个方案中管理。设置自动转账方案可以定时或手工执行方案。

3）生成凭证：在如图3-53所示界面点击“浏览”页签，勾选结转制造费用对应的转账期间栏，点击“生成凭证”，即可自动生成一张如图3-54所示结转制造费用的转账凭证。

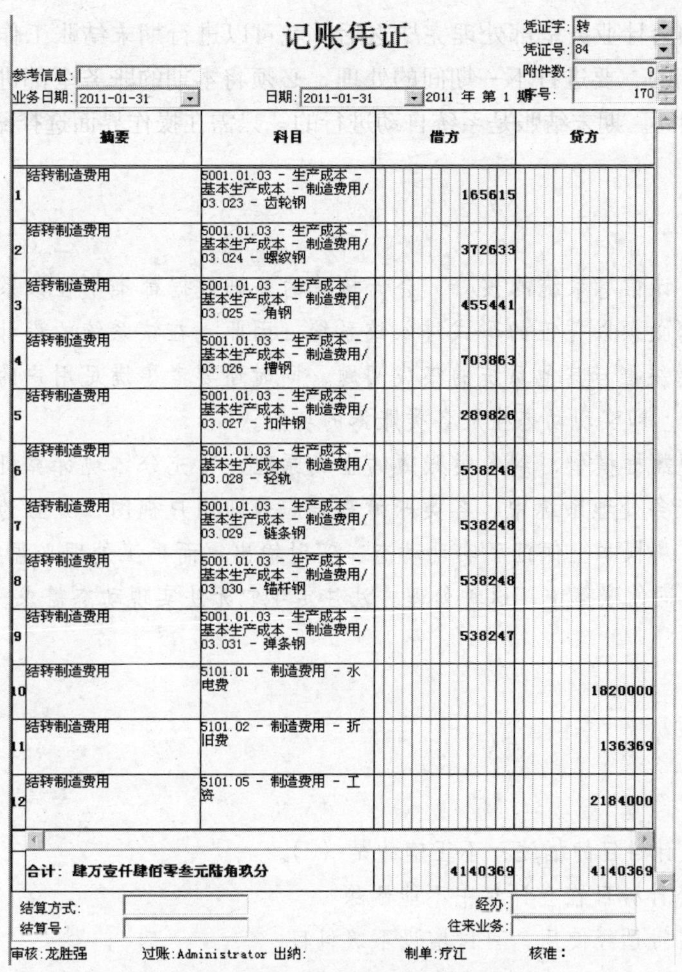

记账凭证

凭证字：转
凭证号：84
附件数：0
参考信息：
业务日期：2011-01-31　日期：2011-01-31　2011 年 第 1 期　序号：170

	摘要	科目	借方	贷方
1	结转制造费用	5001.01.03 - 生产成本 - 基本生产成本 - 制造费用/03.023 - 齿轮钢	165615	
2	结转制造费用	5001.01.03 - 生产成本 - 基本生产成本 - 制造费用/03.024 - 螺纹钢	372633	
3	结转制造费用	5001.01.03 - 生产成本 - 基本生产成本 - 制造费用/03.025 - 角钢	455441	
4	结转制造费用	5001.01.03 - 生产成本 - 基本生产成本 - 制造费用/03.026 - 槽钢	703863	
5	结转制造费用	5001.01.03 - 生产成本 - 基本生产成本 - 制造费用/03.027 - 扣件钢	289826	
6	结转制造费用	5001.01.03 - 生产成本 - 基本生产成本 - 制造费用/03.028 - 轻轨	538248	
7	结转制造费用	5001.01.03 - 生产成本 - 基本生产成本 - 制造费用/03.029 - 链条钢	538248	
8	结转制造费用	5001.01.03 - 生产成本 - 基本生产成本 - 制造费用/03.030 - 锚杆钢	538248	
9	结转制造费用	5001.01.03 - 生产成本 - 基本生产成本 - 制造费用/03.031 - 弹条钢	538247	
10	结转制造费用	5101.01 - 制造费用 - 水电费		1820000
11	结转制造费用	5101.02 - 制造费用 - 折旧费		136369
12	结转制造费用	5101.05 - 制造费用 - 工资		2184000
	合计：肆万壹仟肆佰零叁元陆角玖分		4140369	4140369

结算方式：　经办：
结算号：　往来业务：
审核：龙胜强　过账：Administrator　出纳：　制单：疗江　核准：

图3-54　自动生成的转账凭证

3. 期末结账

选择“财务会计”→“总账”→“结账”→“期末结账”，在如图3-55所示的界面选择“结账”，点击“开始”即可。

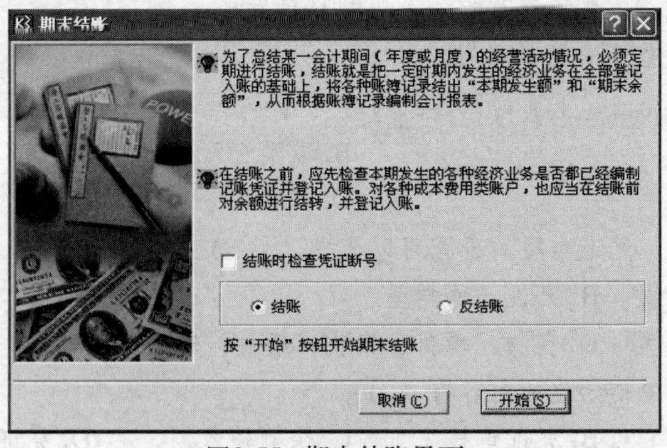

图3-55　期末结账界面

在本期所有的会计业务全部处理完毕之后，就可以进行期末结账工作。系统的数据处理都是针对于本期的，要进行下一期间的处理，必须将本期的账务全部进行结账处理，系统才能进入下一期间。期末结账是系统自动进行的，只需在操作界面选择结账即可。

本章小结

账务处理是会计信息系统的核心，会计核算的基础数据都集中在该系统，所有系统最终处理的结果，都必须以凭证的形式进入该系统。因此，在该系统的设计中，不仅仅考虑本系统，而且还要注重与其他系统的集成问题，同时还要考虑满足用户的不同需求，体现计算机处理的特点，即实现动态生成各类账簿的功能。

从账务系统的数据模型，到各类账簿的生成原理，可充分体现计算机处理与手工处理的内在差异。在账务处理系统中，各类账簿都是虚表即用户视图，并且为用户提供了灵活多样的选择条件，从根本上保证了实现动态、实时输出；而手工处理必须将凭证中的数据，分门别类抄写在不同的账簿中，这种处理方法注定了它无法实现动态需求。

习　题

一、选择题

1. 下列关于会计科目的描述，不正确的是（ ）。

A. 已使用的会计科目在会计年中不能删除

B. 如果会计科目已经使用，可以增设下级科目

C. 只有末级科目才允许有余额

D. 上级科目的余额是由下级科目的余额自动计算得出

2. 设置凭证类别时需进行相应条件限制，限制类型为“无限制”表示制单时（ ）。

A. 凭证中借方至少有一个限制科目发生

B. 凭证中贷方至少有一个限制科目发生

C. 凭证中借方或贷方都不允许有一个限制科目发生

D. 凭证中可以是任意合法的科目

3. 对于已记账的凭证，下面的回答正确的是（ ）。

A. 可以修改　　B. 取消记账后，可以修改

C. 不能修改　　D. 只能部分修改

4. 在总账系统中，凭证类型的设置可以选择（ ）方式进行设置。

A. 收、付、转三类　B. 只设一种类型

C. 不设置凭证类型　D. 现收、现付、银收、银付、转账五类

5. 属于总账系统中初始化的内容有（ ）。

A. 科目设置　　B. 凭证审核　　C. 余额输入　　D. 凭证类别设置

6. 记账操作，每月可以进行（ ）。

A. 一次　B. 多次　C. 二次　D. 三次

7. 出纳管理是总账系统为出纳人员提供的一套管理工具，它主要包括（ ）。

A. 填制凭证　B. 现金和银行存款日记账管理

C. 银行对账管理　D. 支票登记簿的管理

8. 关于凭证的摘要，说法正确的是（ ）。

A. 可以调用常用摘要也可以即时输入

B. 凭证中不同行的摘要可以相同也可以不同

C. 同一张凭证中，系统能将摘要自动复制到下一分录行

D. 凭证的每一行都要有摘要，不能为空

9. 关于辅助账类设置，说法正确的是（ ）。

A. 管理费用应设成部门核算　B. 生产成本设成项目核算

C. 应收账款设成客户往来核算　D. 应付账款设成供应商往来核算

10. 关于记账，下列说法正确的是（ ）。

A. 未审核凭证不能记账　B. 上月未结不能记账

C. 一个月只能记账一次　D. 第一次记账，期初余额试算不平不能记账

二、判断题

1. 一个科目不能同时设置为项目辅助核算和部门辅助核算。( )
2. 在录入记账凭证时，会计科目只能输入最末级会计科目。( )
3. 对需要记账的含有现金、银行科目的凭证，是必须要审核的，且一定要出纳签字。( )
4. 在设置供应商分类的前提下，必须先设置供应商分类才能建立供应商档案。( )
5. 只有在建立会计科目时将科目设置为项目辅助核算账类，该科目才能在项目档案中被指定核算科目。( )
6. 记账凭证编号可以由会计软件自动产生，也可以手工输入。( )
7. 一个项目大类可以指定多个科目，一个科目只能指定一个项目大类。( )
8. 外部系统传递来的凭证不能在总账系统中修改，只能在生成该凭证的系统中进行修改。( )
9. 如果总账系统与其他子系统联合使用，其他子系统未全部结账，总账系统不能结账。( )

三、简答题

1. 账务处理的两条主线是什么？

2. 通过怎样的设置可以实现在总账系统中使用应收应付受控科目？若应收应付受控科目可以同时在总账系统中使用，可能会出现怎样的后果？

3. 填制凭证时，有时会出现不能保存的提示。有可能是哪些原因造成的？

4. 简述账务处理流程。

5. 举例说明科目设置与辅助核算之间的关系。

第 4 章

应收账款管理子系统

4.1 应收账款业务概述

应收款是企业在销售产品、提供劳务，以及由于罚款、临时提供内部员工借款及对外支付押金等而形成的债权。应收款项的回收是企业现金流入量的重要组成部分，应该引起企业的高度重视。应收款管理主要包括应收账款的管理、其他应收款的管理及应收票据的管理几个部分。

4.1.1 应收账款的管理

应收账款是企业因销售商品、提供劳务等经营活动后收取的款项，企业要持续发展就必须实现稳定增长的利润，而利润的实现必须依赖销售过程提供商品或劳务来取得增量的货币资金。由于时间上的差异和商业竞争中企业扩大销售额的需要，销售过程又可以分为两个子过程：一个是通过销售实现商品或劳务转移的过程；另一个是赊销货款的回收过程，即应收账款的计算、催收、回款、应收账款分析和客户信用等级评定等环节。应收账款是在商业信用条件下由于赊销业务而产生的卖方向买方所作的口头付款承诺，这种口头承诺具有不确定性，这就使得应收账款的确认尤为重要。应收账款的核算主要包括应收账款入账时间的确认！入账金额的确认、应收账款回收的确认及坏账准备的提取及坏账的确认等内容。

1. 应收账款入账时间的确认

应收账款的确认时间与销售收入的确认标准密切相关。在销售成立确认销售收入时，便可以确认应收账款。按照我国2006年《企业会计准则》规定，销售商品收入同时满足以下条件时可以确认：

1）企业已将商品所有权上的主要风险与报酬转移给购货方。

2）企业既没有保留通常与所有权相联系的继续管理权，也没有对已售商品实施有效控制。

3）收入的金额可以可靠地计量。

4）相关的经济利益很可能流入企业。

5）相关的已发生或将发生的成本能够可靠地计量。

一般情况下，企业售出的商品符合合同或协议规定的要求，并已将发票账单交付买方，买方也承诺付款，即表明销售商品的价款能够回收。此时，若同时满足其他条件，即可以确认与销售价款相关的应收账款。

2. 应收账款入账金额的确认

企业一般按照实际发生的交易价格确认应收账款的入账金额，它包括发票金额和代购货单位垫付的运杂费两部分，但在商业信用中存在的商业折扣、现金折扣、销售折让、销售退回等情况，也会影响应收账款金额的确认，分述如下：

1）商业折扣。商业折扣是指企业为了促进商品销售而在商品标价上给予的价格折扣。企业会计准则规定，在销售商品，涉及商业折扣的，应当按照扣除商业折扣之后的金额确定销售商品收入金额。例如，某商品的报价是1 000元，按10%的商业折扣出售，则应该按900元同时确认应收账款与销售收入。因此，商业折扣对应收账款入账价值的影响，只是要求应收账款按实际销售收入确认，不必作其他特殊的账务处理。

2）现金折扣。现金折扣指债权人为了鼓励债务人在规定的期限内付款而向债务人提供的债务扣除。销售商品凡牵涉到现金折扣的，应当按照扣除现金折扣前的金额确认销售收入及应收账款，现金折扣在实际发生时计入当期损益。现金折扣一般用“术语”表示，如“2/10，N/30”，即付款期为30天，如果在10天内付款享受2%的现金折扣。

3）销售折让。销售折让是指企业因售出商品的质量不合格等原因而在售价上给予的减让。已经确认销售商品收入的售出商品发生销售折让的，应当在发生时冲减当期商品销售收入及应收账款。

4）销售退回。销售退回是指企业售出的商品由于质量、品种不符合要求等原因而发生的退货。企业已经确认销售商品收入的售出商品发生销售退回时，应当在发生时冲减当期销售商品收入。

3. 应收账款的回收

企业应收账款的回收，可以分几种情况进行处理：①收到客户归还欠款，由出纳人员填写收款单确认收回款项；②预收款冲销应收款，出纳人员根据销售单填写收款单，记录企业所收到的客户款项；③应收款项冲销应付款项，企业与某一单位有长期稳定的往来，在过往的交易中间欠了对方单位的款项尚未偿还，即可以以应收款项冲销应付款项。

4. 坏账准备的计提及核算

坏账是企业无法收回的应收账款，由于发生坏账而造成的损失称为坏账损失。企业向客户提供商业信用虽然能增加销货量，但是也存在大量的应收账款发生坏账的可能性，因此，应该有适当的会计程序来记录坏账。企业坏账损失的处理有直接转销法和备抵法两种。直接转销法在日常核算时对应收账款可能发生的坏账不予考虑，直到某一特定应收账款确实无法收回时才注销该笔应收账款，同时将相应的坏账损失计入当期损益。这种处理方法比较简便，但它不符合收入与费用的配比原则和确认损益的权责发生制原则。备抵法是按照一定的方法估计坏账损失，一方面把这些估计的损失列作费用，另一方面形成一笔坏账准备，在资产负债表上列示，实际发生坏账时。再冲销已形成的坏账准备及应收账款。对坏账准备估计有应收账款余额百分比法、账龄分析法等。

4.1.2 其他应收款的管理

其他应收款是指企业除应收账款、应收票据、预付账款等以外的其他各种应收、暂付款项，包括各种赔款、罚款、存出保证金、应向职工收取的各种垫付款、应收暂付的非营业款项等非营业收入项目。在会计核算时，其他应收款项目一般按照对应单位或个人进行明细核算，在支出款项时填写其他应收单确认应收款项的形成，回收款项时填写收款单确认款项回收。

4.1.3 应收票据的管理

应收票据是企业销售商品、提供劳务等而收到的商业汇票，包括银行承兑汇票及商业承兑汇票。企业因销售商品，收到经别的单位开出、承兑的商业汇票，以汇票为凭证确认企业应收票据的增加。企业在急需资金时可以持商业汇票到银行申请贴现，同时也可以将持有的商业汇票背书转让以取得所需要的物资。商业汇票到期时应积极收回，并以收款单为依据确认票据已经回收。

企业应当设置“应收票据备查簿”逐笔登记商业汇票的种类、号数和出票日、票面金额、交易合同号和付款人、承兑人、背书人的相关资料，以及到期日、背书转让日、贴现日等资料。商业汇票到期结清票款后或退票后，在备查簿中应该予以注销。

4.2 应收账款系统分析

4.2.1 应收账款子系统的处理流程

1. 应收账款业务手工处理流程

在手工条件下，根据赊销发票、收款单（预收款）、应收票据、其他应收款，编制记账凭证，根据记账凭证逐笔登记“应收账款——客户往来明细账”，月末结出各客户的欠款情况，期末余额表示尚未收回的应收账款数额。应收款往往按客户开设明细账，会计人员平时根据应收账款发生的发票和收回货款的收款凭证进行登记，并以此为依据进行信用分析及坏账损失的估计。应收账款的业务流程可用图4-1表示。

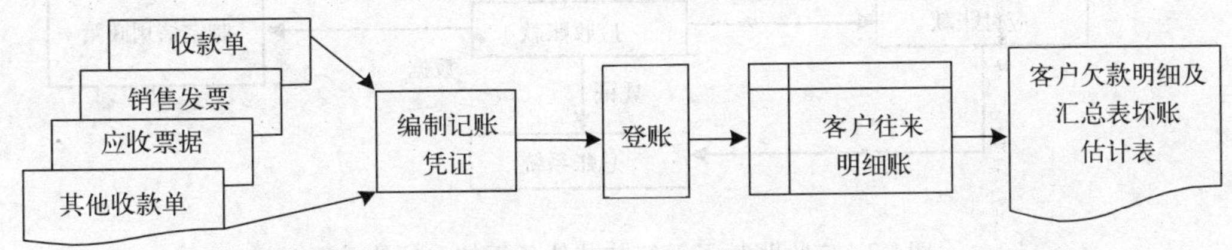

图4-1　手工处理流程图

2. 计算机处理应收账款业务流程

计算机与手工处理的最大不同点，是将不同的单据分别存储在不同的数据表中，根据特定单据类型，编制记账凭证，记账凭证自动传到总账的凭证数据库。应收账款明细账是系统根据相同客户从收款单和销售发票的对应关系中检索出来的。根据应收账款余额表计提坏账准备，同时制作记账凭证，传入总账系统凭证库。其处理流程如图4-2所示。

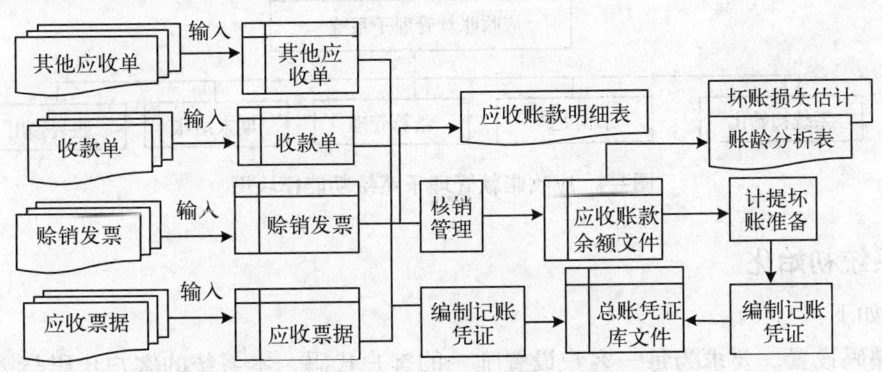

图4-2　应收账款管理子系统数据处理流程

如果应收款系统与销售系统同时启用，则这些单据归销售系统录入，从销售系统传递到应收系统，进行核销及编制记账凭证。如果不使用销售系统，则这些单据归应收款系统输入。

4.2.2　应收账款子系统与其他子系统的关系

在会计信息系统中，应收账款子系统与其他子系统之间的关系如图4-3所示。销售管理系统开出销售发票，在应收账款系统核算赊销发票的款项；应收账款系统生成销售收入凭证，收款后输入收款单核销应收款，生成收款凭证，这些凭证直接传递到总账的凭证库；应收账款系统与应付账款系统转账对冲，解决了客户同时又是供应商时销售发票与采购发票的核销问题，以定期清理债权债务；应收账款系统为企业管理者提供客户的欠款偿还情况、账龄分析表等数据作为制定信用政策、计算应收账款周转率和周转期依据。

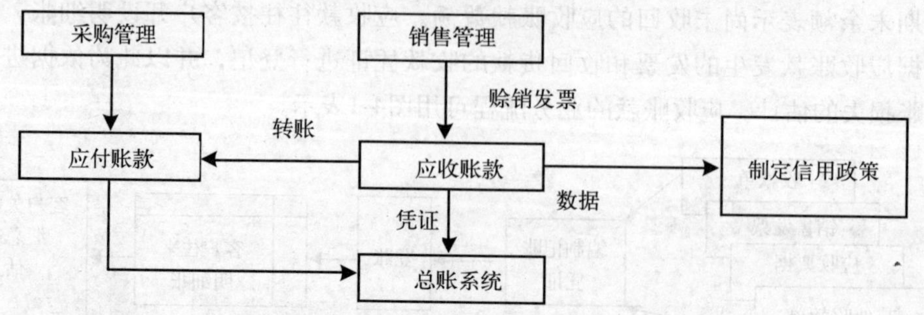

图4-3 应收账款子系统与其他子系统之间的关系

4.3 应收账款系统设计

4.3.1 功能设计

根据上述对应收账款子系统的分析，本子系统的功能模块设计如图4-4所示。下面对各模块的功能作简要说明。

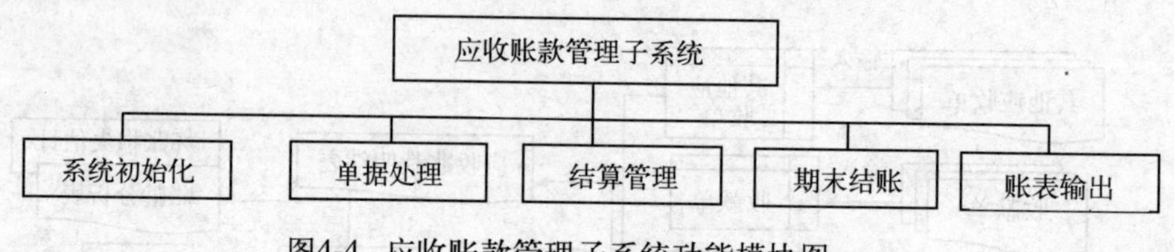

图4-4 应收账款管理子系统功能模块图

1. 系统初始化

具体如下：

1）编码设置。要求为每一客户设置唯一的客户代码，本系统的客户代码与销售系统、总账系统共享。定义出与其他子系统有关的会计科目码（即本子系统生成的欲传输到其他子系统的转账凭证及从其他子系统接受的转账凭证所涉及的会计科目及其明细科目），比如按客户控制应收账款科目，按存货控制主营业务收入科目。

2）核销方式的设置。核销方式可以设置多种形式，如到款核算、预收冲应收、应收冲应付、按单据核销、按存货数量核销、按关联关系核销等。实际进行核销时，应根据具体情况选择适合的核销方式。

3）坏账计提方法设置。应收账款系统可以根据发生的应收业务情况，提供自动计提坏账准备的功能。在进行坏账计提之前，须先进行坏账的初始定义，包括定义往来账账龄分析的时间间隔、坏账处理方式（按照目前我国会计制度的规定，系统应该设置应收账款余额百分比法、赊销余额百分比法、账龄分析等三种备抵方法供用户选择）及其计提比例（对于按余额分析百分比法计提坏账准备的可直接输入计提的比例；按账龄分析法计提的，还应该定义账龄区间及各个区间计提比例）、计算公式的定义、报警级别等（将客户按照客户欠款余额与其受信额度的比例分为不同的类型，以便于掌握各个客户的信用情况）。用户在使用过程中，如果当年已经计提过坏账准备，此参数只能在下一年度修改。

4）期末处理设置。设置“结账与总账期间同步”则表示应收款管理系统必须先于总账系统结账。保证应收款管理系统的数据资料能及时准确地传入总账系统。

5）初始化。启用系统时，对未处理的所有客户的应收账款、预收账款、应收票据等数据录入本系统，以便以后进行核销处理。

2. 单据处理

销售发票、其他应收单、收款单等单据是本系统进行日常管理的原始单据。单据处理是本系统处理的核心，分述如下：

1）发票处理。包括发票录入、（或关联生成）修改、查询、审核、核销、编制记账凭证。

2）收款单处理。收款单是确认收到货款的凭证。收款单处理功能包括收款单录入（或关联销售发票生成）、修改、查询、审核、核销、编制记账凭证。

3）其他应收单处理。其他应收单是用来记录销售业务以外的所发生的各种其他应收款业务，功能同收款单处理。

3. 结算管理

结算管理模块包括核销管理、坏账管理、凭证管理等工作，分述如下：

1）核销管理。该模块主要是用来对往来账款进行各种形式的核销处理。虽然通过单据的录入可以及时获悉往来款的余额资料，如应收款汇总表、应收款明细表，但由于收款到账的时间差异性等特点，要正确计算账龄分析表、到期债权列表、应收计息表等，不能简单地按时间先后顺序以收款日期为基础来进行计算，必须通过核销进行处理。只有经过核销的应收单据才真正作为收款处理，同时核销日期也作为计算账龄分析的重要依据。

2）坏账处理。坏账处理工作包括坏账的计提、坏账发生及回收。

3）凭证管理。主要针对坏账损失、坏账收回、坏账准备的凭证，当业务发生时直接在坏账处理模块生成凭证。

4. 期末结账

期末结账模块包括期末数据对账检查、期末调汇和期末结账处理。

5. 账表输出

应收款账表描述在指定时间段内应收款总账、明细账、余额表及对账单的基本情况。应收账款明细表可以查看不同客户、不同地区、部门及业务员在一定月份期间所发生的应收、预收款及余额。应收账款汇总表描述在指定时间段内指定客户的应收账款与实收账款汇总状况；提供应收款账龄分析、收款账龄分析、欠款分析等，分析客户或单据的应收款余额的账龄区间分布情况表。

4.3.2 代码及数据库设计

1. 代码设计

应收账款系统的所有数据处理都是围绕客户这个对象设计的。因此在应收账款子系统中，每一客户对应唯一的编码，这使得用户在输入、修改、查询等处理时只需输入“客户代码”便可得到该客户的名称、住所、纳税登记号等固定信息，从而大大提高了输入和处理效率。“客户代码”应与账务系统的基础资料设置一致，与销售系统共享，编码方式见第3章。

2. 数据库文件设计

会计信息系统的主要任务就是处理大量的会计数据以获得管理决策所需要的会计信息。这必然要存储和利用大量的、各种类型的数据，并将它们合理地组织起来。在数据库管理系统中，数据库是有组织地存储在一定结构内的相关数据的集合。数据库文件设计就是将系统中要用到的相关表设计成可用计算机进行存取的物理形式。应收账款子系统中应建立的表文件主要包括：

1）销售发票表结构。该表用于存储销售部门开出的所有发票。销售发票主、从表的结构如图12-7所示。

2）收款凭证表结构。收款凭证表用来提供生成应收账款明细账所需的收款信息，并可与销售发票关联进行勾对。该文件采用主、从表的设计方式，单据号为联结数据项，主表中的一个记录对应从表中的多条记录。表结构设计如图4-5所示。

4.3.3 应收账款子系统的数据模型

应收账款子系统围绕销售发票和收款单进行各种不同类型的处理，其中最主要的是生成各客户单位的往来信息并存储在应收账款表中。对于不同的处理，就是从这些表获取不同的信息，最终达到信息需求者的目的。应收账款子系统中主要基表以及它们之间的主外键约束如图4-6所示。

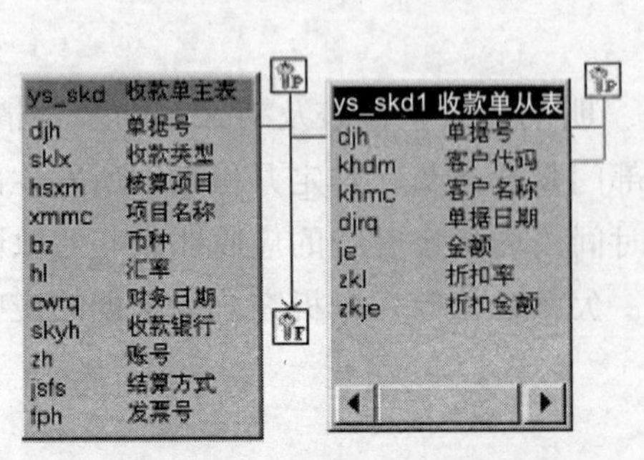

图4-5 收款单文件结构图

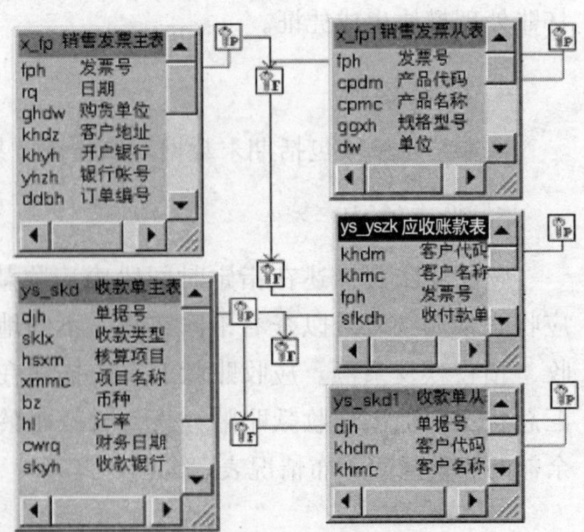

图4-6 应收账款子系统数据模型

4.4　应收账款子系统的输出

4.4.1　系统输出分类

如前所述，应收账款子系统要为销售系统、应付账款和账务处理系统提供相关数据，也要为销售部门、业务员、财会部门和管理者提供有关决策信息。应收账款子系统输出根据其内容的不同可以分为：

1）原始单据查询，包括销售发票、收款单等的输出。以收款单为例，用户输入查询条件如图4-7所示。

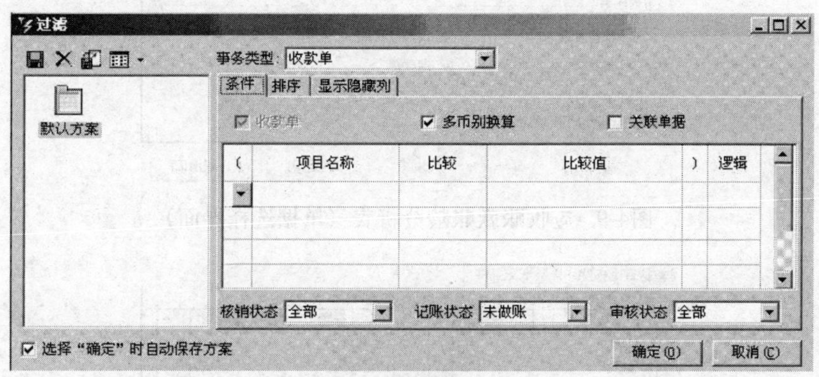

图4-7　收款单查询选择界面

2）账表输出，包括应收账款明细表、应收账款汇总表、对账单等的输出。以应收明细表为例，该表反映应收账款增减变动的详细情况（包括已核销及未核销业务在内），一般按时间先后顺序排列，信息来源主要为应收账款表。用户输入查询条件如图4-8所示。

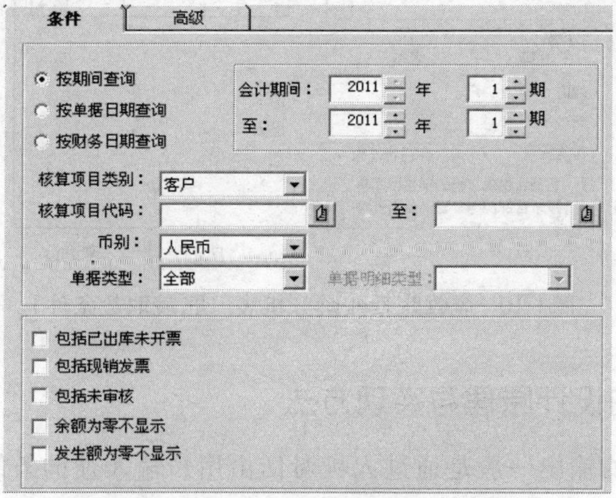

图4-8　应收业务明细表选择界面

3）统计分析输出，包括应收账龄分析、收款账龄分析和收款预测分析表、坏账损失估算表等。以应收账款账龄分析表为例，用户输入的查询条件如图4-9和图4-10所示。

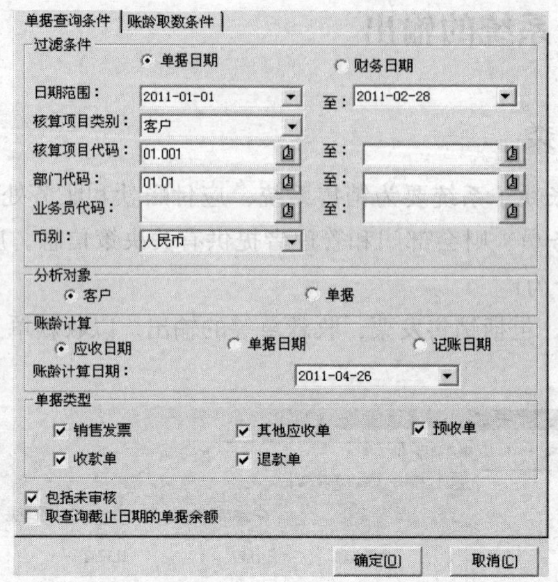

图4-9　应收账款账龄分析表（单据选择界面）

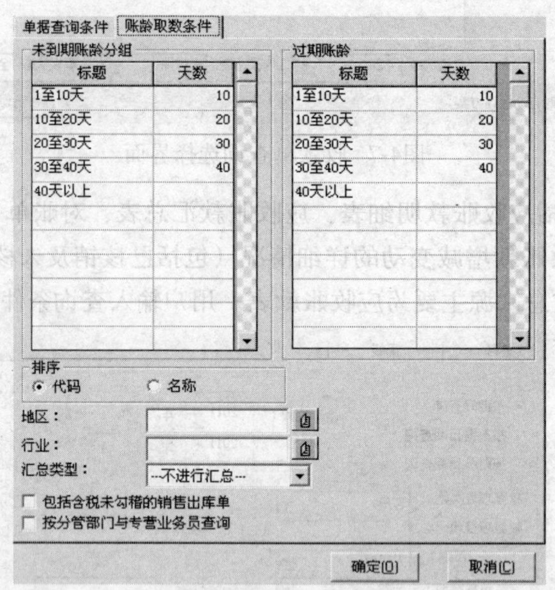

图4-10　应收账款账龄分析表（账龄取数条件）

4.4.2　系统输出的设计原理与实现方法

应收账款子系统的输出一般是通过人机对话由用户输入查询条件，系统从相应的数据文件（见图4-6）中即时生成或检索出符合条件的数据。查询设计的关键是让用户灵活方便地表达和指定查询条件。

4.4.3　系统输出举例

应收账款系统输出信息的数据源有的是以数据文件存储（如销售发票、收款单和应收账款），有的（如应收账款汇总表）却不是真正的物理存储，又由于用户对于不同输出的具体要求存在差异，因而在设计时要考虑输出的数据项及其属性值的动态性。下面以应收账款明细账输出为例来说明。

（1）**根据图4-9和图4-10的选择，生成SQL语句**　在图4-8中，查询对象是通过一个控件来接受一个参数，假设为DX。起止期限通过两个控件接受了两个参数，假设为QX1，QX2（SQL语句中的列名，表名见图4-6）。

SQL语句为：

```
SELECT rq,khdm,khmc,fph, zy,jfje,dfje,ye FROM ys_yszk WHERE (ys_yszk.rq>=QX1 and ys_yszk.rq<=QX2) and (ys_yszk.khdm=DX)
```

（2）**定义数据窗口**

单据日期	财务日期	单据类型	单据编号	明细类型	凭证号	往来科目	摘要	部门	业务员	本期应收	本期实收	期末余额

（3）**将数据窗口挂在窗口控件上**　定义窗口对象，然后在窗口上添加数据窗口控件，将第2步定义的数据窗口对象，与数据窗口控件挂接，即可生成如图4-11所示的应收账款业务明细账。

过滤 刷新 打印 预览 页面 最前 向前 向后 最后 单据 退出

应收款明细表

核算项目类别:客户
核算项目名称:01.001(新康机械厂)
部门查询范围:全部　　业务员查询范围:全部　　币别:人民币
会计科目范围:全部　　查询时间范围:2011年第1期至第2期

单据日期	财务日期	单据类型	单据编号	明细类型	凭证号	往来科目	摘要	部门	业务员	本期应收	本期实收	期末余额
							期初余额					35,000.02
2011-01-05	2011-01-05	销售增值税发票	XSZP000002		转5	应收账款	赊销弹条钢5吨	销售一部	吴迪	57,622.50		92,622.52
2011-01-05	2011-01-05	收款单	XSKD000004	销售回款	收4	应收账款	赊销弹条钢5吨	销售一部	吴迪		57,622.50	35,000.02
2011-01-05	2011-01-05	销售出库单	XOUT000002					加热炉	岑洁	49,250.00		84,250.02
2011-01-05	2011-01-05	其它应收单	QTYS000002	其它应收单	付9	应收其他单位款	代垫运杂费	销售一部	吴迪	5,000.00		89,250.02
2011-01-10	2011-01-10	销售增值税发票	XSZP000017		转29	应收账款	赊销锚杆刚	销售一部	邓娟	168,480.00		257,730.02
2011-01-10	2011-01-10	收款单	XSKD000014	销售回款	收17	应收账款	赊销锚杆刚	销售一部	邓娟		168,480.00	89,250.02
2011-01-10	2011-01-10	销售出库单	XOUT000009					加热炉	岑洁	144,000.00		233,250.02
2011-01-15	2011-01-15	销售增值税发票	XSZP000022		转36	应收账款	销售槽钢	销售二部	张星	326,430.00		559,680.02
2011-01-15	2011-01-15	收款单	XSKD000019	销售回款	转41	应收账款	收到应收票据-YSPJ000002	*	*		9,300.00	550,380.02
2011-01-15	2011-01-15	销售出库单	XOUT000016					加热炉	岑洁	279,000.00		829,380.02
							本期合计			1,029,782.50	235,402.50	
							本年累计			1,029,782.50	235,402.50	

图4-11　应收账款业务明细账

4.5　应收账款管理系统应用

应收账款管理系统，主要是通过销售发票、其他应收单、收款单等单据的录入，对企业的往来账款进行综合管理，及时、准确地提供给客户往来账款余额资料，通过各种分析报表，合理地进行资金的调配，提高资金的利用效率。同时系统还提供了各种预警、控制功能，如到期债权列表的列示以及合同到期款项列表。该系统既可独立运行，又可与销售系统、总账系统、现金管理等其他系统结合运用，以提供完整的业务处理和财务管理信息。

4.5.1 应收账款系统的操作流程

应收账款系统的操作流程如图4-12所示。

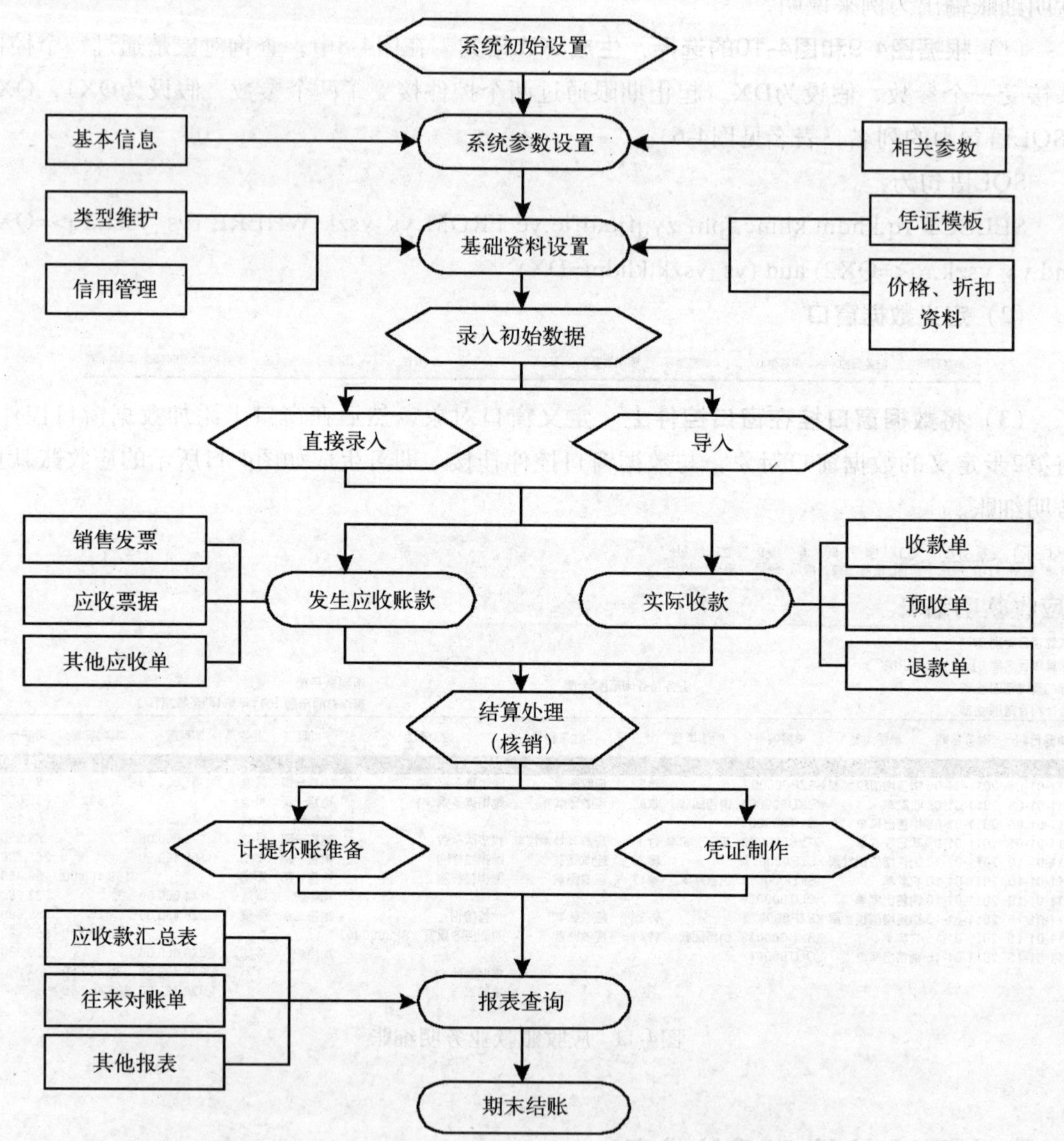

图4-12 应收账款系统操作流程

4.5.2 应收账款系统初始化

1. 系统初始化的准备工作

在进行初始化录入之前，必须正确处理好销售系统与应收款管理系统的启用期间问题，并且准备好应收款、预收款、应收票据、坏账等期初数据资料。

期初的数据资料主要包括涉及货款核算的应收账款和预收账款的期初余额、本年借方累计发生数、本年贷方累计发生数、还没有进行票据处理的应收票据以及以后有可能收回的坏账等资料。期初数据如表4-1所示。

表4-1　客户往来余额

日　期	客　户	摘　要	方　向	本币余额
2010-12-30	新康机械厂	销售齿轮钢	借	35 000.02
2010-12-30	涞源公司	销售螺纹钢	借	28 080.00
2010-12-26	肯亚集团	预收款	贷	14 000.00
2010-12-19	浦华公司	预收款	贷	150 380.02
2010-12-15	巴氏集团	期初票据	借	5 000.00
2010-12-30	高迪公司	销售弹条钢	借	115 245.00

2. 核算参数设置

核算参数设置包括对10个页签所含的项目进行设置（见图4-13），分述如下：

1）基本信息。基本信息内容包括：公司名称、地址、电话、税务登记号、开户银行和账号。系统可以根据此处录入的开户银行和账号，在新增收款单、退款单、预收单时自动填充。启用年份、启用会计期间是指初次启用应收款管理系统的时间，它决定了初始化数据录入时应该录入哪一个会计期间的期初余额。当前年份、当前会计期间是指当前应收款管理系统所在的年度与期间。

2）坏账计提方法。坏账计提方法可以用直接转销法、备抵法。如果选择直接转销法，则坏账计提模块不能使用。如果选择备抵法，则可以按销货百分比法、账龄分析法、应收账款百分比法中的任何一种方式计提坏账准备。如果选择销货百分比法，录入销售收入科目代码、坏账损失百分比，系统按计提时点的已过账销售收入科目余额乘以坏账损失百分比计算坏账准备。如果选择账龄分析法，则输入相应的账龄分组，在计提坏账准备时再录入相应的计提比例计算坏账准备。如果选择应收账款百分比法，则录入计提坏账科目、借贷方向、计提比率（%）来计提坏账。具体设置如图4-13所示。

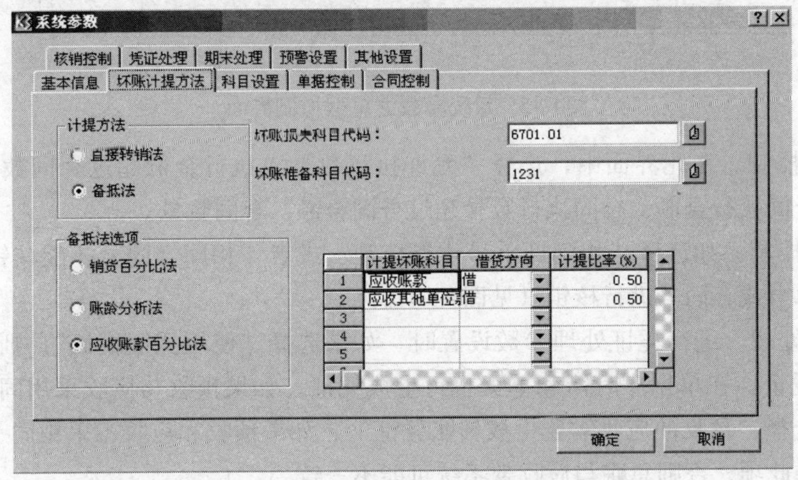

图4-13　系统参数之坏账计提方法设置

3）科目设置。科目设置是针对已设置的单据类型，如其他应付单、采购发票、付款单、预付单、退款单等对应的会计科目，同时设置应付票据科目代码和应交税费科目代码，并选择核算项目类别（见图4-14）。

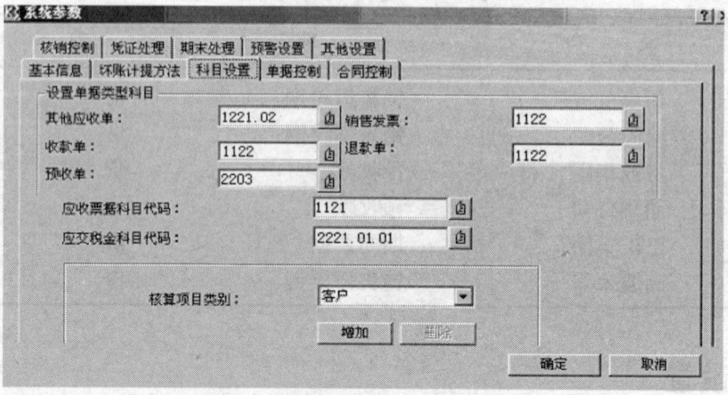

图4-14 系统设置之科目设置

4）单据控制。单据控制可设置对录入发票最大交易额、审核、制单、删除、修改等操作的控制，并可对税率来源、折扣率的精度、专用发票单价精度以及其他的单据通过参数设置进行控制。如图4-15所示，选择“应收票据与现金系统同步”，则表示初始化结束后，应收款管理系统的应收票据与现金系统的应收票据可以互相传递、同步更新。

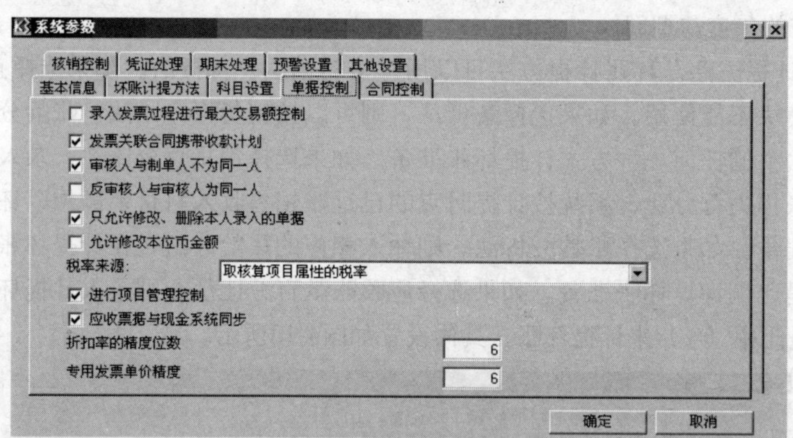

图4-15 系统参数之单据控制界面

5）合同控制。在此界面中，选择“允许执行数量或执行金额超过合同数量或金额”，则表示允许合同执行金额、合同执行数量超过合同金额、合同数量。

6）核销控制。如选择“相同订单号才能核销”或者“相同合同号才能核销”，则必须按相同的订单号或合同号进行核销（见图4-16）。

7）凭证处理。进行凭证处理参数设置时，如果选择“使用凭证模板”，则采用凭证处理模块生成凭证，在单据序时簿和单据也可生成凭证。如果预收与应收采用同一个会计科目，则不需选择“预收冲应收需要生成转账凭证”；如果预收和应收不采用同一会计科目，要求必须选择此项，否则总账与应收款系统可能不一致。

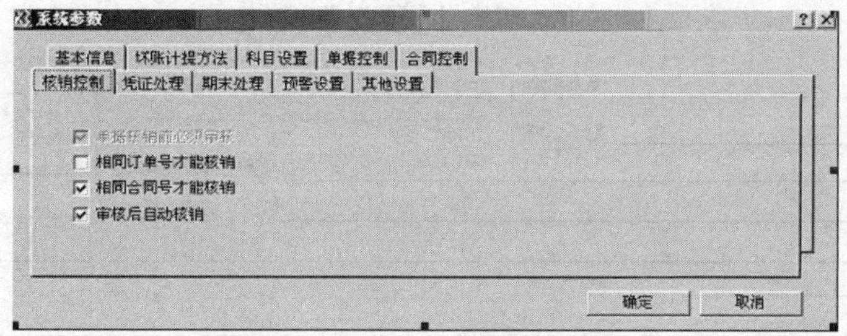

图4-16　系统参数之核销控制界面

8）期末处理。进行期末处理的参数设置时，选择“期末处理前凭证处理应该完成”表示期末处理以前，本期的所有单据必须已生成记账凭证，否则不予结账。如果不选择此选项，总账数据与应收款数据可能不一致。选择“结账与总账期间同步”则表示应收款管理系统必须先于总账系统结账，以保证应收款管理系统的数据资料能及时准确地传入总账系统（见图4-17）。

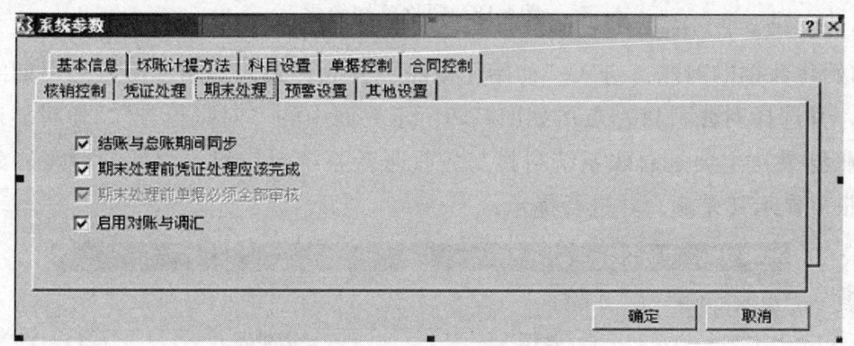

图4-17　系统参数之期末处理界面

9）预警设置。选择“进入系统时显示到期债权列表” 或 “进入系统时显示合同到期款项列表”，则进入系统时自动显示截至计算日期的到期债权列表或合同（应收）到期款项列表。

10）其他设置。其他设置中“使用集团控制”选项对集团总部账套才有效，在分支机构的账套中只是显示是否使用集团控制的状态。

3. 初始数据录入及对账

1）初始数据的录入。初始化的数据可以通过手工录入，也可以通过从总账引入；同时应收款管理系统的数据资料也可以引出到总账系统。例如预收单的初始化的数据录入如图4-18所示。

按要求分别录入表4-1的初始数据。

2）初始化数据的检查。“初始化对账检查”就是按照图4-18设置的单据与科目的对应关系，对各单据的初始数据与对应科目的初始数据进行检查。如没有对图4-18的项目进行设置，数据检查时系统会给予提示，如提示“没有设置应收系统单据的默认往来科目”。

初始化_预收单

单据号码(*): OPRD000002　单据日期(*): 2010-12-25　币别(*): 人民币
核算项目类别(*): 客户　财务日期(*): 2010-12-25　汇率: 1.00000000
核算项目(*): 肯亚集团　备注（合同号）:
往来科目: 预收账款　方向: 贷　本年: □
摘要: 预收款
源单类型:　源单编号:

行号	发生额	发生额（本位币）	本年发票额	本年发票额（本位币）	余额
1	14,000.00	14,000.00		0.00	
2		0.00		0.00	
3					
4					
5					
6					
7					
合计	14,000.00	14,000.00	0.00	0.00	

部门: 财务部　业务员: 疗江　制单人: 龙胜强

图4-18　预收单初始化

3）初始化数据的对账。进入“初始化对账”界面，录入启用年份、启用期间、核算项目、币别，并选择对账科目，点击如图4-19所示界面中的“对账检查”，便可显示如图4-20所示的对账结果。主要是总账系统科目与应收账款系统对应科目之间的对账，如果两者不一致，对账单显示其差额，并进行提示。

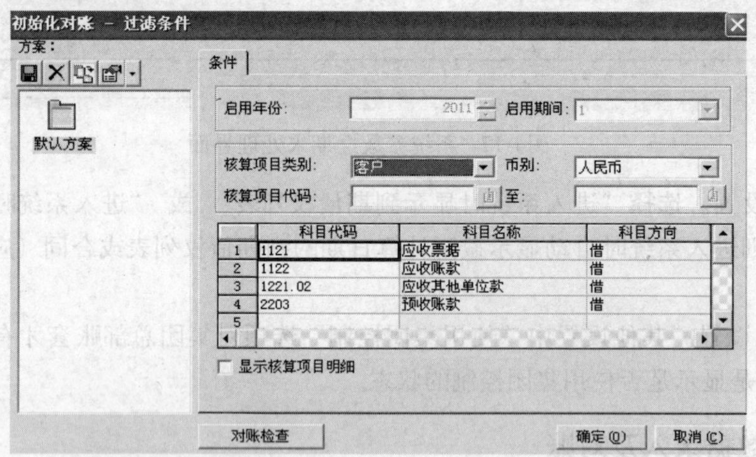

图4-19　初始化对账的过滤条件

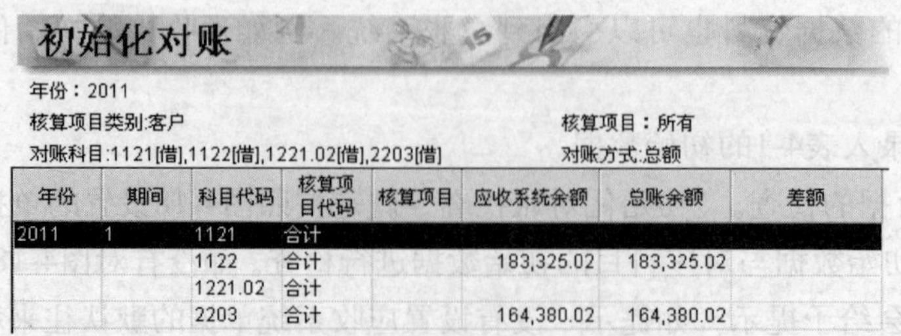

初始化对账

年份：2011
核算项目类别:客户　核算项目：所有
对账科目:1121[借],1122[借],1221.02[借],2203[借]　对账方式:总额

年份	期间	科目代码	核算项目代码	核算项目	应收系统余额	总账余额	差额
2011	1	1121	合计				
		1122	合计		183,325.02	183,325.02	
		1221.02	合计				
		2203	合计		164,380.02	164,380.02	

图4-20　初始化对账结果

4. 系统设置

1）类型维护。该模块主要对应收款管理系统的一些特殊项目进行维护，包括票据类型维护、合同类型维护、偿债等级维护、现金折扣维护、担保类型维护、应收单类型维护及收款单类型维护。

2）凭证模板。定义凭证模板需要按不同的事务类型进行，事务类型包括销售普通发票、销售增值税发票、收款、退款、预收款、预收冲应收、应收冲应付、应收款转销、应收票据背书、应收票据贴现及收款冲付款等，每一种事务类型对应于一个凭证模板。以销售普通发票凭证模板为例，进入凭证模板设置界面，点击“新增”，出现凭证模板新增界面（见图4-21）。

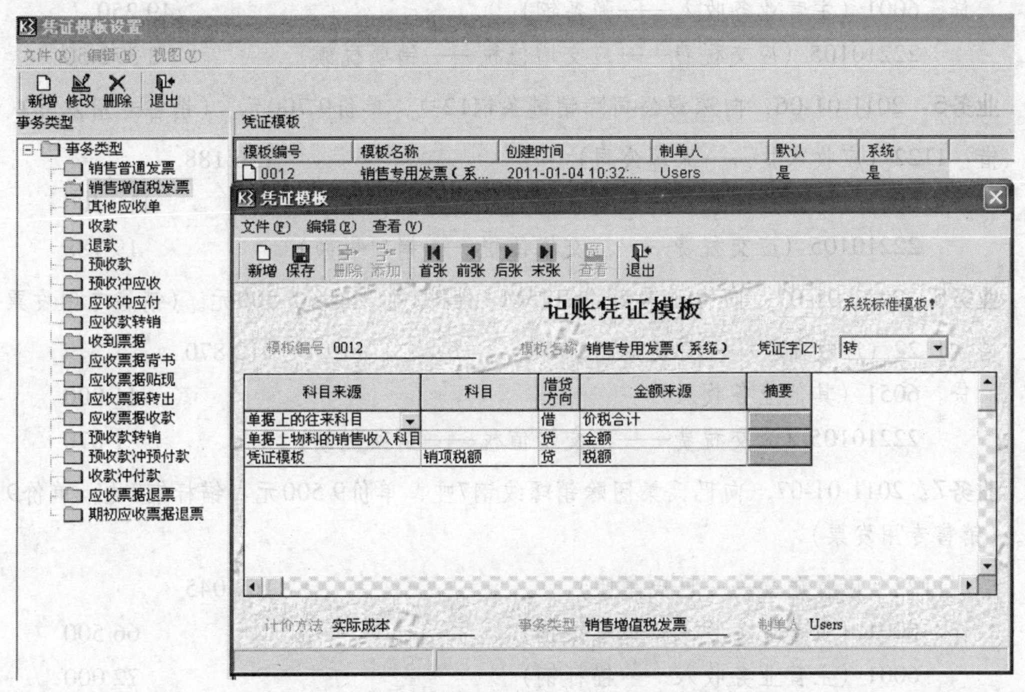

图4-21　销售专用发票凭证模板定义界面

在此界面中，输入模板编号、名称、凭证字，科目来源选择“单据上的往来科目”确定为借；而贷方科目分别为“单据上物料的销售收入科目”和“销项税额”，填写摘要，点击“保存”，即完成销售专用发票的凭证模板设置。

4.5.3　日常业务处理

新世纪轧钢厂2011年1月的业务如下（在此只输入业务，凭证是由系统的凭证处理功能生成的）：

业务1：2011-01-01，收到新康机械厂上月的货款35 000.02元。（收款单）

借：100202（银行存款——建行）　　　　35 000.02

　贷：1122（应收账款——新康机械厂）　　　　35 000.02

业务2：2011-01-01，收到涞源公司上月的货款28 080元。（收款单）

借：100202（银行存款——建行）　　28 080

　贷：1122（应收账款——涞源公司）　　28 080

业务3：2011-01-01，代垫新康机械厂运杂费5 000元。（其他应收单）

借：122102（其他应收款——应收其他单位款）　　5 000

　贷：100201（银行存款——工行）　　5 000

业务4：2011-01-05，向新康机械厂赊销弹条钢5吨，单价9 850元。（销售专用发票）

借：1122（应收账款——新康机械厂）　　57 622.50

　贷：6001（主营业务收入——弹条钢）　　49 250

　　22210105（应交税费——应交增值税——销项税额）　　8 372.50

业务5：2011-01-06，向涞源公司赊销链条钢12吨，单价9 700元。（销售专用发票）

借：1122（应收账款——涞源公司）　　136 188

　贷：6001（主营业务收入——链条钢）　　116 400

　　22210105（应交税费——应交增值税——销项税额）　　19 788

业务6：2011-01-07，向肯亚集团赊销25MV材料2吨，单价5 500元。（销售专用发票）

借：1122（应收账款——肯亚集团）　　12 870

　贷：6051（其他业务收入）　　11 000

　　22210105（应交税费——应交增值税——销项税额）　　1 870

业务7：2011-01-07，向巴氏集团赊销螺纹钢7吨，单价9 500元；锚杆钢8吨，单价9 000元。（销售专用发票）

借：1122（应收账款——巴氏集团）　　162 045

　贷：6001（主营业务收入——螺纹钢）　　66 500

　　6001（主营业务收入——锚杆钢）　　72 000

　　22210105（应交税费——应交增值税——销项税额）　　23 545

业务8：2011-01-07，向彭园公司赊销扣件钢8吨，单价9 600元。（销售专用发票）

借：1122（应收账款——彭园公司）　　90 417.60

　贷：6001（主营业务收入——扣件钢）　　77 280

　　22210105（应交税费——应交增值税——销项税额）　　13 137.60

业务9：2011-01-07，收到7-5新康机械厂的货款57 622.50元。（收款单）

借：100201（银行存款——工行）　　57 622.50

　贷：1122（应收账款——新康机械厂）　　57 622.50

业务10：2011-01-08，收到肯亚集团材料款12 870元。（收款单）

借：100203（银行存款——招行）　　12 870

　贷：1122（应收账款——肯亚集团）　　12 870

业务11：2011-01-08，向浦华公司赊销角钢7吨，单价9 450元。（销售专用发票）

借：1122（应收账款——浦华公司）　　77 395.50

　贷：6001（主营业务收入——角钢）　　66 150

　　22210105（应交税费——应交增值税——销项税额）　　11 245.50

业务12：2011-01-08，收到7-6涞源公司货款136 188元。（收款单）

借：100201（银行存款——工行）　　136 188

　贷：1122（应收账款——涞源公司）　　136 188

业务13：2011-01-09，向单南公司赊销齿轮钢9吨，单价9 200元。（销售专用发票）

借：1122（应收账款——单南公司）　　96 876

　贷：6001（主营业务收入——齿轮钢）　　82 800

　　22210105（应交税费——应交增值税——销项税额）　　14 076

业务14：2011-01-09，收到7-7彭园公司货款90 417.60元。（收款单）

借：100201（银行存款——工行）　　90 417.60

　贷：1122（应收账款——彭园公司）　　90 417.60

业务15：2011-01-10收到巴氏集团货款162 045元。（收款单）

借：100203（银行存款——招行）　　162 045

　贷：1122（应收账款——巴氏集团）　　162 045

业务16：2011-01-10向彭园公司赊销齿轮钢8吨，单价9 200元；轻轨产品9吨，单价8 800元。（销售专用发票）

借：1122（应收账款——彭园公司）　　178 776

　贷：6001（主营业务收入——齿轮钢）　　73 600

　　6001（主营业务收入——轻轨）　　79 200

　　22210105（应交税费——应交增值税——销项税额）　　25 976

业务17：2011-01-10，向新康机械厂赊销锚杆钢16吨，单价9 000元。（销售专用发票）

借：1122（应收账款——新康机械厂）　　168 480

　贷：6001（主营业务收入——锚杆钢）　　144 000

　　22210105（应交税费——应交增值税——销项税额）　　24 480

业务18：2011-01-10，向高迪公司赊销锚杆钢 10吨，单价9 000元。（销售专用发票）

借：1122（应收账款——高迪公司）　　105 300

　贷：6001（主营业务收入——锚杆钢）　　90 000

　　22210105（应交税费——应交增值税——销项税额）　　15 300

业务19：2011-01-10，收到7-8浦华公司货款77 395.50元。（收款单）

借：100202（银行存款）　　77 395.50

　贷：1122（应收账款——浦华公司）　　77 395.50

业务20：2011-01-11，向涞源公司赊销轻轨14吨，单价8 800元。（销售专用发票）

借：1122（应收账款——涞源公司） 144 144

贷：6001（主营业务收入——链条钢） 123 200

22210105（应交税费——应交增值税——销项税额） 20 944

业务21：2011-01-11，收到彭园公司货款178 776元。（收款单）

借：100201（银行存款——工行） 178 776

贷：1122（应收账款——彭园公司） 178 776

业务22：2011-01-11，收到单南公司货款96 876元。（收款单）

借：100202（银行存款） 96 876

贷：1122（应收账款——单南公司） 96 876

业务23：2011-01-12，向浦华公司赊销角钢15吨，单价9 450元；扣件钢9吨，单价9 660元。（销售专用发票）

借：1122（应收账款——浦华公司） 267 567.30

贷：6001（主营业务收入——角钢） 141 750

6001（主营业务收入——扣件钢） 86 940

22210105（应交税费——应交增值税——销项税额） 38 877.30

业务24：2011-01-12，向高迪公司赊销链条钢15吨，单价9 700元，弹条钢10吨，单价9 850元。（销售专用发票）

借：1122（应收账款——高迪公司） 285 480

贷：6001（主营业务收入——链条钢） 145 500

6001（主营业务收入——弹条钢） 98 500

22210105（应交税费——应交增值税——销项税额） 41 480

业务25：2011-01-12，向彭园公司赊销槽钢11吨，单价9 300元。（销售专用发票）

借：1122（应收账款——彭园公司） 119 691

贷：6001（主营业务收入——槽钢） 102 300

22210105（应交税费——应交增值税——销项税额） 17 391

业务26：2011-01-12，收到7-10新康机械厂的货款168 480元。（收款单）

借：100201（银行存款——工行） 168 480

贷：1122（应收账款——新康机械厂） 168 480

业务27：2011-01-12，收到7-11涞源公司货款144 144元。（收款单）

借：100201（银行存款——工行） 144 144

贷：1122（应收账款——涞源公司） 144 144

业务28：2010-01-12，收到7-10高迪公司货款105 300元。（收款单）

借：100203（银行存款——招行）　　105 300
　贷：1122（应收账款——高迪公司）　　105 300

业务29：2011-01-13，收到浦华公司货款267 567.30元。（收款单）

借：100202（银行存款——建行）　　267 567.30
　贷：1122（应收账款——浦华公司）　　267 567.30

业务30：2011-01-15，向浦华公司赊销螺纹钢13吨，单价9 500元。（销售专用发票）

借：1122（应收账款——浦华公司）　　144 495
　贷：6001（主营业务收入——螺纹钢）　　123 500
　　22210105（应交税费——应交增值税——销项税额）　　20 995

业务31：2011-01-15，向新康机械厂赊销槽钢30吨，单价9 300元。（销售专用发票）

借：1121（应收票据——新康机械厂）　　326 430
　贷：6001（主营业务收入——槽钢）　　279 000
　　22210105（应交税费——应交增值税——销项税额）　　47 430

业务32：2011-01-17，向单南公司赊销弹条钢17吨，单价9 850元。（销售专用发票）

借：1122（应收账款——单南公司）　　195 916.50
　贷：6001（主营业务收入——弹条钢）　　167 450
　　22210105（应交税费——应交增值税——销项税额）　　28 466.50

业务33：2011-01-17，替单南公司代垫运输费1 000元。（其他应收单）

借：122102（其他应收款——应收其他单位款）　　1 000
　贷：100202（银行存款——建行）　　1 000

业务34：2011-01-18，向巴氏集团赊销链条钢11.5吨，单价9 700元。（销售专用发票）

借：1122（应收账款——巴氏集团）　　130 513.50
　贷：6001（主营业务收入——链条钢）　　111 550
　　22210105（应交税费——应交增值税——销项税额）　　18 963.50

业务35：2011-01-18，收到高迪公司货款285 480元。（收款单）

借：100202（银行存款——建行）　　285 480
　贷：1122（应收账款——高迪公司）　　285 480

业务36：2011-01-19，预收单南公司齿轮钢货款15 000元。（收款单）

借：100202（银行存款——建行）　　15 000
　贷：2203（预收账款——单南公司）　　15 000

业务37：2011-01-20，向肯亚公司赊销轻轨12.6吨，单价8 800元。（销售专用发票）

借：1122（应收账款——肯亚集团）　　129 729.60
　贷：6001（主营业务收入——轻轨）　　110 880
　　22210105（应交税费——应交增值税——销项税额）　　18 849.60

业务38：2011-01-21，向高迪公司赊销螺纹钢8.5吨，单价9 500元。（销售专用发票）

借：1122（应收账款——高迪公司） 94 477.50

　贷：6001（主营业务收入——螺纹钢） 80 750

　　22210105（应交税费——应交增值税——销项税额） 13 727.50

业务39：2011-01-23，向巴氏集团赊销角钢8吨，单价9 450元。（销售专用发票）

借：1122（应收账款——巴氏集团） 88 452

　贷：6001（主营业务收入——角钢） 75 600

　　22210105（应交税费——应交增值税——销项税额） 12 852

业务40：2011-01-30，计提本月的坏账准备。（计提坏账准备）

借：670101（资产减值损失——坏账损失） 10 244.26

　贷：1231（坏账准备） 10 244.26

业务41：2011-01-30，高迪公司4-30日的货款发生坏账损失15 000元。（坏账发生）

借：1231（坏账准备） 15 000

　贷：1122（应收账款——高迪公司） 15 000

业务42：2011-01-30，浦华公司预收款冲销应收款。（转账）

借：2203（预收账款——浦华公司） 144 495

　贷：1122（应收账款——浦华公司） 144 495

业务43：2011-01-30，肯亚集团预收款冲销应收款。（转账）

借：2203（预收账款——肯亚集团） 12 870

　贷：1122（应收账款——肯亚集团） 12 870

业务44：2011-01-30，高迪公司应收款转入巴氏集团应收款。（转账）

借：1122（应收账款——巴氏集团） 105 300

　贷：1122（应收账款——高迪公司） 105 300

业务45：2011-01-30，巴氏集团应收款冲新元炼钢厂应付款。（转账）

借：2202（应付账款——新元炼钢厂） 128 700

　贷：1122（应收账款——巴氏集团） 128 700

1. 单据处理

单据处理主要包括对销售发票、其他应收单、应收票据、收款单及应收退款单等几种单据的处理。下面以收款单和销售增值税发票输入为例，来说明票据输入的注意事项。

发票的表头项目，大部分是系统设置时定义了的选择项，在此可直接选取数据，如核算项目类别、核算项目名称、往来科目、结算方式、项目资源、项目任务、项目订单、源单类型及源单编号等项目。而有些项目则被相关项目带出，如项目订单金额由项目订单带出。表体中的商品代码从商品（物料）目录中选取，商品或劳务名称、规格型号由商品代码带出。

其他应收单、应收票据、收款单、预收单和应收退款单处理与销售增值税类似，这里不再赘述。

（1）**收款单录入**　收款单据处理包括收款单的录入与审核。收款单是用来记录企业收到的客户款项。“收款单”的业务都需录入收款单，现以业务1为例来加以说明。在“应收款管理系统”，选择“收款单据处理”下的“收款单新增”，显示一张空白的收款单，如图4-22所示将数据录入相应的栏目，单击“保存”。注意：源单类型新增时默认为空，通过下拉菜单进行选择，选择“初始化—销售增值税发票”；选单后此处内容不显示，“初始化—销售增值税发票”的内容回填到收款单中。

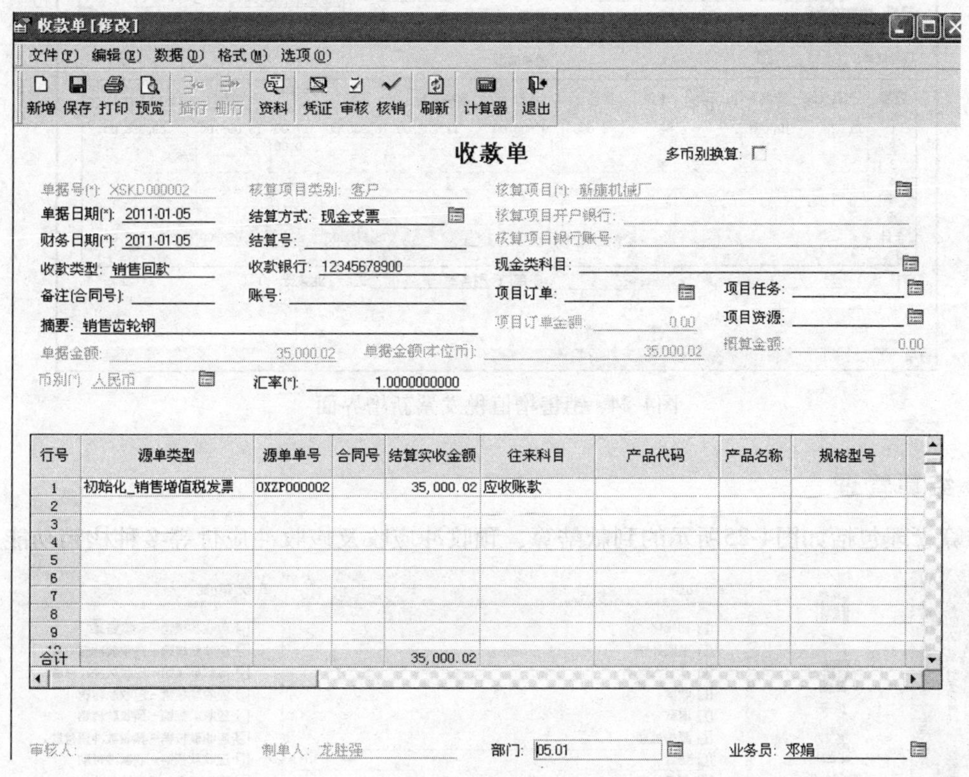

图4-22　收款单录入

收款单录入完成后，可以直接点击“审核”，完成审核工作，也可以在收款单审核中完成，审核界面如图4-23所示。

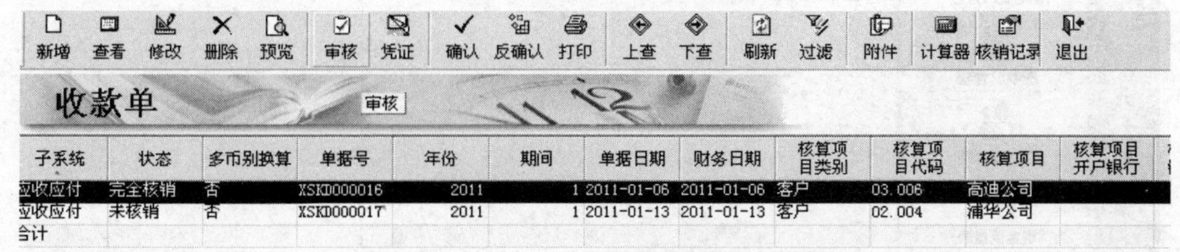

图4-23　收款单的审核

（2）**销售增值税发票录入** 以业务8为例，说明销售增值税发票录入。单击“应收款管理”下的“发票处理”，显示如图4-24所示的录入界面，点击“销售增值税发票—新增”，录入相关业务和数据。

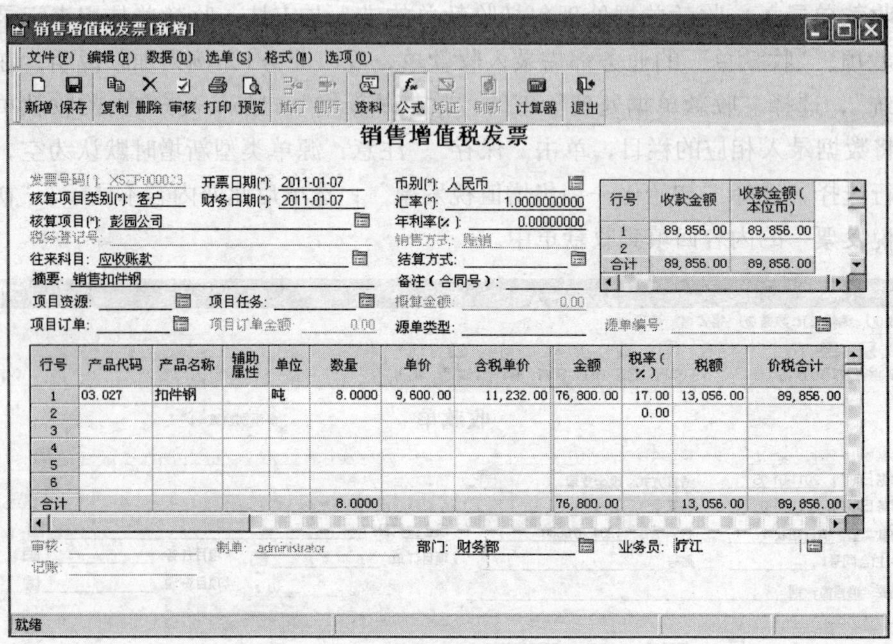

图4-24 销售增值税发票新增界面

2. 结算管理

结算管理包括如图4-25所示的到款结算、预收冲应收及应收冲应付等多种核销功能。

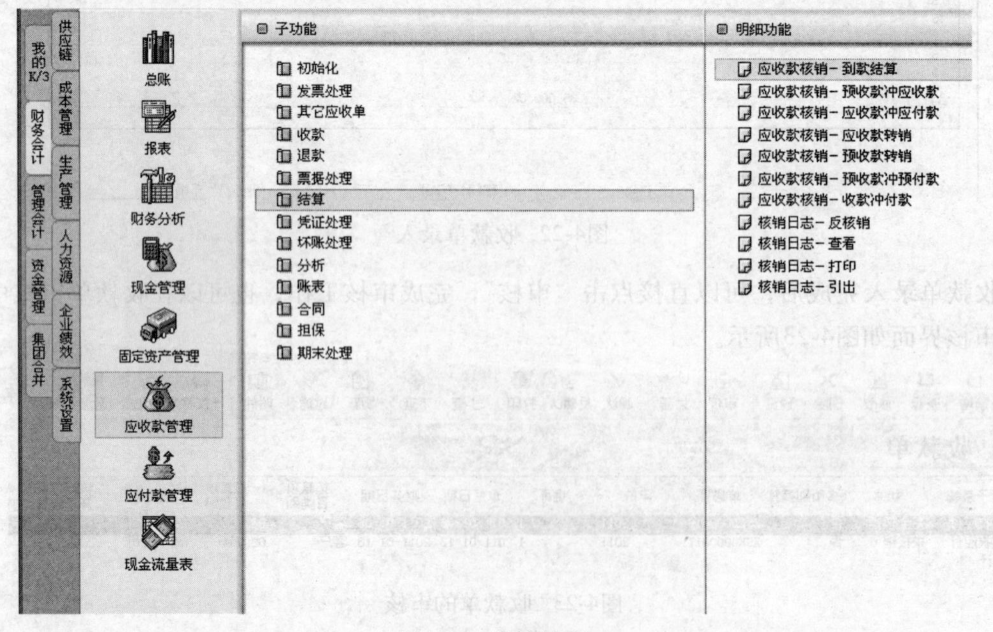

图4-25 结算管理

（1）**到款结算** 以业务1为例，按照如图4-25所示的结算管理界面，在界面右侧明细功能列选择“应收款核销—到款结算”，出现如图4-26所示的单据核销界面。核算项目类别选择“客户”，核算项目代码选择“01.001”，即新康机械厂，在金额栏输入到款金额35000.02及业务日期。点击界面上方的“确定”按钮，显示如图4-27所示的核销界面。该界面上部列示了选定客户所有需要核销的应收款记录，下部列示了该客户的收款记录。勾选需核销的单据之后，单击界面上方的“核销”，完成到款结算核销工作。

单据核销

核销类型：到款结算　　确定　　取消

过滤条件－应收系统

核算项目类别：	客户	币别：	人民币
核算项目代码：	01.001	至：	
部门代码：		业务员代码：	
金额：	35000.02	至：	35000.02
日期：	2011-01-01	至：	2011-12-01
合同号：		订单号：	

排序规则

◉ 往来单位代码　　○ 往来单位名称

☐ 包括含有关联关系的单据

图4-26 单据核销查询界面

全选 全清 过滤 刷新 单据 核销 自动 页面 关闭　核销方式：单据　核销日期：2011-02-28

到款结算－应收款

	选择	核算项目代码	核算项目名称	单据号	单据日期	财务日期	单据类型	摘要
1	☑	01.001	新康机械厂	QTYS000002	2011-01-05	2011-01-05	其他应收单	代垫运杂费
2	☑	01.001	新康机械厂	XSZP000022	2011-01-15	2011-01-15	销售发票	销售槽钢

到款结算－收款

	选择	核算项目代码	核算项目名称	单据号	单据日期	财务日期	单据类型	摘要
1	☑	01.001	新康机械厂	XSKD000019	2011-01-15	2011-01-15	收款单	收到应收票据-YSPJ000002

图4-27 到款结算核销界面

（2）**预收冲应收** 以业务42为例，按如图4-25所示的结算管理界面，在界面右侧明细功能列选择“应收款核销—预收冲应收”，界面如图4-26所示。不同之处是核销类别：选择预收款冲应收款，核算项目代码填入“02.004”，即浦华公司的代码，单击工具栏的“确定”显示如图4-28的界面。上部列示了选定客户所有需要核销的应收款记录，下部列示了该客户的预收款记录。

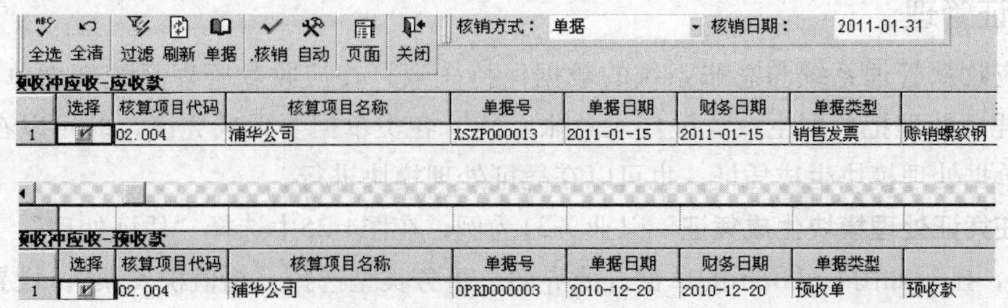

全选 全清 过滤 刷新 单据 核销 自动 页面 关闭　核销方式：单据　核销日期：2011-01-31

预收冲应收－应收款

	选择	核算项目代码	核算项目名称	单据号	单据日期	财务日期	单据类型	
1	☑	02.004	浦华公司	XSZP000013	2011-01-15	2011-01-15	销售发票	赊销螺纹钢

预收冲应收－预收款

	选择	核算项目代码	核算项目名称	单据号	单据日期	财务日期	单据类型	
1	☑	02.004	浦华公司	OPRD000003	2010-12-20	2010-12-20	预收单	预收款

图4-28 预收冲应收核销界面

（3）**应收冲应付** 以业务45为例，按照如图4-25所示的结算管理界面，在界面右侧明细功能列选择“应收款核销—应收冲应付”，出现如图4-29所示的界面。左上方的核算项目类别选择“客户”，核算项目代码填入“04.007”，即巴氏集团的代码。在左下方核算项目类别选择“供应商”，核算项目代码填入“01.001”新元炼钢厂。点击界面上方的“确定”按钮，显示如图4-30所示的应收款冲应付款核销界面。

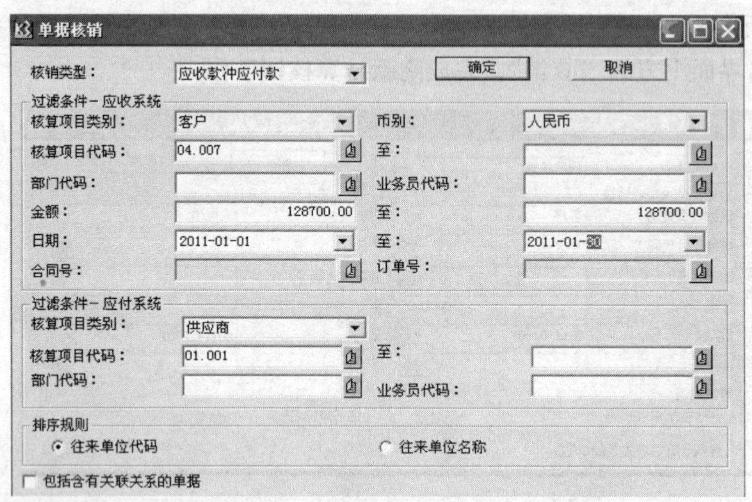

图4-29 应收款冲应付款过滤条件界面

核销

全选 全清 过滤 刷新 单据 核销 自动 页面 关闭 核销方式：单据 核销日期：2011-01-05

应收冲应付-应收款

	选择	核算项目代码	核算项目名称	单据号	单据日期	财务日期	单据类型	摘要	汇率	单据金额	未核销金额	本次核销金额	本次核销金额本位币	部门
1		04.007	巴氏集团	OXZP000005	2010-12-15	2010-12-15	销售发票	销售角钢	1.0000	5,000.00	5,000.00	5,000.00	5,000.00	销售一部
2	✓	04.007	巴氏集团	XSZP000016	2011-01-18	2011-01-18	销售发票	赊销链条钢	1.0000	130,513.50	130,513.50	128,700.00	128,700.00	财务部
3		04.007	巴氏集团	XSZP000021	2011-01-23	2011-01-23	销售发票	赊销角钢	1.0000	88,452.00	88,452.00	88,452.00	88,452.00	财务部
4		04.007	巴氏集团	QTYS000005	2011-01-31	2011-01-31	其他应收单	高迪公司转销	1.0000	94,477.50	94,477.50	94,477.50	94,477.50	
5		04.008	肯亚集团	XSZP000018	2011-01-20	2011-01-20	销售发票	赊销轻轨	1.0000	129,729.60	115,729.60	115,729.60	115,729.60	财务部
										448,172.60	434,172.60	128,700.00	128,700.00	

应收冲应付-应付款

	选择	核算项目代码	核算项目名称	单据号	财务日期	单据类型	摘要	未核销金额	本次核销金额	本次核销金额本位币	部门	业务员	制单
1	✓	01.001	新元炼钢厂	OCZP000002	2010-12-31	采购发票	购买45#锭、20管锭	128,700.00	128,700.00	128,700.00	采购部	刘思宇	疗江

图4-30 应收冲应付核销

以上所讲都是采用手工核销，先单击核销记录左边的小灰色框，“红勾”出现后，单击工具栏“核销”，系统将对选择的单据进行核销。如果采用自动核销，则单击工具栏“自动”选项，根据时间先后按单据余额进行自动核销。

3. 凭证管理

为使应收款管理系统与总账系统的数据保持一致，在应收款管理系统新增单据之后，必须通过凭证处理把单据生成凭证传入总账系统。各类单据要生成凭证，既可以在业务在发生时在单据处理模块生成凭证，也可以在凭证处理模块进行。

（1）**在凭证处理模块生成凭证** 以业务31为例，在图4-25中选择“凭证处理”下的“凭证—生成”，显示如图4-31所示的单据过滤界面，事务类型选择“增值税发票”。设置好过滤条件后，点击“确定”，出现如图4-32所示的单据查询结果。选择需要生成凭证的单据，单击界面上方菜单中的按单据生成凭证，生成如图4-33所示的凭证。

过滤
默认方案
事务类型：销售增值税发票
条件
排序
显示隐藏列
销售增值税发票
收款计划
产品明细
项目名称
比较
比较值
逻辑
核算项目类别
等于
客户
并且
开票日期
大于等于
2011-01-10
并且
开票日期
小于等于
2011-01-20
核销状态 未核销
销售方式 赊销
选择"确定"时自动保存方案
确定(O)
取消(C)

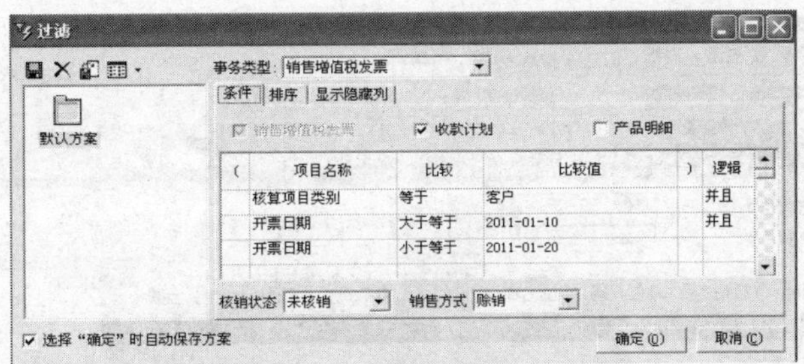

图4-31　凭证处理单据过滤条件

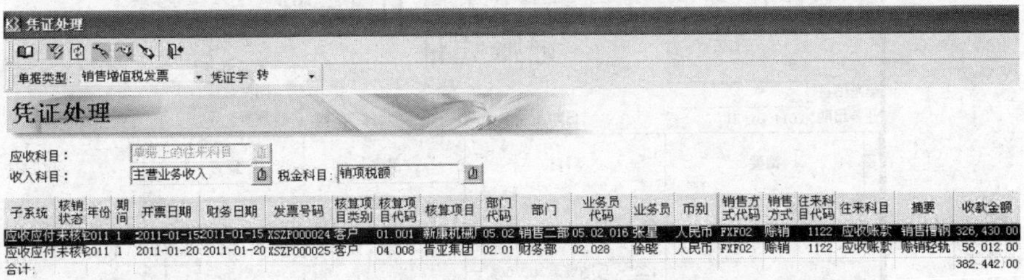

凭证处理
单据类型：销售增值税发票
凭证字 转
凭证处理
应收科目：
单据上的往来科目
收入科目：
主营业务收入
税金科目：
销项税额
子系统
核销状态
年份
期间
开票日期
财务日期
发票号码
核算项目类别
核算项目代码
核算项目
部门代码
部门
业务员代码
业务员
币别
销售方式代码
销售方式
往来科目代码
往来科目
摘要
收款金额
应收应付 未核销 2011 1 2011-01-15 2011-01-15 XSZP000024 客户 01.001 新康机械厂 05.02 销售二部 05.02.016 张星 人民币 FXF02 赊销 1122 应收账款 销售槽钢 326,430.00
应收应付 未核销 2011 1 2011-01-20 2011-01-20 XSZP000025 客户 04.008 晋亚集团 02.01 财务部 02.028 徐晓 人民币 FXF02 赊销 1122 应收账款 赊销轻轨 56,012.00
合计： 382,442.00

图4-32　凭证处理单据查询结果

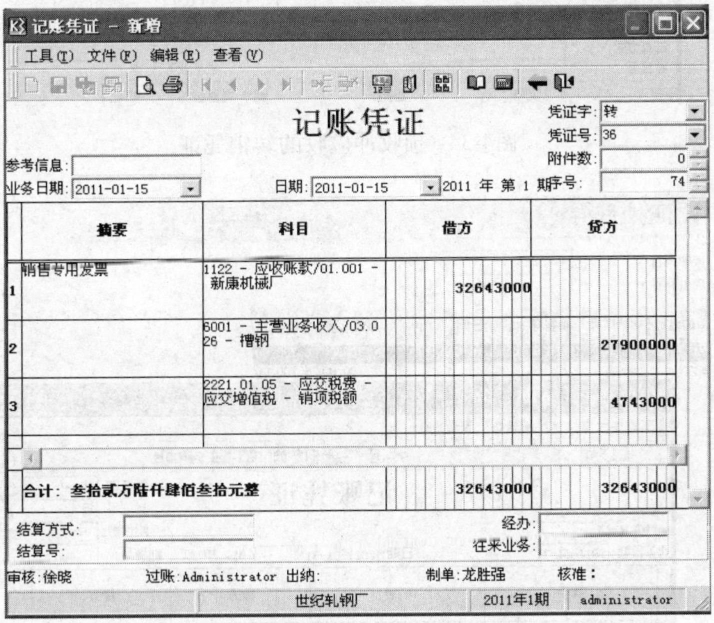

记账凭证 - 新增
工具(T)
文件(F)
编辑(E)
查看(V)
记账凭证
凭证字：转
凭证号：36
附件数：0
序号：74
参考信息：
业务日期：2011-01-15
日期：2011-01-15
2011 年 第 1 期
摘要
科目
借方
贷方
1 销售专用发票
1122 - 应收账款/01.001 - 新康机械厂
32643000
2
6001 - 主营业务收入/03.026 - 槽钢
27900000
3
2221.01.05 - 应交税费 - 应交增值税 - 销项税额
4743000
合计：叁拾贰万陆仟肆佰叁拾元整
32643000
32643000
结算方式：
结算号：
经办：
往来业务：
审核：徐晓
过账：Administrator
出纳：
制单：龙胜强
核准：
世纪轧钢厂
2011年1期
administrator

图4-33　销售发票的记账凭证

在凭证处理中生成如图4-34所示的预收冲应收的记账凭证，步骤同上。

在凭证处理中生成如图4-35所示的应收冲应付记账凭证，步骤同上。

在凭证处理中生成如图4-36所示的应收款转销的凭证，步骤同上。

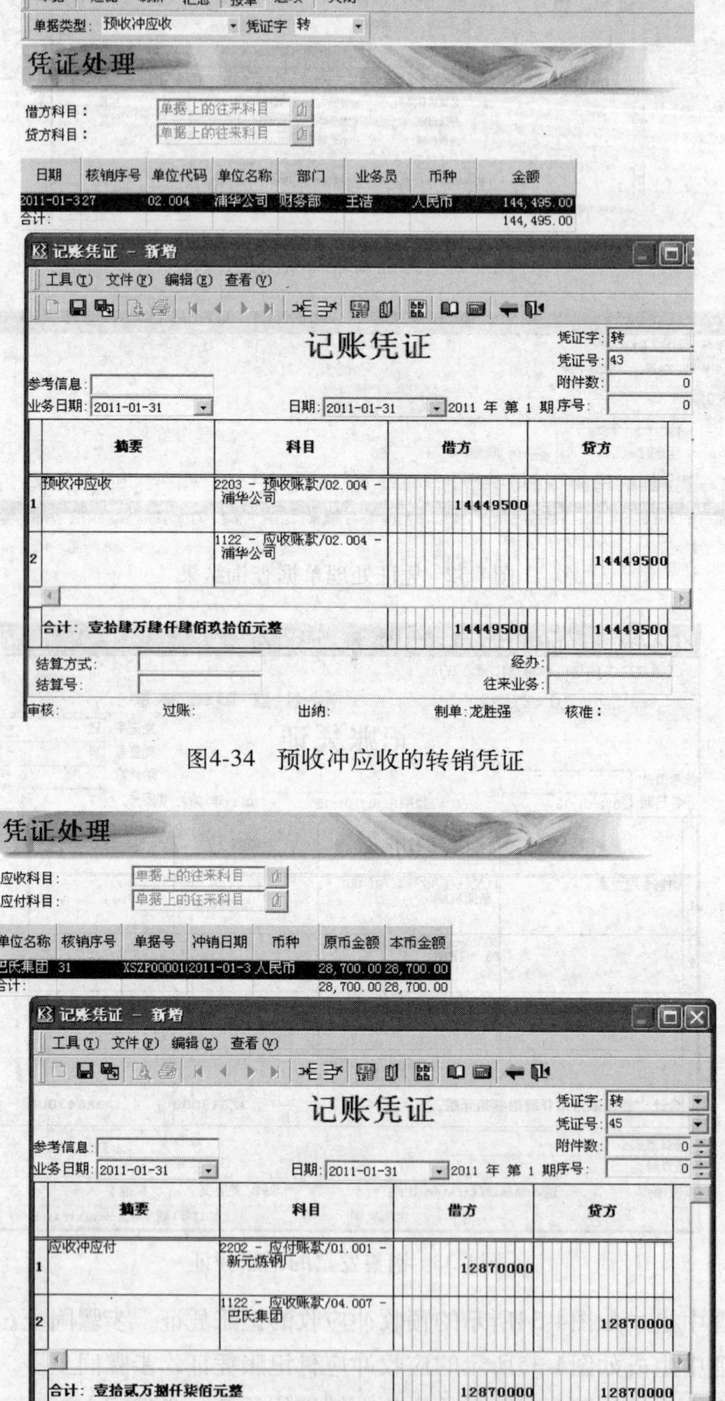

图4-34 预收冲应收的转销凭证

图4-35 应收冲应付记账凭证

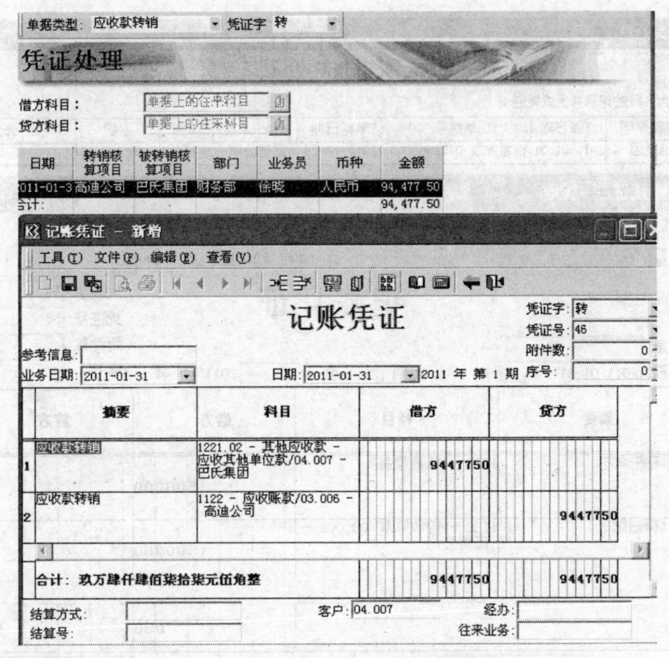

图4-36 在凭证处理中生成应收款转销凭证

（2）**在业务处理模块生成凭证** 大部分的凭证在凭证处理中生成，不过凭证也可以在相关模块处理时生成，例如业务31的凭证即可在业务处理时生成。进入“应收款管理”下的发票，进行销售增值税发票的初始化等工作，点击发票上方的“凭证”，也可以生成该项销售业务的凭证，结果同图4-33。

注意：对于坏账损失、坏账收回和坏账准备的凭证则不在凭证处理模块生成，而是业务发生时直接在坏账处理模块生成凭证。

4. 坏账管理

（1）**坏账损失** 坏账损失处理过程适用于已经生成凭证的销售发票、其他应收单，以及初始化的销售发票、其他应收单。根据客户代码查询所有满足条件的单据，选择发生坏账的单据，输入坏账发生的原因、坏账日期、坏账金额，坏账损失过滤条件如图4-37所示。单击“凭证”，将自动生成一张有关坏账损失的凭证，结果如图4-38所示。

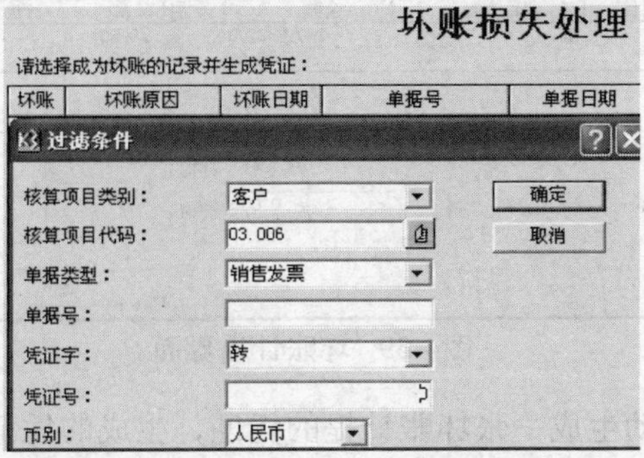

图4-37 坏账损失过滤条件

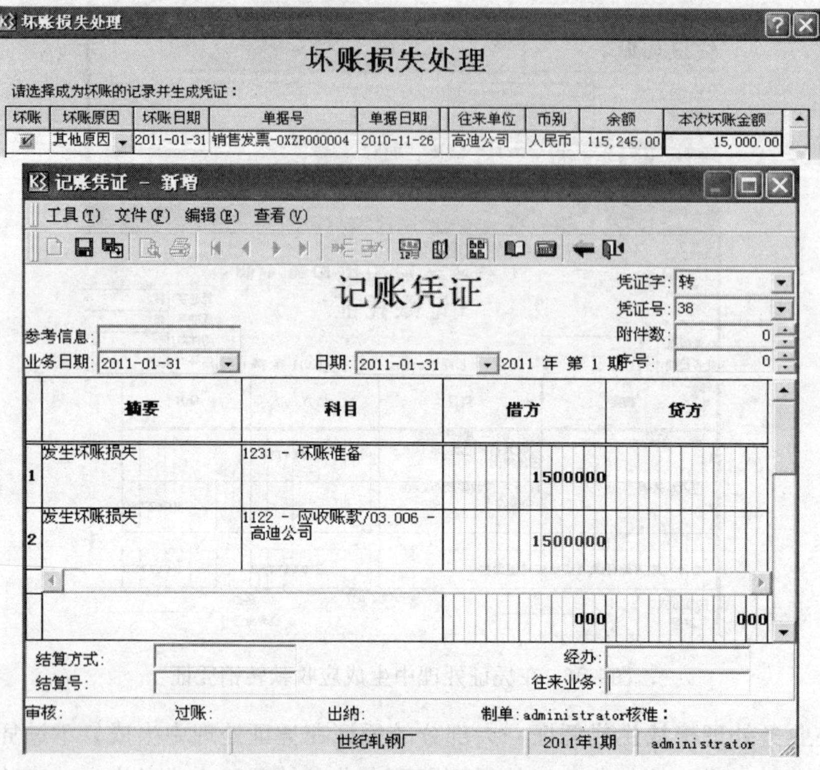

图4-38 生成坏账损失凭证

（2）**坏账收回** 进行坏账收回处理的单据只能是期初坏账或已进行坏账损失处理的销售发票、其他应收单。通过条件查询，系统将列出满足条件的单据，选择坏账收回的单据，录入坏账收回金额。选择坏账收回对应的收款单，只有已审核且未生成凭证的收款单才可以参与坏账收回处理。

（3）**计提坏账准备** 坏账准备可以一年一次，也可以随时计提。坏账准备的计提方法也可以随时更改。系统根据设置的方法计提坏账准备，并产生相应的凭证。坏账准备计提方法有三种，分别是销货百分比法、账龄分析法和应收账款百分比法。我们以销货百分比法为例进行说明，计提坏账准备的界面如图4-39所示。

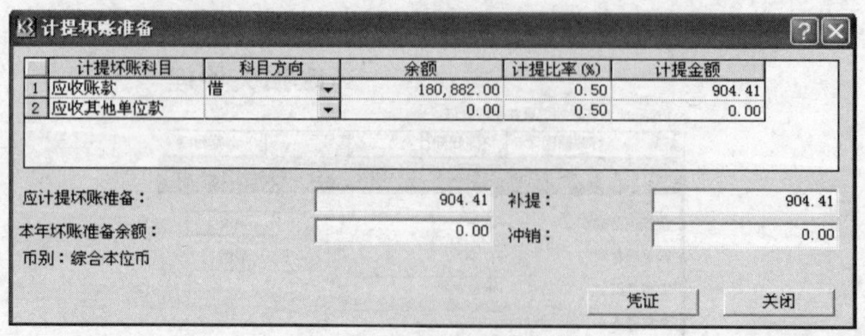

图4-39 坏账计提界面

单击“凭证”，将自动生成一张坏账计提的凭证，生成的凭证如图4-40所示，保存后退出，该凭证可以在凭证浏览中查看。如果要取消计提的坏账准备，只需删除坏账准备的计提凭证即可。

坏账备查账簿这个模块主要是用来浏览查询坏账损失、坏账收回的相关记录。通过录入过滤条件可以查看、打印坏账记录，并且可以引出多种格式的坏账备查簿，如电子报表格式、文本格式等。

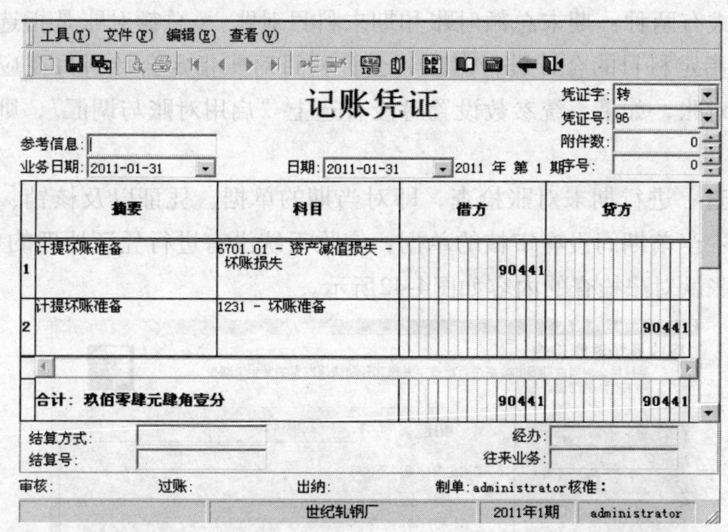

图4-40　坏账准备的记账凭证

5. 应收账款分析

应收款管理系统能提供账龄分析、周转分析、欠款分析、坏账分析、回款分析、收款预测、信用余额分析及信用期限分析等各类分析的查询。

以账龄分析为例，账龄分析主要是用来对未核销的往来账款进行分析。进入该处理界面后，系统弹出账龄分析表“条件设置”界面，在此界面中，可以对账龄分析表输出范围以及账龄分析表的时间段等项目条件进行设置。根据设置条件，可以得到如图4-41所示的账龄分析表。如果条件设置一致，账龄分析表与汇总表可以进行勾对。

账龄分析

过滤 刷新 打印 预览 页面 退出

账龄分析

核算项目类别:客户　　核算项目范围:全部

部门代码范围:全部　　业务员代码范围:全部

币别:人民币

客户代码	客户名称	信用期限	信用额度	余额	未到期					到期					当日到期
					1至10天	10至20天	20至30天	30至40天	40天以上	1至10天	10至20天	20至30天	30至40天	40天以上	
01.001	新康机械厂		0	22,130.00										22,130.00	
02.003	彭园公司		0	19,691.00										19,691.00	
03.005	单南公司		0	81,916.50										81,916.50	
04.007	巴氏集团		0	01,895.00										01,895.00	
04.008	肯亚集团		0	15,729.60										15,729.60	
	合计		0	41,362.10										41,362.10	
	占总额(%)		0	100.00										100.00	

图4-41　应收账款账龄分析界面

4.5.4 期末处理

期末对应收款进行处理的业务主要包括期末对账、期末调汇以及结账。

1. 期末对账

期末对账方式有两种：期末总额对账和期末科目对账。总额对账是指选择应收系统的余额与总账系统指定科目的合计进行对账；会计科目对账指定会计科目在应收系统和总账系统的数据进行对账，如果系统参数设置时没有选上“启用对账与调汇”，则不支持该对账方式。

（1）**对账检查** 进行期末对账检查，即对当期的单据、凭证以及核销、票据操作进行对账检查，包括：当前期间没有审核的单据；应收系统没有进行凭证处理的单据以及核销、票据处理。应收账款对账检查的内容如图4-42所示。

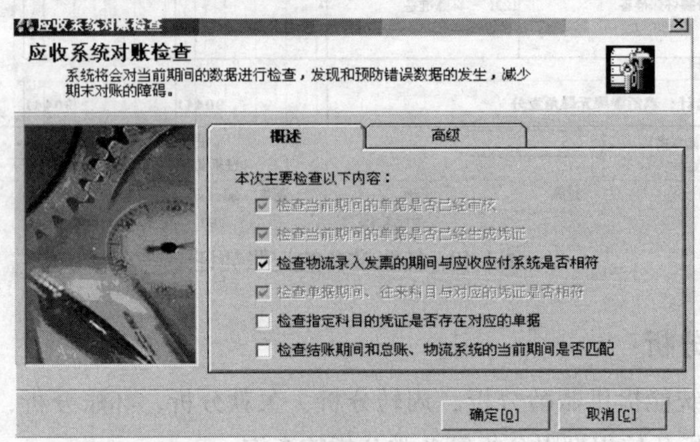

图4-42 应收账款对账检查界面

（2）**对账处理** 检查结束后进入对账处理。选择期末总额对账方式，则选择条件包括对账期间、币别、显示明细核算项目等内容。如果选择期末科目对账方式，选择条件中的“对账科目”支持选择多个对账科目，期末总额对账的过滤条件如图4-43所示。设定对账选择条件后，系统显示对账表内容。期末科目的对账结果如图4-44所示。

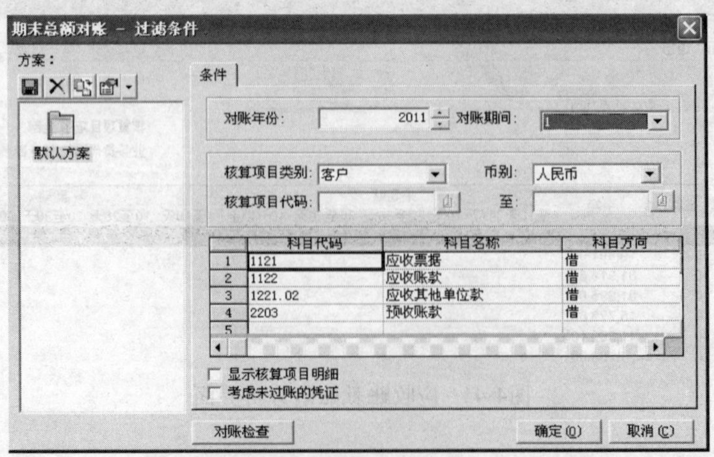

图4-43 应收系统期末总额对账过滤条件

期末科目对账

年份：2011　　　　期间：1

核算项目类别:客户　　　　核算项目：所有　　　　币别:人民币

对账科目:1121[借],1122[借],1221.02[借],2203[借]　　　　对账方式:核算项目明细

年份	期间	科目代码	核算项目代码	核算项目	期初余额			本期借方发生			本期贷方发生			期末余额		
					应收系统	总账	差额	应收系统	总账	差额	应收系统	总账	差额	应收系统	总账	差额
2011	1	1121	03.005	单南公司												
			03.006	高迪公司												
			04.007	巴氏集团												
			04.008	肯亚集团												
			01.001	新康机械厂				9,300.00	9,300.00					9,300.00	9,300.00	
			01.002	涞源公司												
			02.003	彭园公司												
			02.004	浦华公司												
		1121(						9,300.00	9,300.00					9,300.00	9,300.00	
		1122	01.001	新康机械厂	35,000.02	35,000.02		52,532.50	52,532.50		70,402.52	70,402.52		17,130.00	17,130.00	
			01.002	涞源公司	28,080.00	28,080.00		80,332.00	80,332.00		08,412.00	08,412.00				
			02.003	彭园公司				88,884.60	88,884.60		69,193.60	69,193.60		19,691.00	19,691.00	
			02.004	浦华公司				89,457.80	89,457.80		89,457.80	89,457.80				
			03.005	单南公司				92,792.50	92,792.50		96,876.00	96,876.00		95,916.50	95,916.50	
			03.006	高迪公司	15,245.00	15,245.00		83,757.50	83,757.50		85,257.50	85,257.50		13,745.00	13,745.00	
			04.007	巴氏集团	5,000.00	5,000.00		81,010.50	81,010.50		90,745.00	90,745.00		95,265.50	95,265.50	
			04.008	肯亚集团				42,599.60	42,599.60		26,870.00	26,870.00		15,729.60	15,729.60	
		1122(			83,325.02	83,325.02		11,367.00	11,367.00		37,214.42	37,214.42		57,477.60	57,477.60	
		1221.	01.001	新康机械厂				5,000.00	5,000.00					5,000.00	5,000.00	
			01.002	涞源公司												
			02.003	彭园公司												
			02.004	浦华公司												
			03.005	单南公司				1,000.00	1,000.00					1,000.00	1,000.00	
			03.006	高迪公司												
			04.007	巴氏集团				94,477.50	94,477.50					94,477.50	94,477.50	
			04.008	肯亚集团												
		1221.						00,477.50	00,477.50					00,477.50	00,477.50	
		2203	01.001	新康机械厂												
			01.002	涞源公司												
			02.003	彭园公司												
			02.004	浦华公司	50,380.02	50,380.02		44,495.00	44,495.00					5,885.02	5,885.02	
			03.005	单南公司							15,000.00	15,000.00		15,000.00	15,000.00	
			03.006	高迪公司												
			04.007	巴氏集团												
			04.008	肯亚集团	14,000.00	14,000.00		14,000.00	14,000.00							
		2203(			64,380.02	64,380.02		58,495.00	58,495.00		15,000.00	15,000.00		20,885.02	20,885.02	

图4-44　期末科目对账

2. 结账

当本期所有操作完成之后，如所有单据进行了审核、核销处理，相关单据已生成了凭证，同时与总账等系统的数据资料已核对完毕，即可以进行期末结账工作。期末结账处理完毕，系统进入下一个会计期间。如发现已结账期间有问题，可通过反结账功能恢复结账前的工作。

4.5.5　统计查询

应收款管理系统能提供应收款汇总表、应收款明细表、往来对账单、到期债权列表、应收计息表、调汇差异表及万能报表等各种报表的查询，帮助企业分析与应收款相关的经营活动及成果。

以应收款汇总表为例，应收款汇总表主要是用来反映往来单位在某段时间的本期应收数、本期实收数、本年累计应收数、本年累计实收数、期初余额及期末余额等。进入该处理界面后，可以对应收款汇总表输出范围进行设置，根据需要设定应收款汇总表查询条件，得到如图4-45所示的应收款汇总表。

应收款汇总表

过滤 刷新 打印 预览 页面 明细 退出

应收款汇总表

核算项目类别:客户 币别:人民币

核算项目范围:全部

部门查询范围:全部 业务员查询范围:全部 会计科目:全部

查询时间范围:2011年第1期

核算项目代码	核算项目名称	期间	期初余额	本期应收	本期实收	本年累计应收	本年累计实收	期末余额
01.001	新康机械厂	2011.1	35,000.02	557,532.50	235,402.50	557,532.50	235,402.50	357,130.02
01.002	涞源公司	2011.1	28,080.00	280,332.00	280,332.00	280,332.00	280,332.00	28,080.00
02.003	彭园公司	2011.1		388,884.60	269,193.60	388,884.60	269,193.60	119,691.00
02.004	浦华公司	2011.1	-150,380.02	489,457.80	344,962.80	489,457.80	344,962.80	-5,885.02
03.005	单南公司	2011.1		293,792.50	111,876.00	293,792.50	111,876.00	181,916.50
03.006	高迪公司	2011.1	115,245.00	470,257.50	485,257.50	470,257.50	485,257.50	100,245.00
04.007	巴氏集团	2011.1	5,000.00	563,940.00	162,045.00	563,940.00	162,045.00	406,895.00
04.008	肯亚集团	2011.1	-14,000.00	142,599.60	12,870.00	142,599.60	12,870.00	115,729.60
	合计	2011.1	18,945.00	3,186,796.50	1,901,939.40	3,186,796.50	1,901,939.40	1,303,802.10

图4-45 应收账款汇总表界面

应收款汇总表中本期应收栏列示的是销售发票、其他应收单和坏账损失的汇总金额，本期实收栏列示的是收款单、预收单、退款单和应收冲应付的汇总金额。如果本期应收与本期实收的数据与总账系统不一致，则是凭证的借贷方向与汇总表中单据的显示方向不一致所致。如果期末余额与总账系统不一致，则是单据没有生成凭证。一般情况下，应收款汇总表的期末余额应与总账系统的（应收账款+预收账款）余额合并对账，应收款汇总表的本期应收、本期实收应与总账系统应收账款的本期借方、本期贷方对账。

利用各种应收款报表可以有效地进行信用管理，可以及时了解客户的信用状况，随时掌握客户的信用额度，决定是否对超额使用信用额度的客户进行控制，根据回款的时间决定客户能得到的现金折扣，从而把坏账发生的可能降到最低限度，提高企业资金运行的有效性。

本章小结

应收账款子系统是连接销售系统和总账系统的纽带，它接收销售形成的应收款业务，审核并编制应收账款的记账凭证，将凭证传递到总账系统，实现收入的确认。当收回应收款项时，办理收款事项，输入收款单，编制收款凭证传递给总账系统，确认应收款项的减少。根据应收款项和收款事项进行核销处理，及时更新应收款余额。根据应收款余额及账龄分析表，计提坏账损失，同时负责坏账收回和确认的处理。

习　题

一、选择题

1. 在应收款系统中，收款单用来记录企业所收到的客户款项，款项性质包括（ ）等。

A. 应收账款　　B. 应付账款　　C. 预收账款　　D. 预付账款

2. 在应收款系统中，( ) 用来记录发生销售退货时，企业开具的退付给客户的款项。

A. 应收单　B. 付款单　C. 收款单　D. 应付单

3. 应收系统日常业务处理包括 ( )。

A. 应收单据处理　B. 收款单据处理

C. 核销处理　D. 票据管理

4. 应收系统的转账处理包括 ( )。

A. 应收冲应收　B. 应收冲应付

C. 预收冲应收　D. 预付冲应付

5. 在应收款管理系统的预收冲应收转账处理功能中，以下说法正确的是 ( )。

A. 红字预收款不能与红字应收单进行冲销

B. 每一笔应收款的转账金额不能大于其余额

C. 每一笔应收款的转账金额应大于其余额

D. 应收款的转账金额合计应该等于应付款的转账金额合计

6. 进行“预收冲应收”转账处理时，要想进行红字预收款冲销红字应收款，选择类型为 ( )。

A. 付款单　B. 收款单　C. 其他应收单　D. 销售发票

7. 在应收款系统中，无论做过以下任意一种操作，就不能修改坏账准备数据，只允许查询。( )

A. 录入期初余额　B. 坏账计提

C. 坏账收回　D. 坏账发生

8. 要对已经生成凭证的销售发票进行修改，正确的操作是 ( )。

A. 在总账系统中删除该凭证，然后在应收系统对销售发票弃审，最后修改销售发票

B. 在应收系统中删除该凭证，然后对销售发票弃审，最后修改销售发票

C. 直接在应收单据录入中进行修改

D. 对销售发票弃审后，修改销售发票

二、判断题

1. 手工核销和自动核销都能一次对多个客户进行核销。( )

2. 往来账的核销是通过找到收款单与单据之间的对应关系，标明核销金额来处理的。( )

3. 在应收款系统中，如果发票同时存在红蓝记录，则核销时应先进行单据的内部对冲。( )

4. 对应收单据和收款单据进行核销时，在核销时可以使用预付款。( )

5. 当收款单的数额大于单据数额时，收款单的数额部分核销以前的单据，部分退回。( )

6. 应收款系统与销售系统集成使用时，销售发票可以在销售系统录入，也可以在应收款系统录入。( )

三、简答题

1. 应收款系统和销售系统同时启用时，二者有何关联？
2. 应收款系统提供了哪两种核算模型？二者有何区别？
3. 应收款系统如何与总账系统关联？
4. 应收转账有哪几种方式？

四、思考题

1. 应收款系统的核销起什么作用？如果不核销对总账系统有影响吗？说明原因。
2. 应收系统中已记账的凭证能否直接删除？

第 5 章

应付账款管理子系统

5.1 应付账款系统分析

5.1.1 应付账款业务概述

应付账款是指企业在生产经营过程中因购买材料、商品或接受劳务等应该支付给供应单位的款项。应付账款子系统管理的范围包括应付账款业务的日常核算管理，及时反映企业的应付账款金额，跟踪应付账款到期日，以便按计划偿还各项应付账款，从而保证良好的供货关系并尽可能地享受各种现金折扣。

5.1.2 应付账款管理的主要业务

在手工条件下，应付账款的业务流程可用图5-1表示。手工环境下，当财会部门收到供应商寄来的发票、代垫运费凭证和其他单据时，将其与存货验收入库报告单、采购订单进行核对，计算存货成本；编制记账凭证并登记账簿，更新应付账款账户。应付款到期时，财会部门签发支票付款。

计算机环境下的数据流程如图5-2所示。收到供应商的赊购发票后，由应付账款部门复查采购订单文件进行发票确认，并将供应商发票与验收单和采购订单进行比较，若结果相符则输入发票。支付货款后，付款人员将付款单录入并存储在付款单文件中。系统根据每种单据的特定业务和与之对应的会计科目，生成记账凭证，经审核后通过记账功能，将凭证直接存入总账系统的凭证库文件。根据单据中的对应关系，进行核销处理，生成应付账款余额表。

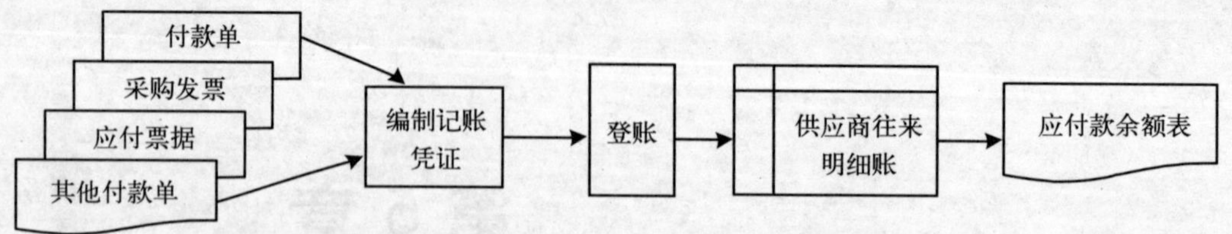

图5-1 应付账款业务手工处理流程图

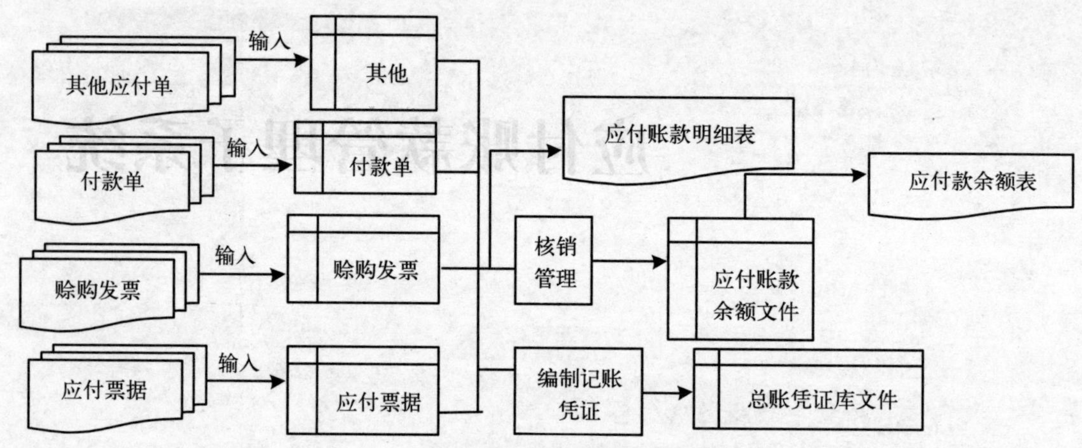

图5-2 应付账款管理子系统数据处理流程

5.1.3 应付账款管理与其他子系统的关系

应付账款系统与其他子系统之间的关系及其接口可用图5-3表示。由图5-3可知，应付账款系统接受采购管理系统传递的赊购发票，在此生成凭证，传递到总账系统，进行付款结算处理后，将付款单生成记账凭证传递给总账系统，使总账系统能够及时获取应付款情况。应收款系统和应付款系统之间可以进行转账处理。

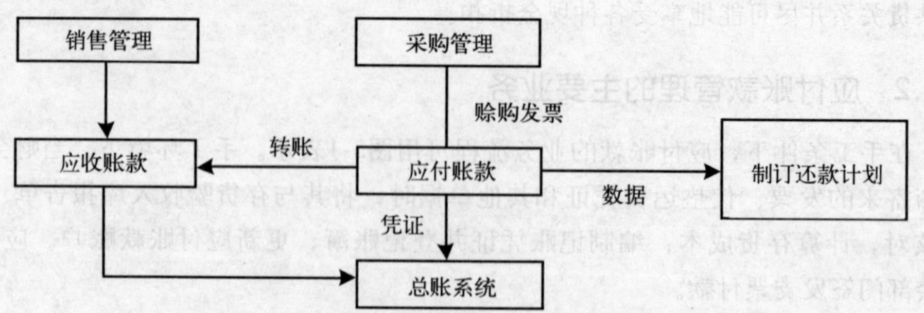

图5-3 应付账款系统与其他子系统之间的关系

5.2 应付账款系统设计

5.2.1 功能设计

在应付账款子系统分析的基础上，设计应付账款子系统的功能模块（见图5-4），并对各模块的功能作简要说明。

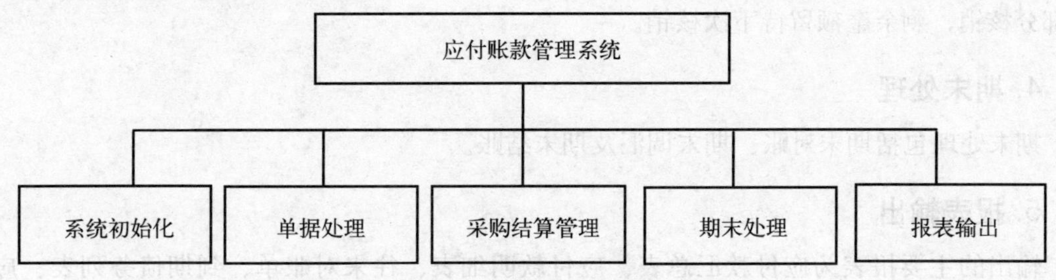

图5-4　应付账款管理子系统功能模块图

1. 系统初始化

该模块包括供应商、采购部门、采购员的代码设置，结算方式、受控科目及期初余额、核销方式设置，付款条件等的初始设置。这些基础数据既可以在本系统设置，也可共享总账系统或采购系统的相关数据。

2. 单据处理

主要包括业务单据的录入、审核、修改、记账等内容。

1）采购发票。采购发票是付款的依据，需要输入的基本数据有原始发票号、供应商代码、税率、付款条件（计算现金折扣的依据）等。采购发票决定了存货的价格与金额、进项税额等，这些数据是会计核算的依据。如果同时使用应付账款系统和采购管理系统，则采购发票由采购管理系统录入，在应付账款系统可以对发票进行查询、核销、编制记账凭证；如果没有使用采购管理系统，则各类发票均应在应付系统录入。

2）付款单。付款单是确认付款的凭证，主要用于处理延期付款或分期付款的业务。支付货款时输入付款单冲销应付账款。

3）单据的审核、记账功能。为了确保各种单据输入数据的准确性，所有单据输入后必须由不同人员进行审核，只有经过审核的单据才能记账。记账就是编制记账凭证并存入总账凭证库。

3. 采购结算管理

1）核销。应付账款的核销是指确定付款单与原始的采购发票、应付单和其他单据之间的对应关系的操作，即需要指明每一次付款是付的哪几笔采购业务的款项，明确核销关系。实际业务中，企业通过直接付款，支付银行承兑汇票，商业承兑汇票或应收账款冲销，红、蓝票对冲等业务核销应付款。

2）选择核销类型。由于企业的付款方式不同，从而产生不同的核销类型。可选择的核销类型有付款结算、预付款冲应付款、应付款冲应收款、应付款转销、预付款转销、预付款冲预收款及付款冲收款。

3）核销处理。根据具体的核销业务，选择对应的核销类型，确定核销对象就可执行核销操作。当付款单的金额大于等于原采购发票的核销数额，原有单据完全核销，付款单若有剩余金额，则形成预付账款。当付款单的金额小于原采购发票的核销数额，原有单据只能部分核销，剩余金额留待下次核销。

4. 期末处理

期末处理包括期末对账、期末调汇及期末结账。

5. 报表输出

输出的主要报表为应付款汇总表、应付款明细表、往来对账单、到期债务列表、应付计息表、调汇差异表、应付款趋势分析表。

5.2.2 代码及数据库设计

1. 代码设计

由于采购、应付账款与存货子系统的所有数据处理都是围绕供应商这个中心环节而设计，为使计算机更好地对供应商进行管理，必须为每一个供应商编码。供应商编码应与账务系统基础资料设置一致，它是采购管理、存货管理、应付账款的共享数据，其编码结构见第3章3.7.2节。

2. 数据库设计

应付账款系统输入的所有票据，都是本系统管理与核算的基础数据，必须设计与票据对应的数据表进行存储。本系统应该设计的数据表主要包括：

1）采购发票表结构。该表用于存放来自供应商的采购发票。

2）付款单表结构。该表用于存储付款业务数据，采用主、从表的设计方式，单据号为主、从表的联结项。付款单表结构设计如图5-5所示。

3）应付票据表结构。该表用于存储应付票据的原始数据，表结构同样为主从表，其结构图在此省略。

4）其他应付单表结构。该表用于存储其他应付款的原始数据，表结构同样为主从表，其结构图在此省略。

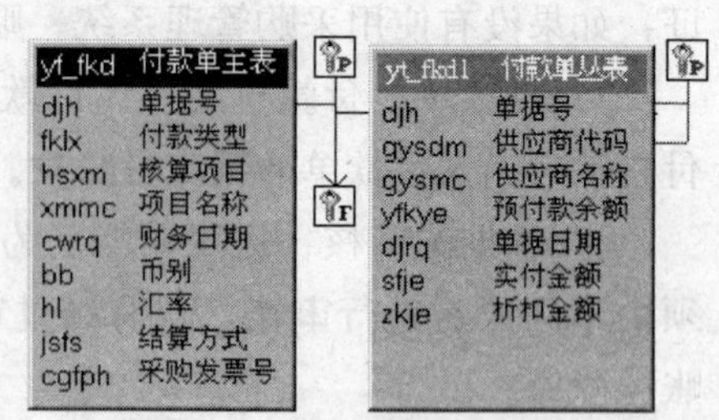

图5-5 付款单表结构

5.2.3 应付账款数据模型

如前所述，应付账款子系统中主要基本表有采购发票、付款单及应付账款等，此外还要调用账务系统中的记账凭证、科目代码表和采购系统、存货系统中的相关表。应付账款系统主要基本表之间的主外键约束关系如图5-6所示。

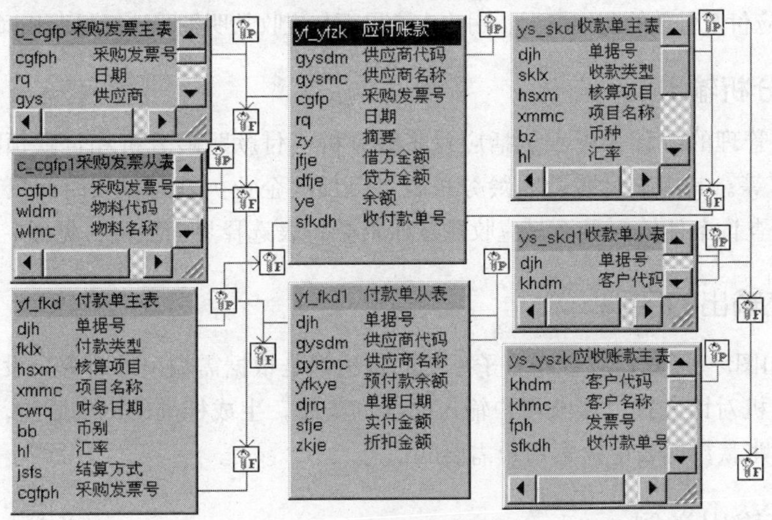

图5-6　应付账款系统数据模型

5.3　应付账款系统输出

5.3.1　系统输出

应付账款系统是采购系统和总账系统的连接纽带，它接收采购系统产生的应付款，将其制作凭证，传递给总账系统确认负债的形成；当货款支付后，将付款数据制作凭证，传递给总账系统确认负债的减少，更新欠款余额；同时将付款信息传递给采购系统，确认已支付货款。

1. 原始单据

原始单据主要有采购发票、付款单、应付票据及其他应付单等。以付款单为例，用户在如图5-7所示的界面中，输入或依据数据参照选择确认与本次输出有关的条件，系统即可按需查询的单据号与用户输入的与其他要素形成的条件组合进行检索并输出有用信息。

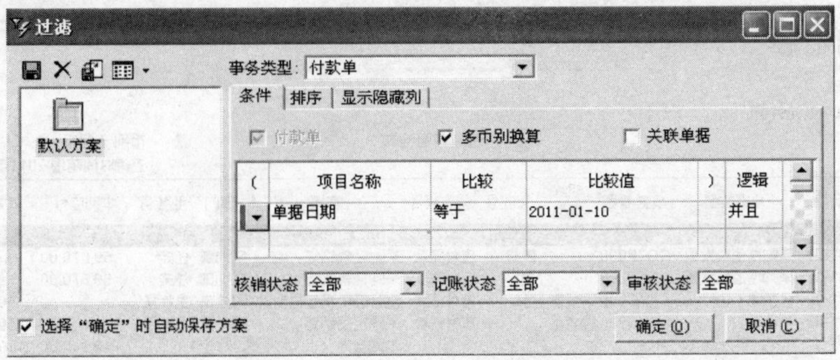

图5-7　付款单输出的选择界面

2. 应付业务明细和汇总表的输出

应付业务明细账是反映供应商、供应商分类、采购部门、采购员、存货分类、存货等在一定期间内发生的应付及付款的明细情况。用户查询界面与应收款明细账选择界面相同（见图4-9）。

3. 统计分析输出

应付账款管理的统计分析表包括应付账龄分析、付款账龄分析和付款预测分析表、准备付款通知单等。其中应付账款账龄分析表可以反映企业欠款总额及时间段分布，以该表为例，用户的查询条件输入界面与应收账款账龄分析表选择界面相同（见图4-10）。

5.3.2 系统输出的实现

由图5-6和图5-7可知，应付账款子系统的输出都是根据需输出的对象，设定用户的查询条件，通过人机对话方式，接收用户输入的查询条件，生成标准的SQL语句，从采购发票、付款单和应付账款数据表中检索用户需要的信息。

5.3.3 系统输出举例

与应收账款系统输出类似，在对应付账款的输出进行设计时，一般也可分为三个步骤。下面以应付账款业务明细账为例说明。

1）根据图5-7输入的过滤条件，生成SQL语句。在图5-7中，查询对象是通过一个控件来接受一个参数，假设为DX。起止期限通过两个控件接受了两个参数，假设为QX1，QX2（SQL语句中的列名，表名见图5-6）。

SQL语句为：

```
SELECT rq,gysdm,gyfmc,khmc, zy,jfje,dfje,ye FROM yf_yfzk WHERE (yf_yfzk.rq>=QX1 and yf_yfzk.rq<=QX2) and (yf_yfzk.gysdm=DX)
```

2）定义数据窗口。应付款明细账所需定义的数据窗口如图5-8所示。

单据日期	财务日期	单据类型	单据编号	明细类型	凭证号	往来科目	摘要	部门	业务员	本期应付	本期实付	期末余额

图5-8 定义应付款明细账数据窗口界面

3）将数据窗口挂在窗口控件上。定义窗口对象，然后在窗口上填加数据窗口控件，将第2步定义的数据窗口对象，与数据窗口控件挂接，即可生成如图5-9所示的应付账款业务明细账。

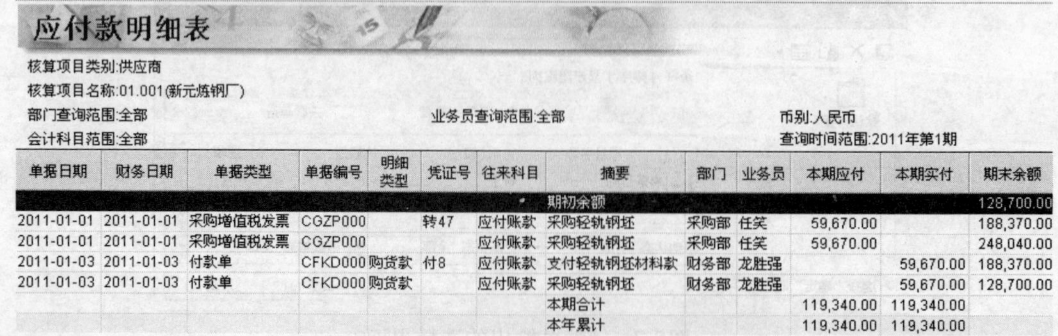

应付款明细表

核算项目类别:供应商

核算项目名称:01.001(新元炼钢厂)

部门查询范围:全部　业务员查询范围:全部　币别:人民币

会计科目范围:全部　查询时间范围:2011年第1期

单据日期	财务日期	单据类型	单据编号	明细类型	凭证号	往来科目	摘要	部门	业务员	本期应付	本期实付	期末余额
							期初余额					128,700.00
2011-01-01	2011-01-01	采购增值税发票	CGZP000		转47	应付账款	采购轻轨钢坯	采购部	任笑	59,670.00		188,370.00
2011-01-01	2011-01-01	采购增值税发票	CGZP000			应付账款	采购轻轨钢坯	采购部	任笑	59,670.00		248,040.00
2011-01-03	2011-01-03	付款单	CFKD000	购货款	付8	应付账款	支付轻轨钢坯材料款	财务部	龙胜强		59,670.00	188,370.00
2011-01-03	2011-01-03	付款单	CFKD000	购货款		应付账款	采购轻轨钢坯	财务部	龙胜强		59,670.00	128,700.00
							本期合计			119,340.00	119,340.00	
							本年累计			119,340.00	119,340.00	

图5-9 应付账款业务明细账输出界面

5.4 应付账款管理系统应用

应付账款管理系统通过发票、其他应付单、付款单等单据的录入，对企业的往来账款进行综合管理，及时、准确地提供供应商的往来账款余额资料，提供各种分析报表，如账龄分析表、付款分析及合同付款情况等。该系统通过各种分析报表，帮助企业合理地进行资金的调配，提高了资金的利用效率。同时系统还提供了各种预警、控制功能，如到期债务列表的列示以及合同到期款项列表，帮助用户及时支付到期账款，以保证良好的信誉。

5.4.1 应付账款系统的操作流程

应付账款管理系统的操作流程如图5-10所示。

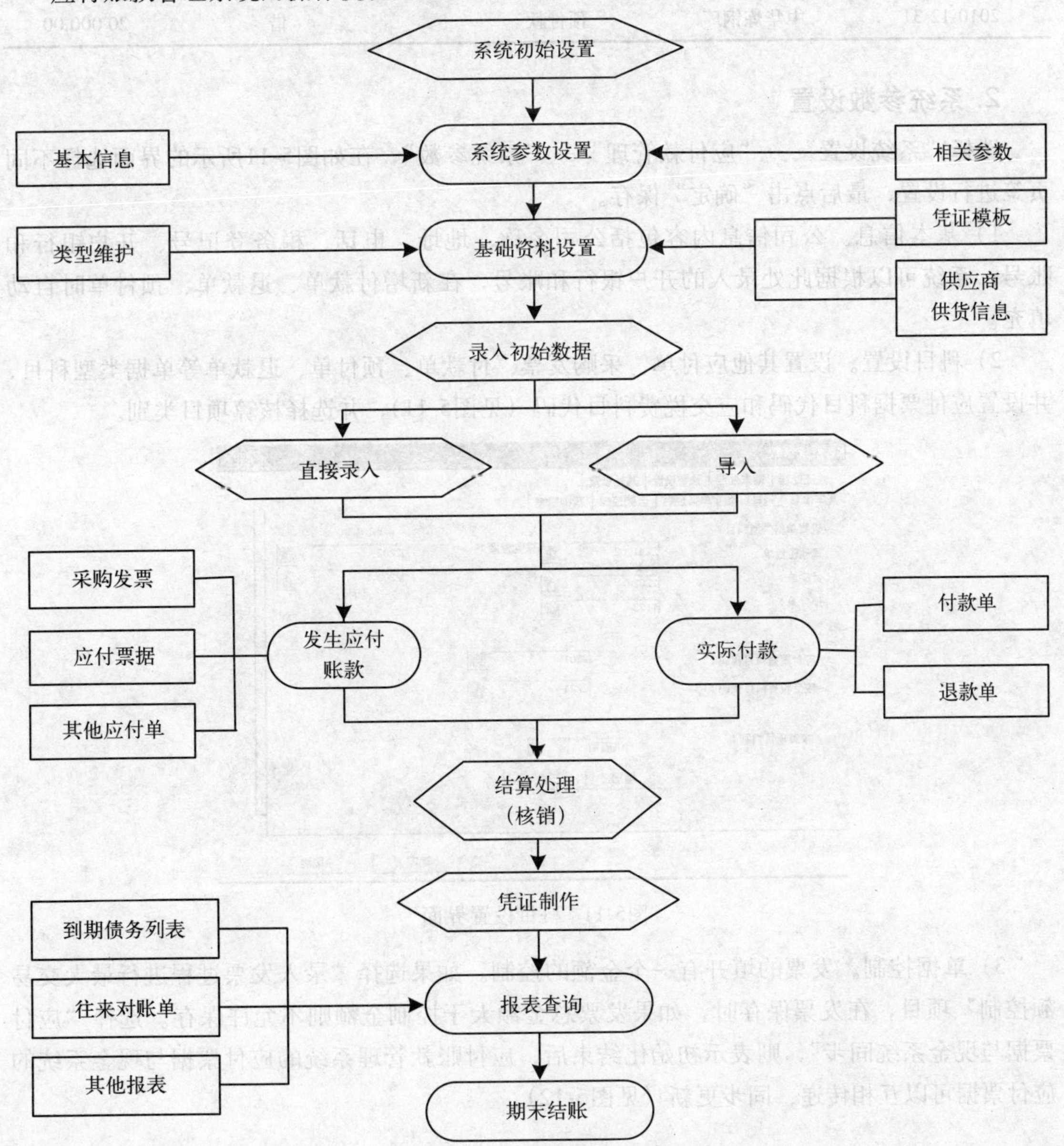

图5-10 应付账款系统操作流程

5.4.2 应付账款系统初始化

1. 系统初始化

1）选择正确的启用期间。现设启用期间为2011年第1期。

2）准备数据资料。进行初始化录入之前需要准备应付款、预付款和应付票据的期初数据资料，主要是这些科目的期初余额。期初数据资料如表5-1所示。

表5-1 应付系统的期初数据

日 期	供应商	摘 要	方 向	本币余额
2010-12-31	新元炼钢厂	购买45#锭、20管锭	贷	128 700.00
2010-12-31	中华炼钢厂	预付款	借	20 000.00

2. 系统参数设置

选择“系统设置”→“应付款管理”→“系统参数”，在如图5-11所示的界面选择不同页签进行设置，最后点击“确定”保存。

1）基本信息。公司信息内容包括公司名称、地址、电话、税务登记号、开户银行和账号。系统可以根据此处录入的开户银行和账号，在新增付款单、退款单、预付单时自动填充。

2）科目设置。设置其他应付单、采购发票、付款单、预付单、退款单等单据类型科目，并设置应付票据科目代码和应交税费科目代码（见图5-11），并选择核算项目类别。

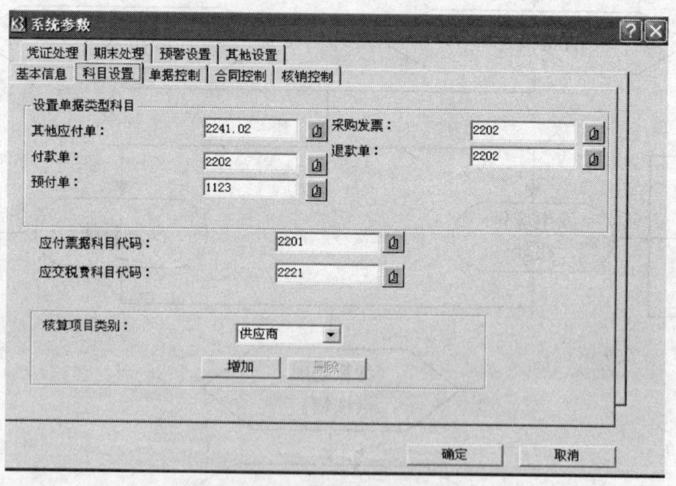

图5-11 科目设置界面

3）单据控制。发票的填开有一个金额的控制。如果选择“录入发票过程进行最大交易额控制”项目，在发票保存时，如果发票总金额大于控制金额则不允许保存。选择“应付票据与现金系统同步”，则表示初始化结束后，应付账款管理系统的应付票据与现金系统的应付票据可以互相传递、同步更新（见图5-12）。

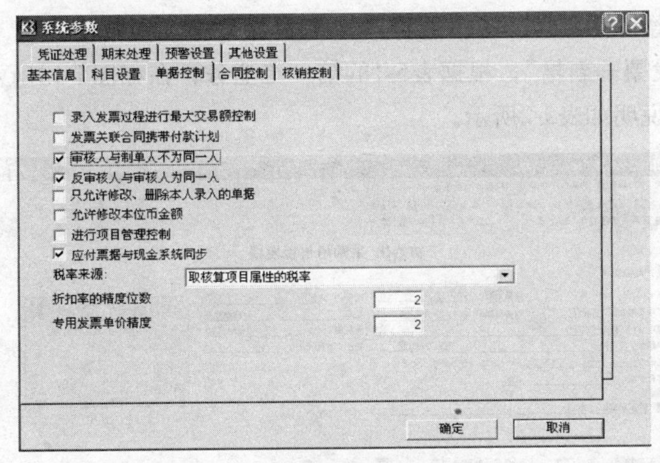

图5-12 单据控制设置界面

4）合同控制。在合同控制界面，可以对合同执行金额、合同执行数量是否允许超过合同金额、合同数量的控制参数进行选择。

5）核销控制。与应收账款系统类似，核销控制可以选择按相同合同号、相同订单号、审核后自动核销三种控制参数。

6）凭证处理。在此界面中，选择“使用凭证模板”，则采用凭证处理模块生成凭证，在单据录入、审核界面也可生成凭证。

7）期末处理。期末处理如选择“结账与总账期间同步”，则要求应付账款管理系统必须先于总账系统结账。如选择“期末处理前凭证处理应该完成”，则要求期末处理以前，本期的所有单据必须已生成记账凭证，否则不予结账。

8）预警设置。系统提供了合同到期款项提前预警天数、到期债务提前预警大数的控制选项。

9）其他设置。可参见应收账款系统参数设置部分。

3. 初始化数据的录入

应付账款初始化数据录入主要是指采购增值税发票、采购普通发票、应付单、预付单等单据的录入，可以从总账系统引入，也可以直接在应付系统录入原始单据。在应付账款管理系统点击初始化的“新增”，即进入如图5-13所示的过滤条件设置界面。

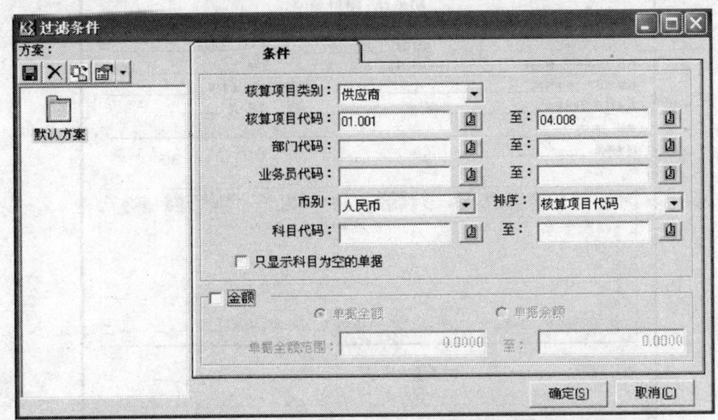

图5-13 初始化选择条件界面

1）初始采购增值税发票录入。选择“系统设置”→“初始化”→“应付款管理”→“初始采购增值税发票—新增”，根据表5-1的第一笔业务，在如图5-14所示的界面填入相应的数据，具体参数说明如表5-2所示。

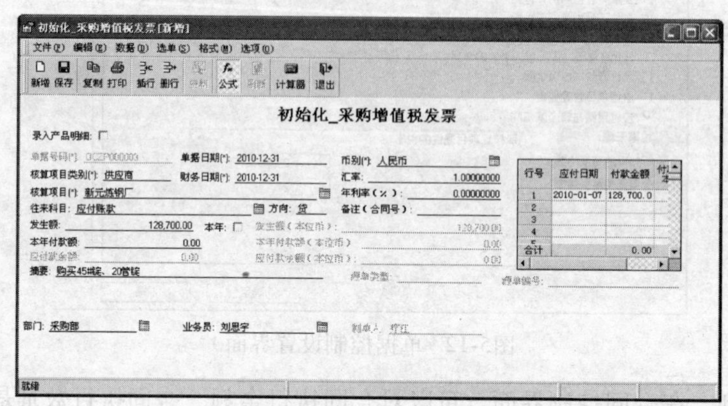

图5-14 采购增值税发票初始数据录入

表5-2 初始采购增值税发票参数说明

参数	说明
单据日期	是指业务发生时的日期
核算项目类别	应付款管理科目设置的核算项目类别为供应商，系统自动选择
核算项目	选择发生业务的供应商名称
往来科目	在系统参数设置的科目设置页签中已经设置采购发票对应的科目为应付账款，系统自动选择科目
摘要	生成凭证时系统自动录入摘要栏
发生额	录入业务金额
部门及业务员	根据部门资料和职员资料选择

2）初始预付单录入。选择“系统设置”→“初始化”→“应付款管理”→“初始预付单—新增”，根据表5-1的第二笔业务，在如图5-15所示的界面填入相应的数据。

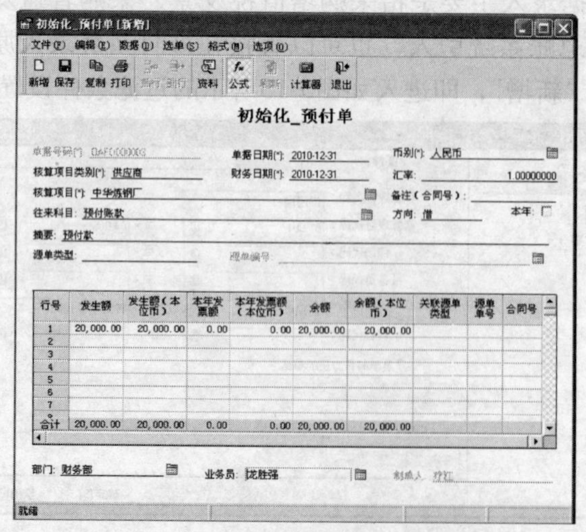

图5-15 预付单初始数据录入

4. 初始化数据检查与对账

初始数据录入完成后，应对期初数据进行对账检查（可参见应收账款初始化检查与对账）。选择“财务会计”→“应付账款管理”→“初始化”→“结束初始化”，在如图5-16所示的界面选择核算项目类别“供应商”，选择科目代码“1123”、“2201”、“2202”、“2241.02”，系统自动显示科目名称和科目方向，点击“确定”，得到如图5-17所示的对账结果。初始化对账是检查应付系统和总账系统的期初数据是否一致，检查的科目包括设置了供应商核算的所有科目：应付账款、预付账款、其他应付款—应付其他单位款和应付票据，在如图5-17所示的结果中，差额栏显示的为应付系统余额与总账系统余额的差额，差额为0表示应付系统与总账系统数据一致，可以结束初始化。

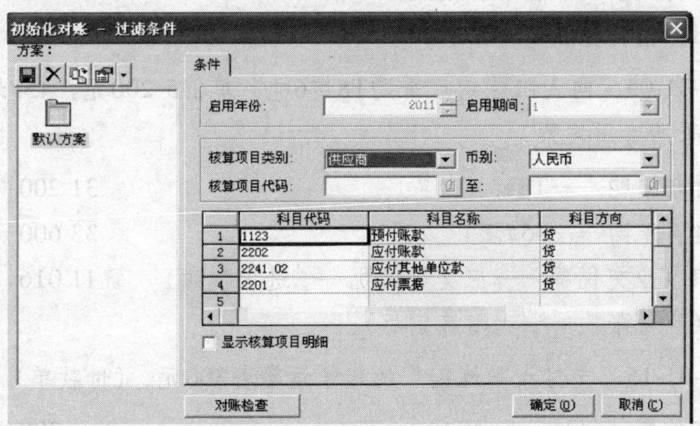

图5-16　初始化对账过滤界面

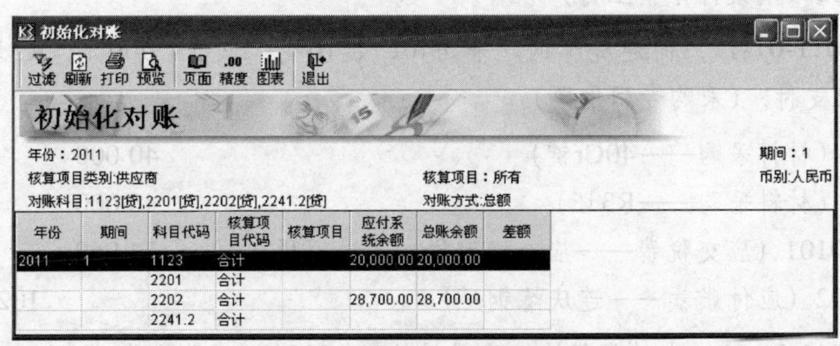

年份	期间	科目代码	核算项目代码	核算项目	应付系统余额	总账余额	差额
2011	1	1123	合计		20,000.00	20,000.00	
		2201	合计				
		2202	合计		28,700.00	28,700.00	
		2241.2	合计				

图5-17　初始化对账结果界面

5.4.3　日常业务处理

新世纪炼钢厂2011年1月发生的业务如下（只输入业务，凭证由凭证处理功能自动生成）。

业务1：2011-01-01，向新元炼钢厂采购轻轨10吨，单价5 100元，款未支付。（采购专用发票）

借：1401（材料采购——轻轨）　51 000

22210101（应交税费——应交增值税——进项税额）　8 670

贷：2202（应付账款） 59 670

业务2：2011-01-02，向中华炼钢厂采购45#锭12吨，单价4 200元；20管锭8吨，单价4 900元，款未支付。（采购专用发票）

借：1401（材料采购——45#锭） 50 400

1401（材料采购——20管锭） 39 200

22210101（应交税费——应交增值税——进项税额） 15 232

贷：2202（应付账款——中华炼钢厂） 104 832

业务3：2011-01-03，支付新元炼钢厂轻轨钢坯材料款59 670元。（付款单）

借：2202（应付账款——新元炼钢厂） 59 670

贷：100201（银行存款——工行） 59 670

业务4：2011-01-05，向大阳炼钢厂采购T8锭6吨，单价5 200元；45#坯8吨，单价4 200元，款未支付。（采购专用发票）

借：1401（材料采购——T8锭） 31 200

1202（材料采购——45#坯） 33 600

22210101（应交税费——应交增值税——进项税额） 11 016

贷：2202（应付账款——大阳炼钢厂） 75 816

业务5：2011-01-15，支付大阳炼钢厂的代垫运输费300元。（付款单）

借：2241（其他应付款） 300

贷：100201（银行存款工行） 300

业务6：2011-01-17，向连庆炼钢厂采购40Cr锭10吨，单价4 000元，R3坯10吨，单价4 800元，款未支付。（采购专用发票）

借：1401（材料采购——40Cr锭） 40 000

1401（材料采购——R3坯） 48 000

22210101（应交税费——应交增值税——进项税额） 14 960

贷：2202（应付账款——连庆炼钢厂） 102 960

业务7：2011-01-18，支付中华炼钢厂材料款104 832元。（付款单）

借：2202（应付账款——中华炼钢厂） 104 832

贷：100201（银行存款——工行） 104 832

业务8：2011-01-19支付大阳炼钢厂材料款75 816元。（付款单）

借：2202（应付账款——大阳炼钢厂） 75 816

贷：100201（银行存款——工行） 75 816

业务9：2011-01-20，支付连庆炼钢厂货款共102 960元。（付款单）

借：2202（应付账款——连庆炼钢厂） 102 960

贷：100202（银行存款——建行） 102 960

业务10：2011-01-20，向巨象炼钢厂采购25MV坯5吨，单价4 500元；铁水脱硫剂6吨，单价6 500元；增碳剂7吨，单价6 200元，款未支付。(采购专用发票)

借：1401（材料采购——25MV坯） 22 500
　　1401（材料采购——铁水脱硫剂） 39 000
　　1401（材料采购——增碳剂） 22 500
　　22210101（应交税费——应交增值税——进项税额） 17 833
　贷：2202（应付账款） 122 733

业务11：2011-01-21，支付巨象炼钢厂材料款122 733元。(付款单)

借：2202（应付账款——巨象炼钢厂） 122 733
　贷：100202（银行存款——建行） 122 733

业务12：2011-01-22，预付中隆炼钢厂材料款10 000元。(付款单)

借：1123（预付账款——中隆炼钢厂） 10 000
　贷：100203（银行存款——招行） 10 000

业务13：2011-01-22，向启德炼钢厂采购20-40Cr坯6吨，单价4 050元，60Si2Mr坯8吨，单价3 800元，并开出票据。(采购专用发票)

借：1401（材料采购——20-40Cr坯） 24 300
　　1401（材料采购——60SiMr坯） 30 400
　　22210101（应交税费——应交增值税——进项税额） 9 299
　贷：2201（应付票据——启德炼钢厂） 63 999

业务14：2011-01-22，向中隆炼钢厂采购20GrMrTi坯10吨，单价4 500元，Q235坯10吨，单价3 530元；60Si2Mr锭10吨，单价3 900元，款未支付。(采购专用发票)

借：1401（材料采购——20GrMrTi坯） 45 000
　　1401（材料采购——Q235坯） 35 300
　　1401（材料采购——60Si2Mr锭） 39 000
　　22210101（应交税费——应交增值税——进项税额） 20 281
　贷：2202（应付账款——中隆炼钢厂） 139 581

业务15：2011-01-25，支付中隆炼钢厂材料款139 581元。(付款单)

借：2202（应付账款——中隆炼钢厂） 139 581
　贷：100203（银行存款——招行） 139 581

业务16：2011-01-29，向中华炼钢厂采购45#锭3吨，单价4 200元，款未支付。(采购专用发票)

借：1401（材料采购——45#锭） 12 600
　　22210101（应交税费——应交增值税——进项税额） 2 142
　贷：2202（应付账款——中华炼钢厂） 14 742

业务17：2011-01-30，将中华炼钢厂的预付账款冲销应付账款14 742元。（转账）

借：2202（应付账款——中华炼钢厂）　　14 742

　贷：1123（预付账款——中华炼钢厂）　　14 742

业务18：2011-01-30，将启德炼钢厂的应付账款63 999元转到中隆炼钢厂。（转账）

借：2202（应付账款——启德炼钢厂）　　63 999

　贷：2202（应付账款——中隆炼钢厂）　　63 999

1. 单据处理

（1）**新增发票录入**　选择“财务会计”→“应付账款管理”→“发票处理”→“采购增值税发票—新增”，进入如图5-18所示的界面，以业务1为例填写相关数据。

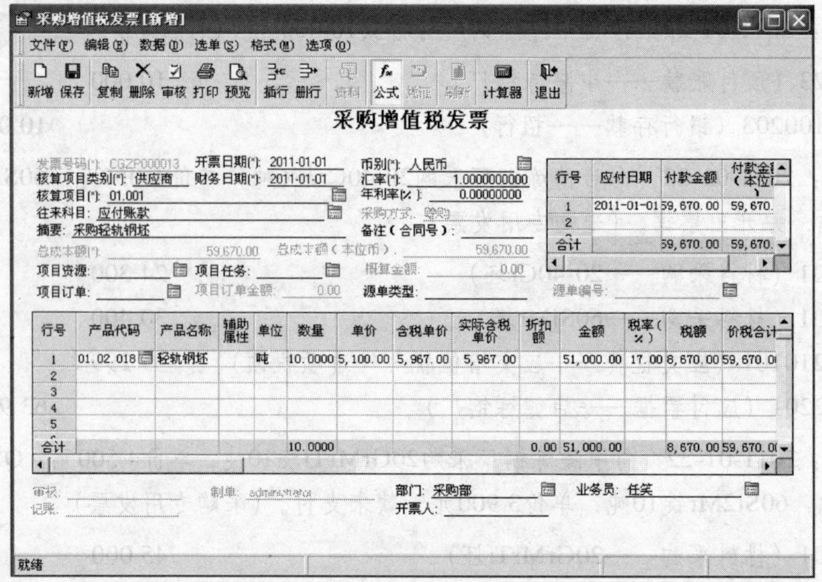

图5-18　采购普通发票录入界面

1）核算项目类别选择“供应商”。核算项目中，按F7键弹出供应商编码表，选择“01.001——新元炼钢厂”，显示相应代码，根据基础资料中的一些预设信息资料，系统可以自动携带供应商的银行账号、税号、部门、业务员的相关信息。

2）财务日期。即登记入账的日期，系统根据财务日期自动判断该单据所属的会计期间。为保证应付账款管理系统与总账系统数据的一致性，财务日期应与生成凭证的凭证日期应保持一致。

3）往来科目。选择应付账款。

4）摘要。填写采购轻轨钢坯。

（2）**付款单录入**　选择“财务会计”→“应付款管理”→“付款”→“付款单—新增”，进入如图5-18所示的界面，以业务3为例填写相关数据。

源单类型选择“采购增值税发票”。源单编号中，选择与应付款对应的采购增值税发票编号，付款单表体中的内容由“源单”的数据自动填入。

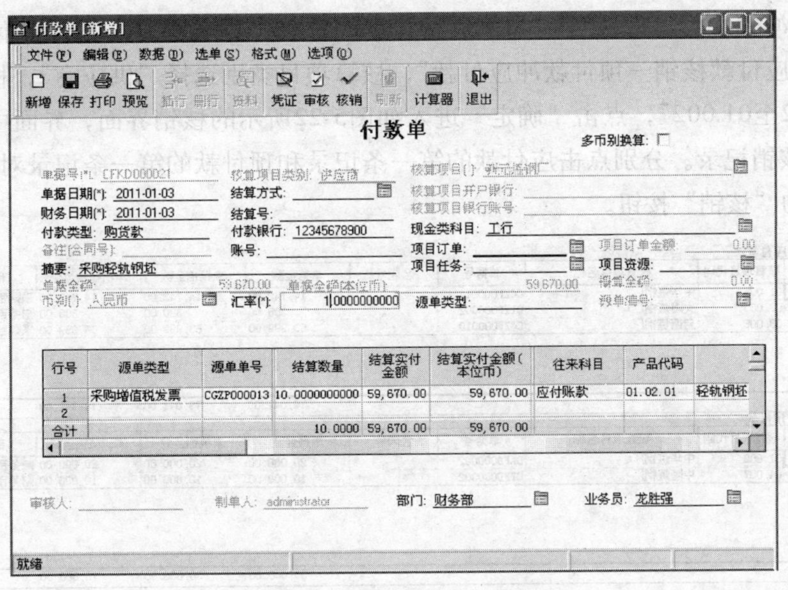

图5-19 付款单录入界面

2. 结算

（1）**核销管理** 核销类型包括付款结算、预付款冲应付款、应付款冲应收款、应付款转销、预付款转销、预付款冲预收款及付款冲收款。

1）付款结算。仍以业务3为例说明付款结算的核销过程。选择“财务会计”→“应付款管理”→“结算”→“应付款核销—付款结算”，进入如图5-20所示的界面。选择核算项目类别“供应商”，核算项目代码“01.001至01.001”，点击“确定”进入如图5-21所示的核销界面，界面中列示了所有满足条件的核销记录。选择核销的记录，点击工具栏的“核销”按钮。

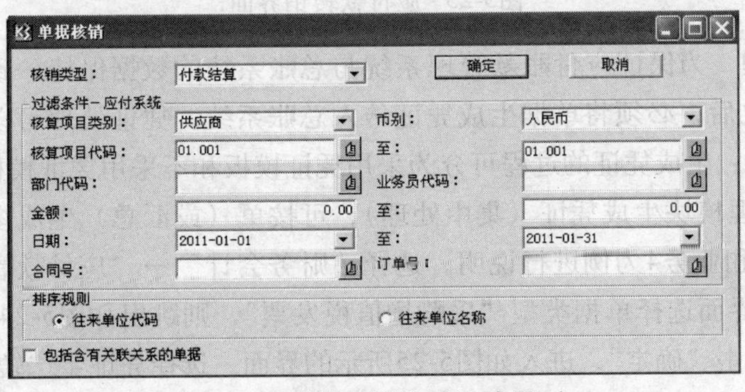

图5-20 付款结算核销过滤界面

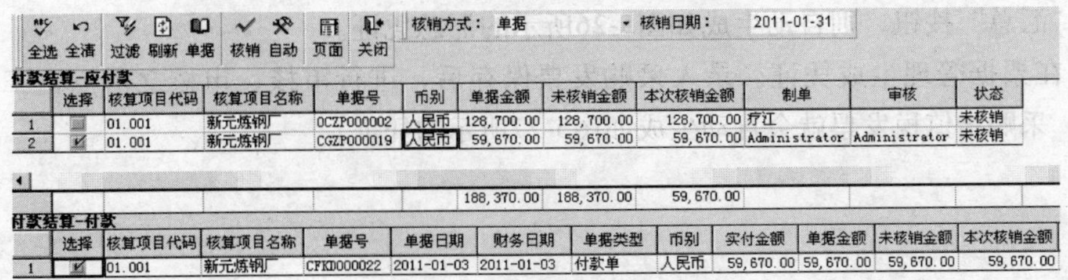

图5-21 付款结算核销界面

2）预付冲销应付。以业务17为例进行说明。选择“财务会计”→“应付款管理”→“结算”→“应付款核销—预付款冲应付款”，核算项目类别选择“供应商”，核算项目代码选择“01.002至01.002”，点击“确定”进入如图5-22所示的核销界面，界面中列示了所有满足条件的核销记录。分别点击应付款的第一条记录和预付款的第一条记录对应的选择栏，点击工具栏的“核销”按钮。

预付冲应付-应付款

	选择	核算项目代码	核算项目名称	单据号	合同号	单据金额	未核销金额	本次核销金额	部门
1	☑	01.002	中华炼钢厂	CGZP000012		14,742.00	14,742.00	14,742.00	采购部
2	☐	02.003	大阳炼钢厂	QTYF000002		300.00	300.00	300.00	财务部
3	☐	03.005	启德炼钢厂	CGZP000010		63,999.00	63,999.00	63,999.00	采购部
						79,041.00	79,041.00	14,742.00	

预付冲应付-预付款

	选择	核算项目代码	核算项目名称	单据号	合同号	单据金额	未核销金额	本次核销金额	部门
1	☑	01.002	中华炼钢厂	OAFD000002		20,000.00	20,000.00	20,000.00	财务部
2	☐	04.007	中隆炼钢厂	CYFD000002		10,000.00	10,000.00	10,000.00	财务部
						30,000.00	30,000.00	20,000.00	

图5-22 预付冲应付核销界面

3）应付款转销。以业务18为例进行说明。选择“财务会计”→“应付款管理”→“结算”→“应付款核销-应付款转销”，核算项目类别选择“供应商”，核算项目代码选择“01.002～01.002”，点击“确定”进入如图5-23所示的核销界面。点击选择栏，在转销供应商对应的空白栏中按F7，选择供应商“中隆炼钢厂”，点击工具栏“核销”按钮。

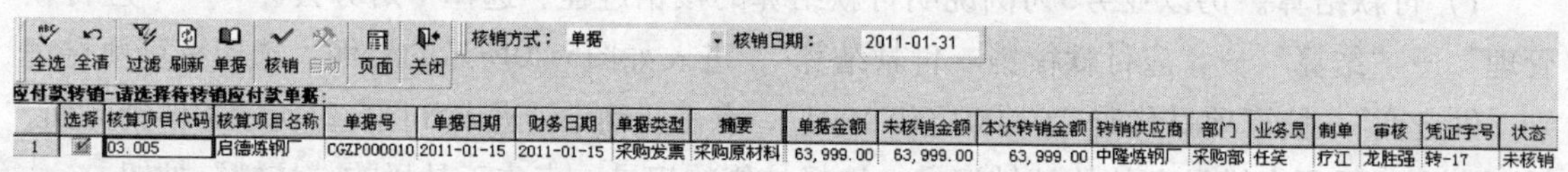

	选择	核算项目代码	核算项目名称	单据号	单据日期	财务日期	单据类型	摘要	单据金额	未核销金额	本次转销金额	转销供应商	部门	业务员	制单	审核	凭证字号	状态
1	☑	03.005	启德炼钢厂	CGZP000010	2011-01-15	2011-01-15	采购发票	采购原材料	63,999.00	63,999.00	63,999.00	中隆炼钢厂	采购部	任笑	疗江	龙胜强	转-17	未核销

图5-23 应付款转销界面

（2）**凭证处理** 为保证应付账款管理系统与总账系统的数据保持一致，在应付账款管理系统新增单据之后，必须将单据生成凭证传入总账系统。凭证处理可以分为及时处理和集中处理两种方式；生成凭证的过程可分为采用凭证模板和不采用凭证模板两种。

1）在凭证处理模块生成凭证（集中处理），可按单（或汇总）生成多张或一张汇总凭证。下面以业务2和业务4为例进行说明。选择“财务会计”→“应付款管理”→“凭证处理”，在凭证处理界面选择单据类型“采购增值税发票”，则跳出如图5-24所示的过滤界面。输入过滤条件，点击“确定”，进入如图5-25所示的界面。选择凭证字“转”，存货科目“材料采购”，税金科目“应交税费—应交增值税—进项税额”，按Ctrl键选择两条记录，点击工具栏的“汇总”按钮，则自动生成如图5-26所示的汇总凭证。

2）在票据管理生成凭证。录入采购发票保存后，进行审核，审核之后点击工具栏的“凭证”，采购增值税发票就会自动生成如图5-27所示的凭证。

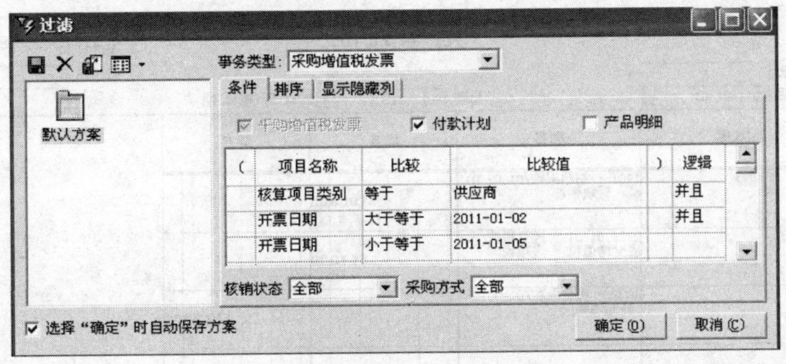

图5-24　凭证处理过滤条件设置界面

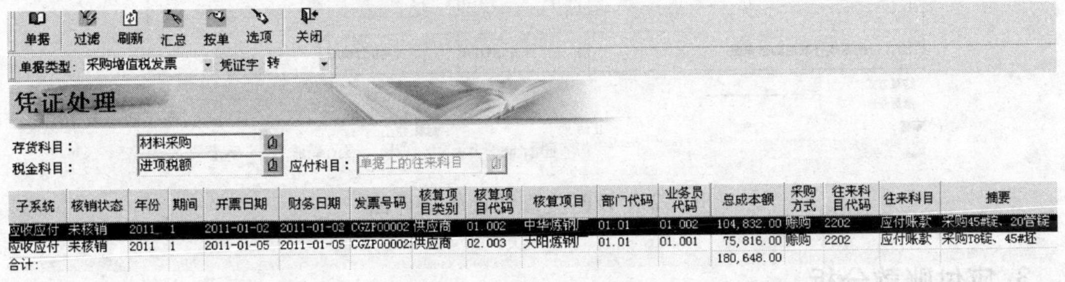

图5-25　凭证处理选择界面

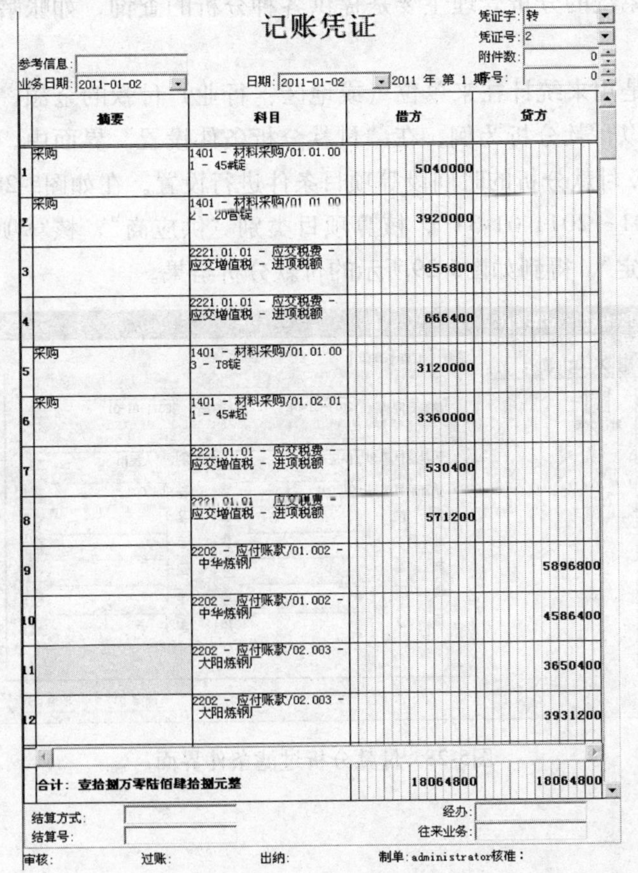

图5-26　集中处理生成凭证界面

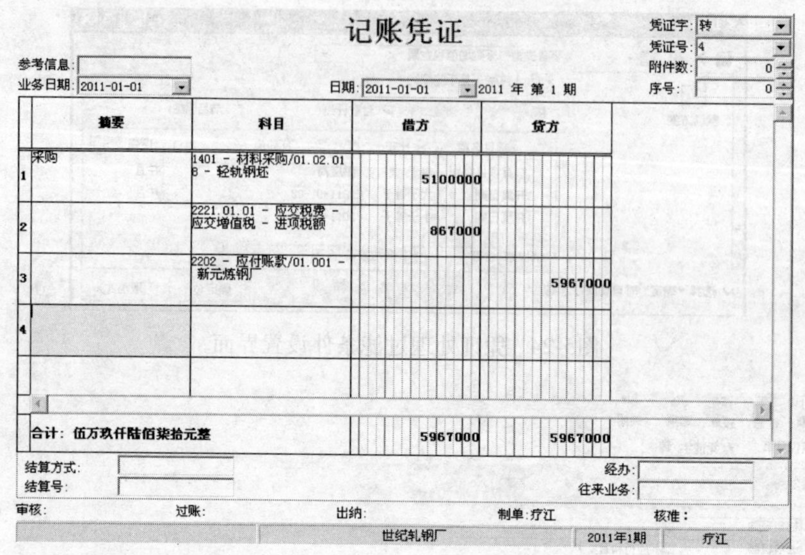

图5-27 及时处理凭证生成界面

3. 应付账款分析

应付账款管理系统的分析管理主要是提供各种分析的查询，如账龄分析、付款分析及付款预测。

付款分析主要是用来统计往来单位（或地区、行业）付款的金额，及占总体的付款金额的比例。下面就以付款分析为例，在“付款分析条件设置”界面中，可以根据需要对付款分析输出范围以及付款分析的时间段等项目条件进行设置。在如图5-28所示的界面选择单据日期“2011-01-01～2011-01-31”，核算项目类别“供应商”，核算项目代码“01.001～04.008”，点击“确定”，得到如图5-29所示的付款分析结果。

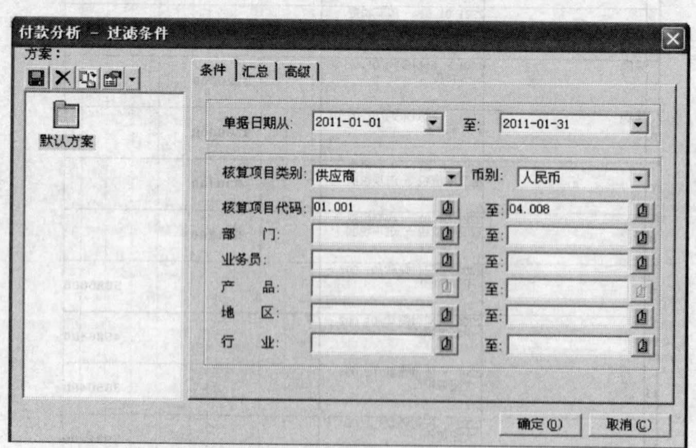

图5-28 付款分析过滤条件界面

付款分析

起始日期：2011-01-01　　截止日期：2011-01-31

核算项目类别:供应商　　核算项目：01.001 - 04.008　　币别:人民币

分析方案:按明细方式核对　　汇总依据：无

核算项目代码	单据日期	单据类型	单据号码	部门代码	业务员代码	付款币别	付款金额	结算币别	结算金额	折扣	单据金额	结算方式
01.001	2011-01-03	付款单	CFKD000	02.01	02.003	人民币	59,670.00	人民币	59,670.00		59,670.00	*
01.002	2011-01-08	付款单	CFKD000	02.01	02.003	人民币	104,832.00	人民币	104,832.00		04,832.00	*
02.003	2011-01-09	付款单	CFKD000	02.01	02.003	人民币	75,816.00	人民币	75,816.00		75,816.00	*
02.004	2011-01-13	付款单	CFKD000	02.01	02.003	人民币	122,733.00	人民币	122,733.00		22,733.00	*
03.006	2011-01-10	付款单	CFKD000	02.01	02.003	人民币	102,960.00	人民币	102,960.00		02,960.00	*
04.007	2011-01-14	预付单	CYFD000	02.01	02.003	人民币	10,000.00	人民币	10,000.00		10,000.00	*
	2011-01-25	付款单	CFKD000	02.01	02.027	人民币	52,650.00	人民币	52,650.00		52,650.00	*
		付款单	CFKD000	02.01	02.027	人民币	41,301.00	人民币	41,301.00		41,301.00	*
		付款单	CFKD000	02.01	02.027	人民币	45,630.00	人民币	45,630.00		45,630.00	*
合计							744,932.00		744,932.00		44,932.00	

图5-29　付款分析结果图

5.4.4　月末处理

1. 期末对账

1）对账检查。进行期末对账之前，先进行对账检查，检查的主要内容是受控科目。选择“财务会计”→“应付款管理”→“期末处理”→“期末对账检查”，在如图5-30所示界面勾选“检查单据期间、往来科目与对应的凭证是否相符”，点击“确定”，系统提示“对账检查已经通过”，点击“确定”。

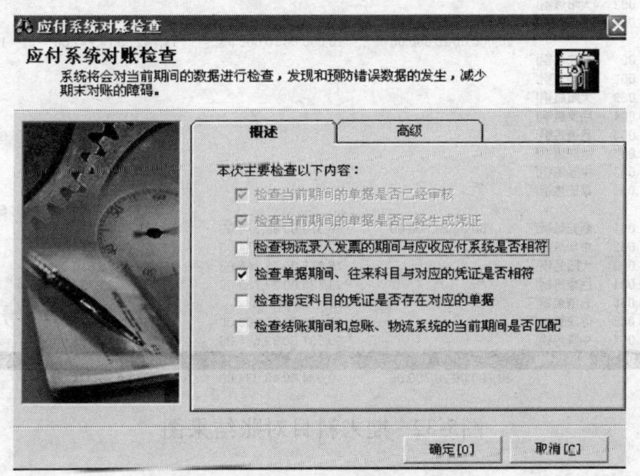

图5-30　期末对账检查界面

2）期末对账。期末对账提供期末总额对账和期末科目对账两种方式。选择“财务会计”→“应付款管理”→“期末处理”→“期末科目对账”，在如图5-31所示的界面选择对账年份“2011”，对账期间“1”，勾选“显示核算项目明细”和“考虑未过账的凭证”，选择核算项目代码“01.001～04.008”，选择科目代码“1123”、“2201”、“2202”和“2241.2”，系统自动带出科目名称和科目方向，点击“确定”，得到如图5-32所示的期末科目对账结果。

对账结果按期初余额、本期借方发生、本期贷方发生、期末余额四个栏目，分别列示应付系统数据、总账数据和差额（两个系统之间的差额），差额列为0说明对账结果正确，可以结账。

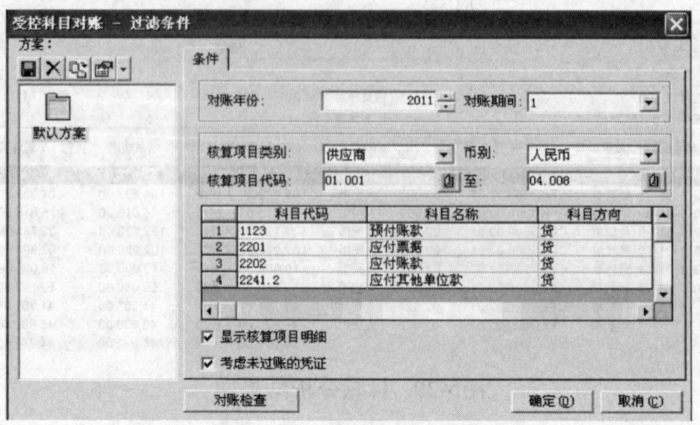

图5-31 科目对账选择条件界面

期末科目对账

年份：2011　　期间：1

核算项目类别:供应商　　核算项目：所有　　币别:人民币

对账科目:1123[贷],2201[贷],2202[贷]　　对账方式:核算项目明细

年份	期间	科目代码	核算项目代码	核算项目	期初余额			本期借方发生			本期贷方发生			期末余额		
					应付系统	总账	差额	应付系统	总账	差额	应付系统	总账	差额	应付系统	总账	差额
2011	1	1123	03.005	启德炼钢厂												
			03.006	连庆炼钢厂												
			04.007	中隆炼钢厂				10,000.00	10,000.00					10,000.00	10,000.00	
			04.008	昌南炼钢厂												
			01.001	新元炼钢厂												
			01.002	中华炼钢厂	20,000.00	20,000.00					14,742.00	14,742.00		5,258.00	5,258.00	
			02.003	大阳炼钢厂												
			02.004	巨象炼钢厂												
		1123(小计			20,000.00	20,000.00		10,000.00	10,000.00		14,742.00	14,742.00		15,258.00	15,258.00	
		2201	01.001	新元炼钢厂												
			01.002	中华炼钢厂												
			02.003	大阳炼钢厂												
			02.004	巨象炼钢厂												
			03.005	启德炼钢厂							63,999.00	63,999.00		63,999.00	63,999.00	
			03.006	连庆炼钢厂												
			04.007	中隆炼钢厂												
			04.008	昌南炼钢厂												
		2201(小计									63,999.00	63,999.00		63,999.00	63,999.00	
		2202	01.001	新元炼钢厂	28,700.00	28,700.00		88,370.00	88,370.00		59,670.00	59,670.00				
			01.002	中华炼钢厂				19,574.00	19,574.00		19,574.00	19,574.00				
			02.003	大阳炼钢厂				75,816.00	75,816.00		75,816.00	75,816.00				
			02.004	巨象炼钢厂				22,733.00	22,733.00		22,733.00	22,733.00				
			03.005	启德炼钢厂												
			03.006	连庆炼钢厂				02,960.00	02,960.00		02,960.00	02,960.00				
			04.007	中隆炼钢厂				39,581.00	39,581.00		39,581.00	39,581.00				
			04.008	昌南炼钢厂												
		2202(小计			28,700.00	28,700.00		49,034.00	49,034.00		20,334.00	20,334.00				

图5-32 期末科目对账结果图

2. 期末结账

当本期所有操作完成之后，如所有单据进行了审核、核销处理，相关单据已生成了凭证，同时与总账等系统的数据资料已核对完毕，则系统进行期末结账工作。期末结账处理完毕，系统进入下一个会计期间。

5.4.5 统计查询

应付账款管理系统提供的账表管理主要是提供各种报表的查询，包括应付款汇总表、应付款明细表、往来对账单、到期债务列表、应付计息表、调汇差异表、应付款趋势分析表及万能报表等。应付款汇总表主要是用来反映往来单位在某段时间的本期应付数、本期实付数、本年累计应付数、本年累计实付数、期初余额及期末余额等，方便与总账的对账。应付款明细表可以按期间输出，也可以按具体日期输出，还可以通过应付款明细表查询往来账款的日报表。到期债务列表反映截至指定日期已经到期的未核销应付款及过期天数、未到期的应付款及未过期天数，如图5-33所示。

到期债务列表

代码	名称	单据号	部门	业务员	单据日期	财务日期	凭证	摘要	应付金额	余额	应付日期	过期天数
01.001	新元炼钢厂	采购发票CGZP000013	采购部	任笑	2011-01-01	2011-01-01		采购轻轨钢坯	59,670.00	59,670.00	2011-01-01	89
	小计								59,670.00	59,670.00		
03.005	启德炼钢厂	采购发票CGZP000010	采购部	任笑	2011-01-15	2011-01-15	转-17	采购原材料	63,999.00	63,999.00	2011-01-15	75
	小计								63,999.00	63,999.00		
	合计								123,669.00	123,669.00		

图5-33　到期债务列表界面

本章小结

应付账款子系统是连接采购系统和总账系统的纽带，它接收采购形成的应付款业务，编制并审核应付采购账款的记账凭证，将凭证传递到总账系统，记录、确认负债的增加；当支付货款时，办理付款事项，输入付款单，编制付款凭证传递给总账系统，确认应付款项的减少；根据应付款项和付款事项进行核销处理，及时更新应付款余额；编制应付款余额表，为财务部制定还款计划提供依据，使企业及时支付到期账款，以保证良好的信誉。

习　题

一、选择题

1. 关于应付账款管理系统月末处理的说法正确的有（ ）。

A. 一次只能选择一个月进行结账

B. 前一个月没有结账，则本月不能结账

C. 结算单还有未审核的，不能结账

D. 年度末结账，对所有核销、转账等处理全部制单

2. 在应付账款管理系统的单据查询功能中，可以对（ ）进行查询。

A. 结算单　　B. 应付单　　C. 凭证　　D. 发票

3. 在应付账款管理系统中，关于账龄区间设置，以下说法正确的是（ ）。

A. 序号由系统自动生成

B. 系统会根据输入的总天数自动生成相应的区间

C. 账龄区间不能修改和删除

D. 最后一个区间不能修改和删除

4. 在应付账款管理系统的“详细核算”应用方案下，应付账款管理系统的主要功能有（ ）。

A. 处理应付项目的付款及转账业务　　B. 审核已生成的记账凭证

C. 对应付票据进行记录和管理　　D. 在应付单据的处理过程中生成凭证

5. 在应付账款管理系统与总账系统集成使用的情况下，应付账款管理系统向总账系统传递（ ）。

A. 应用函数　　B. 分析数据　　C. 凭证　　D. 付款结算情况

6. 应付冲应付生成凭证应选择（ ）方式制单。

A. 发票制单　　B. 并账制单　　C. 结算单制单　　D. 应付单制单

7. 在应付款系统中，属于预付冲应付业务的规则是（ ）。

A. 当该供应商的预付款小于等于应付款时，则该供应商最终自动冲销的金额以应付款总额为准

B. 进行红字预付款冲销红字应付款时，则选择类型为收款单

C. 当预付款小于应付款时，则该供应商最终自动冲销的金额以预付款总额为准

D. 系统自动对冲的原则是对有预付款和应付款的供应商进行逐一对冲

二、判断题

1. 已审核的单据要弃审才能删除。( )
2. 从采购系统中传入的单据不允许删除。( )
3. 在应付账款系统中，只能增加应付单的类型，而发票的类型是固定的，不能修改和删除。( )
4. 在应付账款系统的应付冲应付的转账处理功能中，每次可以选择多个转入单位。( )
5. 付款单的数额小于原有单据的数额，单据仅得到部分核销。( )

三、简答题

1. 如何录入应付账款管理系统的期初余额?
2. 应付账款系统期末结转前，应完成哪些工作?
3. 应付款核销时，选择不同的核销方式。核算的具体操作有什么区别?
4. 根据不同的单据类型，应付账款系统应设置几种凭证模板？定义每个凭证模板。
5. 期末对账检查是检查哪些数据？如何进行对账?

四、思考题

总账与应付款系统的启用期间不同，在初始化时会因期间不同而带来什么问题？应如何合理选择这两个系统启用期间?

第 6 章

职工薪酬管理与核算系统

6.1 薪酬的构成与核算系统分析

6.1.1 薪酬的构成

我国2006年新会计准则规定，职工薪酬包括“工资”、“职工福利”、“社会保险费”、“住房公积金”、“工会经费”、“职工教育经费”、“非货币性福利”、“辞退福利”及“股利支付”等项目。根据新会计准则规定，“社会保险费”、“住房公积金”、“工会经费”及“职工教育经费”等的核算都是根据工资总额的一定比例计提，因此，职工薪酬的核算主要是工资的核算。

工资一般包括标准工资、加班工资、工资性津贴、经常性奖金以及支付给职工的非工作时间工资等，在会计核算中表现为“应付职工薪酬”的借方发生额。标准工资是企业根据国家规定的工资标准、等级支付给职工的劳动报酬，包括计时工资和计件工资。加班工资是企业对于职工在规定工作时间以外所进行的超时劳动所给予的劳动报酬。工资性津贴是为了补偿职工额外或特殊的劳动消耗，在标准工资和奖金之外支付给职工的劳动报酬，如高温作业津贴等。经常性奖金是对职工超额劳动的一种鼓励，即对在生产、工作中有优良成绩的职工，在标准工资以外支付给他们的劳动报酬。非工作时间工资是按照国家有关政策规定，支付给职工的病假工资、产假工资、探亲假工资及工伤休假期间的工资等。

6.1.2 薪酬核算的系统分析

1. 工资核算的原始记录

工资核算的原始记录是进行工资核算和管理的重要依据，在实际工作中要力求完整、准确并妥善保管，主要包括以下几个方面：

1）提供标准工资的资料。企业通常使用工资卡来记录职工的职务、工资级别等原始信息，以提供标准工资的资料。工资卡由人事部门在职工进厂时填制，在职工调离时作相应记载。财会部门根据人事部门的通知起发或停发工资。

2）工作中的考勤记录。通常所见的考勤记录是考勤表，该表旨在反映职工出勤和缺勤的情况，一般由各生产班组（科、室）指定人员根据每个职工的出勤情况逐日登记，每月终了时将考勤表送交财务部门，据以计算出勤工资及病、伤、产假等工资，并最终确定职工的应发工资。

3）产量工时记录。产量工时记录是登记工人或小组在出勤时间内完成多少件产品和每件产品耗用多少工时的原始记录。在成批生产类型的车间中，一般采用工作进程单和工作班组产量记录结合使用的方法，全面提供核算工作所需要的资料。

4）代扣款记录。企业在进行工资核算时，还需要处理有关水费、电费、煤气费、托儿费、医药费及工会会费等代扣业务，有关这些业务的记录也是工资业务处理的原始记录。这些记录一般由企业的各职能部门指定专人负责登记，由财务部门根据各项规章制度、奖惩条例来计算职工应得的各种工资。

2. 工资核算的基本工作

工资核算包括以下几项基本工作：

1）编制职工工资单。工资单由财务人员根据各项工资原始记录按月编制，是记录职工工资中各项明细数据的基本文件。编制职工工资单是工资业务处理的第一步，也是整个工资核算的基础。

2）计算职工个人所得税。按照每个职工的应付工资额，套用基础资料设置中的所得税计算公式，计算出每个职工的个人所得税。

3）生成分部门的工资汇总表。由于我国大多数单位工资项目都较多，构成比较复杂。不同工作岗位、不同工作性质的人员工资汇总数据要在不同的科目中进行核算。因此，首先将工资单中不同工资项目的数据分部门按职工工作岗位和工作性质等进行汇总，以便为编制工资核算记账凭证提供数据。

4）编制工资结算汇总表。将分部门的工资汇总表中不同工资项目的数据按职工工作岗位和工作性质等进行二次汇总，生成工资核算的记账凭证，为账务处理系统结转工资费用提供依据。

5）计提附加费。依据工资结算汇总表中不同部门及不同岗位职工的应发工资，按照规定的比例分别计算应计提的工会经费和职工教育经费。

6）编制工资分配表。根据工资结算汇总表和产量记录，编制工资分配表，为进行成本核算提供依据。

7）编制结转工资费用的转账凭证，转入账务处理系统。

3. 工资核算处理流程

在手工方式下，根据人事部门提供的工资原始数据编制工资结算单，据此编制工资发放表、工资汇总表，然后编制工资费用分配表，填制工资转账凭证。手工工资核算处理流程如图6-1所示。

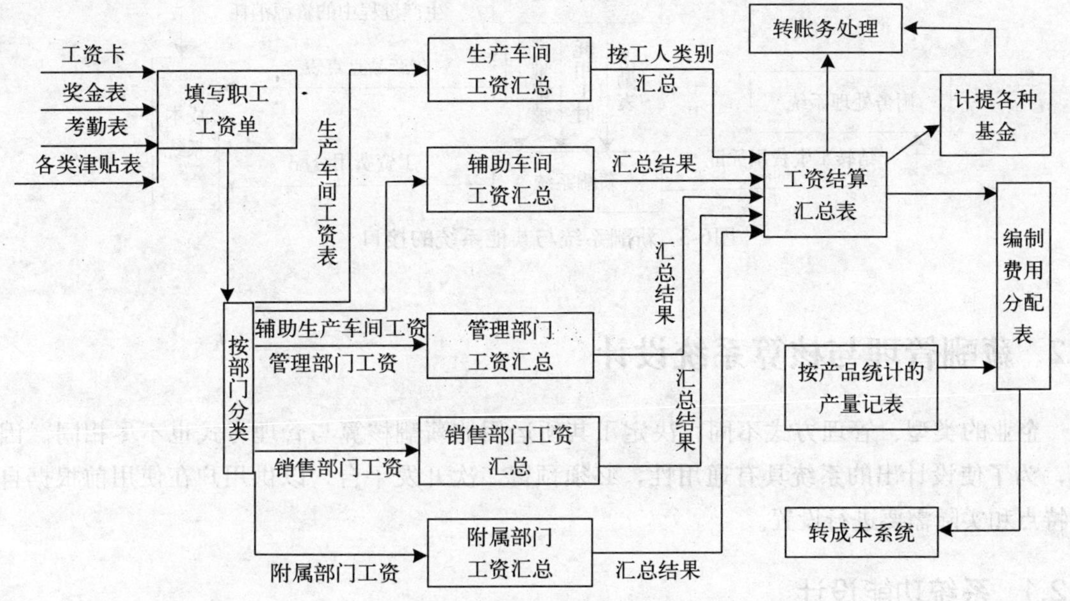

图6-1　手工工资核算处理流程

在信息系统处理方式下，工资核算所需要的变动数据必须每次更新，相对固定数据可从上次数据中直接导入，再运用各种应用程序自动完成个人所得税计算、工资单生成等工作。信息系统处理方式下的工资核算数据流程如图6-2所示。

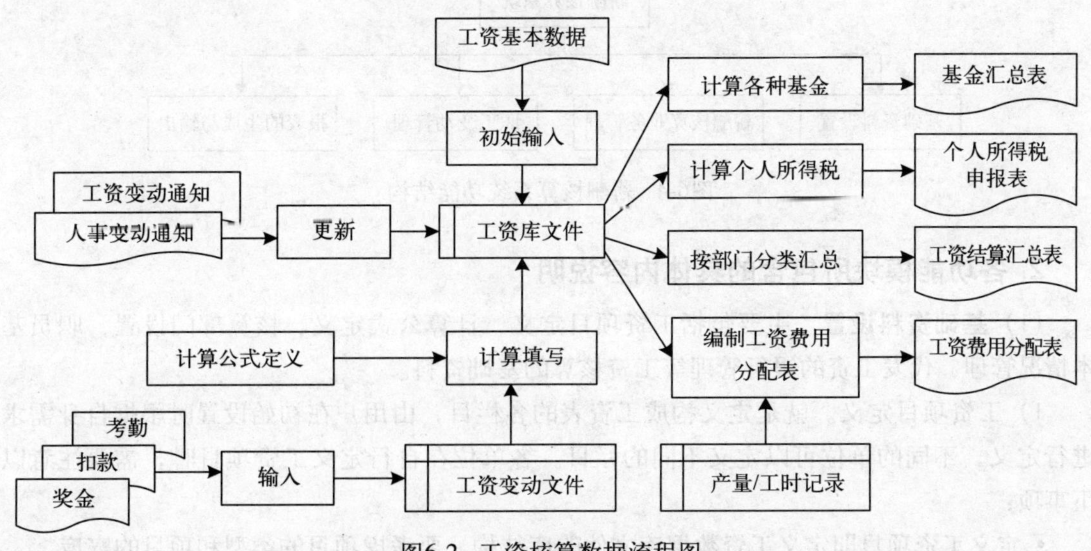

图6-2　工资核算数据流程图

6.1.3 薪酬核算系统与其他系统的关系

薪酬核算系统是一个相对独立的系统,它既可独立运行，也可与账务系统、生产与成本系统协同工作。若采用协同运行方式，其相互之间的关系如图6-3所示。

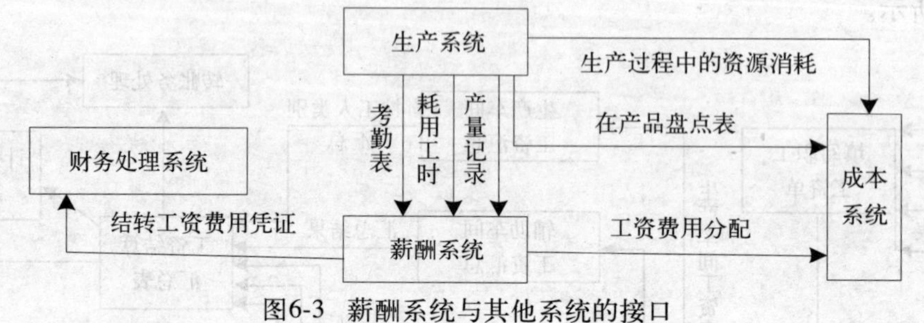

图6-3 薪酬系统与其他系统的接口

6.2 薪酬管理与核算系统设计

企业的类型、管理方式不同，决定了其所运用的薪酬核算与管理方式也不尽相同。因此，为了使设计出的系统具有通用性，必须预留二次开发平台，以供用户在使用前根据自身特点和实际需要进行设置。

6.2.1 系统功能设计

1. 功能结构

根据分析结果，薪酬核算系统应具备的功能如图6-4所示。

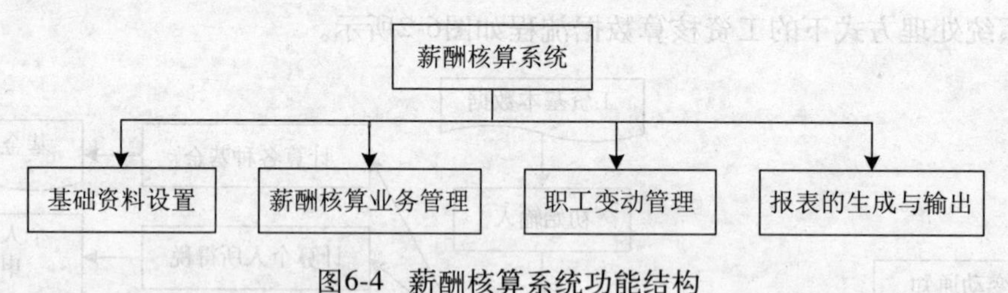

图6-4 薪酬核算系统功能结构

2. 各功能模块所包含的具体内容说明

（1）**基础资料设置** 主要包括工资项目定义、计算公式定义、核算部门设置、职员基本情况管理、代发工资的银行管理等工资核算的基础资料。

1）工资项目定义。就是定义构成工资表的各栏目，由用户在初始设置时根据自身需求进行定义，不同的单位可以定义不同的栏目。各单位在自行定义工资项目时，需要注意以下事项：

- 定义工资项目即定义工资数据库文件的库结构，要考虑项目的类型和项目的宽度。
- 可以定义工资核算项目的全部信息，如职员代码、职员姓名、部门名称、应发合计、实发合计及代扣税等。

• 定义好并已输入数据的工资项目遇到修改、增加或删除等操作时，一般会使已输入的数据丢失或出错。因此，在定义工资项目时应适当考虑一段时期的发展需要，以便保证系统投入使用后保持较长时间的稳定。

• 工资项目的字段宽度应以能容纳该项目中可能出现的最大数据的宽度为准。

• 应发工资、实发工资及个人所得税等项目的数据是由其他项目数据经过计算得出的。因此，凡参与计算的工资项目的字段类型必须设置成数值型。

2）计算公式的定义。公式设置即建立工资计算公式，输入公式名称，可用简单的公式设置方法将企业工资制度用计算公式表示。有些计算公式由变动项目组成，会随着组成项目的增减而动态改变。因此，这类公式（如加法项目合计、代扣项目合计等）需要使用单位随情况变化而随时进行更新设置。公式的输入须遵循以下原则：

• 公式的左边是不可变项（项目名称固定，而不是指项目值），它是构成存储结构的基本项目，而这些项目不允许删除。

• 可变项必须在公式的右边，这些项目则可增可减。

• 若有变动项需要修改，必须先修改工资项目定义，然后再修改公式。

• 工资项目定义的项目名必须与公式中的项目名始终保持一致。

应付工资计算公式定义可见后文中的图6-6。而对于个人所得税计算公式的定义，要严格按照税法的要求确定，适用税率即个人所得税法所规定的超额累进税率，速算扣除数是采用简便算法时税法提供的个人所得税减项数字。各企业根据自己的选择,设置对应的计算公式。

3）建立员工基本档案。建立每个员工的基本信息档案，如身份证号、性别、所属部门、职位、文化程度、类别、入职日期、离职日期、银行账号等信息。职员信息也可从已有的系统引入。

4）银行管理。就是对工资支付行的管理。此处的银行管理为发放工资的银行，并非总账中所有的开户银行。如在总账中可能有多个开户的银行，有基本存款账户、专项贷款账户等，而在薪酬管理系统中就只有发放工资的银行。主要应记录一些银行名称、账号长度及其他自定义项目。

5）所得税设置。即对个人所得税计算进行初始项目设置，如税率类别、税率项目、所得计算、基本扣除、所得期间及币别等。该项设置应与所得税计算公式定义一致。

6）基金设置。基金设置提供了基金处理的基础内容设置，如基金类型、基金计提标准、基金计提方案及基金初始数据等的设定。只有设置好这些相关的资料，才能进行基金的计提和计算。

（2）**工资核算业务管理**　具体如下：

1）考勤结果录入。录入每个职工的出勤天数、缺勤天数、病假、事假及工伤产假等。

2）工资变动数据录入。对于晋升或晋级的职工，根据人事部门下发的工资变动通知单，调整基本工资和职务工资。

3）工时记录、产量记录的录入。如果企业采用计件工资或计时工资制，工时记录、产量记录是计算工人工资的主要依据，也是进行工资费用分配的依据。如果企业启用了生产管理系统，则这些数据可从生产系统引入。

(3) **职工变动管理** 具体如下：

1）职工的调入、调出管理。如果企业同时启用了人事管理系统对于部门编号、职工编号、职工姓名及标准工资等资料，可以通过薪酬核算系统与人事管理系统的接口，直接从人事管理系统调入，使工资核算与人事管理保持同步。当增加新职工时，工资信息表随人事管理信息系统同时增加一条新记录，表示该职工与单位建立了新的工资结算关系。当职工调离本单位时，该职工的记录会随着人事部门的删除操作而在薪酬核算系统中自动被删除，从而结束该职工与本单位的经济关系。通过以上程序确保了企业管理系统的整体性和一致性。

如果单独使用薪酬系统,对于新增加的职工，要建立职工档案，输入工资库中的基本信息；而对于调出的职工要进行删除操作。

2）职工在企业内部流动。如果企业同时启用了人事管理系统，当职工在单位内部调动引起所在部门或标准工资变动时，首先由人事部门负责数据更新，然后由薪酬核算系统直接引入，重新运行核算程序以计算该调动职工的工资。反之，对于更换工作岗位或部门的职工，要更新其档案中的相关信息。

(4) **报表的生成及输出** 可以生成并输出以下几种报表：

1）工资发放表，即工资明细表。

2）工资汇总表，即按不同的汇总关键字输出所需用的工资汇总报表数据。

3）工资统计表，即分项目或期间对工资数据进行汇总统计。

4）银行代发表，即向银行提供所需用的代发文件数据。

5）工资费用分配表，即输出按不同分配方案进行工资费用分配的数据表，通过此表可以掌握按不同类别、部门标准进行分配的数据。

6）个人所得税申报表，即输出所需用的个人所得税计算表，以提供纳税依据。

(5) **转账处理** 转账功能主要是根据输入的业务数据生成记账凭证并传递到总账会计子系统中。应根据对应的业务设置凭证模板，按凭证模板生成凭证。

6.2.2 代码设计

薪酬核算系统的编码主要是部门编码、职工编码。如果薪酬系统与账务处理系统共享基础数据，则部门编码、职工编码均可从账务系统引入，若单独使用薪酬系统，可独立使用编码资料。

1. 职工编码

为了使工资数据库能与其他数据库相衔接并做到编码唯一，职工编号应考虑职工的工作岗位，即职工的工作性质，以便在进行工资费用结转时确定对应的科目（与总账系统共享）。

2. 部门编码

由于部门编码是区分各个核算单位数据的标志，如同账务系统中的会计科目。因此，单位编码与部门必须一一对应，即有一个部门就应有一个编码，一个编码只能对应一个部门。该编码与总账系统中的部门编码一致。

6.2.3　数据库设计

由于工资核算的特殊性，即每个企业具有不同的工资项目，无法设计统一的工资数据库结构，因此，为解决不同用户的需求，唯一方法就是提供工资项目的定义功能，其设计方法有如下两种：

1）用户自定义变动项目。首先定义一个工资项目的基本框架，用户自定义项目是变动项目，用于检查定义的计算公式。同时要求计算公式的左端必须是基本框架中的项目，公式右端的项目必须是自定义项目与基本框架中项目的表达式。采用这种设计方法，在工资项目基本框架中，各项目的关系是非常明确的，即应发项合计（使应付工资增加的项目）等于工资项目信息表中所有属性为加项之和；代扣项目合计等于工资项目信息表中所有属性为减项之和。

2）所有项目全部由用户自定义。职工工资信息表的所有项目均由用户定义，该表提供的是实际工资表的结构信息，是实现抽象数据层与具体数据库映射的基础。该表中的项目属性说明该项目的数据是固定项或变动项，是否可传递到下期工资表中。同时要求工资计算公式也全部由用户定义，因系统无法确定项目之间的关系，公式定义比较复杂。

工资项目定义操作界面如图6-5所示，计算公式定义界面如图6-6所示。

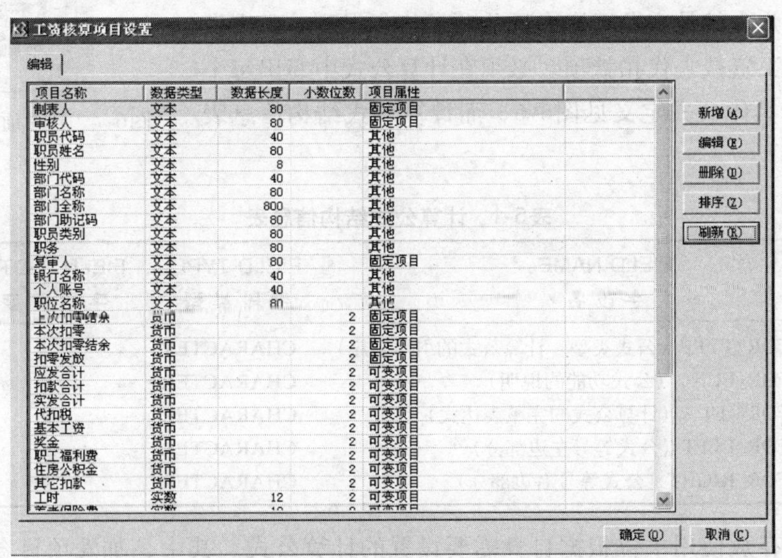

图6-5　工资项目定义操作界面

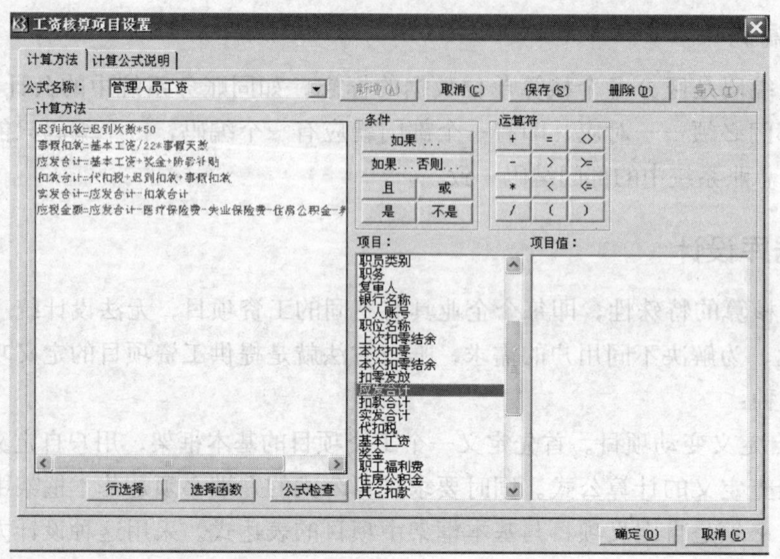

图6-6 计算公式定义界面

1. 职工工资信息表

（1）**工资项目定义表结构** 不论采用那种设计方法，工资项目定义表结构都相同，只是二者所填的内容不同而已。工资项目信息表中存储的一条记录，对应实际工资表中的一个字段，在工资核算时，将工资信息表的记录映射成工资表结构（见图6-7）。

（2）**计算公式结构信息表** 尽管使用工资项目定义可满足不同用户的需求，但是要进行工资的计算就必须涉及工资项目，具体到每个用户也就是应发工资由哪些项目相加得到，如实发工资应由应发工资减去代扣款项。必须在计算公式中写出每个具体的项目，具体公式定义见图6-6，而计算公式结构信息表如表6-1所示。

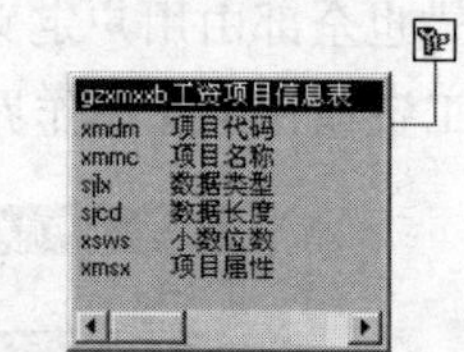

图6-7 工资项目定义表结构

表6-1 计算公式结构信息表

FIELD 字段	FIELD NAME 字段名	FIELD TYPE 字段类型	FIELD WIDTH 字段宽度	DEC 小数位
1	FOR_TYPE（公式类型、计算公式的引用顺序）	CHARACTER	2	
2	FOR_FUNC（公式功能的说明）	CHARACTER	14	
3	FORMULA（计算公式的完整表达式）	CHARACTER	100	
4	FOR_LEFT（公式等号左边部分）	CHARACTER	20	
5	FOR_RIGHT（公式等号右边部分）	CHARACTER	80	

该库用来存放使用单位根据自身需要设置的计算公式。其中，加发项目合计、代扣项目合计解决了不同单位补贴项不同以及扣款项各异的问题。通过对计算公式的操作，将抽象数据库的操作映射到具体数据库中。例如，应发工资和实发工资在计算公式库中的存储格式如表6-2所示。

表6-2　计算公式举例

编号	FOR_FUNC	FORMULA	FOR_LEFT	FOR_RIGHT
1	计算应发工资	YFGZ=BZGZ+JFHJ	YFGZ	BZGZ+JFHJ
2	计算实发工资	SFGZ=YFGZ-DKHJ-PSDS	SFGZ	YFGZ-DKHJ-PSDS

公式1和公式2中的JFHJ和DKHJ应分别引用加发项目合计和代扣项目合计公式的计算结果。因为加发项目和代扣项目是因用户不同而异，所以在定义工资项目时，必须明确每一项的属性。

(3) **职工工资基本信息表**　职工工资基本信息表是任何一个用户工资表中都具有的项目，它与自定义项目相关联，便可生成某个用户的具体工资表（见表6-3）。

表6-3　职工工资基本信息表

FIELD 字段	FIELD NAME 字段名	FIELD TYPE 字段类型	FIELD LEN 字段宽度	FIELD DEC 小数位	PROMPT 中文含义
1	RQ	DATE			日期
2	BMBH	CHARACTER	2		部门编号
3	ZGBH	CHARACTER	6		职工编号
4	ZGXM	CHARACTER	8		职工姓名
5	BZGZ	NUMERIC	7	2	标准工资
6	JFHJ	NUMERIC	7	2	加发项目合计
7	YFGZ	NUMERIC	7	2	应发工资
8	PSDS	NUMERIC	7	2	个人所得税
9	DKHJ	NUMERIC	6	2	代扣项目合计
10	SFGZ	NUMERIC	7	2	实发工资

2. 工资结算汇总信息表

(1) **工资汇总表**　将编制好的工资单进行汇总，编制工资汇总表。该表是用于向银行提取现金的依据。工资汇总表的数据可通过职工工资信息表得到，无需单独建立表结构进行存储。

(2) **工资结算汇总信息表**　工资结算汇总信息表是用于结转工资费用的依据，它提供分部门及职工类别的数据，可根据部门性质和职工类别生成结转工资费用的转账凭证（见表6-4）。

表6-4　工资结算汇总信息表

FIELD 字段	FIELD NAME 字段名	FIELD TYPE 字段类型	FIELD WIDTH 字段宽度	DEC 小数位
1	HZRQ(汇总日期)	DATE		
2	BMBH(部门编号)	CHARACTER	2	
3	ZGLB(职工类别)	CHARACTER	2	
4	BZGZ(标准工资)	NUMERIC	10	2
5	JFHJ(加发项目合计)	NUMERIC	10	2
6	YFGZ(应发工资)	NUMERIC	10	
7	PSDS(个人所得税)	NUMERIC	10	2
8	DKHJ(代扣项目合计)	NUMERIC	10	2
9	SFGZ(实发工资)	NUMERIC	10	2

6.2.4 薪酬核算系统的设计原理

对于各单位工资核算的差异性上文已经阐述，而为确保薪酬核算系统具有通用性，必须使所设计的应用程序能独立于具体的数据库而存在，程序所操作的对象是各用户定义的工资项目。薪酬核算系统的实现过程可用图6-8表示。

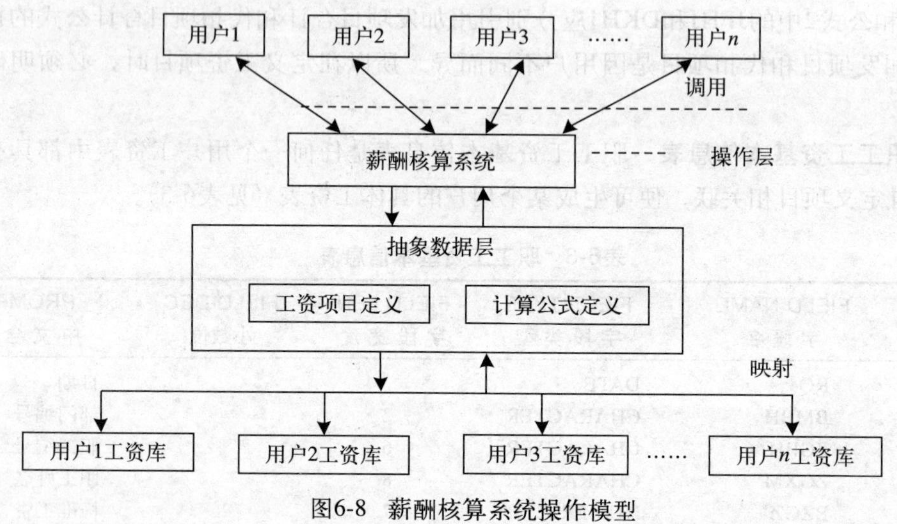

图6-8 薪酬核算系统操作模型

6.3 薪酬管理与核算系统输出

6.3.1 薪酬核算系统的输出分类

薪酬核算系统的输出包括日常查询信息输出、向其他系统的输出及最终输出三类。其中，薪酬核算系统的日常查询信息输出包括：职工个人工资查询；个人所得税查询；工资费用分配情况查询。薪酬核算系统向其他系统的输出包括：向账务系统输出工资结算汇总表；向成本系统输出工资及工资附加费分配表；向代发工资银行输出每个职工的实发工资信息表。薪酬核算系统的最终输出包括：工资发放表，工资汇总表，即按不同的汇总关键字输出所需用的工资汇总报表数据；工资统计表，即分项目或期间对工资数据进行汇总统计；个人所得税报表，即输出纳税申报所需的个人所得税计算表。

6.3.2 薪酬核算系统输出的实现

由于工资核算的特点，即最基本的工资表结构由用户定义，整个薪酬核算系统都是对映射的虚拟表进行操作。由此决定了它的输入项目由用户定义，同时输出项目必须与它的输入相对应，亦需要用户定义。具体实现方法是将已定义的工资项目列表作为待选项（见图6-9），根据选择的项目生成工资表。表中的宽度不是表结构定义的宽度，而是打印格式制定的宽度。

	工资项目	宽度
3	次数	80
4	养老保险费	250
5	迟到扣款	250
6	防暑补贴	250
7	医疗保险费	250

图6-9　工资项目定义列表

6.3.3　系统输出举例

第一步，从定义的工资项目中选择输出项。在如图6-10所示的操作界面，选择输出工资表所需的工资项目，这些项目是通过如图6-5所示的操作界面定义的。

图6-10　选择输出项目

第二步，根据选择项目，生成工资表的栏目名称（见图6-11）。

职员代码	职员姓名	部门名称	职员类别	基本工资	防暑补贴	奖金	扣款合计	事假扣款	迟到扣款

图6-11　工资表栏目名称

第三步，将项目名称所对应的项目编号作为选择字段，从实际工资表中输出数据。第一步选择的工资项目构成第二步的栏目名称，对应的项目编号构成SQL语句中SELECT之后的列名。

6.4　薪酬系统应用

6.4.1　薪酬系统启用的基本流程

薪酬系统总体业务流程如图6-12所示。

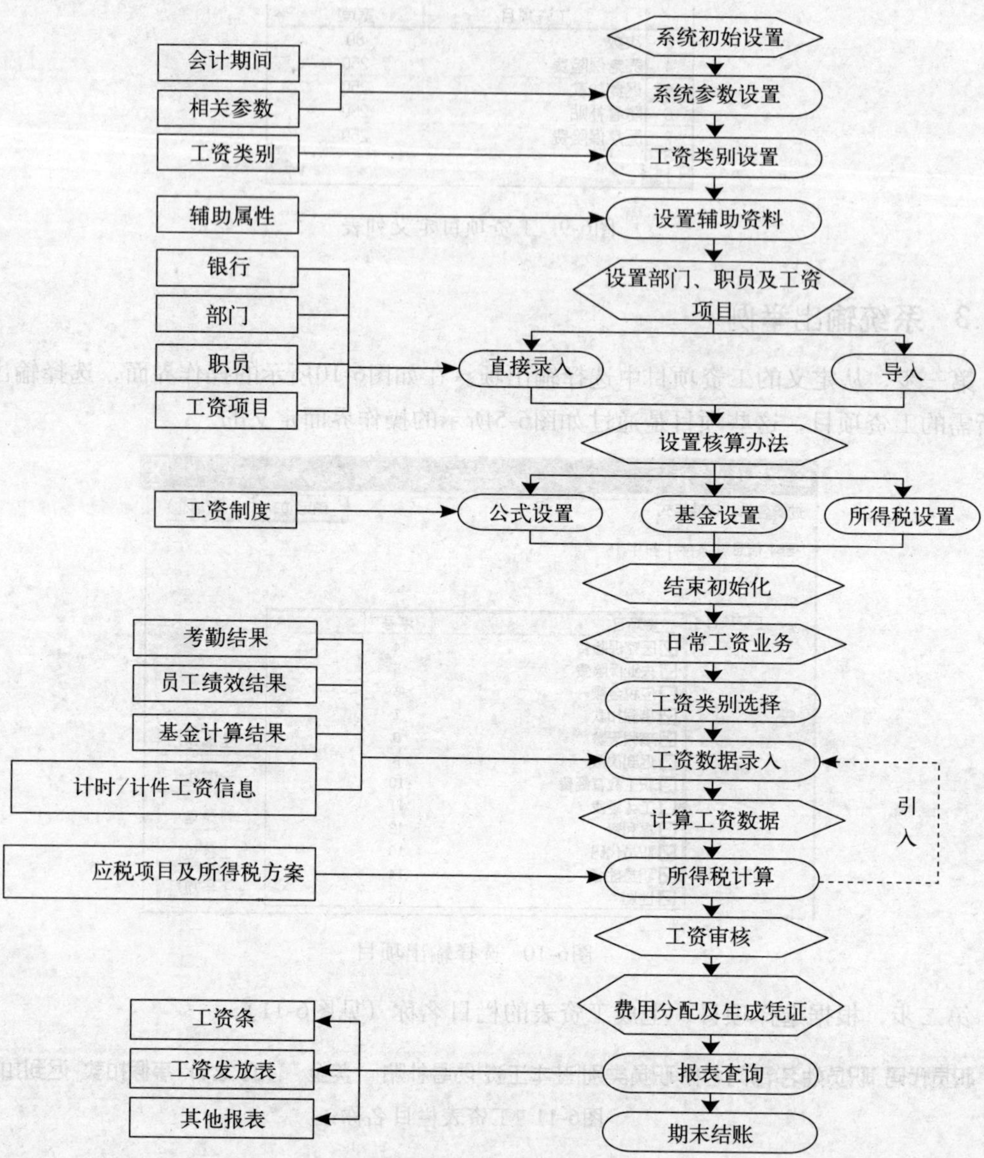

系统初始设置
会计期间
相关参数
系统参数设置
工资类别
工资类别设置
辅助属性
设置辅助资料
银行
部门
职员
工资项目
设置部门、职员及工资项目
直接录入
导入
设置核算办法
工资制度
公式设置
基金设置
所得税设置
结束初始化
考勤结果
员工绩效结果
基金计算结果
计时/计件工资信息
日常工资业务
工资类别选择
工资数据录入
计算工资数据
引入
应税项目及所得税方案
所得税计算
工资审核
费用分配及生成凭证
工资条
工资发放表
其他报表
报表查询
期末结账

图6-12 薪酬系统总体业务流程

6.4.2 系统初始化

薪酬系统初始化操作流程如图6-13所示。

设置系统参数
设置工资类别
设置辅助资料
设置基础资料

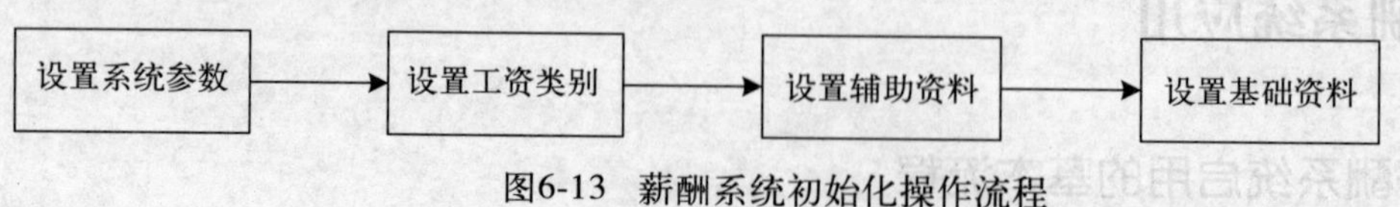

图6-13 薪酬系统初始化操作流程

1. 设置系统参数

薪酬系统参数设置，是为薪酬的处理设置规则。有些参数一旦设定，无法修改。在系统设置界面中选择“工资管理”→“系统参数”，单击“工资”页签，如图6-14所示。

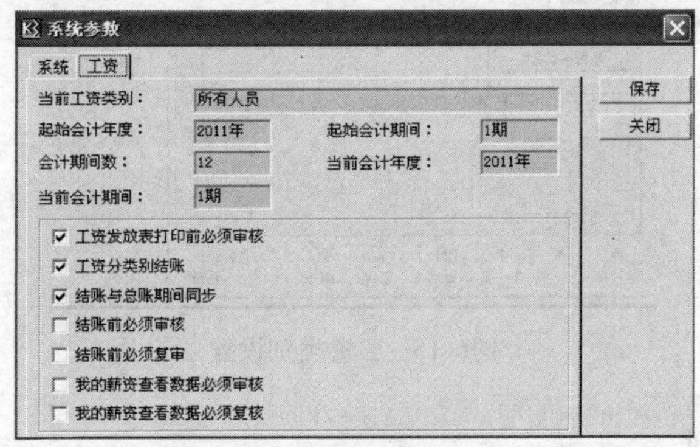

图6-14　薪酬系统参数设置

在系统参数中的“系统”页签中，有账套所属公司名称、地址、电话三项内容，需要根据公司实际情况填写。

在系统参数中的“工资”页签中，除可以查看薪酬管理系统当前所选择的工资类别以及起始会计年度、会计期间及当前会计年度及期间等内容，还提供了薪酬管理系统中的各种控制参数。这些参数以复选项形式出现，是薪酬管理系统进行控制的一项很重要的工作，具体说明如表6-5所示。

表6-5　参数设置说明

参　　数	说　　明
工资发放表打印前必须审核	选择此参数，在打印预览工资报表之前必须对其进行审核；未选择该参数，则对工资报表的打印、预览不作任何控制
工资分类别结账	如果各工资类别的处理时间不同，可单独进行结账业务，不影响相互之间的业务处理
结账与总账期间同步	如果选择了同步，工资系统未进行结账，总账系统则不能结账
结账前必须审核	选择此项，则在工资结账前必须进行审核，未选则不作审核控制
结账前必须复审	选择此项，则在工资结账前必须进行复审，未选则不作复审控制
我的薪资查看数据必须审核	选择此项，员工通过人力资源系统查看个人薪资时，必须是审核过的数据方能查看
我的薪资查看数据必须复审	选择此项，员工通过人力资源系统查看个人薪资时，必须是复审过的数据方能查看

2. 设置工资类别

工资类别设置是用于工资核算分类的设置。可按部门、人员类别、人员等任意进行分类设置，如定义销售部门为一类、车间人员为一类或某企业为一个类别，统一计算工资。

工资类别有“单一类别”和“多类别”两类，其中，单一类别类型的工资类别是可以进行核算的，而多类别类型的工资类别是将系统中其他单一类别的工资数据进行汇总，汇总的内容包括了部门、职员、工资项目数据等信息。

在工资界面选择“类别管理”，如图6-15所示。

图6-15　工资类别设置

3. 设置辅助资料

辅助属性主要是对部门、职员、银行这三类信息的自定义属性的一些分类补充。系统预设了组织单元类别、员工状态、职员类别、职务及文化程度等十六大类辅助属性，用户可根据实际业务需要自行增加。

在工资管理界面选择“设置”→“辅助属性”，可进行辅助资料的设置，如图6-16所示。

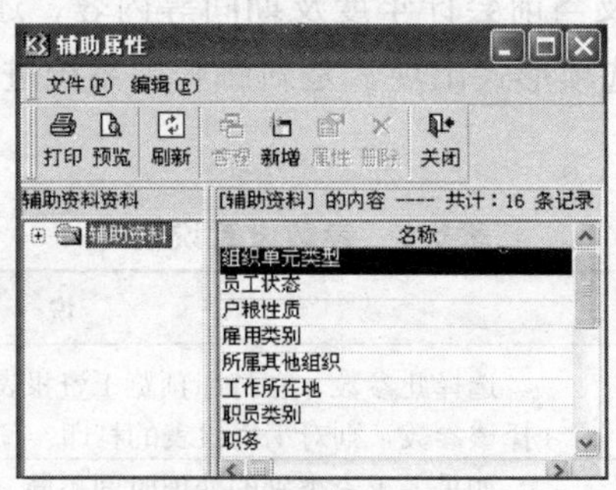

图6-16　辅助资料设置

4. 设置基础资料

在工资核算之前，需要准备及设置的基础资料有部门信息、职员信息、币别信息、银行信息及工资项目。

（1）**部门管理**　部门管理主要是用来建立企业下属部门的相关信息，同时作为以后工资费用分配的依据之一，可以建立单级平行部门，也可根据企业组织架构建立多级部门。

在工资管理界面选择“设置”→“部门管理”，如图6-17所示。在“导入数据源”多选框中选择“总账数据”之后，点击图中上方工具栏中的“导入”，选择需导入数据的下方显示的总账系统设置的部门信息，然后单击界面左下方的“全选”，再单击“导入”按钮，部门导入结果如图6-18所示。

（2）**职员管理**　职员管理用于建立员工基本档案信息，如身份证号、性别、所属部门、职位、文化程度、类别、入职日期、离职日期及银行账号等信息。

职员的导入步骤同部门导入相同，其导入结果如图6-19所示。

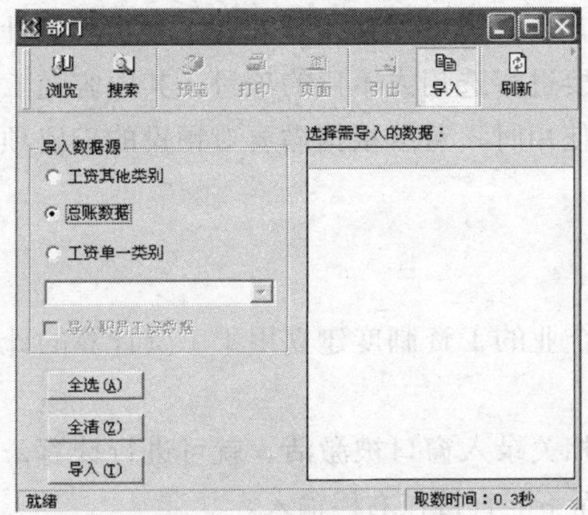

图6-17 部门导入数据源

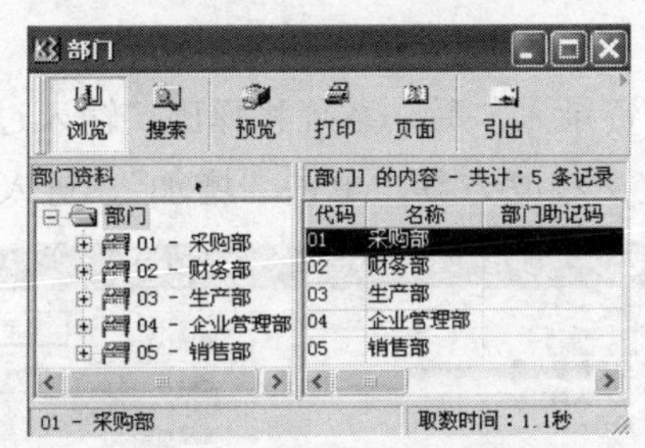

图6-18 部门导入结果

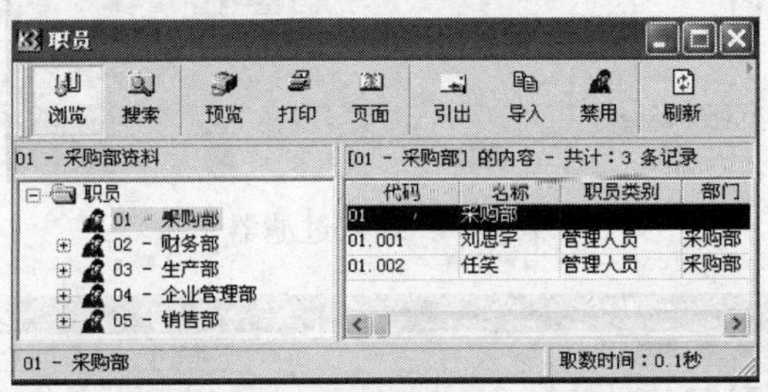

图6-19 职员导入

（3）**币别管理** 币别管理见总账系统。

（4）**银行管理** 银行管理就是对工资支付行的管理。在银行管理处定义的银行信息作为发放工资的银行，并非总账中所有的开户银行。在此主要应记录一些银行名称、账号长度及其他自定义项目。

6.4.3 工资项目和计算公式的定义

1. 工资项目

项目设置即对工资核算的项目进行设置，以便工资计算公式或其他工资报表采用。在此可以定义工资核算项目的全部信息。工资核算项目设置窗口如图6-5所示。

工资项目属性有固定项目及可变项目之分。固定项目为一般工资计算所需用的基本要素，基本不需要进行改变，其内容可以直接带入到下一次工资计算，如预设的职员姓名项等。可变项目为可根据需要进行选用或不用的项目，其内容随工资计算发生改变，如预设的应发合计项等。公司在使用时，可以根据需要对预设的工资项目进行新增、修改、删除和排序。

2. 计算公式定义

在公式设置处可根据企业的工资制度建立用于工资计算的计算公式，公式设置窗口如图6-6所示。

单击“新增”按钮，相关录入窗口被激活，就可进行计算公式设置了。公式中的项目必须从“项目”栏选取，而不能直接在右栏输入。

6.4.4 基本数据输入

选择“工资业务”→“工资录入”后，系统将弹出“输入过滤器”界面，如图6-20所示。要录入工资数据，首先必须定义过滤方案。单击“增加”，进入如图6-21所示界面。

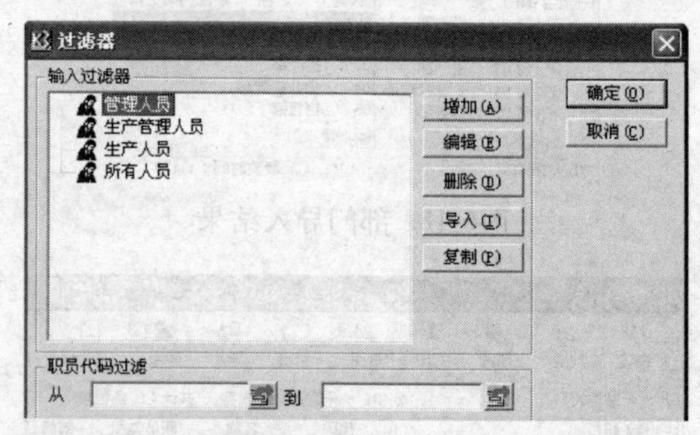

图6-20 输入过滤器

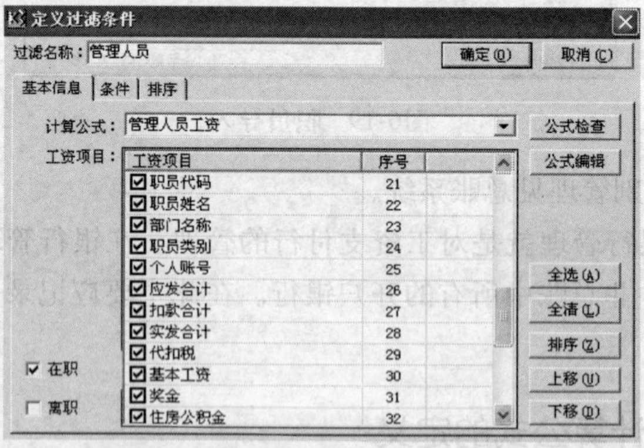

图6-21 定义过滤条件（基本信息）

在“过滤名称”栏输入方案名称，如“管理人员”。在“基本信息”栏选择计算公式（在公式设置时已设置）和工资项目，并对工资项目排序。在“条件”栏定义过滤条件，如“管理人员应发工资”可定义“职员类别”等于“管理人员”，如图6-22所示。

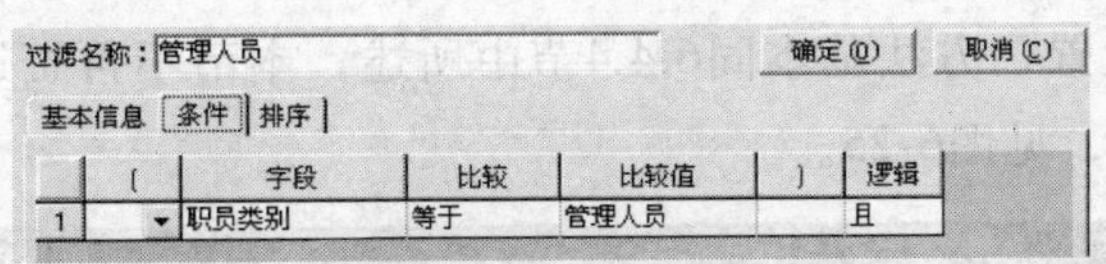

图6-22 定义过滤条件（条件设置）

如果前面已经设置了工资类别，并按类别设置了公式方案，也可以导入过滤方案。过滤设置完成后，方案名称便会在过滤器窗口显示，选择该方案，单击“确定”，进入工资数据录入界面，如图6-23所示。

工资数据录入-[所有人员]----(年份:2011 期间: 1 次数: 1) 人数...

文件 编辑 查看

保存 引出 引入 计算 基金 过滤 刷新 定位 计算器 所得税 扣零 发放

职员代码	职员姓名	部门名称	职员类别	应发合计	扣款合计	实发合计	代扣税	基本工资
01.001	刘思宇	采购部	管理人员	7,500.00	839.15	6,660.85	611.88	5,000.00
01.002	任笑	采购部	管理人员	5,500.00	415.38	5,084.62	415.38	3,000.00
02.003	龙胜强	财务部	管理人员	5,800.00	494.85	5,305.15	444.85	4,500.00
02.004	疗江	财务部	管理人员	5,800.00	444.85	5,355.15	444.85	4,500.00
02.027	王浩	财务部	管理人员	4,800.00	346.60	4,453.40	346.60	3,500.00
02.028	徐晓	财务部	管理人员	4,800.00	346.60	4,453.40	346.60	3,500.00

图6-23 工资录入窗口

工资录入窗口中白色的单元格需要手工录入数据，而淡黄色的单元格则无法录入数据，其数据由手工录入的数据经过“计算公式”运算后自动填列。“代扣所得税”列的数据通过所得税计算功能自动计算后引入。

6.4.5 工资计算及费用分配

1. 工资计算

（1）**应付职工薪酬计算** 在工资数据录入时，系统将自动根据计算公式计算相关项目的数值。但是如果计算公式发生变化，则工资数据不能自动跟着发生变化，需要在“工资业务”→“工资计算”中进行计算。双击“工资计算”，出现如图6-24所示的界面。

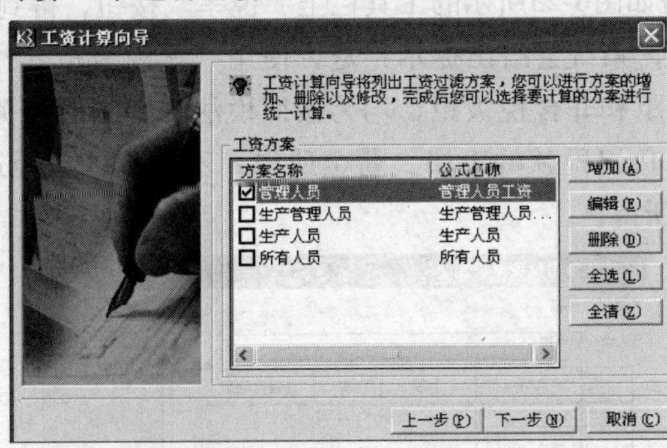

图6-24 工资计算向导

单击“增加”，定义工资过滤方案，方法与6.4.4节中定义过滤方案的方法相同。方案设置完成后，根据工资计算向导的指示即可完成对所选方案的工资计算。

（2）**所得税计算** 选择“工资业务”→“所得税计算”，系统弹出“过滤器”界面。首先必须进行过滤方案设置，方法基本同6.4.4节中所述，本节不再赘述。方案设置完成，进入所得税数据录入界面，见图6-25。

个人所得税数据录入-[标准格式]

文件 查看

引出 保存 计税 所得项 税率 设置 方法 过滤 刷新 定位 计算器 锁定列

纳税义务人	所得项目	所得期间	收入人民币	外币名称	外币金额	外汇牌价	外币折合
刘思宇	所得税	1	4,912.50	人民币	0.00	1	0.00
任笑	所得税	1	3,602.50	人民币	0.00	1	0.00
龙胜强	所得税	1	3,799.00	人民币	0.00	1	0.00
疗江	所得税	1	3,799.00	人民币	0.00	1	0.00
王浩	所得税	1	3,144.00	人民币	0.00	1	0.00
徐晓	所得税	1	3,144.00	人民币	0.00	1	0.00
孙亚楠	所得税	1	3,406.00	人民币	0.00	1	0.00
孙艳	所得税	1	2,685.50	人民币	0.00	1	0.00
岑浩	所得税	1	2,685.50	人民币	0.00	1	0.00

图6-25 所得税计算

在这里，需要进行所得项目、税率、计算方法和计算方案的设置：

1）设置应纳税所得项。单击如图6-25所示的工具栏上“所得项”按钮，得到如图6-26所示的界面。填写属性时，系统提供“增项”和“减项”两个选项。“增项”的含义为这个项目在计算所得税时该项目与计税基数相加，“减项”表示在计算所得税时，该项目从计税基础中减去。

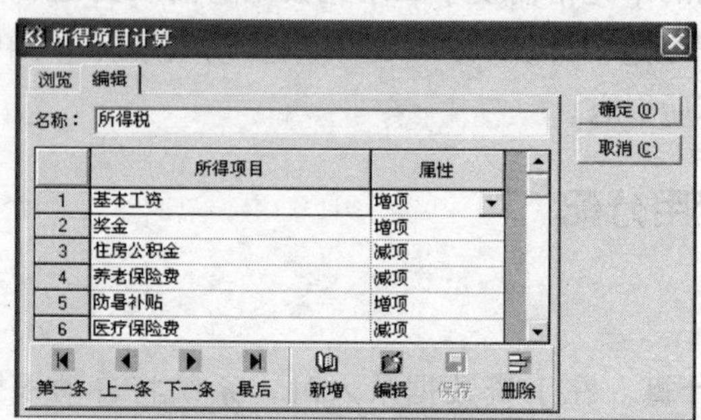

	所得项目	属性
1	基本工资	增项
2	奖金	增项
3	住房公积金	减项
4	养老保险费	减项
5	防暑补贴	增项
6	医疗保险费	减项

图6-26 设置所得项目

2）设置税率。单击如图6-25所示的工具栏上“税率”按钮，得到如图6-27所示的界面。定义个人所得税税率时，系统会给出提示：是否使用“含税级距”？若选择“否”则使用“不含税级距”。含税级距和非含税级距，均为按照税法规定减除有关费用后的所得额。含税级距适用于由纳税人负担税款的工资、薪金所得；不含税的级距适用于由他人（单位）代付税款的工资、薪金所得。

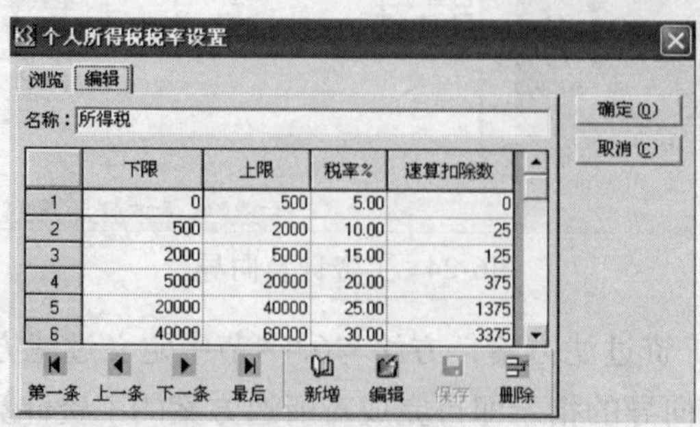

	下限	上限	税率%	速算扣除数
1	0	500	5.00	0
2	500	2000	10.00	25
3	2000	5000	15.00	125
4	5000	20000	20.00	375
5	20000	40000	25.00	1375
6	40000	60000	30.00	3375

图6-27 设置个人所得税税率

3）设置扣税计算方法。单击如图6-25所示的工具栏上“方法”按钮，系统弹出如图6-28所示的窗口。对于所得税的计算方法，系统提供了三种选项，可根据需要选择其中之一。

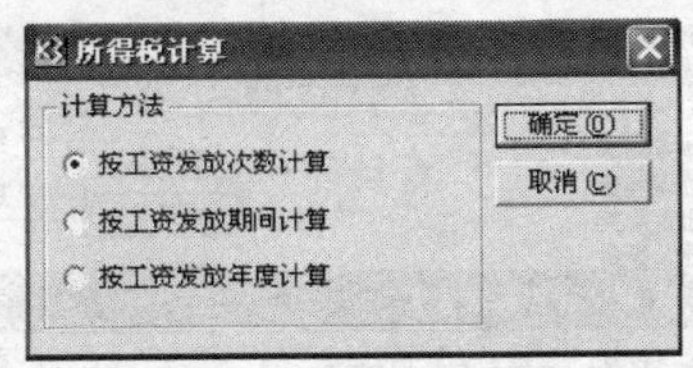

图6-28　所得税计算方法

4）新增所得税计算方案。单击如图6-25所示的工具栏上“设置”按钮，得到如图6-29所示的界面。

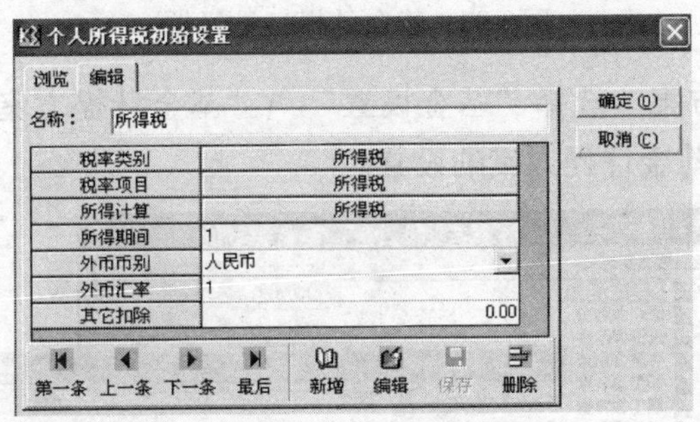

图6-29　设置个人所得税计算方案

所得税计算完成后，可以引入到“工资数据录入”窗口的“代扣所得税”项目中。

2. 基金设置

职工薪酬的核算除了工资的核算外，还包括“社会保险费”、“住房公积金”等的核算。根据新会计准则规定，“社会保险费”、“住房公积金”等的核算都是根据工资总额的一定比例计提。用户可以在“基金设置”部分设置“社会保险费”、“住房公积金”等的核算方案，进行“社会保险费”、“住房公积金”等计提。

基金设置提供了基金处理的基础内容的设置，如基金类型、基金计提标准、基金计提方案及基金初始数据等的设定。

（1）**设置基金类型**　选择“基金设置”→“基金类型设置”，如图6 30所示，单击“增加”，即可进行基金类型的设置。

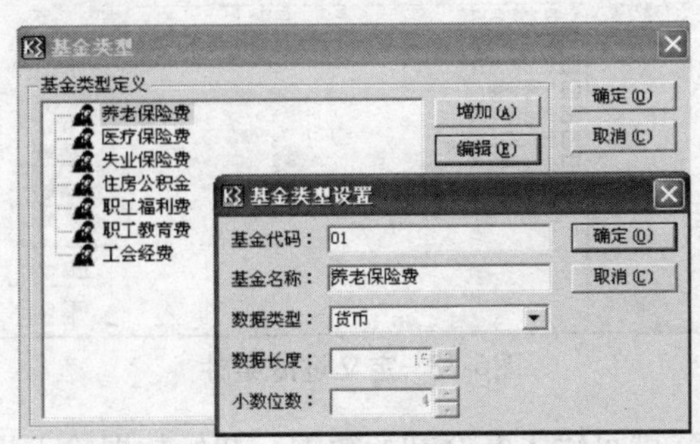

图6-30　基金类型定义

（2）**设置基金计提标准** 选择“基金设置”→“基金计提标准设置”，如图6-31所示，单击“增加”，即可进行基金标准的设置。

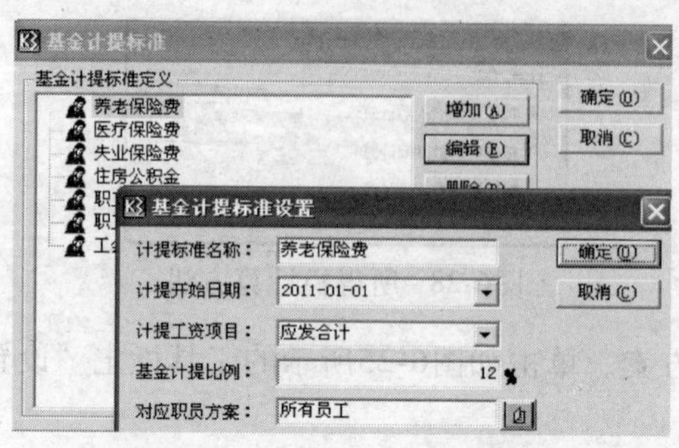

图6-31 基金计提标准设置

（3）**设置基金计提方案** 选择“基金设置”→“基金计提方案设置”，如图6-32所示，单击“增加”，即可进行基金计提方案的设置。

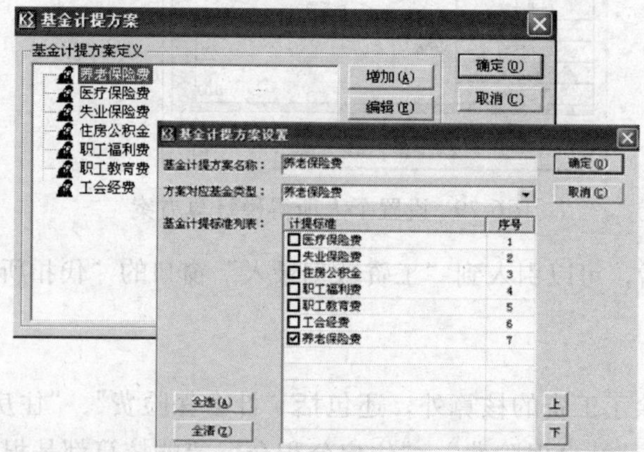

图6-32 基金计提方案设置

（4）**基金初始数据录入** 选择“基金设置”→“基金初始数据录入”，首先必须定义过滤条件，如图6-33所示。

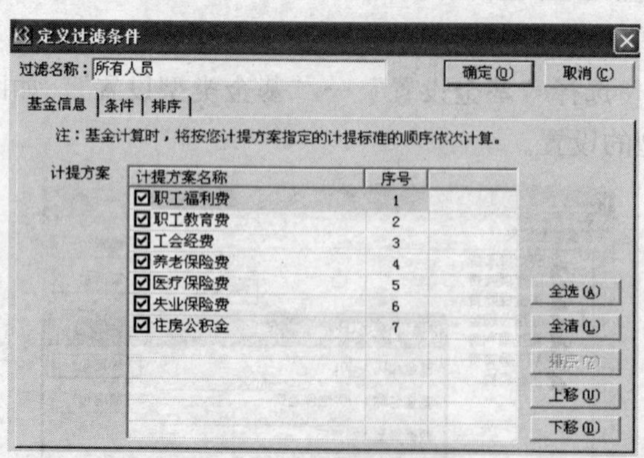

图6-33 定义过滤条件

过滤条件定义好之后，就可输入基金初始数据，初始数据输入界面如图6-34所示。

基金计算

职员代码	职员姓名	养老保险费			医疗保险费			失业保险费			住房公积金		
		计提基数	计提比例(%)	计提金额	计提基数	计提比例(%)	计提金额	计提基数	计提比例(%)	计提金额	计提基数	计提比例(%)	计提金额
01.001	刘思宇	7500	12	900.0000	7500	10	750.0000	7500	2	150.0000	7500	10.5	787.5000
01.002	任笑	5500	12	660.0000	5500	10	550.0000	5500	2	110.0000	5500	10.5	577.5000
02.003	龙胜强	5800	12	696.0000	5800	10	580.0000	5800	2	116.0000	5800	10.5	609.0000
02.004	疗江	5800	12	696.0000	5800	10	580.0000	5800	2	116.0000	5800	10.5	609.0000
02.027	王浩	4800	12	576.0000	4800	10	480.0000	4800	2	96.0000	4800	10.5	504.0000
02.028	徐晓	4800	12	576.0000	4800	10	480.0000	4800	2	96.0000	4800	10.5	504.0000
03.01.005	孙亚楠	5200	12	624.0000	5200	10	520.0000	5200	2	104.0000	5200	10.5	546.0000
03.01.006	孙艳	4100	12	492.0000	4100	10	410.0000	4100	2	82.0000	4100	10.5	430.5000
03.01.017	岑洁	4100	12	492.0000	4100	10	410.0000	4100	2	82.0000	4100	10.5	430.5000
03.01.018	覃晓	4100	12	492.0000	4100	10	410.0000	4100	2	82.0000	4100	10.5	430.5000
03.01.019	张巧枚	4100	12	492.0000	4100	10	410.0000	4100	2	82.0000	4100	10.5	430.5000
03.01.020	王传东	4100	12	492.0000	4100	10	410.0000	4100	2	82.0000	4100	10.5	430.5000
03.02.007	戴熊	5200	12	624.0000	5200	10	520.0000	5200	2	104.0000	5200	10.5	546.0000
03.02.008	熊伟	4100	12	492.0000	4100	10	410.0000	4100	2	82.0000	4100	10.5	430.5000
03.02.021	李文贤	4100	12	492.0000	4100	10	410.0000	4100	2	82.0000	4100	10.5	430.5000
03.02.022	李明	4100	12	492.0000	4100	10	410.0000	4100	2	82.0000	4100	10.5	430.5000
03.02.023	邓超	4100	12	492.0000	4100	10	410.0000	4100	2	82.0000	4100	10.5	430.5000
03.03.009	熊卓	5200	12	624.0000	5200	10	520.0000	5200	2	104.0000	5200	10.5	546.0000
03.03.010	张娟	4100	12	492.0000	4100	10	410.0000	4100	2	82.0000	4100	10.5	430.5000
03.03.024	孙莉	4100	12	492.0000	4100	10	410.0000	4100	2	82.0000	4100	10.5	430.5000
03.03.025	王杰	4100	12	492.0000	4100	10	410.0000	4100	2	82.0000	4100	10.5	430.5000
03.03.026	袁帅	4100	12	492.0000	4100	10	410.0000	4100	2	82.0000	4100	10.5	430.5000
04.011	刘雄伟	8600	12	1,032.0000	8600	10	860.0000	8600	2	172.0000	8600	10.5	903.0000
04.012	刘壮	6600	12	792.0000	6600	10	660.0000	6600	2	132.0000	6600	10.5	693.0000
05.01.013	邓娟	7500	12	900.0000	7500	10	750.0000	7500	2	150.0000	7500	10.5	787.5000
05.01.014	吴迪	6500	12	780.0000	6500	10	650.0000	6500	2	130.0000	6500	10.5	682.5000
05.02.015	李杰	7500	12	900.0000	7500	10	750.0000	7500	2	150.0000	7500	10.5	787.5000
05.02.016	张星	6500	12	780.0000	6500	10	650.0000	6500	2	130.0000	6500	10.5	682.5000

图6-34　基金初始数据录入

各项设置完成，初始数据录入后，就可进行基金的计提工作。

3. 费用分配

选择“工资业务”→“费用分配”，如图6-35所示。

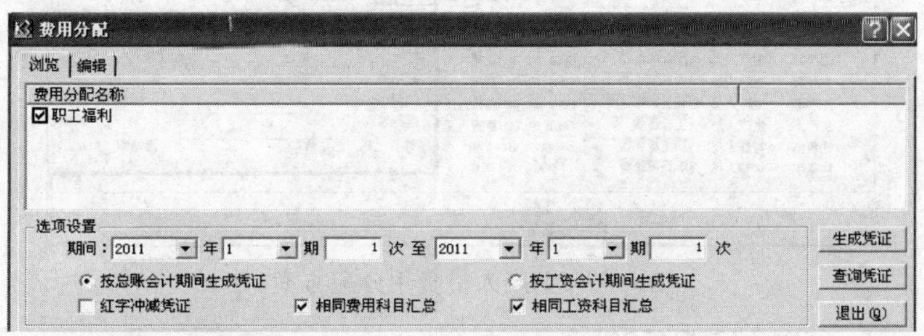

图6-35　设置费用分配方案

单击“编辑”选项卡，当职员类别为“管理人员”和“生产管理人员”时，核算项目栏为“无”（见图6-36）。当职员类别为“生产人员时”，核算项目栏要下设辅助核算项目（见图6-37）。

新增方案时要进行费用科目、工资科目等的设置，这些设置是以后生成凭证的基础。新增方案完成，回到如图6-35所示的界面，选择好方案名称，即可自动生成凭证（见图6-38）。

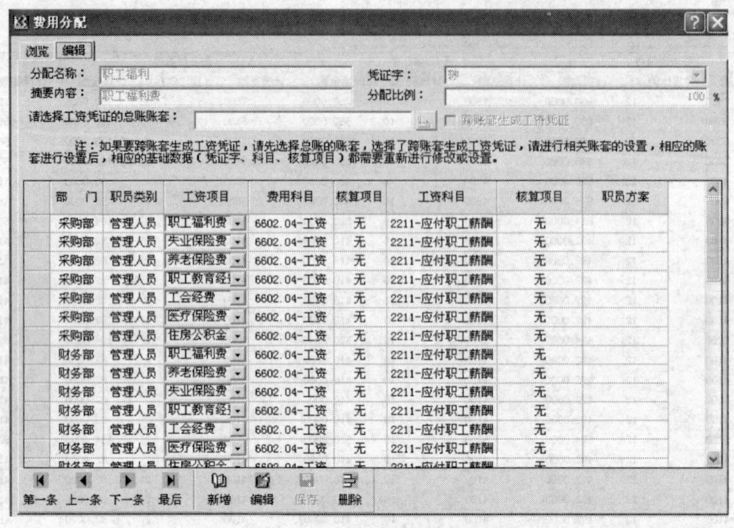

图6-36 管理人员费用分配方案

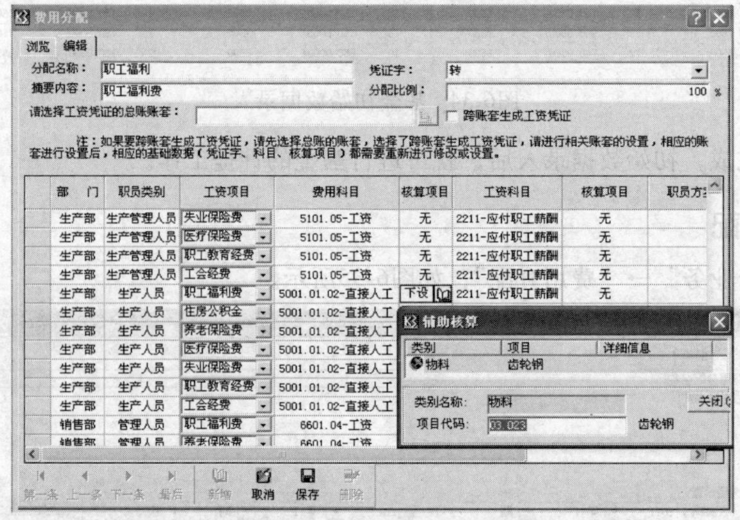

图6-37 生产人员费用分配方案

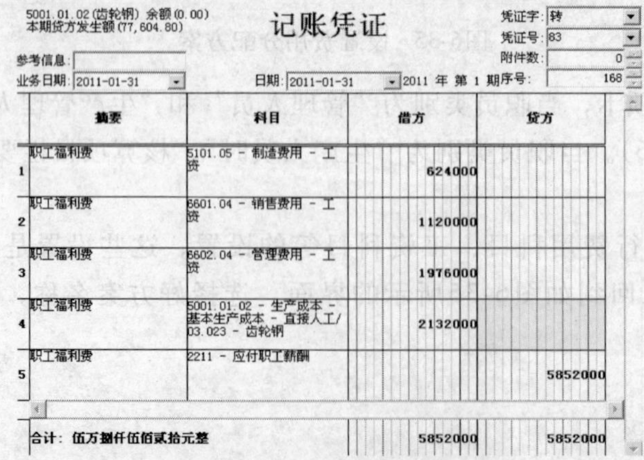

5001.01.02(齿轮钢) 余额(0.00)
本期贷方发生额(77,604.80)

记账凭证

凭证字: 转
凭证号: 83
附件数: 0
参考信息:
业务日期: 2011-01-31　日期: 2011-01-31　2011 年 第 1 期序号: 168

	摘要	科目	借方	贷方
1	职工福利费	5101.05 - 制造费用 - 工资	624000	
2	职工福利费	6601.04 - 销售费用 - 工资	1120000	
3	职工福利费	6602.04 - 管理费用 - 工资	1976000	
4	职工福利费	5001.01.02 - 生产成本 - 基本生产成本 - 直接人工/03.023 - 齿轮钢	2132000	
5	职工福利费	2211 - 应付职工薪酬		5852000
	合计: 伍万捌仟伍佰贰拾元整		5852000	5852000

图6-38 职工福利费记账凭证

4. 期末结账

期末结账用于在月末或在一次工资放发完成之后对相应的数据进行结账处理，以便进入到下一期或下一次工资发放，开始新的工资业务的处理。

本章小结

薪酬核算系统的主要特点是为各种不同需求的用户归纳设计了一个共同的应用平台，让用户在此平台上各自设计自己的工资项目和计算公式。但是，要能够很好地使用系统，一定要抓住一些关键环节。第一，要明确工资项目的定义。第二，要熟练掌握已定义的工资项目在什么环节起作用。如在工资输入时，必须在已定义的项目中选择输入项，公式定义时，也是从已定义的项目中选择，工资表的输出同样是在已定义的项目中选择。所以工资项目定义是贯穿整个系统的处理对象，它决定了系统的输入、计算及输出。第三，要精通工资的核算方法，才能正确地定义计算公式。因为计算公式的定义是决定工资能否正确计算的关键，必须认真定义每个计算公式。一旦算法有变动，必须首先修改计算公式。

习　　题

一、选择题

1. （ ）属于变动工资项目。

A. 基本工资　　B. 岗位工资　　C. 副食补贴　　D. 奖金

2. 工资项目定义的基本信息包括（ ）。

A. 项目名称　　B. 项目性质　　C. 项目类型　　D. 项目宽度

3. 工资核算系统与账务处理系统不能共享的信息是（ ）。

A. 部门代码　　B. 科目类型　　C. 会计科目　　D. 计算公式

4. 下各工作中，属于工资管理系统的初始化操作的项目是（ ）。

A. 工资项目设置与工资计算公式的编辑　　B. 计算职工工资

C. 工资项目录入与编辑工资数据　　D. 输出工资报表

5. 以下哪项工作不属于工资管理系统初始设置范畴？（ ）

A. 计件工资统计　　B. 工资项目设置

C. 工资账套参数设置　　D. 人员档案设置

6. 工资系统正常使用之前必须做好以下哪些设置？（ ）

A. 项目大类设置　　B. 人员类别设置

C. 部门设置　　D. 收发类别设置

7. 在工资分摊构成设置中，需要设置以下哪些内容？（ ）

A. 人员类别　　B. 部门　　C. 科目　　D. 工资项目

8. 进行工资分摊时，需要选择的内容包括（ ）。

A. 计提会计月份　　B. 选择核算部门　　C. 计提分配方式　　D. 计提费用类型

二、判断题

1. 工资管理系统只提供计时工资核算，不提供计件工资核算。( )
2. 工资管理系统建账完成后，所有建账参数均不能修改。( )
3. 每位员工是否从工资中代扣个人所得税是由用户自由选择的。( )
4. 工资分摊的结果可以自动生成凭证传递到总账系统。( )
5. 工资管理系统中提供对“个人所得税申报表”中栏目的设置功能。( )
6. “计算工资”功能每月只能操作一次，否则该月机制凭证中的数据将被成倍增大。( )
7. 用户单位可根据实际情况通过系统初始化模块自行设定工资核算的内容与方法。( )
8. 设置职员类型的直接目的之一是在工资费用分配中选择正确的应付职工薪酬的分配结转科目。( )
9. 工资计算是形成工资发放表单和输出各类工资报表以及向账务处理系统传递工资费用分配凭证的基础。( )
10. 在输入工资结转凭证的会计科目时，允许输入在账务处理系统中不存在的科目。( )

三、思考题

1. 薪资管理系统的主要功能有哪些?
2. 如果初始化时将工资类别设置为“单个”，那么在工资系统使用之后是否能修改为“多个”?
3. 简述本章所列出数据表之间的关系。
4. 简述工资类别的作用，即工资类别在本系统的哪些处理环节起作用。

第 7 章

固定资产管理与核算系统

7.1 固定资产系统分析

7.1.1 概述

固定资产是指同时具有下列特征的有形资产：①为生产商品、提供劳务、出租或经营管理而持有；②使用寿命超过一个会计年度。使用寿命，是指企业使用固定资产的预计期间，或者该固定资产所能生产商品或提供劳务的预计期间。

固定资产是企业为使用而持有的，其使用年限较长，且在使用过程中将保持原有的实物形态。它是企业进行生产经营活动的物质基础，在企业的资产总额中占有相当大的比重。由于企业固定资产的种类繁多、构成复杂，且用于企业的生产经营活动而不是为了出售，因此与其他会计核算系统相比，固定资产的核算和管理有其固有的特点。

1. 固定资产的分类

企业的固定资产根据不同的管理需要和核算要求可以进行不同的分类，通常按经济用途和使用情况进行综合分类，可以将固定资产分为以下七类：

1）生产经营用固定资产，是指直接服务于企业生产、经营过程的各种固定资产，如生产经营用的房屋、建筑物、机器、设备、器具和工具等。

2）非生产经营用固定资产，是指不直接服务于生产、经营过程的各种固定资产，如职工宿舍、食堂、浴室、理发室等使用的房屋、设备和其他固定资产等。

3）租出固定资产，是指在经营性租赁方式下出租给外单位使用的固定资产。

4）不需用固定资产。

5）未使用固定资产。

6）融资租入固定资产，是指企业以融资租赁方式租入的固定资产，在租赁期内，应视同自有固定资产进行管理。

7）土地，是指过去已经估价单独入账的土地。因征地而支付的补偿费，应计入与土地有关的房屋、建筑物的价值内，不单独作为土地价值入账。企业取得的土地使用权不能作为固定资产管理。

由于企业的经营性质不同、经营规模各异，对固定资产的分类不可能完全一致，也没有必要强求统一，企业可根据各自的具体情况和经营管理、会计核算的需要进行必要的分类。

2. 固定资产核算的原始记录

企业会计制度规定，企业应当设置“固定资产登记簿”和“固定资产卡片”，按固定资产类别、使用部门和每项固定资产进行明细核算。临时租入的固定资产，应当另设备查账簿进行登记，不在本科目核算。

固定资产登记簿应按固定资产的类别和明细分类开设账页，并按保管、使用单位设置专栏，按各项固定资产的增减日期序时登记，每月结出余额，以反映各单位、各部门各类固定资产的增加、减少和结存情况。

固定资产卡片应按固定资产每一独立登记对象分别设置，每一对象一张卡片。在每一张卡片中，应记载该项固定资产的编号、名称、规格、技术特征、技术资料编号、附属物、使用单位、所在地点、建造年份、开始使用日期、原价、预计使用年限、购建的资金来源、折旧率、大修理基金提取率、大修理次数日期、转移调拨情况及报废清理情况等详细资料。各企业固定资产卡片的格式不尽相同。

7.1.2 固定资产管理业务分析

企业的固定资产与存货的管理有很大的区别。固定资产不是存放在一个特定场所进行集中管理，而是分散在企业不同的部门。这种情况造成了固定资产的使用、管理、核算的分离，即固定资产管理部门管理的只是固定资产的台账和卡片，而实物的使用分散在企业的所有部门，固定资产的核算工作又由财务部门负责。在这种管理体制下，有关同一固定资产的数据在不同部门归纳、收集和汇总，不仅会导致数据重复，甚至会造成各部门提供的数据遗漏、脱节，产生较大的差异，都无法提供完整的信息。

对于固定资产管理部门而言，负责的工作可归纳为以下几类：

1）采购管理。对于设备类固定资产，由需求部门提出购买申请计划，管理部门审批采购计划、管理采购合同、审查供货单位资格并负责按计划进行采购。

2）仓库管理。对新购置尚未确定使用单位的资产进行管理。

3）固定资产领用管理。当使用单位根据固定资产领用单领走固定资产后，应在该项固定资产卡片上登记使用单位和折旧开始时间。

4）固定资产档案管理。建立固定资产台账，负责固定资产的内部调拨登记。对报废、闲置、封存、积压的设备进行备查账登记和报废清理登记。

5）固定资产后续支出管理。对设备大修计划、更新改造计划进行审批，并组织人员对设备大修情况及更新改造结果进行验收，将其增加的价值记入固定资产卡片。

6）固定资产的清查核资管理。企业对固定资产应当定期或至少每年实地核对一次，如发现有账实不符的情况，应编制“固定资产清查表”并及时按规定程序进行报批处理。

对于固定资产使用部门而言，应负责的管理工作可归纳为以下几类:

1）编制设备维修计划。根据设备的运行状况和生产的任务，确定合适的维修时间，预计维修费用，提前将维修计划提交固定资产的管理部门。

2）固定资产的日常管理。负责对设备的日常运行状况进行登记，详细记录设备的事故(故障)，以便及时进行维修，同时为固定资产的管理部门提供详细的资料。

3）固定资产的报废、清理申请。对尚未达到预计使用期限而不能使用的资产，应写明报废的原因，待主管部门审核批准后，方可进行报废清理工作。

7.1.3 固定资产核算业务分析

企业的固定资产在长期的生产经营活动中虽然能够保持其原有的实物形态，但其价值将随着固定资产的使用而逐渐转移，构成企业的成本费用。为了保证企业将来有能力重置固定资产，同时实现收入与费用的配比，企业必须在固定资产的有效使用年限内计提一定数额的折旧费用。同时，为了严格对固定资产的管理，固定资产的增减变化以及固定资产的修理、改良也是固定资产核算的重要内容。

1. 固定资产的增加核算

企业固定资产增加，其来源很多，来源不同其核算使用的科目也不尽相同。企业在取得固定资产时，一方面要求按照固定资产的经济用途或其他标准分类，并确定其取得时的价值；另一方面要求办理交接手续，填制和审核有关凭证，作为固定资产核算的依据。

2. 计提固定资产折旧及减值准备

企业应当根据固定资产的性质和消耗方式，在会计制度允许的范围内，合理地确定每一项固定资产的预计使用年限、预计净残值及折旧方法等。这些方法一经确定不得随意变更，如需变更，需按有关规定报批备案，并在会计报表附注中予以说明。

企业的固定资产应当在期末时按照账面价值与可收回金额孰低计量。对可收回金额低于账面价值的差额，应当计提固定资产减值准备。

3. 固定资产的后续支出

固定资产的后续支出是指固定资产在使用过程中发生的更新改造支出、修理费用等。固定资产的后续支出，满足会计准则第四条规定的固定资产确认条件（与该固定资产有关的经济利益很可能流入企业；该固定资产的成本能够可靠地计量）的，如固定资产发生的更新改造支出等，应当计入固定资产成本，同时将被替换部分的账面价值扣除；不满足准则规定的固定资产确认条件的，如固定资产的日常修理费用和大修理费用等，应当在发生时计入当期损益。

4. 固定资产投资和租出

企业向其他单位投资转出的固定资产，应从账面转出固定资产原值，同时转出固定资产已提折旧。企业经营性租出的固定资产，虽然其用途发生变化，但产权仍属于企业，因此仅需调整固定资产明细账。

5. 固定资产清理

企业出售、报废或损毁的固定资产，应按规定程序办理转让、报废手续，并通过“固定资产清理”账户进行清理核算。

6. 固定资产清查盘点

企业对固定资产应当定期或至少每年实地盘点一次，如发现有盘盈或盘亏的固定资产，应编制“固定资产盘盈、盘亏表”，并及时按规定程序进行报批处理，同时通过“待处理财产损益”账户进行账务处理。

7.1.4 固定资产核算系统处理流程

固定资产系统涉及的资料量非常庞大，且资料通常需要长时间保存，因此，要求有严格的控制规范和正确的数据流程，以确保系统提供资料的准确性。但从数据处理方式来看，该系统的核算相对比较简单。其基本处理流程可用图7-1表示。

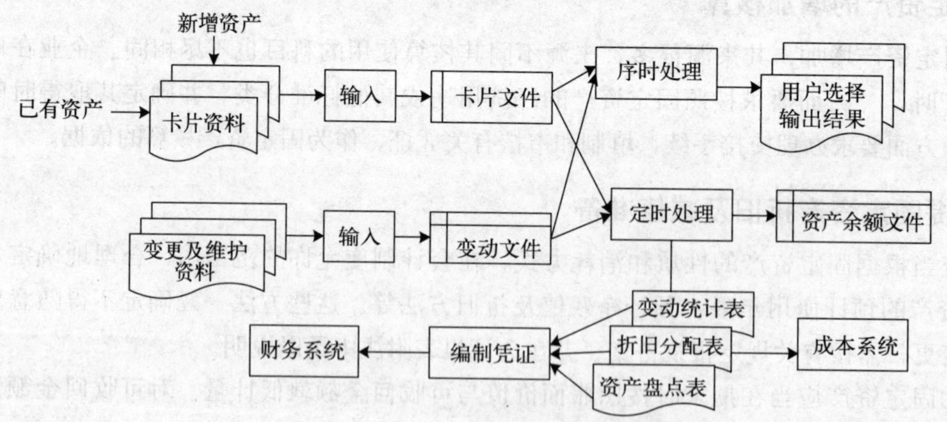

图7-1 固定资产核算流程图

7.2　固定资产系统设计

7.2.1　系统功能设计

1. 功能结构设计

固定资产管理系统的功能结构如图7-2所示。

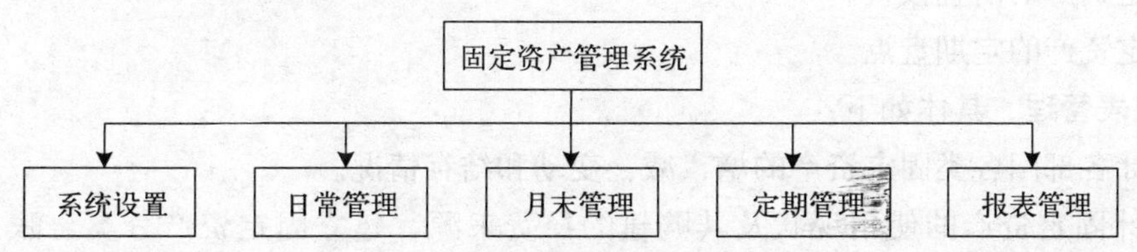

图7-2　固定资产管理系统功能结构图

2. 功能说明

（1）**系统设置**　具体如下：

1）核算类别设置。核算类别有增加类、减少类及其他类三大类。增加类包括固定资产购入、评估增值、融资租入、投资转入、自建、盘盈、接受捐赠、无偿调入及其他增加等方式。减少类包括报废、评估减值、融资租出、投资转出、盘亏及其他减少等方式。其他类是与固定资产要素增减无关的变动，如部门、地点、类别、使用状态及附属设备等的变动。

2）使用状态设置。固定资产的使用状态是指对固定资产使用状况的说明，比如使用中、未使用、不需用及出租等。用户也可以根据本企业的实际情况定义自己的固定资产使用状态。

3）折旧计算方法的设置。包括平均年限法、双倍余额递减法、年数总和法、工作量法及动态平均法等几种折旧计算方法和对应的计算公式。用户也可根据实际需要设置其他的计提固定资产折旧方法。

4）卡片类别设置。卡片类别可参照固定资产的类别设置，同类固定资产具有相同的属性，可以定义为相同的卡片类别，每一种类别对应不同的卡片内容。比如，房屋及建筑类需要定义建筑面积、建筑单位及竣工时间等，而机器设备需要定义生产厂家、型号规格及维修情况等。

（2）**日常管理**　具体如下：

1）新增固定资产的建卡、建账工作。

2）对日常发生的固定资产变动进行相应的变更登记。

3）对固定资产的减少和内部转移进行登记。

4）对设备的检修情况进行登记。

（3）**月末处理**　具体如下：

1）计算固定资产的折旧和减值准备。

2）工作量汇总管理。有些企业的生产设备按照工作量计提折旧，如矿山企业需按出矿量计提折旧，这就需要统计工作量。

3）期末结账。期末结账功能是指已完成当前会计期间的业务处理，结转到下一期间进行新的业务处理；同时将固定资产的有关账务处理，如折旧或变动等信息转入已结账状态，已结账的业务不能再进行修改和删除。每年年末，要进行固定资产的增、减、变动和结存情况统计，完成该工作后，则要对固定资产卡片作一次处理，即对本年度减少的资产卡片填入不在册标志。

（4）**定期处理** 具体如下：

1）固定资产的清查核资。

2）固定资产的定期盘点。

（5）**报表管理** 具体如下：

1）统计各部门各类固定资产的增、减、变动和结存情况。

2）统计固定资产的使用现状及其购建的经费来源，建立固定资产分类台账、分户台账等。

3）折旧费用分配表，反映固定资产折旧计提费用分配明细情况。

4）备查账表，反映各个资产的历史变动情况。

（6）**转账处理** 转账功能主要是根据输入的业务数据生成记账凭证并传递到总账系统中。应根据对应的业务设置凭证模板，按凭证模板生成凭证。

7.2.2 代码设计

固定资产管理的主要代码是固定资产编码，除固定资产本身编码外，还需对一些辅助信息进行编码，这些编码包括固定资产增减变动原因码（增加类、减少类、其他类三大类）、固定资产使用类型（生产经营用固定资产、非生产经营用固定资产、租出固定资产、不需用固定资产、未使用固定资产、融资租入固定资产、土地）、卡片编号等。

如果单独启用固定资产核算系统，编码可不考虑其他系统的衔接问题，但是若与账务系统同时启用，必须保证固定资产核算系统与账务系统的科目设置一致，若账务系统的固定资产科目设为项目核算，具体项目按资产类别核算，此处的资产类别就要与基础资料的核算类别一致。假设固定资产的类别设置如表7-1所示。

1. 资产及类别编码

资产类别编码举例如表7-1所示，用户可根据具体情况设置类别编码。此码要在基础资料中输入，新增类别或减少类别，系统都会正确运行。

表7-1 固定资产类别编码举例

编码	类别名称	编码	类别名称
01	房屋	05	机器
02	建筑物	06	运输设备
03	动力设备	07	管理用具
04	传导设备	08	其他生产用固定资产

设备类固定资产可使用设备出厂的编号，也可对同类资产进行统一编号。不论采用何种编码，都必须保证编码的唯一性。

2. 变动方式类别码

（1）**变动方式类别码——固定资产增加**　用户可根据具体情况设置资产增加编码。此码要在基础资料中输入，新增项目或减少项目，系统都会正确运行。注意新增编码，一定要遵循编码规则，前两位必须是001（见表7-2）。

表7-2　变动方式类别——固定资产增加举例

变动类别码	变动名称	变动类别码	变动名称
001.001	购入	001.005	接受捐赠
001.002	投资转入	001.006	无偿调入
001.003	融资租入	001.007	盘盈
001.004	自建	001.008	评估增值

（2）**资产变动类别码——固定资产减少**　用户可根据具体情况设置资产减少编码。此码要在基础资料中输入，新增变动类别或减少变动类别，系统都会正确运行。注意新增变动类别编码，一定要遵循编码规则，前两位必须是002（见表7-2）。

表7-3　资产变动类别码——固定资产减少举例

变动类别码	变动名称	变动类别码	变动名称
002.001	报废	002.004	盘亏
002.002	融资租出	002.005	评估减值
002.003	投资转出	002.006	出售

3. 卡片编号

建立固定资产卡片是固定资产进入企业后、投入使用前必须要办理的手续。卡片的编号应与建卡时间一致，并与资产类别相联系。一类资产设置一种卡片，以便为计提折旧提供方便。卡片编号可采用如下结构。

年　月（6位）　类别码（2位）　顺序号（位数不限）

这种编码的优点在于可方便地按照卡片编号的前6位统计本月增加的资产，这些资产当月不计提折旧，并且方便了资产增加的统计。

7.2.3　数据库设计

1. 固定资产卡片项目的数据分析

在手工管理工作中，固定资产的卡片设计了可能发生的所有事项，除基本属性外，还设置了大修记录、内部转移记录、停用记录、调出记录、报废清理记录及原值变动记录等。有些事项对于有些固定资产可能在整个寿命期内都不会发生，如内部转移记录、原值变动记录、停用记录等；而调出记录、报废清理记录也只有当固定资产离开企业时才会发生。如果按照手工处理时的方法，建立固定资产的卡片数据表，必然造成大量的浪费。因此，应将卡片中的各记录内容进行分割，设计不同的数据表。当这些事项发生时再记录，可通过资产编号关联，实现资产数据的全面管理与查询。

固定资产卡片是固定资产核算系统的主要资料来源，各单位卡片的具体项目不同。其中，有些项目是必不可少的，且在固定资产的整个使用期内基本保持不变（如固定资产代码、资产名称、型号规格等），称为固定不变资料；有些项目则是按月变动的，或是由各单位根据自身的需要设置的（如已使用年限、已提折旧等），称为变动资料。

为使固定资产的管理更加科学、数据更加规范，可按照固定资产三级编码的类别设置卡片，每类卡片所描述的对象都具有共同的属性，这样既可保证卡片数据的简洁，又避免了描述项目的含糊不清。每一类别的固定资产都有其固定不变的属性，可将这些属性设计为固定资产卡片中的固定不变资料；变动资料可设置为用户自定义项目，分别存储在不同的数据文件中。平时只需更改变动资料，这从根本上减少了数据的冗余和误差。

具体如下：

1）存储设备类固定资产卡片的数据项目如表7-4所示。

表7-4 存储设备类固定资产卡片的数据项目

FIELD 字 段	FIELD NAME 字 段 名	FIELD TYPE 字段类型	FIELD WIDTH 字段宽度	DEC 小数位
1	KH（卡片编号）	CHARACTER	13	
2	GZBM(固定资产编码)	CHARACTER	10	
3	GZMC(固定资产名称)	CHARACTER	20	
4	XHGG(型号规格)	CHARACTER	16	
5	SCCJ(生产厂家)	CHARACTER	30	
6	SCRQ(生产日期)	DATE	8	
7	GMRQ(购买日期)	DATE	8	
8	SYBM(使用部门)	CHARACTER	2	
9	SYLB(使用类别)	CHARACTER	1	
10	BDLB（变动类别）	CHARACTER	6	
11	ZCYZ(资产原值)	NUMERIC	10	2
12	SYNX(使用年限)	NUMERIC	2	
13	YJCZ(预计净残值)	NUMERIC	10	2
14	ZJFF(折旧方法)	CHARACTER	12	
15	CFDD(存放地点)	CHARACTER	20	
16	FJMC(附件名称)	CHARACTER	10	
17	FJJE(附件金额)	NUMERIC	10	2
18	BGR(保管人)	CHARACTER	8	
19	ZCBZ（是否在册标志）	CHARACTER	1	

每一项固定资产对应一个卡片，现对其中的几个数据项的取值进行说明：

• SYLB的取值为：1——生产经营用固定资产；2——非生产经营用固定资产。

• BDLB的取值见表7-2和表7-3。

• ZCBZ的取值为：1——在册；*——不在册。当新增卡片时，系统自动设为1。

所有的固定资产无论通过什么样的方式进入企业，都必须建立卡片，登记资产变动类别。如取值有变化，可首先在核算类别中进行增加、删除或修改。

2）大修记录信息表的结构如表7-5所示。

表7-5　大修记录信息表结构

GZBM	DXRQ	DXNR	FZR	DXFY	BZ	KH
资产编码	大修日期	大修内容	负责人	大修费用	备注	卡片号

设备大修不属资产变动，但必须进行登记，这是对设备管理的要求。

3）内部转移记录信息表的结构如表7-6所示。

表7-6　内部转移记录信息表结构

GZBM	ZYRQ	YDW	DRDW	CFDD	BGR	KH
资产编码	转移日期	原单位	调入单位	存放地点	保管人	卡片号

设备的内部转移不影响企业总资产的变动。

4）停用记录信息表的结构如表7-7所示。

表7-7　停用记录信息表结构

GZBM	TYYY	TYRQ	CQRQ	BZ	KH
资产编码	停用原因	停用日期	重新启用日期	备注	卡片号

停用记录为统计设备的使用状态提供依据，是分析设备利用率的基础数据。

5）资产评估信息表的结构如表7-8所示。

表7-8　资产评估信息表结构

GZBM	PGRQ	PGJZ	CZ	PZBH	BDLB
资产编码	评估日期	评估价值	差值	凭证编号	变动类别

CZ的数据与BDLB相匹配。

6）计提折旧及减值准备记录信息表的结构如表7-9所示。

表7-9　计提折旧及减值准备记录信息表结构

GZBM	ZJRQ	ZJL	BQZJ	LJZJ	JZZB	KH
资产编码	折旧日期	折旧率	本期计提折旧	累计折旧	减值准备	卡号

7）报废清理记录信息表的结构如表7-10所示。

表7-10 报废清理记录信息表结构

GZBM	QLRQ	ZCYZ	LJZJ	QLFY	BJSR	BDLB外键
资产编码	清理日期	资产原值	已提累计折旧	清理费用	变价收入	变动类别

8）盘点记录信息表的结构如表7-11所示。

表7-11 盘点记录信息表结构

GZBM	PDRQ	PZBH	BPR	KH（外键）	BDLB（外键）
资产编码	盘点日期	凭证编号	报批人	卡片号	变动类别

9）出售、投资转出固定资产记录信息表的结构如表7-12所示。

表7-12 出售、投资转出固定资产记录信息表结构

GZBM（主键）	CSRQ	PZBH	JBR	KH（外键）	BDLB（外键）
资产编码	出售日期	凭证编号	经办人	卡片号	变动类别

10）融资租出固定资产记录信息表的结构如表7-13所示。

表7-13 融资租出固定资产记录信息表结构

GZBM	ZSRQ	ZLQX	PZBH	JBR	KH（外键）	BDLB（外键）
资产编码	租出日期	租赁期限	凭证编号	经办人	卡片号	变动类别

2. 统计结果及账表数据分析

具体如下：

1）固定资产统计表。即按部门、资产类别、经济用途、存放地点、变动方式及使用状态进行汇总的统计表，这些信息均可从卡片的基本数据表中获取，而不必单独建立数据表进行存储。

2）数量统计表。该表反映资产的数量及原值信息，可从卡片的基本数据表中获取，针对统计对象创建用户视图，而不必单独建立数据表进行存储。

3）到期提示表。该表反映按使用寿命在本期到期的全部固定资产资料，包括资产名称、类别、到期时间、原值及折旧等信息。该表的信息可通过当前日期和购买日期的时间与使用年限比较获得。

4）处理情况表。该表反映固定资产因各种原因而减少的全部情况，可以按统计项目从固定资产基本信息表中的变动类别分类汇总产生。

5）资产增减变动统计表。不同会计期间的资产增减情况，可以按统计项目从固定资产基本信息表中的变动类别分类汇总，统计出由各种原因减少的数量和价值以及不同途径增加的资产数量和价值。根据折旧及减值准备信息表可统计出不同期间的累计折旧及减值准备。

6）固定资产明细账。固定资产明细账用于查询固定资产明细数据发生变动的资料，可

以按卡片、部门、类别（包括代码和名称）查看不同会计期间的资产及其折旧情况。

7）备查账数据分析。备查账数据可根据卡片的变动类别、关联相关变动信息表得到。

8）折旧费用分配表。折旧费用分配表，是根据资产的使用类别及使用部门，将当月计提的折旧费用分配到对应的会计科目。该表的数据可从折旧及减值准备信息表获取。

7.2.4　固定资产管理系统的信息模型

固定资产管理系统的信息模型如图7-3所示。由图7-3可见，固定资产系统存储的变动信息都是固定资产减少的信息，而没有单独反映固定资产增加的信息。因为每一项固定资产，无论以何种方式进入企业，都必须进行登记，并建立固定资产卡片，在卡片的资产来源项目中填写该项资产的来源编码。固定资产的减少都是针对已建卡的在册资产而言。

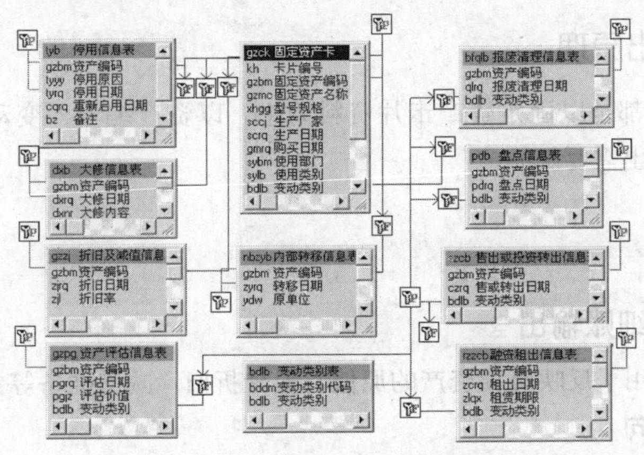

图7-3　固定资产管理系统信息模型

7.3　系统输出

由于固定资产的寿命期较长，数据相对稳定，动态变化数据相对较少，只有当资产发生变化时，相关信息才需要变动和处理。因此，动态输出部分主要是变动信息，对外固定输出以计提折旧为主，上报报表主要是各种统计表。

7.3.1　固定资产系统的输出分类

1. 日常动态输出信息

1）卡片中任意项目可作为条件进行过滤筛选，如卡片号、资产类别、使用部门、资产来源、变动类别及使用状态等。

2）关联查询变动信息。如利用变动类别、卡片号、资产编号等进行关联，可查询每项资产的变动信息。

3）内部转移及大修信息查询。通过卡片号、资产编号关联，可查询资产的大修、内部转移信息。

2. 为其他系统提供信息

1）为账务处理系统提供信息的输出。固定资产的增加信息、减少信息、折旧及减值准备的计提信息、大修费用等都要传递给账务处理系统，为固定资产的核算提供依据。

2）为成本系统提供信息的输出。固定资产的折旧分配信息表中的信息可根据卡片中的使用部门和使用类别决定分配的对象，即具体的会计科目。

3. 本系统的最终输出

1）各部门各类固定资产的增、减、变动和结存情况统计表。

2）固定资产使用现状统计表。

3）处理情况统计表。

7.3.2 系统的输出原理

固定资产的输出都是以固定资产卡片资料为主，以资产编号、变动类别、卡片号为关联对象，实现各种输出需要。

7.3.3 输出举例

1. 固定资产明细账输出

固定资产明细账用于反映每项资产的原值、累计折旧、减值准备等方面的信息。

（1）生成SQL语句

1）定义用户视图：

```
creat view gzmx_v(zjrq,zcbh,zcmc, bb,yz,ljzj,jzzb)
As
Selecte zjrq, zcbh,zcmc,'RMB',zcyz,ljzj,jzzb)
From gzcp , zjjz
Where gzcp.zcbh= zjjz.zcbh
```

2）生成SQL语句：

```
Select  zcbh,zcmc, bb,yz,ljzj,jzzb
From gzmx_v
Where rj=zjrq  and  zcbh  between (bh1 and bh2)
```

（2）定义数据窗口对象 以SQL语句作为数据窗口对象的数据源，定义数据窗口对象。

资产编码	资产名称	币别	原值(综合本位币)	累计折旧(综合本位币)	减值准备(综合本位币)

（3）定义窗口对象 定义窗口对象，将数据窗口对象挂接在窗口对象的数据窗口控件上，便可生成固定资产明细账。

2. 固定资产增减变动统计表

固定资产增减变动统计，根据用户需要可以按部门、资产类别、资产来源及变动类别等所有固定资产卡片记录的各种项目进行统计。

固定资产的增减变动统计表可根据用户选择的结果，对任意年度的会计期间进行统计。用户选择界面如图7-4、图7-5和图7-6所示。

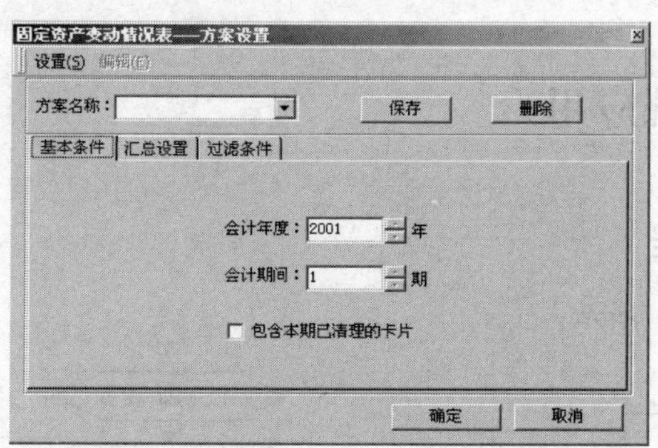

图7-4　用户选择界面（基本条件）

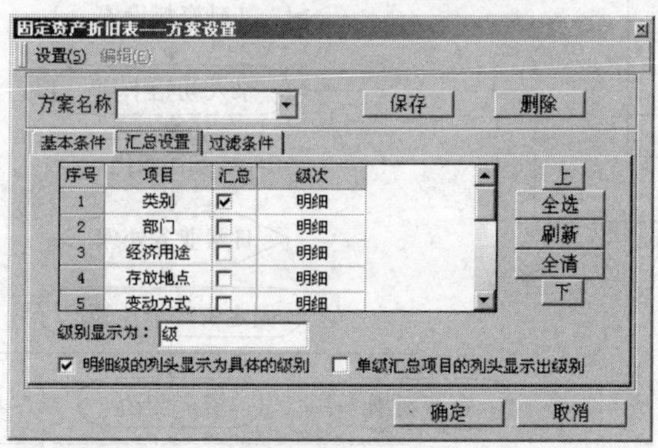

图7-5　用户选择界面（汇总设置）

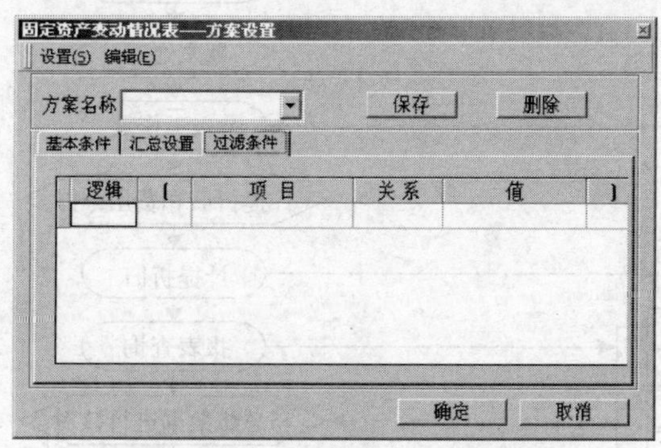

图7-6　用户选择界面（过滤条件）

1）基本条件页面为用户提供选择统计的年度和期间。假设接受年度值的控件名为ND，接受会计期间值的控件名为QJ。这两个控件值是生成SQL语句WHERE子句的限制条件。

2）汇总设置页面为用户提供选择分类汇总的依据。在该界面选择的项目，生成SQL语句中GROUP BY子句的分组条件。由于在GROUP BY子句中出现的项目，必须是SELECT之后的列名，这样便使SQL语句成为动态语句，其显示列随选择项目的变化而变化。

3）过滤条件页面为用户提供了自定义统计条件。该界面要求用户输入符合语法要求的表达式，该表达式构成完整的WHERE子句。

实际应用时，可用页标签1、2结合使用，也可页标签1、3结合使用。页标签1是基本条件设置，它为各种统计条件提供时间限制。

7.4 固定资产系统应用

7.4.1 系统操作流程

系统操作流程如图7-7所示。

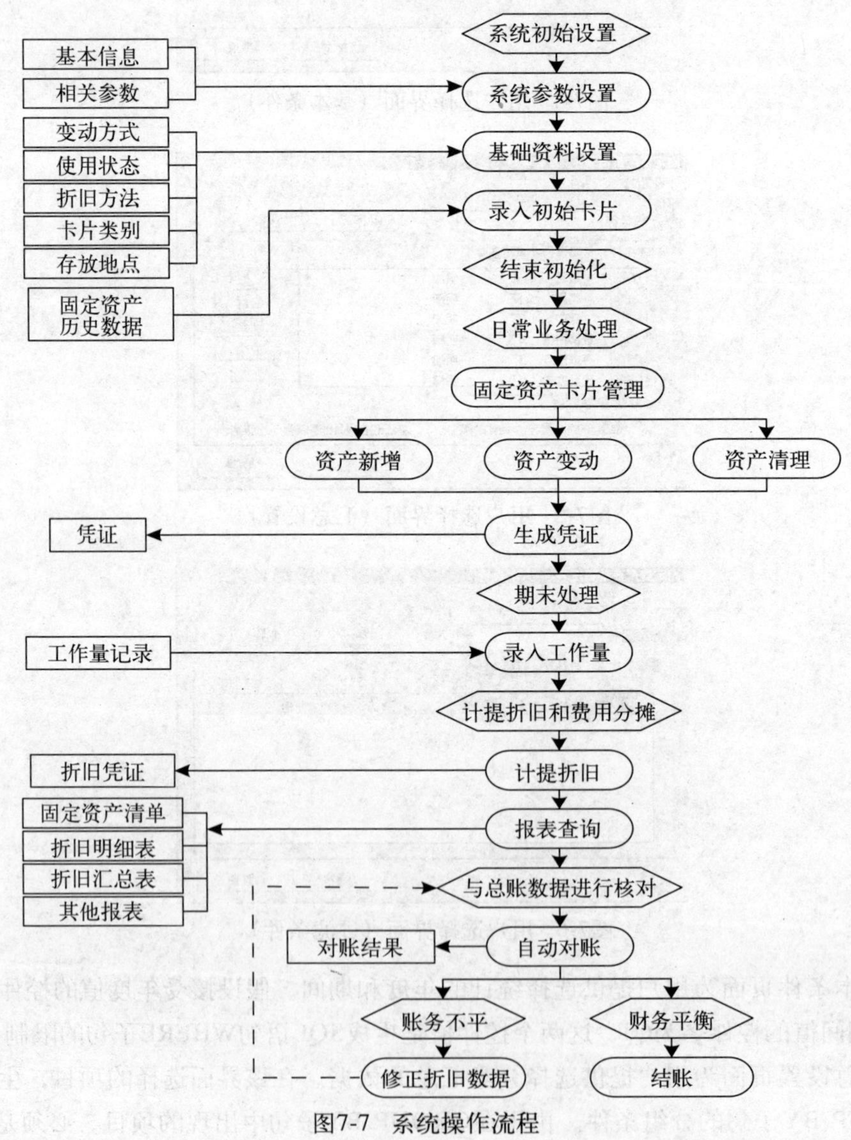

图7-7 系统操作流程

7.4.2　系统启用前的准备工作

在系统启用前，首先必须进行基础资料的设置，包括固定资产的变动方式、使用状态、折旧方法、卡片类别及存放地点等。

1. 变动方式类别

变动方式指固定资产发生新增、变动或减少的方式，是固定资产卡片上的主要属性资料，需要结合企业固定资产管理的需要事先进行设置，这样在进行固定资产业务处理时，可直接从已有的变动方式中选择。系统已设置了增加、减少及其他三大类别。增加类中包括固定资产购入、评估增值、融资租入、投资转入、自建、盘盈、接受捐赠、无偿调入及其他增加等方式；减少类包括报废、评估减值、融资租出、投资转出、盘亏及其他减少等形式；其他类是与固定资产要素增减无关的变动，如部门、地点、类别、使用状态及附属设备等的变动。各类别中的子类可以通过修改代码的方式，改变其所属类别。用户可以在系统预设数据的基础上，进行变动方式类别的增加和修改。

在固定资产界面中选择“基础资料”→“变动方式类别”，如图7-8所示。

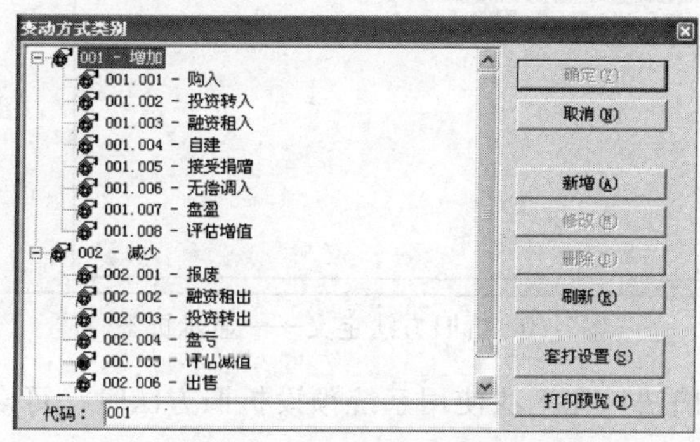

图7-8　变动方式类别

2. 使用状态类别

固定资产的使用状态是指固定资产当前的使用情况，比如使用中、未使用、不需用、出租等。固定资产的使用状态将决定固定资产是否计提折旧，一般在用的固定资产要计提折旧，未使用的固定资产不提折旧。也有特殊的，比如房屋及建筑，无论是否使用均要提取折旧，而土地则一律不提折旧。系统预设了使用中、未使用、不需用三类使用状态，用户也可以根据本企业的实际情况定义自己的固定资产使用情况。

在固定资产界面中选择“基础资料”→“使用状态类别”，如图7-9所示。

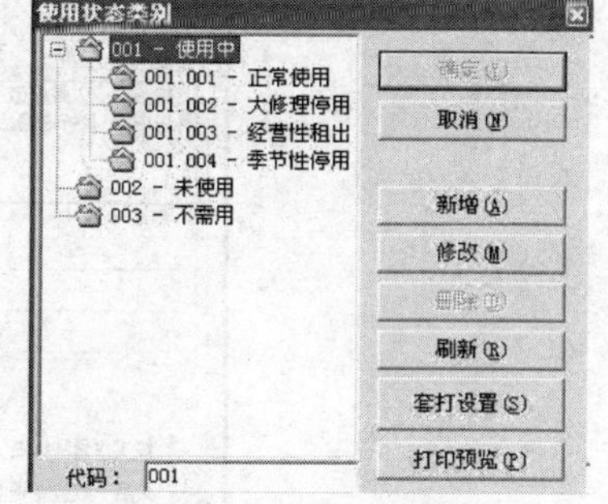

图7-9　使用状态类别

3. 折旧方法

系统根据会计准则和会计学原理，共预设了九种折旧法。同时，为满足企业特殊的折旧处理要求，还提供了自定义折旧方法的功能，用户可根据企业需要自定义公式或每期折旧率。

（1）**预设折旧方法** 系统预设了平均年限法（基于入账原值和预计使用期间）、平均年限法（基于入账净值和剩余使用期间）、工作量法、年数总和法、双倍余额递减法、动态平均法、动态工作量法、动态年数总和法、动态双倍余额法九种折旧法。如果用户在计提折旧费用时使用系统预设折旧中的某一种，就不需要进行折旧方法的设置，只要在固定资产卡片中选择使用即可。

在固定资产界面中选择“基础资料”→“折旧方法定义”，单击“显示”页签，如图7-10所示。

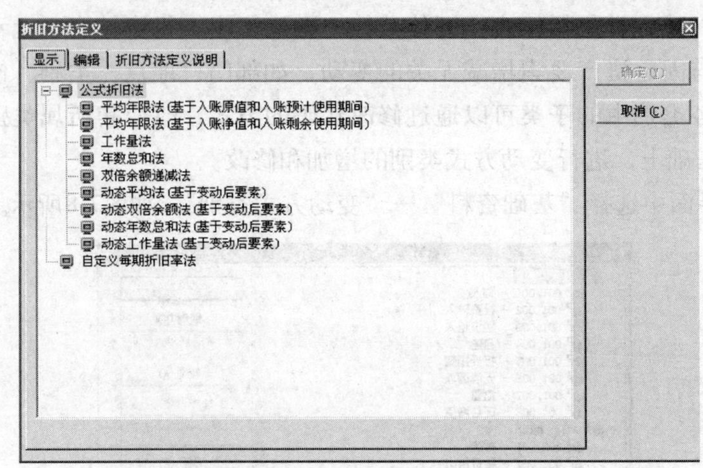

图7-10 折旧方法定义——显示页签

（2）**自定义公式折旧法** 在无法使用系统预设折旧方法时，可以利用系统提供的自定义功能，来自行设置折旧公式。

在固定资产界面中选择“基础资料”→“折旧方法定义”，单击“编辑”页签，输入自定义的月折旧额公式和月折旧率公式，如图7-11所示。

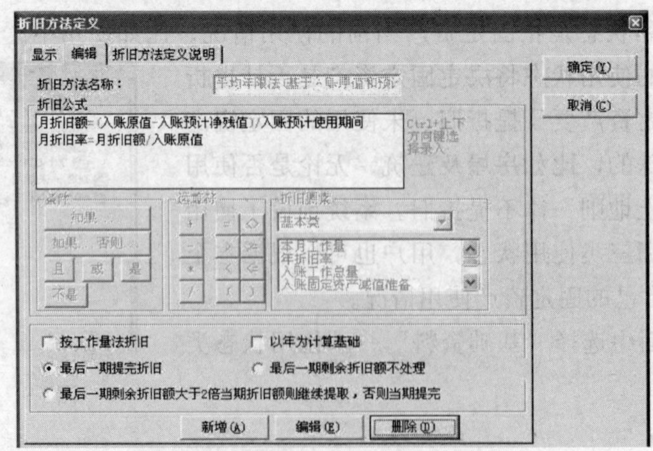

图7-11 折旧方法定义——编辑页签

4. 卡片类别

系统提供固定资产卡片按类别的多级管理，用户可自定义分类规则，并将同一类别的相同属性在卡片类别上一次录入，在卡片录入时就可以自动携带出来，避免了大量重复工作。同时，用户可按卡片类别进行分级汇总查询。企业可参考以下分类标准设置固定资产类别：

- 按固定资产经济用途分类，可分为生产经营用和非生产经营用。
- 按固定资产所有权分类，可分为自有固定资产和租入固定资产。
- 按固定资产的形态和特征分类，可分为土地、房屋建筑、机械设备、办公用品、运输工具等。

在固定资产界面中选择“基础资料”→“卡片类别管理”，单击“新增”按钮，输入新增卡片类别信息，如图7-12所示。

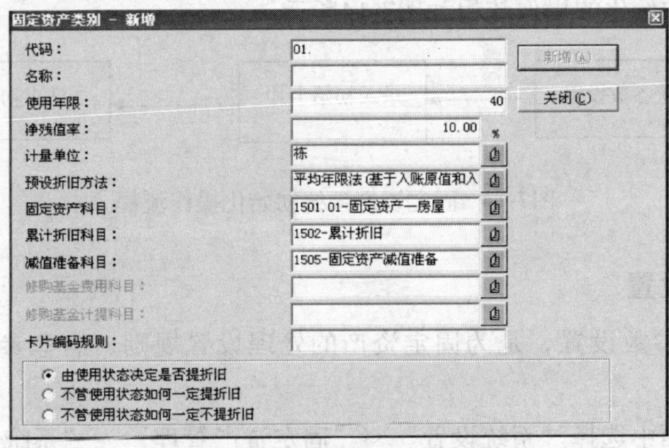

图7-12 新增固定资产卡片类别

5. 存放地点

固定资产实物都有存放的地点，系统对存放地点进行了一系列的管理，辅助用户加强固定资产管理。例如，可如表7-14所示设置存放地点。

表 7-14

代码	名称	代码	名称	代码	名称
01	办公楼	01.3	采购部	02	厂房
01.1	厂部办公室	01.4	销售部	02.1	加热炉
01.2	党委办公室	01.5	财务部	02.2	轧制
……	……	01.6	企业管理部	02.3	精整

在固定资产界面中选择“基础资料”→“存放地点维护”，单击“新增”按钮，可以添加固定资产的存放地点，结果如图7-13所示。

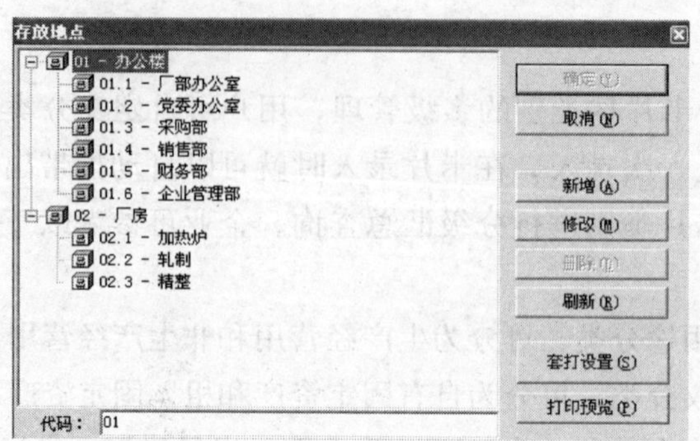

图7-13 存放地点

7.4.3 系统初始化

固定资产系统初始化的操作流程如图7-14所示。

图7-14 固定资产系统初始化操作流程

1. 系统参数设置

固定资产系统参数设置，是为固定资产的处理设置规则，有些参数一旦设定，无法修改。

在系统设置界面中选择“系统设置”→“固定资产管理”→“系统参数”，单击“固定资产”页签，可以进行固定资产相关参数的设置，设置结果如图7-15所示。

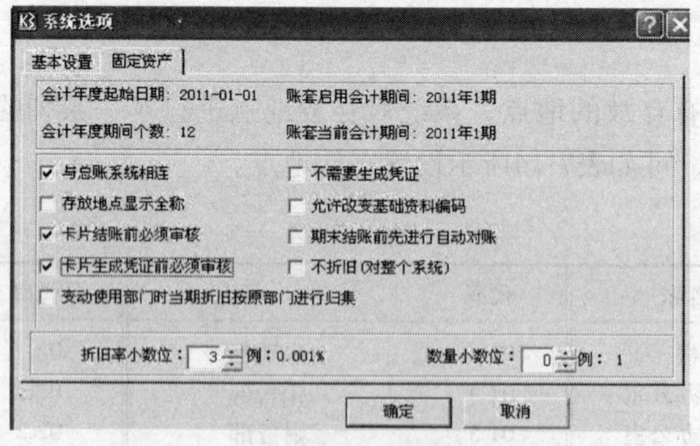

图7-15 固定资产系统参数设置界面

“系统参数”界面中的“基本设置”标签页即为企业基本信息，可在此处修改。“固定资产”标签页中主要参数及作用说明如表7-15所示。

表7-15　参数设置说明

参　　数	说　　明
与总账系统相连	选择此参数，则总账必须在固定资产管理系统结账后方可进行结账工作；否则，不检测两系统结账的先后顺序
存放地点显示全称	选择此选项，则在查看固定资产卡片资料时，存放地点将显示包括上级存放地点在内的全部名称
卡片结账前必须审核/卡片生成凭证前必须审核	这两个参数的区别在于控制点不同："卡片结账前必须审核"控制的是期末结账，期末结账时如存在没有审核的固定资产业务，则不允许结账；"卡片生成凭证前必须审核"控制的是凭证生成时，如果该业务没有审核，则不能生成相关凭证
不需要生成凭证	如果企业只是单独使用固定管理系统，不需要生成固定资产业务相关的核算凭证，则可以选择此选项，所有业务都不需生成凭证；否则如存在生成凭证的业务，则系统将控制不允许结账
允许改变基础资料编码	系统默认控制不允许修改基础资料的编码。如企业因管理需要修改固定资产基础资料的编码，则可以选择此参数，就可以对变动方式、使用状态、卡片类别、存放地点等基础资料的编码进行修改
期末结账前先进行自动对账	为了保证与总账系统财务数据的一致性，应在期末结账前进行自动对账。选择此参数，期末结账时，系统会检查是否进行了自动对账，对账时两系统数据是否一致；如果没有设置对账方案或对账不平，则系统会给予提示并不允许结账
不折旧（对整个系统）	如果对固定资产仅进行登记管理，不需要计提折旧（例如行政事业单位对固定资产只计提修购基金，不需要计提折旧），则可选择此选项
变动使用部门时当期折旧按原部门进行归集	如果选择该选项，则变动固定资产卡片上的使用部门后，当期仍继续按照原部门进行折旧费用的归集；否则将按变动后的使用部门进行折旧费用的归集

2. 录入初始卡片

在企业启用固定资产系统前，通常有很多固定资产已经使用了若干期，在正式启用系统前，需要将这些固定资产的历史数据在初始化时录入系统中。现以世纪轧钢厂来说明，其在用固定资产如表7-16所示。

表7-16　世纪轧钢厂现有固定资产

固定资产	方式	开始日期	原值	累计折旧	使用年限	已计提月份	类别	部门编码	分配比例
厂房	自建	2009-1-1	200 000	8 625	40	23	房屋	0301 0302 0303	3:5:2
动力设备1	购买	2009-7-1	15 000	4 037.5	5	17	动力设备	0301 0302 0303	5:3:2
动力设备2	购买	2009-1-1	10 000	3 641.59	5	23	动力设备	0301 0302 0303	5:3:2
加热炉机器	购买	2009-7-1	20 000	2 606.61	8	17	机器	0301	
轧机机器	购买	2009-7-1	25 000	3 258.39	8	17	机器	0302	
精整机器	购买	2009-7-1	15 000	1 955.00	10	17	机器	0303	
传导设备	购买	2009-10-1	12 000	1 860.04	7	14	传导设备	0301 0302 0303	3:4:3
卡车	购买	2009-7-1	8 000	1 775.48	6	17	运输设备	0501	
卡车	购买	2009-7-1	8 000	1 775.48	6	17	运输设备	0502	
办公楼	自建	2009-4-1	250 000	9 375.00	40	20	房屋	01 02 04 0501 0502	平均分配

世纪轧钢厂2011年1月份增加的资产如表7-17所示。

表7-17 世纪轧钢厂1月新增固定资产

资产名称	类别	原值	使用年限	使用部门	分配比例
小轿车2辆	运输设备	50 000	6	企业管理部	
轧机机器	机器	30 000	10	轧机车间	
轧机机器	机器	30 000	10	轧机车间	
卡车1辆	运输设备	7 500	6	销售部	
新元材料库	房屋	12 000	40	加热炉、轧机及精整车间	4:3:3

世纪轧钢厂2011年1月份减少的资产如表7-18所示。

表7-18 世纪轧钢厂1月减少固定资产

资产名称	减少方式	原值	已提折旧	清理收入	清理费用	减少日期
卡车	报废	8 000	1 779.5	2 000	200	1月20日
动力设备2	报废	10 000	3 610.24	2 000	200	1月20日
轧机设备	出售	25 000	3 993.6	21 500	250	1月20日

第一次录入卡片前，用户需要确定初始化期间。如果初始化期间需要调整，可以在“系统维护”功能的“系统参数”中进行设置；如确定初始化期间无误，可直接在弹出的“卡片及变动—新增”界面，根据企业已有的固定资产台账数据，开始固定资产卡片数据的录入和编辑。

以表7-16中的固定资产“厂房”为例说明录入初始卡片的步骤。在固定资产界面中选择“业务处理”→“新增卡片”，单击“基本信息”页签，参照表7-16输入“厂房”的基本信息，如图7-16所示。

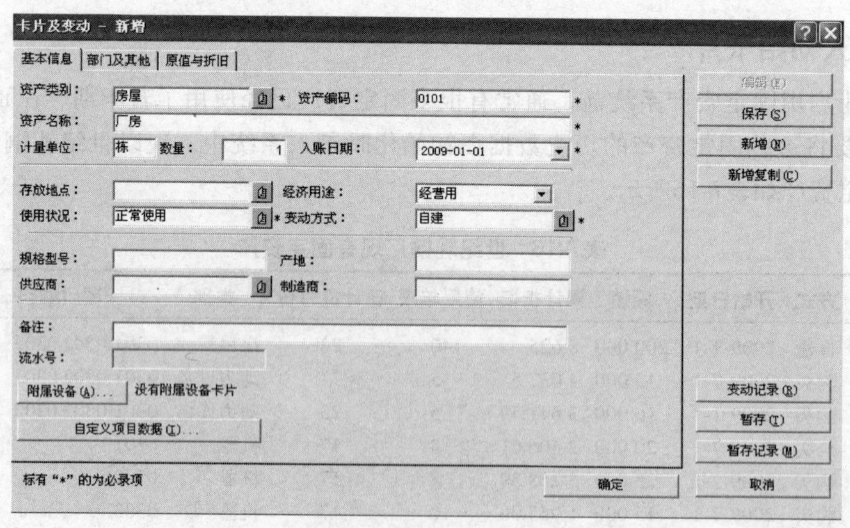

图7-16 “厂房”基本信息

单击“部门及其他”页签，录入使用部门及折旧费用分配信息。若固定资产的使用部门为单个，则点击“单一”，选择其使用部门，“折旧费用分配”复选框中点击“单一”并选择该部门对应的折旧费用分配科目；若为几个部门共用，则点击“多个”，选择共同使用的部门并输入对应的分配比例，并将折旧费用分配到各自相应的科目。固定资产“厂房”的使用部门及折旧费用分配情况如图7-17所示。

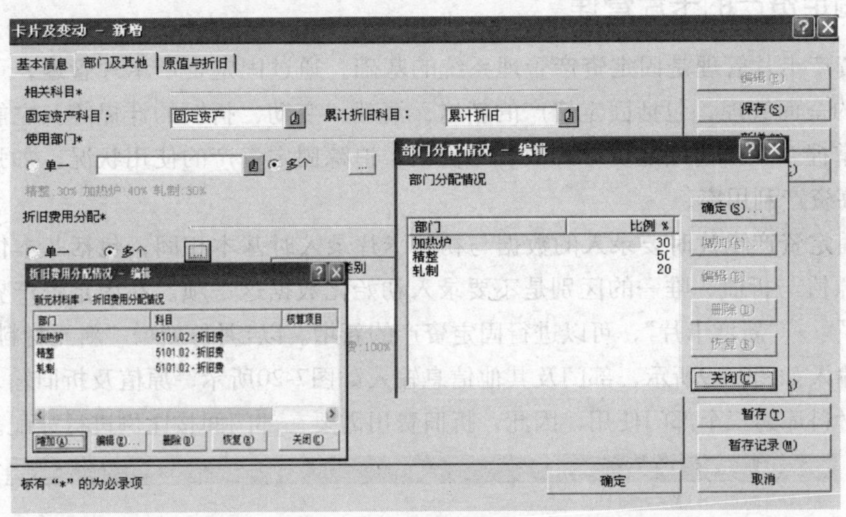

图7-17　“厂房”使用部门及折旧费用分配

单击“原值与折旧”，录入“厂房”的原值、开始使用日期等信息，如图7-18所示。

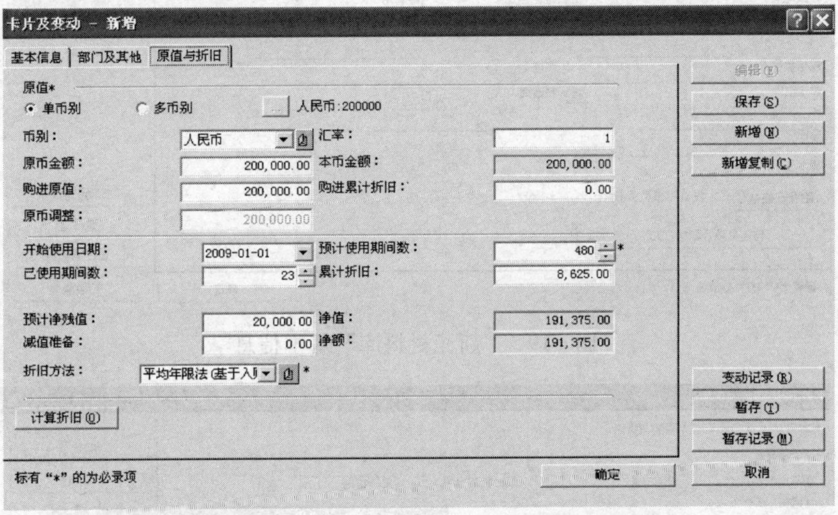

图7-18　“厂房”原值及折旧信息

固定资产的管理要记录固定资产的来源、规格型号、存放地点和使用部门，以跟踪固定资产的使用，同时需要根据固定资产的价值信息和折旧方法，进行折旧计提和折旧费用的分摊。因此在正常需计提折旧的情况下，新增固定资产卡片时要录入以下方面的数据：基本信息、部门及其他、原值与折旧。而在初始卡片录入时，还需要多录入一项初始化数据，包括本年年初原值、年初减值准备、年初累计折旧等内容。

3. 结束初始化

输入完基础资料和固定资产初始卡片后，即可结束初始化。结束初始化后，初始数据录入界面将变为不可编辑状态，此时，就可以开始正常的固定资产日常业务处理工作。

7.4.4 固定资产的卡片管理

固定资产卡片管理是固定资产管理系统的基础。通过固定资产卡片管理，可以实现对固定资产的全面管理，包括固定资产的新增、清理、变动、折旧的计提等。它能够帮助管理者全面掌握企业当前固定资产的数量与价值，追踪固定资产的使用状况，加强企业资产管理，提高资产利用率。

新增固定资产卡片时要录入的数据与初始卡片录入时基本相同，包括基本信息、部门及其他、原值与折旧，唯一的区别是不要录入初始化数据这一项。在固定资产界面中选择“业务处理”→“新增卡片”，可以进行固定资产的新增。以1月份新增“新元材料库”为例，基本信息输入如图7-19所示，部门及其他信息输入如图7-20所示，原值及折旧输入如图7-21所示。该材料库为三个部门使用，因此，折旧费用需要在部门间按比例进行分配。

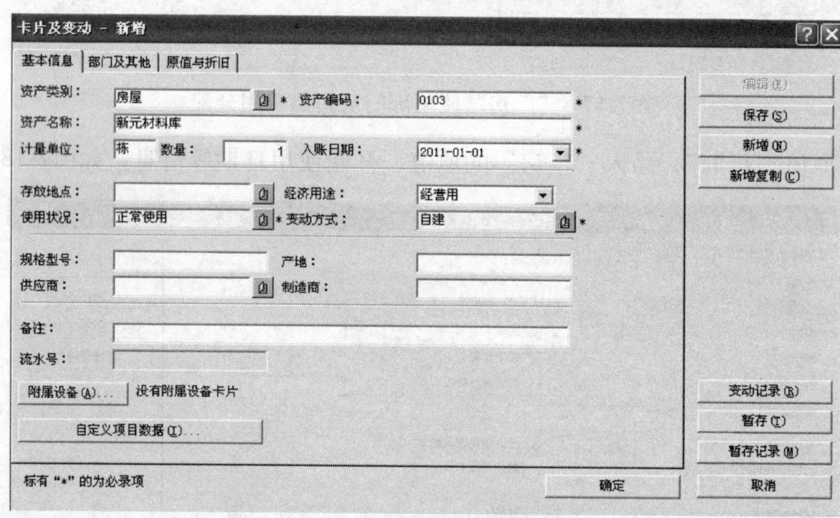

图7-19 “新元材料库”基本信息

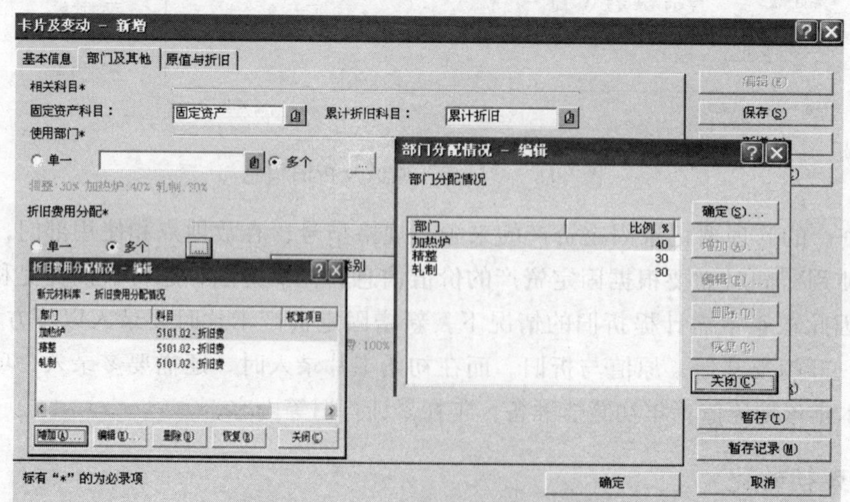

图7-20 “新元材料库”部门及其他

图7-21　“新元材料库”原值及折旧

“原值与折旧”部分主要包括固定资产原币金额、币别、汇率、净值、减值准备、净额、及购进原值、购进累计折旧等信息。

新增卡片保存后，即可在“卡片管理”窗口（见图7-22）显示。

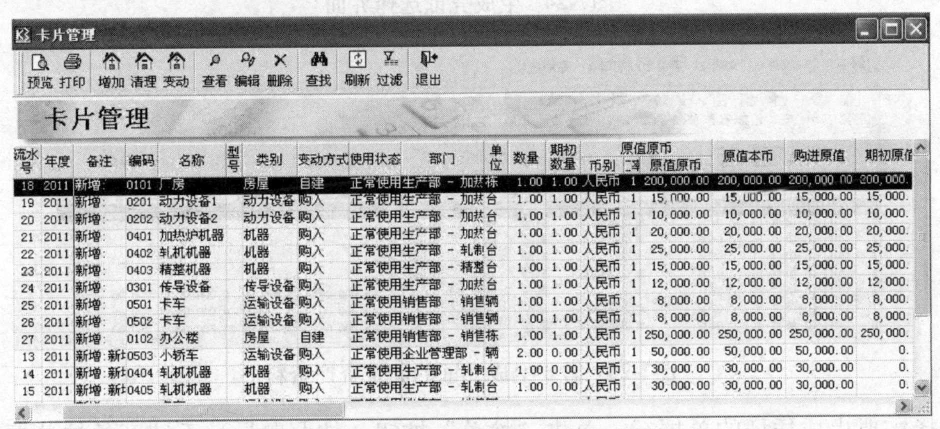

流水号	年度	备注	编码	名称	型号	类别	变动方式	使用状态	部门	单位	数量	期初数量	原值原币 币别	原值原币 汇率	原值原币 原值原币	原值本币	购进原值	期初原值
18	2011	新增:	0101	厂房		房屋	自建	正常使用	生产部 - 加热栋		1.00	1.00	人民币	1	200,000.00	200,000.00	200,000.00	200,000.
19	2011	新增:	0201	动力设备1		动力设备	购入	正常使用	生产部 - 加热台		1.00	1.00	人民币	1	15,000.00	15,000.00	15,000.00	15,000.
20	2011	新增:	0202	动力设备2		动力设备	购入	正常使用	生产部 - 加热台		1.00	1.00	人民币	1	10,000.00	10,000.00	10,000.00	10,000.
21	2011	新增:	0401	加热炉机器		机器	购入	正常使用	生产部 - 加热台		1.00	1.00	人民币	1	20,000.00	20,000.00	20,000.00	20,000.
22	2011	新增:	0402	轧机机器		机器	购入	正常使用	生产部 - 轧制台		1.00	1.00	人民币	1	25,000.00	25,000.00	25,000.00	25,000.
23	2011	新增:	0403	精整机器		机器	购入	正常使用	生产部 - 精整台		1.00	1.00	人民币	1	15,000.00	15,000.00	15,000.00	15,000.
24	2011	新增:	0301	传导设备		传导设备	购入	正常使用	生产部 - 加热台		1.00	1.00	人民币	1	12,000.00	12,000.00	12,000.00	12,000.
25	2011	新增:	0501	卡车		运输设备	购入	正常使用	销售部 - 销售辆		1.00	1.00	人民币	1	8,000.00	8,000.00	8,000.00	8,000.
26	2011	新增:	0502	卡车		运输设备	购入	正常使用	销售部 - 销售辆		1.00	1.00	人民币	1	8,000.00	8,000.00	8,000.00	8,000.
27	2011	新增:	0102	办公楼		房屋	自建	正常使用	销售部 - 销售栋		1.00	1.00	人民币	1	250,000.00	250,000.00	250,000.00	250,000.
13	2011	新增:新	0503	小轿车		运输设备	购入	正常使用	企业管理部 - 辆		2.00	0.00	人民币	1	50,000.00	50,000.00	50,000.00	0.
14	2011	新增:新	0404	轧机机器		机器	购入	正常使用	生产部 - 轧制台		1.00	0.00	人民币	1	30,000.00	30,000.00	30,000.00	0.
15	2011	新增:新	0405	轧机机器		机器	购入	正常使用	生产部 - 轧制台		1.00	0.00	人民币	1	30,000.00	30,000.00	30,000.00	0.

图7-22　固定资产卡片管理窗口

如果固定资产发生变动，可以单击图7-22中的“变动”按钮，通过修改卡片信息来进行。如果要清理固定资产，可以单击“清理”按钮，系统弹出如图7-23所示的界面。输入清理信息，保存即可。

图7-23　固定资产清理界面

7.4.5 期末的折旧及转账处理

1. 根据业务单据生成凭证

在进行固定资产卡片新增、修改等操作后，可根据固定资产卡片生成凭证。选择“业务处理”→“凭证管理”，系统弹出“凭证管理—过滤方案设置”窗口（见图7-24）。选择应生成凭证的会计年度及会计期间，在凭证状态栏选择“无凭证”。设置好条件后，单击“确定”，进入如图7-25所示界面。

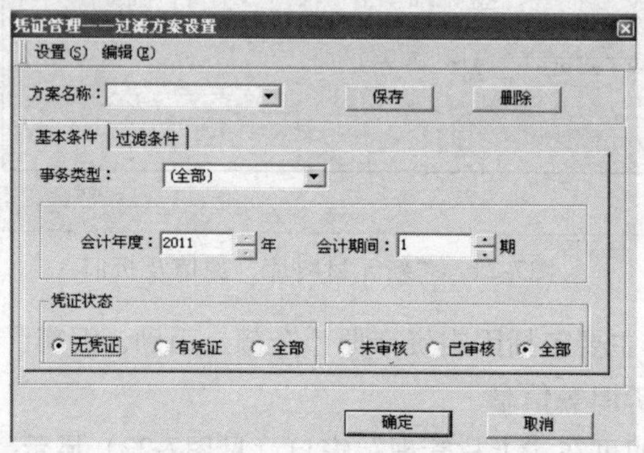

图7-24 生成凭证选择界面

系统(S) 文件(F) 编辑(E) 查看(V) 窗口(W) 帮助(H)

预览 打印 按单 汇总 查看 修改 删除 审核 过滤 页面 刷新 序时簿 关闭

凭证管理　　事务类型：　(全部)　　会计期间：2011年1期

序号	日期	凭证字号	资产编码	资产名称	事务类型	变动方式	原值增加	原值减少	累计折旧减少	残值收入	清理费用	卡片审核
1	2011-01-01	付-14	0503	小轿车	新增	购入	50,000.00					√
2	2011-01-01	付-15	0404	轧机机器	新增	购入	30,000.00					√
3	2011-01-01	付-16	0405	轧机机器	新增	购入	30,000.00					√
4	2011-01-01	付-17	0504	卡车	新增	购入	7,500.00					√
5	2011-01-01	付-18	0103	新元材料库	新增	自建	12,000.00					√
6	2011-01-05	付-35	0501	卡车	清理	其他减少		8,000.00	1,879.92	2,000.00	200.00	√
7	2011-01-05	付-36	0202	动力设备2	清理	其他减少		10,000.00	3,799.92	2,000.00	200.00	√
8	2011-01-05	付-37	0402	轧机机器	清理	出售		25,000.00	3,450.06	21,500.00	250.00	√

图7-25 需要生成凭证的固定资产资料

选择需要生成凭证的单据行，单击“按单”按钮，按照向导，系统开始按单据自动生成凭证。生成的记账凭证如图7-26所示。

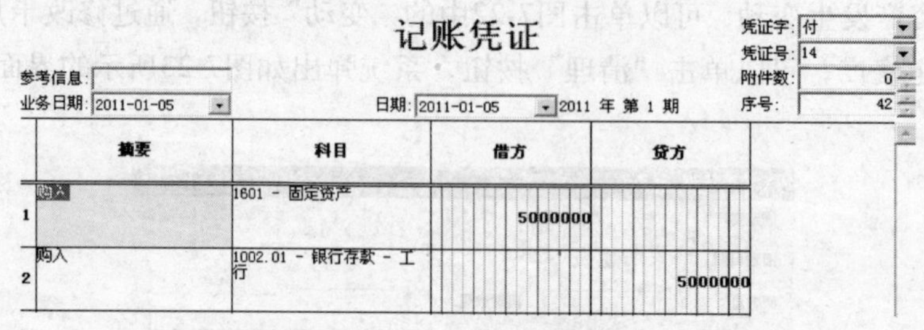

图7-26 生成的记账凭证

2. 计提折旧

选择“期末处理”→“计提折旧”，系统进入“计提折旧”向导窗口，如图7-27所示。

系统为用户提供了计提折旧和费用分摊向导，根据基础设置，能够自动计提本期各项固定资产的折旧，并将折旧费用根据使用部门的情况分别计入有关的费用科目，自动生成计提折旧的转账凭证并传送到账务系统中去。

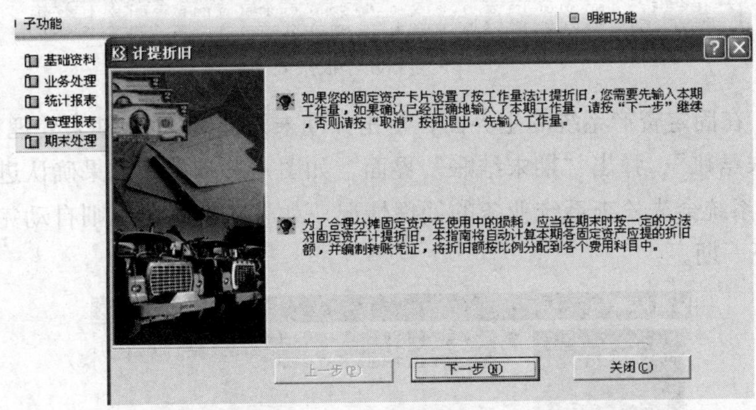

图7-27 计提折旧向导

3. 期末结账

(1) **自动对账** 为防止用户不通过固定资产系统，直接在总账系统录入固定资产凭证，导致业务与财务数据核对不上，系统提供了自动对账功能，将固定资产系统的业务数据与总账系统的财务数据进行核对，及时发现错误。

使用自动对账功能，必须设置对账方案。首先需设置固定资产系统的原值、累计折旧、减值准备所对应的总账系统的科目，科目设置完成后，录入方案名称并保存后，回到"对账方案"界面。选择对账方案和对账会计期间，可以对不同期间的账务进行核对。如果对账要包括总账系统尚未过账的凭证，则选择"包括未过账凭证"的选项，如图7-28所示。

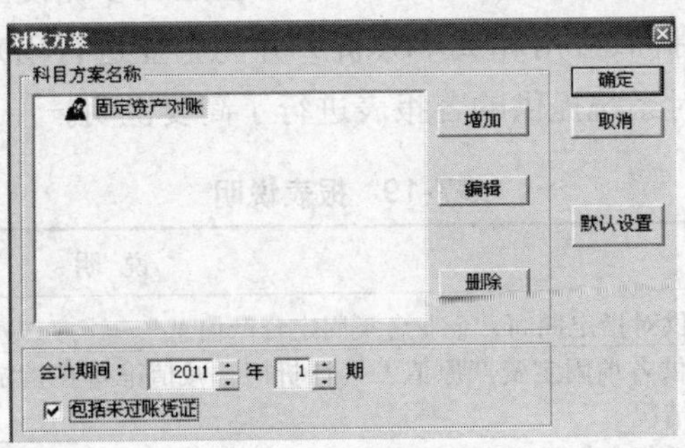

图7-28 对账方案

设置完成后，单击"确定"，系统将给出自动对账报表，如图7-29所示。自动对账报表分别列示了固定资产系统和总账系统的固定资产原值、累计折旧、减值准备的期初余额、本期发生额、期末余额等情况，并列示了二者的差异。如果进行自动对账后发现数据不平，应及时对两系统数据进行检查，找出错误及时更正，避免将数据错误累计到以后期间，系统将会控制对前期数据的修改。如果对账平衡了，则可以开始进行结账的处理。

预览 打印 刷新 过滤 关闭

自动对账

系统名称	固定资产原值				累计折旧			
	期初余额	本期借方	本期贷方	期末余额	期初余额	本期借方	本期贷方	期末余额
总账系统	603,000.00	129,500.00	43,000.00	689,500.00	53,017.61	9,129.90	2,041.32	45,929.03
固定资产系统	603,000.00	129,500.00	43,000.00	689,500.00	53,017.61	9,129.90	2,041.32	45,929.03

图7-29 自动对账报表

（2）**结账** 在固定资产系统的主界面，单击“期末处理”，进入期末处理模块，在此模块中单击“期末结账”，弹出“期末结账”界面，如图7-30所示。如果确认进行结账处理，单击“开始”，系统会先检查系统业务的处理情况，如果一切无误，则自动完成结账过程，会计期间转入下一期。

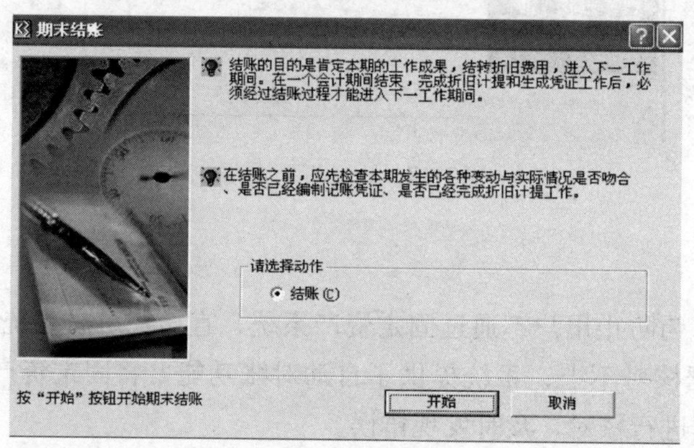

图7-30 期末结账

7.4.6 报表统计分析

系统提供了丰富的统计报表和管理报表，帮助企业从多角度查询固定资产信息，进行资产统计分析及各种资产折旧费用和成本分析，并为企业进行固定资产投资、保养、修理等提供决策依据。表7-19对系统提供的各报表进行了简要说明。

表7-19 报表说明

<table>
<tr><th>报表</th><th colspan="2">说明</th></tr>
<tr><td>固定资产清单</td><td colspan="2">提供对指定期间，企业各类固定资产信息</td></tr>
<tr><td>固定资产价值变动表</td><td>提供各项固定资产原值、累计折旧、减值准备在指定期间的变化情况</td><td rowspan="6">这些报表均可按固定资产类别、使用部门、存放地点、经济用途、变动方式、使用状态等数据项进行多级汇总</td></tr>
<tr><td>固定资产数量统计表</td><td>反映指定期间固定资产的数量（包括计量单位）及原值信息，该表的数据依据固定资产卡片最新信息</td></tr>
<tr><td>折旧明细表</td><td>反映各项固定资产的价值及折旧信息</td></tr>
<tr><td>固定资产处理情况表</td><td>反映固定资产因各种原因而减少的信息</td></tr>
<tr><td>折旧费用分配表</td><td>反映一个或多个会计期间，固定资产折旧计提后折旧费用分摊及核算的详细情况</td></tr>
<tr><td>固定资产到期提示表</td><td>反映按使用寿命计算，在指定期间到期的全部固定资产资料，包括到期固定资产的使用时间、到期时间、原值、折旧等信息</td></tr>
</table>

（续）

报　表	说　明
附属设备明细表	用于统计固定资产附属设备信息，以加强附属设备的管理，内容包括：附属设备所属的资产名称、附属设备名称、登记日期、存放地点、金额等信息
固定资产变动与结存表	反映指定会计期间，企业固定资产的变动（包括增加和减少）的金额，以及当期结存的金额。该表根据固定资产卡片、变动和清理、减值准备计提，以及折旧计提等综合统计得到
固定资产明细账	用于反映一个或多个会计期间，固定资产业务的财务数据，同时在当期进行了凭证处理的，还可以看到对应的凭证信息。还可按固定资产类别、使用部门或固定资产卡片分别设置过滤条件，并分页显示
折旧汇总表	用于反映指定期间，按指定项目汇总的固定资产的价值及折旧信息，汇总项目可以是类别、使用部门、存放地点、经济用途、变动方式、使用状态中的一项或多项
资产构成表	反映指定会计期间，固定资产按照不同项目分类后，固定资产原值的构成比例，帮助企业掌握固定资产的价值分布
变动历史记录表	卡片变动历史记录表以分页形式，反映某一固定资产的历史变动情况（包括基础信息变更、价值变更、减值准备等）

下面以2011年第1期为例对其中三个表作简要说明：

1）固定资产清单统计表。选择“统计报表”→“固定资产清理”，进入如图7-31所示的界面。在会计年度输入“2011”，会计期间输入“1”，选择在册固定资产等项，设置好过滤条件后，单击“确定”按钮，即可生成固定资产清单，如图7-32所示。

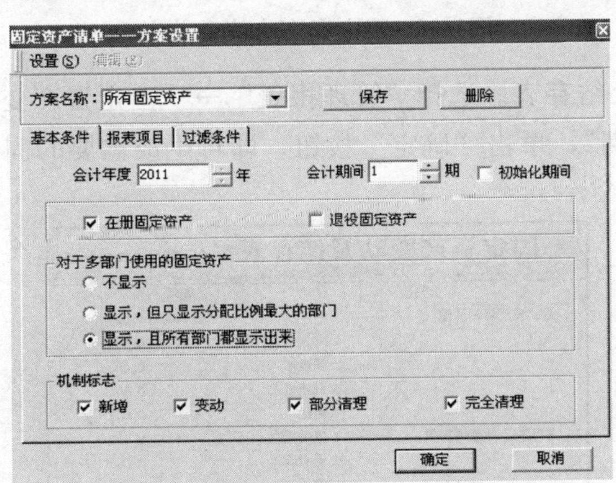

图7-31　固定资产统计表设置界面

预览 打印 刷新 过滤 卡片 页面 关闭

固定资产清单　　会计期间：2011年1期

资产编码	资产名称	类别	单位	变动方式	入账日期	使用日期	使用情况	使用部门	部门代码	经济用途	折旧方法	数量	币别	汇率	原值原币	原值本币	累计折旧	净值
0503	小轿车	运输设备	辆	购入	2011-01-01	2011-01-01	正常使用	企业管理部	04.01	经营用	平均年限法	2.00	人民币	1	50,000.00	50,000.00	0.00	50,000.00
0404	轧机机器	机器	台	购入	2011-01-01	2011-01-01	正常使用	轧制	03.02	经营用	平均年限法	1.00	人民币	1	30,000.00	30,000.00	0.00	30,000.00
0405	轧机机器	机器	台	购入	2011-01-01	2011-01-01	正常使用	轧制	03.02	经营用	平均年限法	1.00	人民币	1	30,000.00	30,000.00	0.00	30,000.00
0504	卡车	运输设备	辆	购入	2011-01-01	2011-01-01	正常使用	销售一部	05.01	经营用	平均年限法	1.00	人民币	1	7,500.00	7,500.00	0.00	7,500.00
0103	新元材料库	房屋	栋	自建	2011-01-01	2011-01-01	正常使用	加热炉 40%，轧制 30%	03.01	经营用	平均年限法	1.00	人民币	1	12,000.00	12,000.00	0.00	12,000.00
0101	厂房	房屋	栋	自建	2009-01-01	2009-01-01	正常使用	轧制 50%，加热炉 30%	03.02	经营用	平均年限法	1.00	人民币	1	200,000.00	200,000.00	9,000.00	191,000.00
0201	动力设备1	动力设备	台	购入	2009-07-01	2009-07-01	正常使用	加热炉 50%，轧制 30%	03.01	经营用	平均年限法	1.00	人民币	1	15,000.00	15,000.00	4,275.00	10,725.00
0401	加热炉机器	机器	台	购入	2009-07-01	2009-07-01	正常使用	加热炉	03.01	经营用	平均年限法	1.00	人民币	1	20,000.00	20,000.00	2,759.94	17,240.06
0403	精整机器	机器	台	购入	2009-07-01	2009-07-01	正常使用	精整	03.03	经营用	平均年限法	1.00	人民币	1	15,000.00	15,000.00	2,070.00	12,930.00
0301	传导设备	传导设备	台	购入	2009-10-01	2009-10-01	正常使用	轧制 40%，精整 30%，	03.02	经营用	平均年限法	1.00	人民币	1	12,000.00	12,000.00	1,992.90	10,007.10
0502	卡车	运输设备	辆	购入	2009-07-01	2009-07-01	正常使用	销售二部	05.02	经营用	平均年限法	1.00	人民币	1	8,000.00	8,000.00	1,879.92	6,120.08
0102	办公楼	房屋	栋	自建	2009-04-01	2009-04-01	正常使用	销售一部 20%，销售二	05.01	经营用	平均年限法	1.00	人民币	1	250,000.00	250,000.00	9,843.75	240,156.25
总计												13.00			649,500.00	649,500.00	31,821.51	617,678.49

图7-32　固定资产清单

2）固定资产价值变动表。选择“统计报表”→“固定资产价值变动表”，设置过滤条件为“2011年第1期”，单击“确定”按钮，即可生成需要的固定资产价值变动表，如图7-33所示。

固定资产系统 － [固定资产价值变动表]

系统(S) 文件(F) 查看(V) 窗口(W) 帮助(H)

预览 打印 刷新 过滤 页面 关闭

固定资产价值变动表　　会计期间：2011年1期

类别	资产编码	资产名称	原值期初余额	原值借方	原值贷方	原值期末余额	累计折旧期初余额	累计折旧借方	累计折旧贷方	累计折旧期末余额	期初净值	期末净值
传导设备	0301	传导设备	12,000.00	0.00	0.00	12,000.00	1,860.04	0.00	132.86	1,992.90	10,139.96	10,007.10
	小计		12,000.00	0.00	0.00	12,000.00	1,860.04	0.00	132.86	1,992.90	10,139.96	10,007.10
动力设备	0201	动力设备1	15,000.00	0.00	0.00	15,000.00	4,037.50	0.00	237.50	4,275.00	10,962.50	10,725.00
	0202	动力设备2	10,000.00	0.00	10,000.00	0.00	3,641.59	3,799.92	158.33	0.00	6,358.41	0.00
	小计		25,000.00	0.00	10,000.00	15,000.00	7,679.09	3,799.92	395.83	4,275.00	17,320.91	10,725.00
房屋	0101	厂房	200,000.00	0.00	0.00	200,000.00	8,625.00	0.00	375.00	9,000.00	191,375.00	191,000.00
	0102	办公楼	250,000.00	0.00	0.00	250,000.00	9,375.00	0.00	468.75	9,843.75	240,625.00	240,156.25
	0103	新元材料库	0.00	12,000.00	0.00	12,000.00	0.00	0.00	0.00	0.00	0.00	12,000.00
	小计		450,000.00	12,000.00	0.00	462,000.00	18,000.00	0.00	843.75	18,843.75	432,000.00	443,156.25
机器	0401	加热炉机器	20,000.00	0.00	0.00	20,000.00	2,606.61	0.00	153.33	2,759.94	17,393.39	17,240.06
	0402	轧机机器	25,000.00	0.00	25,000.00	0.00	3,258.39	3,450.06	191.67	0.00	21,741.61	0.00
	0403	精整机器	15,000.00	0.00	0.00	15,000.00	1,955.00	0.00	115.00	2,070.00	13,045.00	12,930.00
	0404	轧机机器	0.00	30,000.00	0.00	30,000.00	0.00	0.00	0.00	0.00	0.00	30,000.00
	0405	轧机机器	0.00	30,000.00	0.00	30,000.00	0.00	0.00	0.00	0.00	0.00	30,000.00
	小计		60,000.00	60,000.00	25,000.00	95,000.00	7,820.00	3,450.06	460.00	4,829.94	52,180.00	90,170.06
运输设备	0501	卡车	8,000.00	0.00	8,000.00	0.00	1,775.48	1,879.92	104.44	0.00	6,224.52	0.00
	0502	卡车	8,000.00	0.00	0.00	8,000.00	1,775.48	0.00	104.44	1,879.92	6,224.52	6,120.08
	0503	小轿车	0.00	50,000.00	0.00	50,000.00	0.00	0.00	0.00	0.00	0.00	50,000.00
	0504	卡车	0.00	7,500.00	0.00	7,500.00	0.00	0.00	0.00	0.00	0.00	7,500.00
	小计		16,000.00	57,500.00	8,000.00	65,500.00	3,550.96	1,879.92	208.88	1,879.92	12,449.04	63,620.08
合计			563,000.00	129,500.00	43,000.00	649,500.00	38,910.09	9,129.90	2,041.32	31,821.51	524,089.91	617,678.49

图7-33　固定资产价值变动表

3）固定资产变动及结存表。选择“管理报表”→“固定资产变动及结存表”，设置过滤条件为“2011年第1期”，单击“确定”按钮，即可生成需要的固定资产变动及结存表，如图7-34所示。

固定资产变动及结存表　　会计期间：2011年1期

项目		金额
一、固定资产年初原值		563,000.00
二、固定资产原值增加数	1.购入	117,500.00
	2.投资转入	0.00
	3.融资租入	0.00
	4.自建	0.00
	5.接受捐赠	12,000.00
	6.无偿调入	0.00
	7.盘盈	0.00
	8.评估增值	0.00
	合计	129,500.00
三、固定资产原值减少数	1.报废	25,000.00
	2.融资租出	0.00
	3.投资转出	18,000.00
	4.盘亏	0.00
	5.评估减值	0.00
	6.出售	0.00
	合计	43,000.00
四、本年累计折旧总额		-7088.58
五、固定资产原值期末数		649,500.00
六、累计折旧总额		31,821.51
七、固定资产净值		617,678.49
八、减值准备总额		0.00
九、固定资产净额		617,678.49

图7-34　固定资产变动及结存表

其他报表的生成与此类似，都是由用户输入选择条件，根据选择条件生成所需报表。

本章小结

固定资产管理的特殊性，即使用、管理、核算的分离，造成了管理的困难。数据统计来源复杂且很难得到固定资产的完整资料，使企业的清查核资成为一项繁重的任务，尤其是大企业很难统计出固定资产的精确数据。采用计算机进行管理核算工作，可使管理部门、具体使用部门和核算部门共享相同的资料，从根本上保证了数据的一致性，避免了多头管理的混乱局面。利用系统的权限设置，可为管理部门、使用部门、核算部门实现按管理流程明确分工，实现数据归口管理，使各类数据数出一门，从而避免重叠管理，数出多家的现象。具体流程描述如下：当固定资产进入企业时，由管理部门负责建立卡片，核准卡片资料的数据，保证基础数据的正确；当固定资产投入运行之后，各使用部门对资产的运行状态、维修情况进行及时登记，并将资料输入到资产的维修信息表中；当固定资产减少情况发生时，使用部门、管理部门、核算部门需共同确认，并将处理结果由管理部门统一输入。要成功实施固定资产管理系统，必须首先将各类编码按规范设计好，并利用系统设置功能将编码输入；同时还要编制固定资产目录，确定折旧方法，按资产类别设计卡片内容，定义各类不同资产的卡片所有这些是成功实施固定资产管理系统的基础。

习　题

一、选择题

1. 固定资产减少时，该固定资产记录（ ）。

A. 仍保留在固定资产卡片文件中　　B. 不能删除
C. 转入固定资产备查文件中然后删除　　D. 直接删除

2. 固定资产账套启用（ ）的所有固定资产在启用系统的当月都应由系统计提折旧。

A. 前　　B. 后　　C. 两者都要　　D. 两者都不要

3. 固定资产变动包括（ ）。

A. 部门转移　　B. 净残值调整　　C. 工作量调整　　D. 三者都是

4. 固定资产核算的主要任务包括计算、汇总和分配固定资产的（ ）。

A. 生产成本　　B. 工作时间　　C. 原值　　D. 折旧费用

5. 固定资产核算系统中，信息查询输出功能可以输出固定资产（ ）。

A. 卡片　　B. 明细账　　C. 折旧费　　D. 以上全部

6. 固定资产核算系统中，执行（ ）操作后，才能开始处理下一个月的业务。

A. 生成凭证　　B. 账簿输出　　C. 结账　　D. 对账

7. 固定资产系统“新增一个资产类别”时要求（ ）。

A. 只有在最新会计期间时可以增加，月末结账后则不能增加
B. 资产类别编码不能重复，同级的类别名称不能相同
C. 类别编码、名称、计提属性、卡片样式不能为空
D. 其他各项内容的输入是为了输入卡片方便要默认的内容，可以为空。

二、判断题

1. 固定资产发生变动时，必须在计提折旧前先更新固定资产卡片。( )
2. 固定资产核算系统中，新增固定资产都是通过“初始数据录入”功能录入系统。( )
3. 根据固定资产卡片中有关信息和规定选用折旧方法，可自动计算折旧，而不需要人工计算和填列。( )
4. 当固定资产的使用部门改变时，需制作相应的记账凭证在账务处理系统中登记。( )
5. 固定资产核算系统中，新录入系统的固定资产在录入当月都不提折旧。( )
6. 固定资产核算中，新增固定资产的累计折旧一定是零。( )
7. 执行“资产减少”操作时若当前账套设置了计提折旧，则需在计提折旧后执行资产减少。( )

三、思考题

1. 固定资产卡片的初始设置包括哪些内容？其中哪些内容是必须设置的？
2. 月末处理主要做哪些工作？

第 8 章

会计报表系统

8.1 会计报表概述

8.1.1 会计报表简介

会计报表是根据日常会计核算资料编制的，总括地反映会计主体在一定时期财务状况和经营成果的报告文件。

会计报表包括资产负债表、利润表、现金流量表、所有者权益（或股东权益）变动表和附注。根据2006年企业会计准则应用指南，财务报表格式和附注分别按一般企业、商业银行、保险公司、证券公司等企业类型予以规定。本教材选择一般企业为讲授对象。

资产负债表主要提供企业财务状况的信息。利润表提供企业经营成果的信息，也就是反映利润或是亏损。现金流量表提供企业在一定会计期间的现金流量的信息。所有者权益（或股东权益）变动表提供构成所有者权益的各部分当期的增减变动情况。附注是对在资产负债表、利润表、现金流量表和所有者权益变动表等报表中列示项目的文字描述或明细资料，以及对未能在这些报表中列示项目的说明等。即附注反映企业财务状况、经营成果和现金流量的补充报表，以表格的形式对基本会计报表的有关项目和内容的数据所作的明细数据补充，主要包括利润分配表以及国家统一的会计制度规定的其他附表，例如资产减值明细表、股东权益增减变动表和应交增值税明细表等。利润分配表是反映企业一定会计期间对实现净利润以及以前年度未分配利润的分配或者亏损弥补的报表。

8.1.2 会计报表的作用

会计报表不仅对编制报表的企业具有重要作用，而且对企业外部的各报表的使用者也具有重要作用。这主要表现在以下五个方面：

1）企业利用会计报表，可以分析、检查企业经营目标和财务计划等完成情况，总结和评价企业的工作业绩，加强企业管理，为预测企业前景、制订长期的决策提供科学的依据。

2）财务、税收部门利用会计报表，可以检查企业是否严格遵守国家的各项法律、法规、政策和制度，检查企业资金运用情况和利润形成情况以及各种税金的交纳情况，有效地发挥各部门的控制和监督作用。

3）企业投资者利用会计报表，可以了解企业的财务状况和经营成果，分析企业的短期、长期偿债能力以及盈利能力，预测企业的发展前景，有助于投资人进行投资决策。

4）银行及其他金融机构利用会计报表，可以了解企业的生产能力，分析和检查企业对资金、贷款的使用情况，考核企业信贷纪律的遵守情况，以确定其对企业的信贷政策。

5）国家经济管理部门利用会计报表，可以综合反映国民经济各部门或地区的经济发展情况，为国家制订科学的国民经济发展计划，进行宏观调控提供依据，促进国民经济稳步、持续的发展。

8.2 编制报表的工作步骤

编制会计报表的工作步骤及各步骤的主要工作如图8-1所示。编制一张正确的会计报表，最主要的工作就是正确地定义计算公式，这就要求报表编制者首先必须精通会计业务，其次能够熟练运用取数函数，二者结合才能完成报表的公式定义，为报表的数据处理奠定基础。因此，编制任何一张报表，必须首先对编制对象进行分析，其目的是编制符合格式及内容要求的报表。

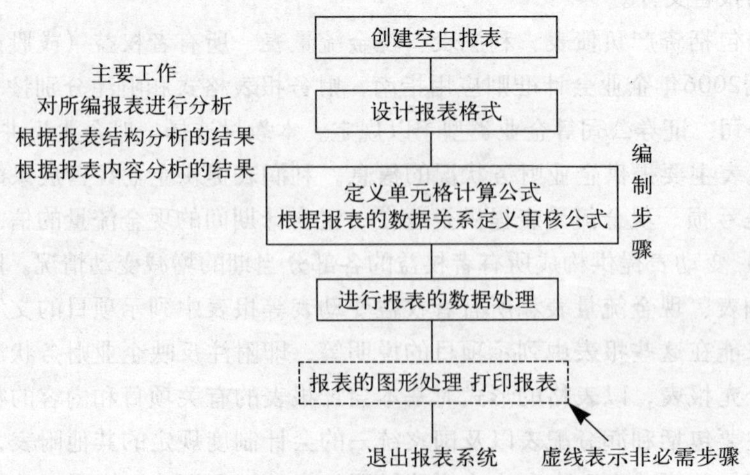

图8-1 编表的基本步骤

8.2.1　会计报表的编制分析

编制任何一张报表，必须首先对编制对象进行分析，其目的是编制符合格式及内容要求的报表。

1. 会计报表的结构分析

报表的格式可归纳为标题、报表栏目描述、报表主体内容三部分，分述如下（见表8-1）：

1）标题。标题用来表示报表名称、编制日期、编制单位、使用的货币单位等内容。

2）表头。表头用来表示报表的栏目。

3）表体。报表的主体。这是组成报表的主体部分，即所编制报表的主要内容，它包括报表的所有项目和要求填列的内容。

表8-1　资产负债表

会企01表

单位名称：世纪轧钢厂　　2011年1月31日　　单位：元

资产	期末余额	年初余额	负债及所有者权益（或股东权益）	期末余额	年初余额
流动资产：			流动负债：		
货币资金			短期借款		
交易性金融资产			交易性金融负债		
应收票据			应付票据		
应收账款			应付账款		
预付账款			预收账款		
应收利息			应付职工酬薪		
应收股利			应交税费		
其他应收款			应付利息		
存货			应付股利		
一年内到期的非流动资产			其他应付款		
其他流动资产			一年内到期的非流动负债		
流动资产合计			其他流动负债		
非流动资产：			流动负债合计		
可供出售金融资产			非流动负债：		
持有至到期投资			长期借款		
长期应收款			应付债券		
长期股权投资			长期应付款		
投资性房地产			专项应付款		
固定资产			预计负债		
在建工程			递延所得税负债		
工程物资			其他非流动负债		
固定资产清理			非流动负债合计		
生产性生物资产			负债合计		
油气资产			所有者权益（或股东权益）：		
开发支出			实收资本（或股本）		
商誉			资本公积		
长期待摊费用			减：库存股		
递延所得税资产			盈余公积		
其他非流动资产			未分配利润		
非流动资产总计			所有者权益（或股东权益）合计		
资产总计					
			负债和所有者权益（或股东权益）总计		

2. 会计报表的数据分析

（1）**会计报表的数据来源分析** 对所要编制的报表，按其要求填列项目的内容逐一分析其构成及其来源。首先明确所填数据是取自于总分类账，还是明细分类账，或可以从其他已编制的表中取得。该分析可决定数据源所在地，即取数时所采用的函数，如资产负债表的数据来源于总账文件，而利润分配表中的净利润取自于利润表。

（2）**会计报表的填列方法分析** 对于任何一张会计报表，其填列方法无外乎以下几种：

1）根据单一科目的期初余额或期末余额填列，如资产负债表中的短期投资、应收票据、应收股利、应收利息、应收账款、其他应收款等。

2）根据单一科目的发生额填列，如利润表中的销售费用、管理费用等。

3）根据多个科目的期初余额或期末余额计算填列，如资产负债表中的货币资金的期末余额，应根据库存现金、银行存款、其他货币资金三个科目的期末余额合计填列。此类项目还有存货等。

4）根据其他报表的数据填列，如所有者权益变动表中的数据，均取自其他报表。

5）表中不同行次数据计算填列，如资产负债表中的流动资产合计、非流动资产合计、资产总计、流动负债合计、非流动负债合计、负债合计、所有者权益合计、负债及所有者权益合计等项目，利润表中的营业利润、利润总额、净利润都属于此类运算。

以资产负债表中的部分填列内容为例，其数据分析结果如表8-2所示。

表8-2 数据分析结果列示

资产	数据分析的内容：（1）数据来源，均来源于总账文件；（2）填制方法，就是明确根据什么科目填制
流动资产：	
货币资金	多个科目计算填列：1001+1002+1012
交易性金融资产	单个科目填列：1101
应收票据	单个科目填列：1121
⋮	⋮
流动资产合计	表中不同行次相加计算填列：流动资产项目合计
⋮	⋮

8.2.2 会计报表编制的公式

会计报表编制的公式就是报表数据单元计算的依据，主要包括单元计算公式、报表中数据关系的计算公式等。主要函数如表8-3所示。

表8-3 主要函数列表

函数	说明	函数	说明
ACCT	总账科目取数公式	MAX	求最大值取数公式
ACCTGROUP	集团账套科目取数公式	MIN	求最小值取数公式
AVG	求平均数取数公式	PAGENAME	取表页名称取数公式
COUNT	统计数量取数公式，计算所有非空格单元格的个数	RPTSHEETDATE	获取当前报表指定表页的开始日期或结束日期，并以指定日期格式返回
CS_REF_F	返回指定制作日期的合并报表，指定表页、指定单元的值	REF_F	返回指定账套、指定报表、指定表页、指定单元格的值
DATE	返回计算机当前日期	REF	返回指定表页、指定单元格的值
DATEDIFF	求指定日期参数2与参数1之间的天数差	RPRDATA	返回指定格式的当前报表日期
ITEMINFO	返回指定核算项目的属性值	RPTQUARTER	季度取数公式
		SYSINFO	返回指定关键字的系统信息
COMPUTERTIME	返回计算机当前日期	PAGENO	返回当前表页的值
KEYWORD	取表页的关键字的取数公式	SUM	求和取数公式
ACCTCASH	现金流量及附表项目取数公式	ACCTEXT	科目按日取数公式
ACCTCASHEXT	现金流量及附表项目按日取数公式	ACCTNAME	对科目名称进行取数

1. 函数使用说明

（1）ACCT取数公式定义　从总账取数的专用函数，其书写格式如下：

ACCT（“科目编码”，“取数类型”，“货币计量单位”，年度，开始期间，结束期间，“账套名”）

下面对七个参数的取值及正确的书写格式作简要说明：

1）“科目编码”的表示方式。单个科目直接写科目编码，多个科目计算填列，例如货币资金包括大于等于1001且小于等于1012范围内的科目之和，因为一般企业不使用1003存放中央银行款项及1011存放同业科目。其表示方法为1001：1012；公式中的科目代码、项目类别和项目代码，在字符“l”和“：”的分隔下可以进行20种组合，得到不同范围的科目和核算项目。组合情况如表8-4所示。

表8-4 科目编码的各种组合书写方式

a	a：	：a	a1：a2
alb	a：lb	：alb	a1：a2lb
albIc	a：lblc	：alblc	a1：a2lblc
alblc：	a：lbl：c	：alblc：	a1：a2lblc：
alblc1：c2	a：lblc1：c2	：alblc1：c2	a1：a2lblc1：c2

注：表中a，a1，a2表示科目代码；b表示核算项目类别名称；c，c1，c2表示核算项目代码。a表示单个科目，a:表示科目编码大于a的所有科目，:a表示小于a的所有科目，a1:a2表示大于等于a1并且小于等于a2的所有科目；c的表示方法相同。

2）“取数类型”。用于指出取科目编码的期初余额、期末余额、借方发生额、贷方发生额等，其表示如表8-5所示，另有折合本位币取数类型的说明见表8-6。

表8-5 取数类型的符号及代表的含义

取数类型	代表的含义	取数类型	代表的含义	取数类型	代表的含义
C	期初余额	JC	借方期初余额	DC	贷方期初余额
Y	期末余额	JY	借方期末余额	DY	贷方期末余额
JF	借方发生额	DF	贷方发生额	AC	期初绝对余额
AY	期末绝对余额	JL	借方本年累计发生额	DL	贷方本年累计发生额
SY	利润表本期实际发生额	SL	利润表本年实际发生额	BG	取科目最高预算数据
BD	取科目最低预算数据	BJG	本期最高预算借方发生额	BDG	本期最高预算贷方发生额

表8-6 折合本位币取数类型

TC	折合本位币期初余额	TJC	折合本位币借方期初余额
TDC	折合本位币贷方期初余额	TAC	折合本位币期初绝对余额
TY	折合本位币期末余额	TJY	折合本位币借方期末余额
TDY	折合本位币贷方期末余额	TAY	折合本位币期初绝对余额
TJF	折合本位币借方发生额	TDF	折合本位币贷方发生额
TJL	折合本位币借方本年累计发生额	TDL	折合本位币贷方本年累计发生额
TSY	折合本位币利润表本期实际发生额	TSL	折合本位币利润表本年实际发生额

3）“货币计量单位”。该参数可省略不填，其默认值为系统设置的记账本位币。若不取默认值，则应填具体的币种，这个币种必须是在基础资料币别设置中已设定的币种。

4）年度参数的可取值范围为：…，−3，−2，−1，0。其中0表示当前年度，−1表示上年度，依此类推。

5）开始期间参数的可取值范围可为负数、零、正数。0表示当前期间，−1表示当前期间的上期间，1表示第一个会计期间。

6）结束期间参数的可取值范围同开始期间。

7）账套名参数的默认值为当前账套，也可以是其他账套名。如果该参数为非当前账套，则可实现跨账套取数。

参数年度、开始期间、结束期间为数字型，默认值为零，不需要引号，而其他四个参数为字符型必须使用引号。

（2）**REF取数公式定义** REF取数公式是用来对同一张报表的不同表页中数据进行取数的，也可以是同一个表页中数据。书写格式为：

REF（“取数内容”，“表页”）

其中，取数内容可为报表的单元格，如A10，表示取A10单元格的数据。表页号即为报表的表页号，如果为空，则系统默认为当前的表页。

（3）**REF_F取数公式定义** 该公式是用来进行不同账套之间的表间取数公式。书写格式为：

REF_F（“报表名”，“取数内容”，“表页”，“账套名”）

其中，“账套名”用于指定取数报表所在的账套，“报表名”用于指定取数的报表来源，其他参数的操作和REF取数公式一样。该公式的返回值为指定账套、指定报表、指定表页、指定单元的值。若“账套名”为空表示本账套取数，若”报表名”为空表示本表取数。

（4）**SUM取数公式定义**　该公式用于单元格求和。书写格式为：

sum(参数 1 : 参数2)

其中，参数1和参数2是同一列中的不同单元格，且参数1<参数2，如sum(A1:A5)，返回值为A1～A5的合计值。

（5）**ACCTEXT公式定义**　该公式提供了按过滤条件从总账的日报表中按日取数的功能。书写格式为：

ACCTEXT（“科目编码”，“对方科目”，“过滤条件”，“取数类型”，“货币计量单位”，开始日期，结束日期，“账套名”）

该函数主要用于编制销售日报、采购日报、费用日报等报表的编制。ACCTEXT取数的参数与科目取数ACCT类似，只是增加了对方科目编码和过滤条件等参数。对方科目编码实际是作为过滤条件，指定取数科目在凭证中必须应有的对应科目。取数公式中增加了八种取数类型（见表8-7），同时ACCT的年度与期间在ACCTEXT中改为开始日期、结束日期。当开始日期与结束日期为空时默认为公式取数参数中的开始日期与结束日期。公式中录入的日期优先于公式取数参数的日期。写入数值，均是相对于公式取数参数的日期，表示的意义如下：0为本日，−1为前一日，−2为前两日，依此类推；1为下一日，2为下两日，依此类推。原来的日期录入方式保持不变，仍然可以录入2011-1-1类型的日期格式。报表重算无数据时单元格显示为0。

表8-7　ACCTEXT的取数类型

取数类型	说　明	取数类型	说　明
C	上日余额	TC	折合本位币上日余额
Y	本日余额	TY	折合本位币本日余额
QJF	收入数量	YA	本日平均余额
QDF	发出数量	TYA	折合本位币本日平均余额

2. 函数使用举例

1）使用ACCT函数取货币资金的期末余额、年初余额的计算公式如下：

ACCT("1001:1002", "Y", "",0,0,0,"")+ACCT("1012", "Y", "",0,0,0,"")

ACCT("1001:1002", "C", "",0,1,1,"")+ACCT("1012", "C", "",0,1,1,"")

以上的取数公式不论哪个期间和年度都是正确，两个公式的不同之处在于取数类型和会计期间。因为年初余额是一个绝对数，不论哪个年度，它总是第1个会计期间的期初余额；而期末余额则是相对编表期间而言，它是一个相对概念，因此应取当前期间。

2）SUM函数计算流动资产合计的公式如下：

期末余额的取数公式：SUM(B5:B15)

年初余额的取数公式：SUM(C5:C15)

3）REF函数的应用。例如，若在编制2～12期的资产负债表时，可取第1期的流动资产年初余额合计，就可以在C17单元格填入：REF(C17,"表页_1")。

4）REF_F取数公式。如财务状况变动表，需要取资产负债表中年末余额与年初余额的变动数据，则在财务状况变动表的单元格填入：REF_F("资产负债表"，"B10"，"表页_12"，"")−REF_F("资产负债表"，"C10"，"表页_12"，"")。

8.3 报表编制系统应用

8.3.1 报表的格式定义

1. 创建空白报表

资产负债表的样表见表8-1。在报表菜单下选择新建，出现如图8-2所示的空白界面。

图8-2 新建报表初始界面

2. 设计报表格式

空白报表创建之后，就要对报表进行结构设计（见报表编制分析），主要内容包括报表的大小（行数及列数）、画表格线、标题、表日期、表头、表尾和表题固定栏目的内容及设置单元属性等。

1）设置表的尺寸。报表进行尺寸设置，主要是设置报表的行和列。如表8-1设置35行6列，要留一行输入标题，3行设置表名和关键字。

在图8-2中选择“格式”菜单下的表属性，如图8-3所示，弹出图8-4所示的报表属性窗口，输入35行6列，按“确定”之后，空白表格就成为35行6列的表格。

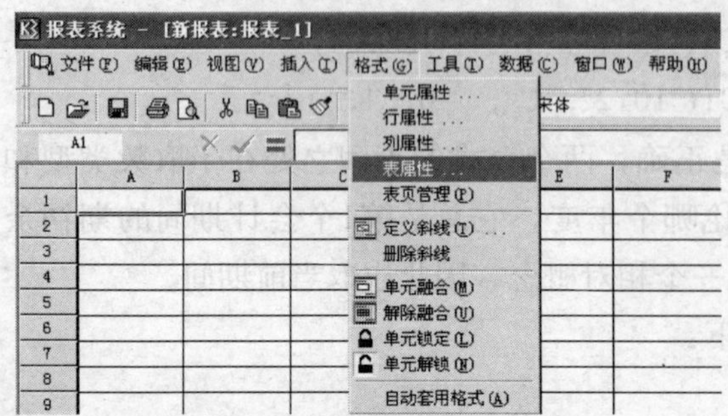

图8-3 报表属性选择

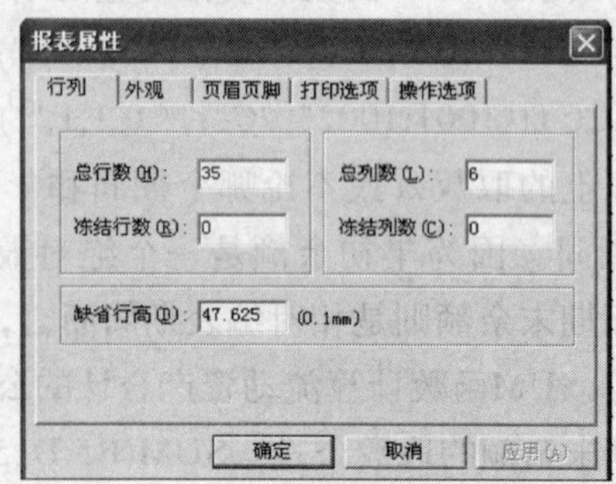

图8-4 报表属性窗口

2）定义标题、表头、表体固定文字项目。按照表样8-1定义的报表格式如图8-5所示。

	A	B	C	D	E	F
1	资产负债表					
2						会企01表
3	单位名称：世纪轧钢厂			2011年1月31日		
4	资产	期末余额	年初余额	负债和所有者权益	期末余额	年初余额
5	流动资产：			流动负债：		
6	货币资金			短期借款		
7	交易性金融资产			交易性金融负债		
8	应收票据			应付票据		
9	应收账款			应付账款		
10	预付账款			预收账款		
11	应收利息			应付职工薪酬		
12	应收股利			应交税费		
13	其他应收款			应付利息		
14	存货			应付股利		
15	一年内到期的非流动资产			其他应付款		
16	其他流动资产			一年内到期流动负债		
17	流动资产合计			其他流动负债		
18	非流动资产：			流动负债合计		
19	可供出售金融资产			非流动负债：		
20	持有至到期投资			长期借款		
21	长期应收款			应付债券		
22	长期股权投资			长期应付款		
23	投资性房地产			预计负债		
24	固定资产			递延所得税负债		
25	在建工程			其他非流动负债		
26	工程物资			非流动负债合计		
27	固定资产清理			负债合计		
28	无形资产			所有者权益：		
29	开发支出			实收资本（或股本）		
30	商誉			资本公积		
31	长期待摊费用			减：库存股		
32	递延所得税资产			盈余公积		
33	其他非流动资产			未分配利润		
34	非流动资产合计			所有者权益合计		
35	资产合计			负债和所有者权益合计		

图8-5　报表格式

3. 计算公式定义

根据表8-2的分析结果，将公式填入图8-5的对应单元格。下面以“货币资金”为例，说明填入公式的操作过程。填入公式有两种方法，可以在单元格直接填入，也可以利用函数向导选择完成，分述如下：

1）利用函数向导定义计算公式。将鼠标放入如图8-5所示的B6单元格，单击工具栏 fx，弹出如图8-6所示的界面。选择ACCT函数，单击界面下方的“确定”，出现如图8-7所示的函数表达式界面。对于填列期末余额而言，只填入会计科目编码即可，其他参数均可取默认值，直接输入参数值。窗口上方显示的是完整的公式，下边是计算结果，输入参数值后，单击图下方的确认，公式填入B6单元格中。

2）直接填入单元格。将鼠标放入如图8-5所示的B6单元格，在图8-8 = 右边的空白处，直接输入公式：ACCT("1001:1012","Y","","0","0","0","")，输入之后单击 ✓，公式填入B6单元格。

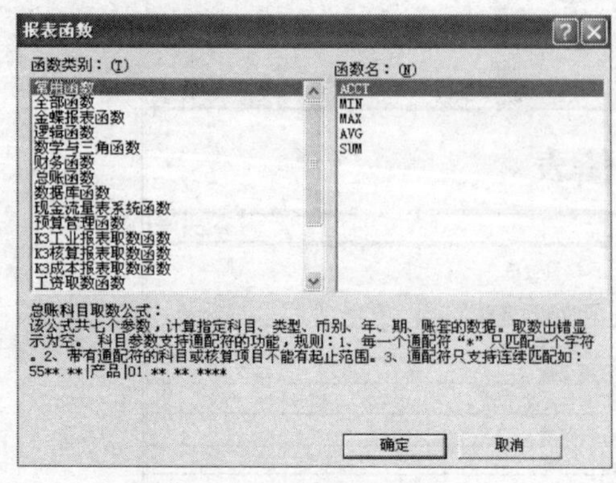

图8-6 函数选择界面

图8-7 函数表达式界面

图8-8 填入单元格

4. 报表计算

完成报表定义之后，就可进行直接计算。选择报表工具栏中的图标，就可计算出结果数据，计算之后的报表如图8-9所示。

	A	B	C	D	E	F
1	资产负债表					
2						企会01
3	单位名称：世纪轧钢厂			2011年1月31日		单位：元
4	资产	期末余额	年初余额	负债和所有者权益	期末余额	年初余额
5	流动资产：			流动负债：		
6	货币资金	591757.06	361453.16	短期借款	150000.00	150000.00
7	交易性金融资产	50250.00	0.00	交易性金融负债	0.00	0.00
8	应收票据	14300.00	5000.00	应付票据	63999.00	0.00
9	应收账款	1231471.96	178325.02	应付账款	128700.00	128700.00
10	预付账款	40000.00	20000.00	预收账款	20885.02	164380.02
11	应收利息	0.00	0.00	应付职工薪酬	0.00	0.00
12	应收股利	0.00	0.00	应交税费	344658.00	0.00
13	其他应收款	101177.50	1700.00	应付利息	0.00	0.00
14	存货	776983.13	1426059.65	应付股利	0.00	0.00
15	一年内到期的非流动资产			其他应付款	0.00	0.00
16	其他流动资产			一年内到期流动负债		
17	流动资产合计	2805939.65	1992537.83	其他流动负债		
18	非流动资产：			流动负债合计	708242.02	443080.02
19	可供出售金融资产	0.00	0.00	非流动负债：		
20	持有至到期投资	0.00	0.00	长期借款	400000.00	700000.00
21	长期应收款	0.00	0.00	应付债券	0.00	0.00
22	长期股权投资	105000.00	5000.00	长期应付款	0.00	0.00
23	投资性房地产	0.00	0.00	预计负债	0.00	0.00
24	固定资产	643570.97	549982.39	递延所得税负债	0.00	0.00
25	在建工程	393000.00	230000.00	其他非流动负债	0.00	0.00
26	工程物资	5000.00	0.00	非流动负债合计	400000.00	700000.00
27	固定资产清理	0.00	0.00	负债合计	1108242.02	1143080.02
28	无形资产	63000.00	0.00	所有者权益：		
29	开发支出			实收资本（或股本）	1734440.20	1634440.20
30	商誉	0.00	0.00	资本公积	0.00	0.00
31	长期待摊费用	0.00	0.00	减：库存股	0.00	0.00
32	递延所得税资产	0.00	0.00	盈余公积	0.00	0.00
33	其他非流动资产	0.00	0.00	未分配利润	1172828.40	0.00
34	非流动资产合计	1209570.97	784982.39	所有者权益合计	2907268.60	1634440.20
35	资产合计	4015510.62	2777520.22	负债和所有者权益合计	4015510.62	2777520.22

图8-9 计算后的报表

在报表计算之前，可设置对其他表页中所有取数公式均可共用的信息。在如图8-10所示的“工具”菜单下的“公式取数参数”，弹出如图8-11 所示的“公式取数参数”窗口，进行参数设置。

图8-10　“工具”菜单

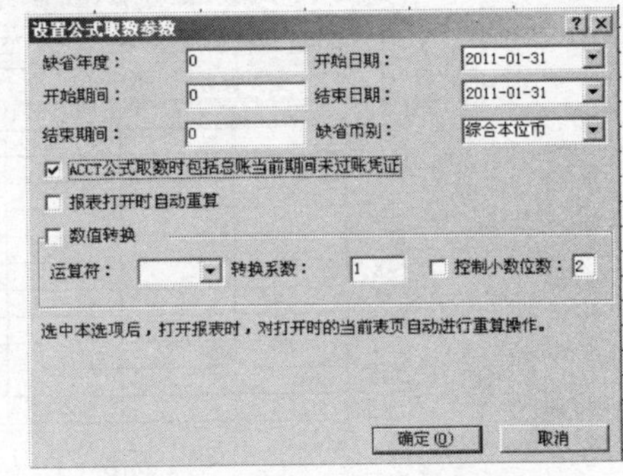

图8-11　“公式取数参数”窗口

1）缺省年度。缺省年度与缺省期间是用于设置基于会计期间的公式（如账上取数acct）的缺省年度和缺省期间值。在设置这些公式时，如果未设置会计年度和会计期间值，则取数时系统自动采用此处设置的年度和期间进行取数。

2）开始日期和结束日期。报表“开始日期”和“结束日期”是设置基于按日的取数函数ACCTEXT而言的，对其他的函数无效。如果设置ACCTEXT函数时，未设置开始日期和结束日期，则以此处设置为准进行取数。

一般情况取数公式的取数账套、年度、期间参数均采用默认值，这样才能根据需要改变来取数。如果在公式中设置了参数，则系统始终按设置值取数，即如公式中设置了会计期间为1，则该单元格的数据一直按第一期显示，而不论报表期间设置的值是多少。此种情况仅用于需定基分析等情况。公式取数原则是：公式设置了参数，则按公式设置的参数取值；公式未设置，则按“报表期间设置”取值。

3）ACCT函数包括未过账凭证。在“公式取数参数”界面中，提供了选项“ACCT函数包括总账当前期间未过账凭证”。如果选中了这个选项，则在ACCT函数在进行取数计算时，会包括账套当前期间的未过账凭证；否则，系统的ACCT函数只是对已过账的凭证进行取数。

4）报表打开时自动重算。在“公式取数参数”中，提供了选项“报表打开时自动重算”。如果选中了这个选项，在每次打开报表时都会自动对报表进行计算，这会增加报表的打开时间；如果不选择该选项，则打开报表时将显示最后一次计算后的结果。

5. 报表审核

定义报表之后，可以根据报表中数据的关系，定义检验报表的审核公式，如“资产负债表中资产=负债+所有者权益”，具体在报表中就是“B35=E35 ，C35=F35”。如果等式成立，显示报表平衡提示。

要设置审核条件，选择如图8-12所示的设置审核条件界面，弹出如图8-13 所示的审核公式设置页面。选择审核的报表及表页，单击图中“新增”，出现可填写审核公式的界面，输入“B35=E35；C35=F35”，在显示信息页签填入“报表平衡”，单击“确定”，将公式填入审核条件中。

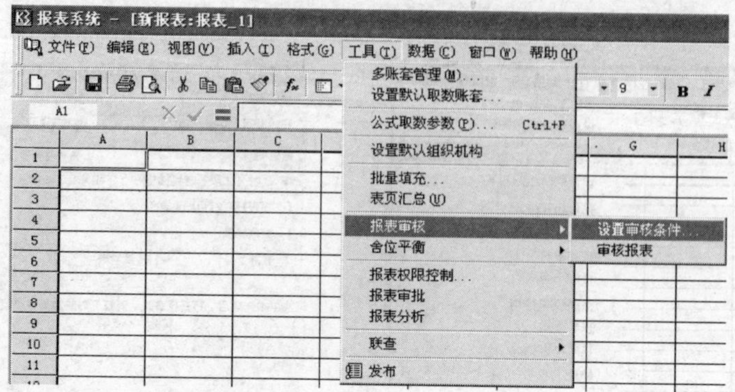

图8-12 选择审核条件界面

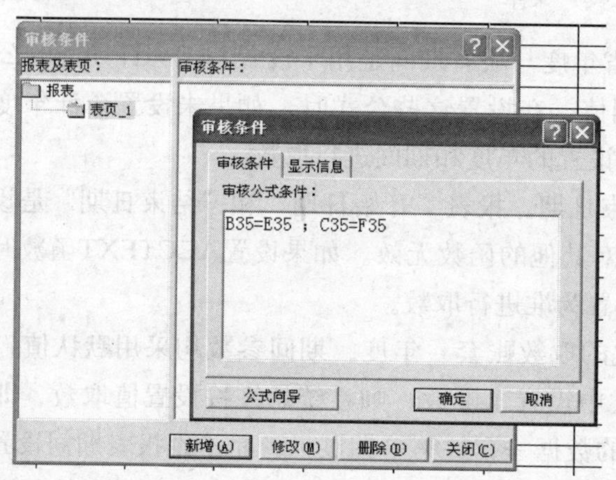

图8-13 审核公式设置

要执行报表审核功能，在图8-13选择审核条件界面，选择审核报表。如果公式成立，就会出现保存在审核条件中的“显示信息”。

8.4 会计报表管理的其他功能

8.4.1 会计报表的文件管理

报表的文件管理包括报表的新建及保存、报表数据的引入及引出、报表的打印等文件管理工作，分述如下：

1）报表文件的新建及保存。新建报表就是让系统生成一张空白表，供用户编制所需的报表。报表编制完成后，需对当前报表进行保存。如果数据库中已有此报表，则覆盖原报表；如是新编报表，则需在“另存为”界面录入报表名称方可保存。报表在保存时，通过保存位置来确定报表的分类和报表的类型。

2）报表数据的引入与引出。报表数据的引入，是报表系统具有可以把一些外部文件数据引入到报表系统的功能。它还可从其他各类数据库取数制表，只需打开某种类型的数据库，报表系统就会自动将其转换为报表格式，之后便可通过报表系统提供的各种功能编辑报表。此功能可以将外部一些格式的文件引入到报表系统中，保存为报表文件；也可以将其他账套中的报表文件引入到当前账套中进行相应的操作，在跨账套引入文件时能将报表的审核条件一起引入。

报表数据的引出是系统提供的保存备份数据的一种方法，同时对于一些在报表系统中无法实现的功能，可以将其引出为其他格式的文件，通过其他的功能来实现。引出文件时可以改变文件格式，如保存为DBF、EXCEL、TXT、HTML格式的文件。通过引出功能可以实现报表格式的转换，进行相应报表的编辑。HTML文件可通过网页的格式进行浏览。

3）报表输出。报表输出功能除可以在屏幕显示编好的报表外，主要是按照用户的设置，打印输出已编好的报表，以便上报和存档。报表打印之前，可先用打印预览查看报表的效果。打印的报表不包含电子表格的行列信息，如同我们在Word文档编制的报表，图例省略。

8.4.2　报表的表页管理

表页管理工作包括表页增删、表页的标识、表页的关键字以及对表页的锁定状态进行设置。在如图8-14所示的界面选择“表页管理”，弹出如图8-15的表页管理窗口，针对具体表页输入关键字的值。

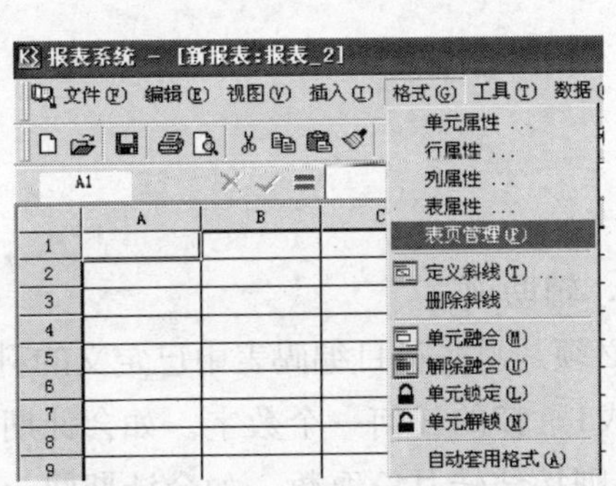

图8-14　表页设置

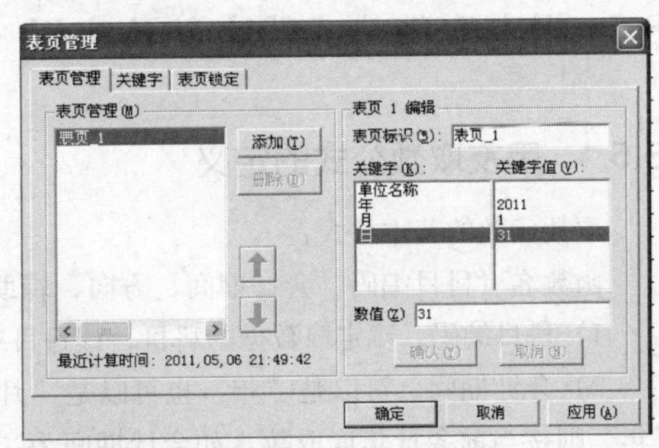

图8-15　表页管理界面

表页管理工作分述如下：

1）表页增删。在“表页管理”界面中，可以对表页进行增删。通常情况下，一个报表默认是一个表页，但可以在同一个报表中增加多个表页。如一个资产负债表有12个会计期间，此时不需要设置12张报表，只需要设置1个报表，在这1个报表中可以有12个表页，每个表页表示一个会计期间。

2）表页标识的编辑。表页标识即报表底部表页标签上的内容，例如：表页1、表页2、…，这是系统默认的设置值；通过表页标识的编辑功能，可用输入内容取代系统默认设置。如将表页1改为2011年第1期，此时该表页的标识签将从“表页1”变为输入的内容“2011年第1期”，方便了对表页的管理。表页识别的编辑界面如图8-15所示。

3）关键字编辑。关键字的具体值在“表页管理”界面的“关键字”标签页中进行设置。关键字是为了方便某种记忆而产生的，如果想记录每张表页的生产时间等信息，使用表页关键字就可随时查看了解。在“关键字”标签页中，可以进行删除关键字、添加关键字和编辑关键字的操作（见图8-16）。

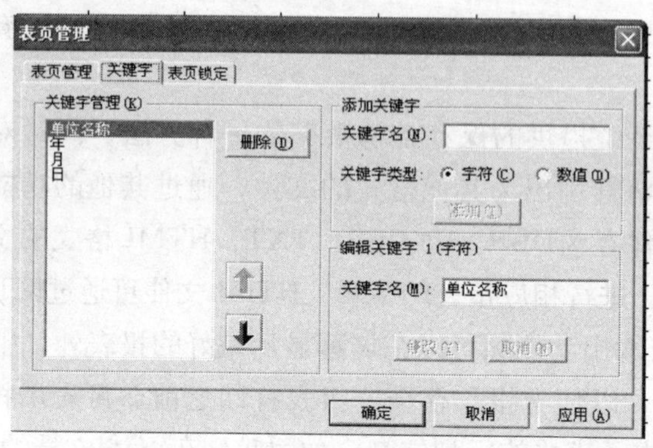

图8-16 表页识别的编辑

4）表页锁定。当报表编制好后，避免意外操作使报表数据产生错误，可使用“表页锁定”功能，选定某一张表页，将其锁定，被锁定后的表页无法进行修改和编辑。如需要编辑该表页，可解除锁定恢复表页管理操作。

8.5 用友取数公式的定义及应用

8.5.1 用友取数公式的定义

取数函数的基本格式：

函数名（科目编码，会计期间，方向，辅助项1，辅助项2）

1）科目编码。确定取数据的科目，该科目编码必须是总账科目编码表中已定义的科目。

2）会计期间。可以是“年”也可以是“月”，或1～12的任何一个数字。如会计期间为“年”则按当前会计年度取数；如会计期间为“月”则按结转月份取数；如会计期间为一个具体的数据，表示取此会计月的数据。

3）方向。发生额函数或累计额函数的方向用“J”或“借”或“Dr”表示借方；用“D”或“贷”或“Cr”表示贷方。

4）辅助项。当科目设置为辅助核算时，如客户核算、部门核算等，可以指定取辅助核算的数据。如果科目有两种核算项目，则可输入两个末级核算项，即具体的客户或部门。辅助项是可选项，可以输入也可不输入，或输入“*”。如果输入辅助项，则按输入的辅助项取数；如输入“*”，则取科目总数。

期初、期末函数可省略“方向”参数，但发生额不可省略“方向”参数没有定义辅助核算的科目不需输入“辅助项”参数。实际使用时，一般只输入前两个或前三个参数即可。

具体的账务取数函数如表8-8所示。

表8-8　账务取数函数一览表

函数的意义	函数的书写格式
期初余额	QC（科目编码，会计期间，方向，辅助项1，辅助项2）
外币期初	WQC（科目编码，会计期间，方向，辅助项1，辅助项2）
数量期初	SQC（科目编码，会计期间，方向，辅助项1，辅助项2）
期末余额	QM（科目编码，会计期间，方向，辅助项1，辅助项2）
外币期末	WQM（科目编码，会计期间，方向，辅助项1，辅助项2）
数量期末	SQM（科目编码，会计期间，方向，辅助项1，辅助项2）
发生净额	JE（科目编码，会计期间，方向，辅助项1，辅助项2）
外币净额	WJE（科目编码，会计期间，方向，辅助项1，辅助项2）
数量净额	SJE（科目编码，会计期间，方向，辅助项1，辅助项2）
发生额	FS（科目编码，会计期间，方向，辅助项1，辅助项2）
外币发生	WFS（科目编码，会计期间，方向，辅助项1，辅助项2）
数量发生	SFS（科目编码，会计期间，方向，辅助项1，辅助项2）
累计发生额	LFS（科目编码，会计期间，方向，辅助项1，辅助项2）
外币累计发生额	WLFS（科目编码，会计期间，方向，辅助项1，辅助项2）
数量累计发生额	SLFS（科目编码，会计期间，方向，辅助项1，辅助项2）
对方科目数值	JG（科目）
借贷平衡差额	CE（）
通用转账公式	TY（数据库名，数据表名，计算表达式，条件表达式）

函数应用举例

例1，取现金科目的本月（3月）期初余额、期末余额、发生净额、发生额、累计发生额。

QC（1001，月）等同于QC（1001，3），这两种书写方式对于取3月份现金科目的期初余额具有同等功能，但QC（1001，月）每个月都可使用，而QC（1001，3）只能取3月份的数据。这就是会计期间用“月”表示和直接用数字表示的区别。

QM（1001，月），取现金科目的本月期末余额，JF（1001，月），取现金科目的本月发生净额。

FS（1001，月，J），取现金科目的本月借方发生额，FS（1001，月，D），取现金科目的本月贷方发生额。如果省略方向，函数本身不能表示所取数据是借方还是贷方，因此，使用该函数时应注意其取数方向的识别。

LFS（1001，月，J），取现金科目截止到本月的借方累计发生额，LFS（1001，月，D），取现金科目截止到本月的贷方累计发生额。该函数同样也不可省略方向参数。

例2，取应收账款某一客户的期末余额，应收账款设为客户核算和个人核算。个人核算指的是针对客户而言，即这个客户的应收款是由哪个业务员负责的。

QM（1122，月，客户编码，个人编码），而不能写为QM（1122，月，个人编码，客户编码）。

如果科目有一种以上的辅助核算，则辅助核算在公式中的排列位置有先后顺序要求，其顺序为：客户→供应商→部门→个人→项目。

如果应收账款没有设置个人辅助核算，而只设了客户核算，并且使用了应收款管理子系统，在此便不能按客户取数据，只能按科目取数据。书写方式为：QM（1122，月，*），而不能像其他科目直接写科目和期间，如QM（1122，月）。

例3，月末结转销售甲、乙、丙产品的销售收入至本年利润科目，定义转账凭证分录：

会计科目	方向	取数公式
60010101	借	QM(60010101,月)
60010102	借	QM(60010102,月)
60010103	借	QM(60010103,月)
4103	贷	JG ()

或分科目结转：

会计科目	方向	取数公式
60010101	借	QM(60010101,月)
60010102	借	QM(60010102,月)
60010103	借	QM(60010103,月)
4103	贷	JG（60010101）
4103	贷	JG（60010102）
4103	贷	JG（60010103）

JG（科目）函数主要用于定义转账凭证时使用，省略参数表示取对方所有发生数合计，如JG（）取销售甲、乙、丙产品的销售收入合计。输入科目表示取转账中对方该科目发生数合计，如JG（60010101）取销售甲产品的收入合计。

例4，取现金、银行存款、其他货币资金科目的期末余额合计：

QC（1001，月）+QC（1002，月）+QC（1012，月）

以上例题包含了大部分的应用，具体编表见编表举例。

8.5.2 用友软件编制报表举例

不论采用什么方法,编制报表都必须经过报表的数据分析和报表的格式定义。不同之处是采用的取数函数不同。仍以资产负债表为例，在数据分析的基础上，定义取数公式。

1. 定义资产负债表的取数公式

1）货币资金的期末余额、年初余额的取数公式：

期末余额的取数公式：QM（1001,月）+QM（1002,月）+QM（1012,月）

年初余额的取数公式：QC（1001,年）+QC（1002,年）+QC（1012,年）

此处年初余额的取数公式中会计期间为“年”，表示取本年度的期初余额，也就是年初余额。

2）应收账款、应收票据的期末余额、年初余额的取数公式：

应收账款期末余额的取数公式：QM(1122,月)

应收票据期末余额的取数公式：QM(1121,月)

应收账款年初余额的取数公式：QC(1122,年)

应收票据年初余额的取数公式：QC(1121,年)

3）流动资产合计的取数公式：

期末余额的取数公式：ptotal(B5:B15)

年初余额的取数公式：ptotal(C5:C15)

2. 报表的计算

对于已定义了公式的报表，在需要生成时，只需在报表主菜单下将其打开，选择重新计算即可生成所需报表。

8.5.3　金蝶和用友两软件编制报表的异同点

1. 总账函数比较

金蝶软件采用的函数少，从总账系统取数只用一个函数。但它有多种取数类别和灵活的取数年度及期间，因此一个函数可满足多种需求。

用友软件采用的函数较多，它将取数类型作为函数名，且用的是汉字拼音的第一个字母，容易记忆。

2. 报表函数比较

1）同表取数。金蝶报表函数：REF（取数内容，表页），用于同一张表的不同表页之间取数。用友报表函数：SELECT（取数内容，月@=月+N），取同一张表,上N个月表页中的数。

例如，当前期间是5，编制5月份报表需要取3月份C4单元格的数据，取数公式分别为：

REF（C4，表页_3），函数与当前期间无关，直接指定取数表页。

SELECT（C4，月@=月+2），N=当前期间−取数期间=5−3=2，n=0为当前表页。

2）表间取数。金蝶报表函数：REF_F（报表名，取数内容，表页，账套名），用于不同表之间，不同账套之间的取数。当账套名、报表名为空时，功能同REF函数。

用友报表函数："报表名"→取数内容RELATION月@WITH"报表名"→月+N，取指定报表中，上N个月某单元格的具体内容。

例如，假定10月份资产负债表（zcfzb）中C7单元格的数据来自于9月份的利润表（SYB）B6单元格，取数公式分别表示为：

REF_F("SYB",B6，"表页_9","")，因数据取自本账套故省略。

"SYB"→B6 RELATION月@WITH "SYB"→月+1，

3）数据库取数公式。金蝶软件中为：KPGETSQL（"存储过程或SQL"，返回值列位置，"返回值类型"，"账套名"）。该函数实现执行存储过程或SQL返回值显示到列单元格的功能，即返回记录集第一行指定列的数据。默认账套为本账套，默认返回值列位置为当前单元格。

用友软件中为：TY（Access数据库名，数据表名，计算表达式，条件表达式）。

其中，Access数据库名必须为已存在的数据库，并且需要指定文件所存储位置的全路径及数据库文件全名（包括扩展名）；数据表名为已存在的数据表；计算表达式可以是字段名，也可是SQL语句中的统计函数；条件表达式是指定的查询条件，相当于SQL语句中where子句中的内容。执行公式时，系统自动将各参数值拼写成SQL数据库查询语句，从数据库中取得相应的数据。若执行结果有多个值，则返回第一个符合条件的值。

这两个函数都是为高级用户提供的，使用数据库函数需要懂得数据库的基本知识，熟悉存储过程和SQL语句，该函数功能为报表的二次开发提供了有效的帮助。前者是金蝶软件的函数，存储过程和SQL语句都可对数据库进行操作，它并没有指定数据库文件名，具体对哪个数据表操作是由存储过程和SQL语句决定的。后者是用友软件的函数，该函数对指定的数据库文件中的指定数据表进行操作，而把返回值和操作条件分为计算表达式、条件表达式两个参数。

8.6 财务分析

在企业的财务管理中，对企业的财务报告进行分析是重要的环节。财务分析是运用财务报表数据对企业过去的财务状况和经营成果及未来前景所作的一种评价。通过这种评价，可以为财务决策、计划和控制提供广泛的帮助。财务分析的基础是企业的财务报告，它反映过去的财务状况和经营成果并不是报表使用者的最终目的，真正有价值的是通过对财务报表的分析来预测未来的盈余、股利、现金流量及其风险，以帮助管理人员规划未来。可以说，不掌握财务报表分析，就不能把反映历史状况的数据转变成预计未来的有用信息。

本节主要讲述报表分析、指标分析、因素分析等内容。用户可以根据系统提供的各种分析工具，对自己的财务状况进行比较全面的分析，了解公司的财务状况的经营收益，为投资决策提供有力的依据。

8.6.1 报表分析

报表分析主要是对资产负债表、利润表和自定义报表的分析。而对每一种报表的分析都有结构分析、比较分析、趋势分析三种方法。下面在上节已编制的报表基础上，直接进行分析，选择如图8-17所示的“报表分析”，弹出如图8-18所示的“分析方法”选择界面，

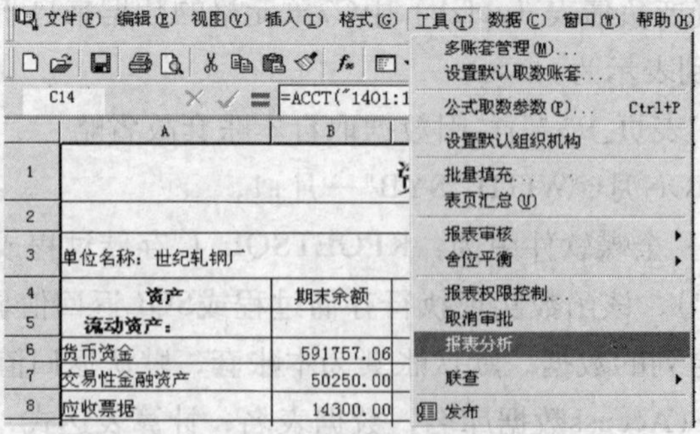

图8-17 报表分析选择界面

图8-18　分析方法选择窗口

1. 结构分析

结构分析是对构成某一指标的各个组成部分占总体的比重所进行的分析，可用于任何一种由部分构成总体的指标，如应收账款中各客户余额的百分比、产品销售收入中各个产品占总收入的比重等。如图8-18所示，在分析方法中选择结构分析，在选项处选定报表的年份和所处的期间，按“确定”按钮，进行报表的结构分析，资产部分的结构分析结果如图8-19所示。

	A	B	C
3	项目	2011年1期	结构分析（%）
4	资产	期末余额	
5	流动资产：		
6	货币资金	591757.06	14.74
7	交易性金融资产	50250.00	1.25
8	应收票据	14300.00	0.36
9	应收账款	1231471.96	30.67
10	预付账款	40000.00	1.00
11	应收利息	0.00	0.00
12	应收股利	0.00	0.00
13	其他应收款	101177.50	2.52
14	存货	776983.13	19.35
15	一年内到期的非流动资产		
16	其他流动资产		
17	流动资产合计	2805939.6[illegible]	69.88
18	非流动资产：		
19	可供出售金融资产	0.00	0.00
20	持有至到期投资	0.00	0.00
21	长期应收款	0.00	0.00
22	长期股权投资	105000.00	2.61
23	投资性房地产	0.00	0.00
24	固定资产	643570.97	16.03
25	在建工程	393000.00	9.79
26	工程物资	5000.00	0.12
27	固定资产清理	0.00	0.00
28	无形资产	63000.00	1.57
29	开发支出		
30	商誉	0.00	0.00
31	长期待摊费用	0.00	0.00
32	递延所得税资产	0.00	0.00
33	其他非流动资产	0.00	0.00
34	非流动资产合计	1209570.97	30.12
35	资产合计	4015510.62	100.00

图8-19　资产结构分析结果

2. 比较分析

比较分析是指对同口径的任何一个财务指标在两个会计期间或一个会计期间与它的预算数之间的比较，借以揭示其增减金额及增减幅度的方法。在如图8-18所示的分析方法选择窗口选择比较分析，出现如图8-20所示的界面。考虑到财务分析的会计期间可能为月，也可能为季、年，因此，进行比较分析时，可选择月、季、年和预算数四种比较。选择月、季、年时，还可以对对比期（报告期）和被对比期（基期）进行选择，即可在任何两个口径相同的会计期间之间进行比较。因本套账只有2011年一期的数据，只能与年初余额进行比较。在图8-20中设置“与年初比较”，点击“确定”，资产负债表的比较分析结果如图8-21和图8-22所示。

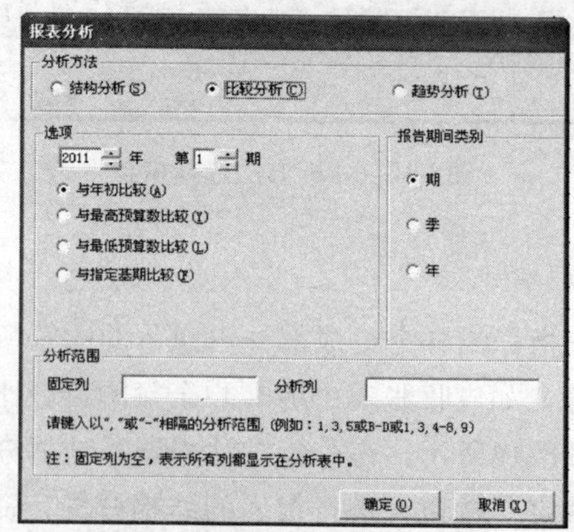

图8-20 比较分析的选择界面

报表系统 － [新报表:报表_4]

	A	B	C	D	E	F
3	项目	年初数	2011年1期	趋势（%）	增减额	增减（%）
4	资产	期初余额	期末余额			
5	流动资产：					
6	货币资金	361453.16	591757.06	163.72	230303.90	63.72
7	交易性金融资产	0.00	50250.00		50250.00	
8	应收票据	5000.00	14300.00	286.00	9300.00	186.00
9	应收账款	178325.02	1231471.96	690.58	1053146.94	590.58
10	预付账款	20000.00	40000.00	200.00	20000.00	100.00
11	应收利息	0.00	0.00		0.00	
12	应收股利	0.00	0.00		0.00	
13	其他应收款	1700.00	101177.50	5951.62	99477.50	5851.62
14	存货	1426059.65	776983.13	54.48	-649076.52	-45.52
15	一年内到期的非流动资产			0.00	0.00	0.00
16	其他流动资产			0.00	0.00	0.00
17	流动资产合计	1992537.83	2805939.65	140.82	813401.82	40.82
18	非流动资产：			0.00	0.00	0.00
19	可供出售金融资产	0.00	0.00		0.00	
20	持有至到期投资	0.00	0.00		0.00	
21	长期应收款	0.00	0.00		0.00	
22	长期股权投资	5000.00	105000.00	2100.00	100000.00	2000.00
23	投资性房地产	0.00	0.00		0.00	
24	固定资产	549982.39	643570.97	117.02	93588.58	17.02
25	在建工程	230000.00	393000.00	170.87	163000.00	70.87
26	工程物资	0.00	5000.00		5000.00	
27	固定资产清理	0.00	0.00		0.00	
28	无形资产	0.00	63000.00		63000.00	
29	开发支出			0.00	0.00	0.00
30	商誉	0.00	0.00		0.00	
31	长期待摊费用	0.00	0.00		0.00	
32	递延所得税资产	0.00	0.00		0.00	
33	其他非流动资产	0.00	0.00		0.00	
34	非流动资产合计	784982.39	1209570.97	154.09	424588.58	54.09
35	资产合计	2777520.22	4015510.62	144.57	1237990.40	44.57

图8-21 资产比较分析结果

项目	年初数	2011年1期	趋势（%）	增减额	增减（%）
负债和所有者权益	期初余额	期末余额			
流动负债：					
短期借款	150000.00	150000.00	100.00	0.00	0.00
交易性金融负债	0.00	0.00		0.00	
应付票据	0.00	63999.00		63999.00	
应付账款	128700.00	128700.00	100.00	0.00	0.00
预收账款	164380.02	20885.02	12.71	-143495.00	-87.29
应付职工薪酬	0.00	0.00		0.00	
应交税费	0.00	344658.00		344658.00	
应付利息	0.00	0.00		0.00	
应付股利	0.00	0.00		0.00	
其他应付款	0.00	0.00		0.00	
一年内到期流动负债			0.00	0.00	0.00
其他流动负债			0.00	0.00	0.00
流动负债合计	443080.02	708242.02	159.85	265162.00	59.85
非流动负债：			0.00	0.00	0.00
长期借款	700000.00	400000.00	57.14	-300000.00	-42.86
应付债券	0.00	0.00		0.00	
长期应付款	0.00	0.00		0.00	
预计负债	0.00	0.00		0.00	
递延所得税负债	0.00	0.00		0.00	
其他非流动负债	0.00	0.00		0.00	
非流动负债合计	700000.00	400000.00	57.14	-300000.00	-42.86
负债合计	1143080.02	1108242.02	96.95	-34838.00	-3.05
所有者权益：			0.00	0.00	0.00
实收资本（或股本）	1634440.20	1734440.20	106.12	100000.00	6.12
资本公积	0.00	0.00		0.00	
减：库存股	0.00	0.00		0.00	
盈余公积	0.00	0.00		0.00	
未分配利润	0.00	1172828.40		1172828.40	
所有者权益合计	1634440.20	2907268.60	177.88	1272828.40	77.88
负债和所有者权益合计	2777520.22	4015510.62	144.57	1237990.40	44.57

图8-22　负债及所有者权益比较分析结果

3. 趋势分析

所谓趋势分析是指同一事物在时间阶段上的变化趋势。趋势分析往往能够揭示企业财务指标或损益指标的变动规律，借以对企业未来的经济活动进行很好的预测和规划。由于分析的角度不一样，趋势分析又可以分为绝对数趋势分析和相对数趋势分析。因本套账只有1期数据，无法进行趋势分析。

8.6.2　指标分析

基本财务指标分析是指对同一期财务报表上的相关项目进行互相比较，求出它们之间的比率，以说明财务报表上所列项目与项目之间的关系，从而揭示单位的财务状况。通过计算各种财务指标的方法来了解企业的经营和收益情况，是财务分析的核心。如通过计算应收账款周转率可以了解企业资金回笼的速度；资产负债率可以了解企业的负债总额占总资产的比重，确定企业的融资和投资方案等。指标分析必须在“财务分析”系统中进行。

1. 财务指标的定义

要进行财务指标的分析，首先进行财务指标的定义。进入财务分析系统，将光标移至“财务指标”处，单击鼠标右键，选择如图8-23所示的指标定义之后，出现如图8-24所示的指标定义界面。对于指标公式的定义，需要定义指标的名称、公式、格式、是否显示四个项目。

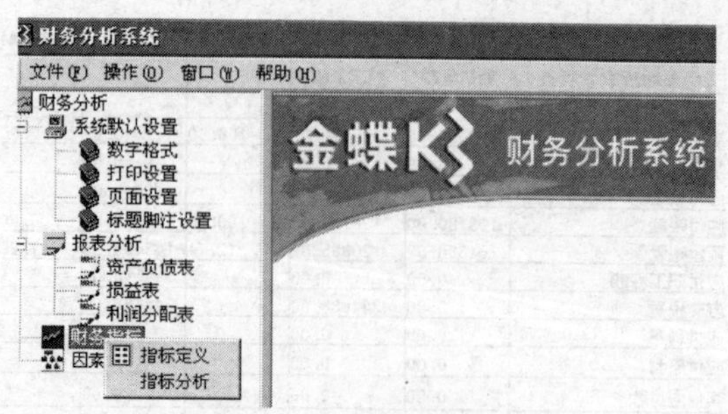

图8-23 选择指标定义

序号	指标名称	指标公式	格式	是否显示
1	本年利润增长额	损益表![利润总额] (0,0)-损益表![利润总	#,##0.00	✓
2	本年利润增长率	(损益表![利润总额] (0,0)-损益表![利润	0.00%	✓
3	净利润率	损益表![净利润]/损益表![营业收入]	0.00%	✓
4	营业利润率	损益表![营业利润]/损益表![营业收入]	0.00%	✓
5	毛利率	(损益表![营业收入]-损益表![减：产品销	0.00%	✓
6	成本费用利润率	损益表![利润总额]/(损益表![减：产品销	0.00%	✓

图8-24 进行指标定义

下面分别介绍每个项目的定义方法：

1）指标名称。在指标名称栏输入指标的名称、净利润率、营业利润率等。

2）指标公式。在指标公式栏目下，定义指标的计算公式。将鼠标指向需要定义公式的指标的公式栏目处，双击鼠标左键，系统弹出指标定义窗口，如图8-25所示。

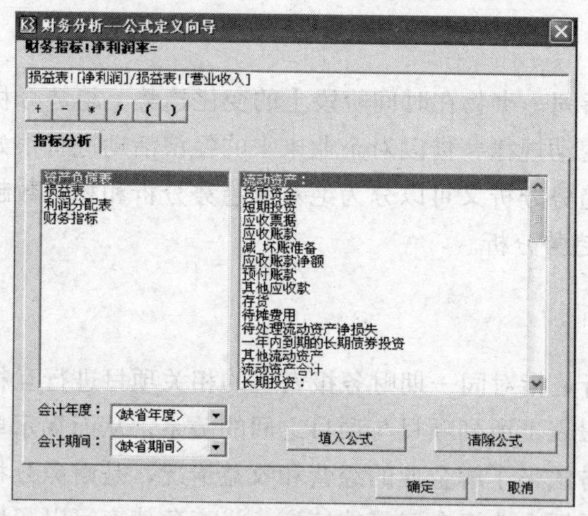

图8-25 定义指标公式界面

选择指标项目的数据来源，在报表名称中选择利润表，界面右侧显示利润表的报表项目。选定指标计算所需的净利润项目，双击鼠标左键，净利润项目进入指标公式的定义框中，在计算符号中选择“/”。用同样的方式选择“营业收入”。公式定义完之后，按确定并退出指标定义。

3）格式。双击指标的格式，系统弹出数据格式。系统提供了四种数据格式供选择。

4）是否显示。对于某一个指标，如果选择是，在指标分析时，显示该指标的名称和数据；如果选择否，指标分析时将不显示该指标。

2. 指标分析

在图8-23中选择“指标分析”，出现如图8-26所示的界面。点击图中的 ，弹出如图8-27所示的分析期间选择界面。选择2011年1期，确定后分析结果显示在图8-26中。

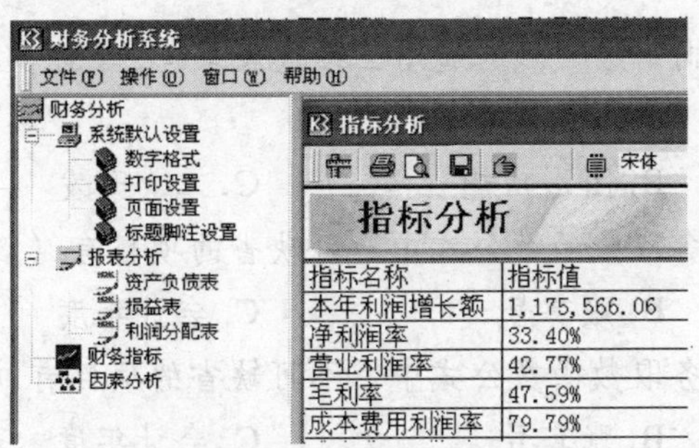

图8-26　指标分析

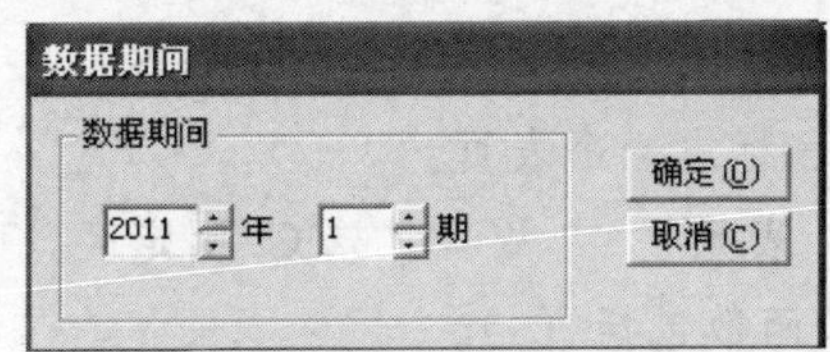

图8-27　分析期间选择界面

8.6.3　因素分析

因素分析法就是把某一综合指标分解成若干个相互联系的因素并分别计算、分析各个因素影响程度的方法。利用这种方法对综合性财务指标的变动进行分析，应首先找出该综合指标受哪几个因素的影响，并建立各因素与该指标间的函数关系，然后根据分析的目的选择适当的方法进行分析，测定各因素变动对指标的影响程度。所选定的因素，可以是收入、利润，也可以是某一个产品的成本构成，具体设定由用户自己确定。在确定了分析因素和因素分析的方法之后，便可以对该因素进行各种分析。

本章小结

编制会计报表一直是财会工作的重要内容，会计人员通过将日常会计核算资料加以分类整理、汇总，按照一定的形式编制财务会计报表。会计报表是会计核算工作的结果，也是财会部门提供财务信息资料的重要手段。由于会计报表时常随会计制度的更新而变更，因此会计报表系统给财会人员提供了一种编制报表的方法和支持方法实现的工具。财会人员可根据实际工作的需要，编制各种不同类型的报表。首先，根据编制报表的要求定义报表格式，然后从会计业务角度对报表进行数据分析。数据分析是编制报表的关键，只有做好了报表的数据分析工作，才能确定报表中每个单元格所填的内容。现在，无论使用什么软件，只需套用该软件的取数公式，便可完成报表的定义。一旦报表定义工作完成，便可根据需要随时进行报表计算。

习　题

一、选择题

1. 报表系统是一个面向财经领域的通用三维报表系统，集许多功能于一体，主要包括（ ）等功能。

A. 格式设计　　B. 图形功能　　C. 二次开发　　D. 数据处理

2. 报表计算公式的账务取数函数公式中，可缺省的项目有（ ）。

A. 会计科目　　B. 账套号　　C. 会计年度　　D. 辅助核算

3. 报表计算公式的账务取数函数公式中，不可缺省的项目有（ ）。

A. 会计科目　　B. 账套号　　C. 会计年度　　D. 会计期间

4. 报表系统可提供引出文件的格式是（ ）。

A. XLS　　B. REP　　C. KDS　　D. Excel

5. 报表中，可用（ ）唯一标志一个表页。

A. 特殊公式　　B. 表元　　C. 固定区　　D. 关键字

6. 报表计算公式中，取数函数包括（ ）。

A. 本表表页取数函数　　B. 账务取数函数

C. 其他报表取数函数　　D. 本表其他表页取数函数

7. 下列哪些工作是在报表的数据状态下进行的？（ ）

A. 录入关键字值　　B. 定义报表公式

C. 舍位平衡计算　　D. 设定表单元属性

8. 在报表中，要想对各个表页的数据进行比较，可以利用（ ）功能把多个表页的数据显示在一个平面上。

A. 数据透视　　B. 数据汇总　　C. 数据采集　　D. 表页排序

9. 表表之间的相互取数是通过（ ）实现的。

A. 报表汇总　　B. 表间取数公式　　C. 块写文件　　D. 数据修改

10. 报表系统具有以下哪些功能？（ ）

A. 设计报表格式　　B. 从总账中取数　　C. 文档编辑　　D. 制作动画

二、填空题

1. 报表的操作分为________和________两种状态。

2. 报表公式包括________、________和________。

3. 报表设置的内容包括________、________和________等。

4. 报表格式主要有________、________、________和________等内容。

5. 表体是报表的重要内容，它是由________和________两部分组成。

6. 会计报表的数据来源有________、________和________等。

7. “主营业务收入”本月数的账务取数公式是________。

三、判断题

1. 定义的报表格式作为表样，可以反复调用，但不能进行修改。( )

2. 定义报表计算公式时，必须使用本系统规定的函数格式，否则系统认为是非法的计算公式。( )

3. 报表审核公式与计算公式中的“=”含义相同。( )

4. 数据报表中的编制日期，是系统自动根据定义的日期函数生成的。( )

5. 会计报表只能采集一级科目的数据，而不能采集有辅助核算项目的数据。( )

6. 定义一个单元格的取数公式只能选用一种取数函数。( )

7. 任何一个表项目的取数公式必须是唯一的，否则将会错误编报。( )

四、编制会计报表及分析

1. 按照本章所讲的编表方法，编制利润表。

2. 分别说明如何用ACCT函数取销售收入、销售成本的本期发生额、本期累计发生额。

3. 利用指标分析功能，定义如下指标并进行分析：

(1) 资产负债率=负债总额÷资产总额×100%

(2) 销售利润率=利润总额÷产品销售收入净额×100%

(3) 总资产报酬率=(利润总额+利息支出)÷平均资产总额×100%

(4) 资本权益率=净利润÷实收资本×100%

(5) 资本保值增值率=期末所有者权益总额÷期初所有者权益总额×100%

(6) 流动比率=流动资产总额÷流动负债总额×100%

(7) 主营业务利润率=利润÷主营业务收入净额

(8) 总资产报酬率=（利润总额+利息支出）÷平均资产总额

(9) 净资产收益率=净利润÷平均净资产×100%

第9章

采购管理与核算系统

9.1 采购管理与核算系统分析

9.1.1 采购管理概述

采购管理是物料在企业内流动的起点，是从计划、销售等系统和本系统获得购货需求信息，与供应商和供货机构签订订单、采购货物，传递给需求系统。

采购管理是物流管理的重点内容之一，它在企业内部原材料和半成品生产合作交流方面架起一座桥梁来沟通生产需求和物资供应的关系。它对保证信息的正常流动、交货期及降低成本有着非常重要的作用。尤其对于制造企业而言，物料成本占整个产品成本的比重较大，其采购原材料成本占到销售额的一半以上，因此采购部门必须尽量降低材料的采购成本，同时还要科学地进行物料的库存控制，避免造成大量的库存积压与浪费。

9.1.2 采购管理业务分析

企业的采购管理业务主要负责企业生产需要的原材料、辅助材料、备件、燃料等的采购。采购管理的主要业务流程如下所述。

1. 接受采购申请，编制采购计划

采购申请是物料需求部门根据主生产计划、物料需求计划、库存管理需要、销售订货

或零星需求等实际情况，向主管部门提出购货申请，采购部门进行综合分析，将各需求部门的采购申请进行归类、合并处理，编制统一的采购计划，并依此作为向主管领导报批的采购申请单。采购申请须经批准审核后方可执行。

2. 订购业务处理过程

采购经办人员接到经审核的采购申请单后应以“采购订购单”向厂商订购，并以电话或传真确定交货（到货）日期，同时要求供应商于“送货单”上注明“请购单编号”及“包装方式”。若属分批交货者，采购经办人员应于“请购单”上加盖“分批交货”章以资识别。采购经办人员使用暂借款采购时，应于“请购单”加盖“暂借款采购”章，以资识别。

采购订单是购销双方共同签署的用以确认采购活动的标志，在采购管理系统中处于核心地位。采购订单所反映的业务资料是企业正式确认的、具有经济合法地位的文件，通过它可以直接向供应商订货并可查询采购订单的收料情况和订单执行状况，是订货业务工作中非常重要的管理方式。采购订单是物资在采购业务中流动的起点，无论是采购订单自身的确认，还是其业务顺序流动、被下游单据精确执行，都能反映在采购订单上，通过采购订单进行跟踪管理，可对采购业务的处理过程一目了然。

3. 物料到达企业后，填写收料通知单

收料通知单是采购部门在物料到达企业后，登记由谁验收、由哪个仓库入库等情况的详细单据，便于物料的跟踪与查询。收料通知单是采购订单的重要执行单据，它不仅要处理与采购订单直接关联的执行情况，还要处理外购入库单与采购订单间接关联的执行情况，起到承上启下的业务管理作用。收料通知单也是采购质量管理中的送检通知单，在收货质量检验过程中，收到的货物不能入库，需要先将其送检，检验合格的物料才能入库。

4. 收料检验，实现采购入库的检验功能

收料检验通过采购管理的检验流程实现，即由收料通知单（送检通知单）直接生成检验单，检验员执行质检后处理检验数据，并将合格数反写回收料通知单，根据合格数量生成外购入库单。出现质量问题导致不能入库时，则将货物退回供应商。

5. 整理付款，获取采购发票

物料管理部门应按照已办妥收料的“请购单”连同“材料检验报告表”（若免填“材料检验报告表”，应于收料单加盖“免填材料检验报告表”章）送采购部门，经与发票核对无误，于翌日前由主管核章后送会计部门。会计部门应于结账前办妥付款手续。如为分批收料，“请购单（内购）”的会计联须于第一批收料后送会计部门。

综合分析采购管理的主要工作是提供采购申请、采购订货、进料检验、仓库收料、采购退货、价格管理、质检管理、库存信息及订单执行跟踪情况等业务资料查询和处理功能；并根据企业业务及职能管理需要的不同，分别提供业务管理报表和业务分析资料；同时应提供丰富灵活的业务单据和业务资料修改、作废、审核（包括多级审核）、关闭、查询（包括业务查询和关联查询）、打印输出、引入、传递共享等功能。

采购管理的业务流程如图9-1所示。

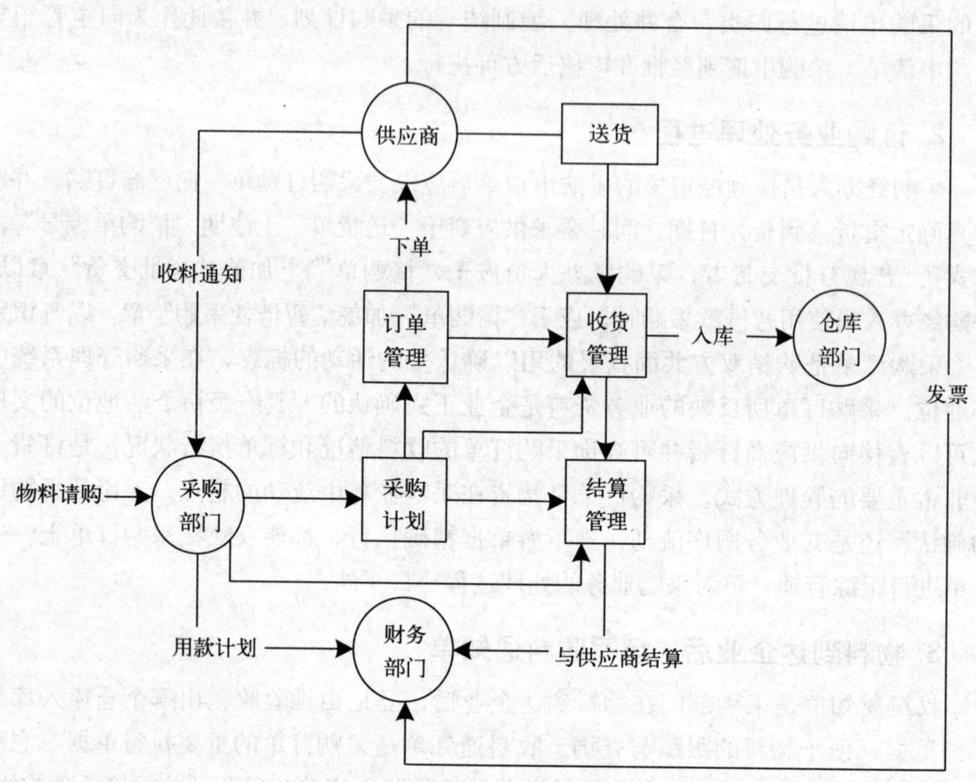

图9-1 采购管理业务流程图

9.1.3 采购核算管理分析

采购核算可采用计划成本计价和实际成本计价两种核算方法。两种核算方法在账户设置和账务处理上稍有差异，下面分别加以叙述。

1. 按实际成本计价进行核算

（1）**账户设置** 按实际成本计价进行核算时，应设置如下账户：

1）“原材料”。包括原料及主要材料、辅助材料、外购半成品（外购件）、修理备用件（备品备件）、包装材料、燃料等。本科目反映和监督各种原材料的收入、发出和结存的情况，期末的借方余额反映各种原材料的实际成本。

2）“周转材料”。包括包装物、低值易耗品，以及企业（建造承包商）的钢模板、木模板、脚手架等。本科目反映和监督各种周转材料的收入、发出和结存的情况，期末的借方余额反映各种周转材料的实际成本。企业的包装物、低值易耗品也可单独设置“包装物”、“低值易耗品”科目。

3）“在途物资”。在途物资成本包括买价、运杂费（包括运输费、装卸费、保险费、包装费、仓储费等）、运输途中的合理损耗、入库前的挑选整理费用、购入材料负担的税金

（如关税）和其他费用。本账户反映和监督企业采购物资的结算和入库情况，期末借方余额反映已经付款但尚未验收入库的在途物资。

4）“应付账款”。核算企业因购买材料、商品或接受劳务供应等而应付给供应单位的款项，期末的贷方余额表示尚未支付的应付账款的数额。

5）“应付票据”。核算企业因购买材料、商品或接受劳务供应等而开出、承兑的商业汇票，包括银行承兑汇票和商业承兑汇票。企业在采购活动中，往往开出应付票据给供应单位。本账户对“应付票据”的开出和偿还进行核算。

6）“预付账款”。核算企业按照购货合同规定预付给供应单位的款项，期末借方余额反映企业已经预付但尚未结算的款项。

7）“应交税费——应交增值税——进项税额”。核算企业在采购活动中发生的增值税的进项税。

（2）**采购核算的账务处理** 由于材料的采购地点和结算方式的不同，引起材料的入库时间和货款的支付时间不一致，使得在账务处理上出现如下几种处理方式：

1）结算凭证和发票等单据同时到达。企业应根据结算凭证、发票账单等凭证在支付货款后，借记“在途物资”账户，借记“应交税费——应交增值税——进项税额”，贷记“银行存款”账户。材料验收入库后，根据收料单等凭证，借记“原材料”或“周转材料”账户，贷记“在途物资”账户；若尚未付款，则贷记“应付账款”或“应付票据”账户。

2）支付货款或已开出商业承兑汇票，但材料未到或尚未验收入库。企业应根据结算凭证、发票等单据，借记“在途物资”、“应交税费——应交增值税——进项税额”账户，贷记“银行存款”或“应付票据”等账户。待材料收到后，再根据收料单，借记“原材料”或“周转材料”账户，贷记“在途物资”账户。

3）材料已到，结算凭证未到，货款尚未支付。由于一般在短时间内发票就可能到达，为了简化核算手续，在月份内可以暂时不进行总分类核算，只将收到的材料登记材料明细账。月末时，对于那些结算凭证和发票尚未到达的可以按合同价格或计划价格暂估入账，借记“原材料”或“周转材料”，贷记“应付账款”。下月初，用红字做同样的凭证，予以冲回，以便下月付款或开出商业承兑汇票时，按正常程序进行账务处理。

4）用预付货款的方式采购材料。根据有关规定预付材料货款时，借记“预付账款”，贷记“银行存款”。已经预付货款的材料到达时，根据发票账单所列金额，借记“在途物资”或“原材料”或“周转材料”、“应交税费——应交增值税——进项税额”账户，贷记“预付账款”。对于预付货款不足的，可用“银行存款”补付或作“应付账款”处理。

2. 按计划成本计价进行核算

（1）**账户设置** 按计划成本计价进行核算，在账户设置上与实际成本计价核算的不同之处是，设置“材料采购”而不是“在途物资”账户来核算购入材料的成本。另外还要设置“材料成本差异”账户，该账户用来核算企业在采购过程中，各种材料的实际成本和计划成本之间的差额。借方登记材料实际成本大于计划成本的差异额，贷方登记材料实际成本小于计划成本的差异额。在此种核算方法下，“原材料”或“周转材料”账户是按计划成本核算入库的各种材料。

（2）**账务处理** 账务处理与按实际成本计价的不同之处是，对根据结算凭证和发票等单据付款或开出商业承兑汇票且已验收入库的材料，按计划成本借记“原材料”或“周转材料”，按实际成本贷记“材料采购”，按实际成本与计划成本的差额结转成本差异，借记或贷记“材料成本差异”。

9.1.4 采购管理系统与其他系统的关系

采购管理系统与其他业务系统的关系如图9-2所示。具体来讲，由计划管理系统根据产品生产计划、物料清单文件和库存状态文件等进行MRPⅡ的运算，以采购申请单的形式生成采购需求信息，采购管理系统根据供应商信息选择供应商，依采购申请单向供应商发出采购订单，供应商根据订单生产、发货。同时向采购部门发出收料通知单，向财务部门提供发票。货到后，经收货检验后入库。采购发票作为原始凭证引入账务系统。物料的采购成本计算和账款结算工作由存货与应付账系统完成。

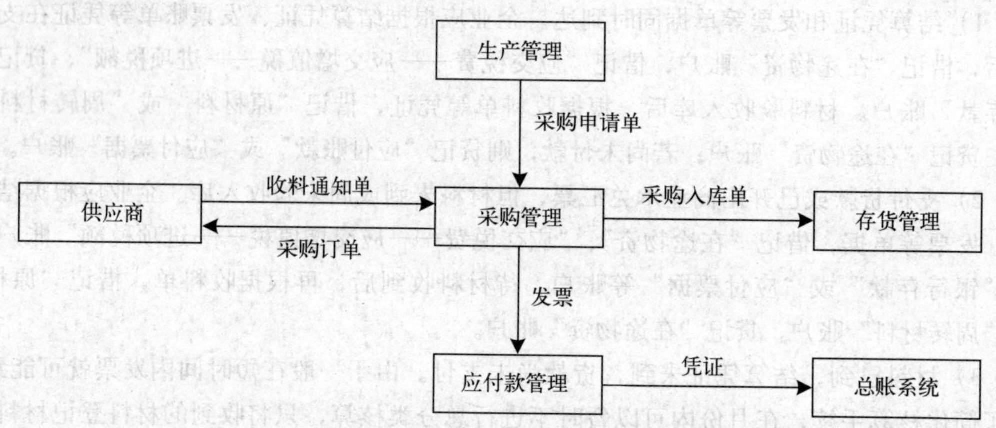

图9-2 采购管理系统与其他业务系统的关系

9.2 采购管理与核算系统设计

通过对采购系统的管理业务和核算业务的全面分析系统的设计目标必须能够满足管理和核算的要求以及与其他系统进行数据传递，保证整个系统的有机融合。

9.2.1 系统功能设计

1. 功能结构

采购管理系统的功能结构图如图9-3所示。

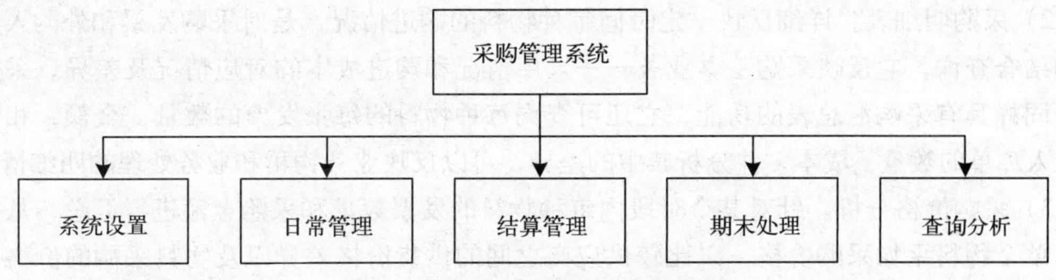

图9-3　采购管理系统的功能结构图

2. 功能说明

（1）**系统设置**　具体如下：

1）核算参数设置。设置启用年度和启用期间、增值税率、核算方式（有“数量核算”和“数量、金额核算”两种）、库存结余控制（是否允许负结存）、库存更新控制等。

2）采购系统设置。设置采购最高限价预警、采购订单单价默认为含税单价、采购订单保存时自动更新供应商供货信息、现购发票不传递到应付款系统、与入库单相钩稽的采购发票审核时自动核销等。

（2）**日常管理**　具体如下：

1）采购申请单管理。采购申请单的录入（或通过MPS或MRP计算自动生成）、修改、查询。

2）采购订单管理。采购订单的录入（或通过关联采购申请单生成）、修改、查询，采购订单执行情况明细表查询。

3）收料通知单管理。收料通知单的录入（或通过关联采购订单生成也可通过关联采购发票生成）、修改、查询，收料通知单序时账查询。

4）检验单管理。检验单的录入（或通过关联收料通知单生成）、修改、查询，检验单序时账查询。

5）采购发票管理。包括专用发票和普通发票的录入（或通过关联采购订单生成，也可通过关联外购入库单生成）和查询，采购发票的状态设置及管理。

6）费用发票管理。采购费用发票的录入和查询。

7）退料通知单管理。退料通知单的录入（或通过关联收料通知单生成，或在检验单审核时根据检验结果自动生成），退料通知单序时账查询。

（3）**结算管理**　主要是对采购发票的录入、审核等工作。如果在采购系统录入采购发票，则应付系统就不必录入，只是引入发票，进行审核、核销及编制记账凭证。

（4）**期末处理**　主要进行期末结账工作。

（5）**查询分析**　具体如下：

1）采购汇总表。综合反映一定时间各种物料的汇总购进情况，是采购发票和外购入库情况的结合查询，它反映采购基本业务——入库情况和购进成本的对应情况及差异。采购汇总表可根据用户选择的关键字组合条件生成，这些关键字为日期、物料代码、供应商代码等。每个关键字均可选择一个期间，即由起始值和截止值构成。

2）采购明细表。详细反映一定时间每种物料的购进情况，是对采购发票和外购入库情况的结合查询，它反映采购基本业务——入库情况和购进成本的对应情况及差异。采购明细表同样具有采购汇总表的功能，它还可查询每种物料的每张发票的数量、金额；相对应每张入库单的数量、成本，并分析其中的差异，可以反映业务钩稽和业务处理的明细情况。

3）采购价格分析。针对某个时段内每种物料的发票数量和采购金额进行汇总，从而计算出单个物料平均采购价格，以比较供应商之间的供货价格差异以及物料采购的价格变化情况。它的记录内容包括起始日期、物料代码、物料名称、供应商名称、订货数量、订货金额、最高价格、平均价格、最低价格、最新价格等。

4）采购订单分析。以某个时段内每份采购订单的订货总金额为标准，计算单份采购订单的订货金额占订货总额的比例，并进行ABC分类排序，便可得出采购订单ABC分析。确定每一个供货单位某个时段内签订订单金额占总订货金额的比例和供货额占供货总额的比例，并以供货额占订货百分比进行ABC排序，便可得出供应商供货ABC分类。它的记录内容包括订单金额占订货总额、供货金额占供货总额、供货占订货额的ABC分类等。

9.2.2 代码设计

采购系统的代码设计包括各种业务单据编号，如：采购申请单编号、采购订单编号、收料通知单编号、检验单编号、采购发票（专用发票和普通发票）编号、费用发票编号、退料通知单编号、采购对象物料编码和供应商编码。

1. 业务单据编号

业务单据数量的多少，由企业的业务量决定。因此，编号的位数可根据具体情况决定，但所有的编号必须在系统中唯一。

1）采购申请单编号：采购申请单编号规则为POREQ+顺序号。例如，第10张采购申请单的编号为POREQ000010。

2）采购订单编号：采购订单编号规则为POORD+顺序号。

3）收料通知单编号：收料通知单编号规则为DD+顺序号。

4）采购发票编号：专用发票编号规则为ZPOFP+顺序号；普通发票编号规则为PPOFP+'年'+顺序号；费用发票的编号规则为EXPEN+顺序号。

5）退料通知单编号：退料通知单编号规则为POOUT+顺序号。

2. 采购对象物料编码

采购对象是指原料、辅助材料、备件、燃料等物料。在企业会计制度中，原材料科目的核算范围确定为：原料及主要材料、辅助材料、外购半成品（外购件）、修理用备件（备品备件）、包装材料、燃料等。代码设计见第3章。

3. 供应商编码

供应商编码要与账务处理系统一致。如果设计了独立的应收款管理系统，供应商编码应实现账务处理系统、应收款管理系统、采购管理系统共享统一的编码。

9.2.3　数据库设计

采购系统所有输入的业务单据，都是系统管理和核算的基础数据，并且可为存货系统提供相关数据，是存货系统业务单据自动生成的关联对象。因此必须设计相应的数据表进行存储，为系统的输出和日常管理提供及时、准确的数据。

1. 业务单据的数据分析

1）采购申请单。采购申请单需要填写申请单编号、日期、使用部门、销售订单号、备注、申请人、审批人、审批日期、制单、物料代码、物料名称、规格型号、提前期、单位、数量、到货日期、用途、供应商、建议采购日期等数据项。这些数据有些是描述该业务处理过程共性的业务信息，有些是用来描述不同物料的基本数据。为避免数据存储过于冗余，须将共性数据设计为主表，将描述不同物料的基本数据设计为从表，其表结构如图9-4所示。

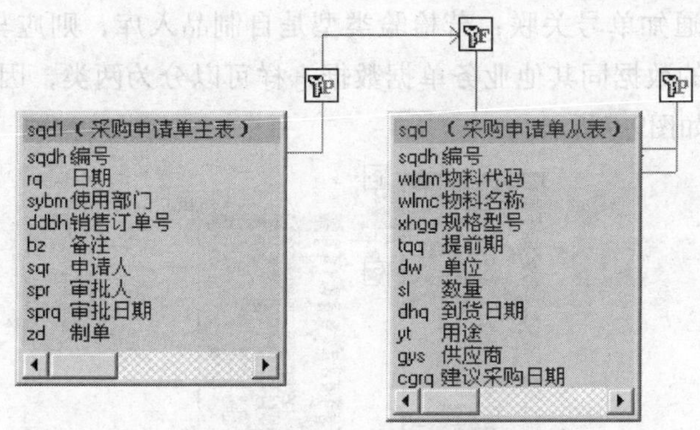

图9-4　采购申请单表结构

2）采购订单。采购订单的数据项，一部分是用于描述针对该业务处理过程共性的数据，如单据编码、单据日期等；一部分是用来描述不同物料的基本数据，如每种物料的数量、价格等数据。其表结构采用主、从表，表结构如图9-5所示。

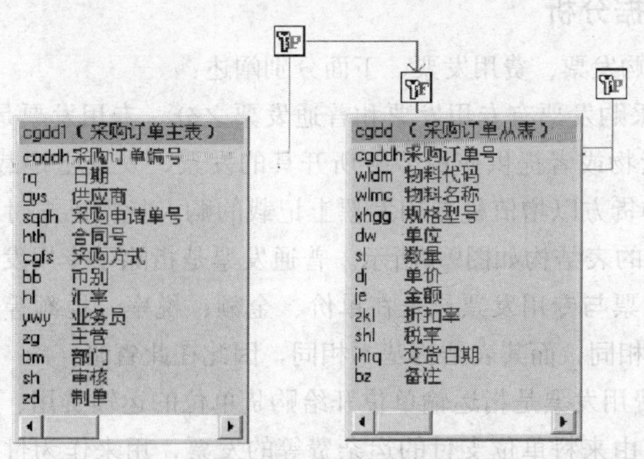

图9-5　采购订单表结构

3）收料通知单。收料通知单也采用主、从表结构，表结构如图9-6所示。

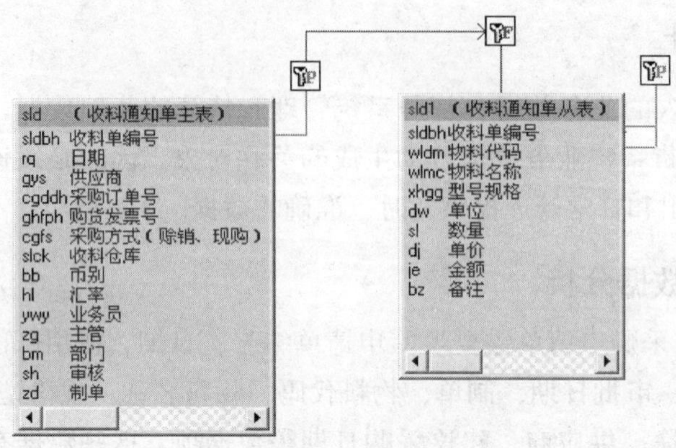

图9-6 收料通知单表结构

4）检验单。检验单类型包括外购入库检验和自制产品入库检验。如果检验类型是外购入库，检验单与收料通知单号关联；若检验类型是自制品入库，则应与生产任务单号、工艺路线关联。因为它的数据同其他业务单据数据一样可以分为两类，因此表结构也采用主、从表形式，其表结构如图9-7所示。

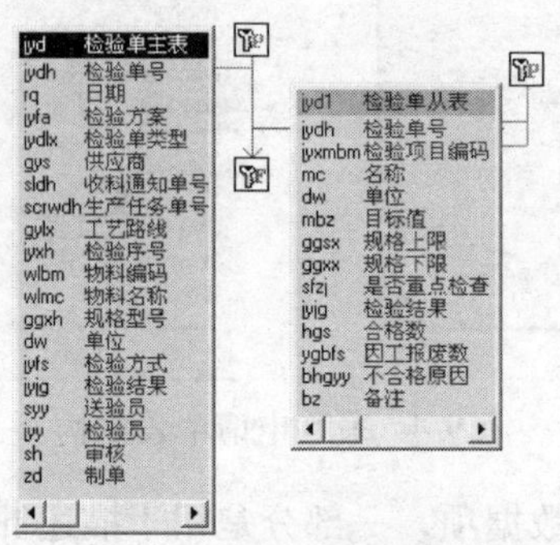

图9-7 检验单表结构

2. 财务单据数据分析

财务单据是指采购发票、费用发票，下面分别阐述：

1）采购发票。采购发票有专用发票和普通发票之分。专用发票是指增值税专用发票，是一般纳税人销售货物或者提供应税劳务所开具的发票，发票上记载了销售货物的售价、税率以及税额等，购货方以增值税专用发票上记载的购入货物已支付的税额作为扣税和记账的依据。采购发票的表结构如图9-8所示。普通发票是指除了专用发票之外的发票或其他收购价凭证。普通发票与专用发票只是在单价、金额、税率、税额等数据项所填入的具体数据代表的含义上不相同，而其表结构基本相同，因此在此省略。

2）费用发票。费用发票是指运输单位开给购货单位的运输费用、加工单位开给来料单位的加工费用以及应由来料单位支付的运杂费等的发票，用来作为付款、记账、纳税的依据。主表数据为：发票编号、日期、供货单位、地址、纳税登记号、开户银行、采购发票号、委外加工入库单号、币别、汇率。从表数据为：费用代码、费用名称、费用类型、单位、数量、单价、金额、税率、可抵扣税额、不含税税额、备注等数据。

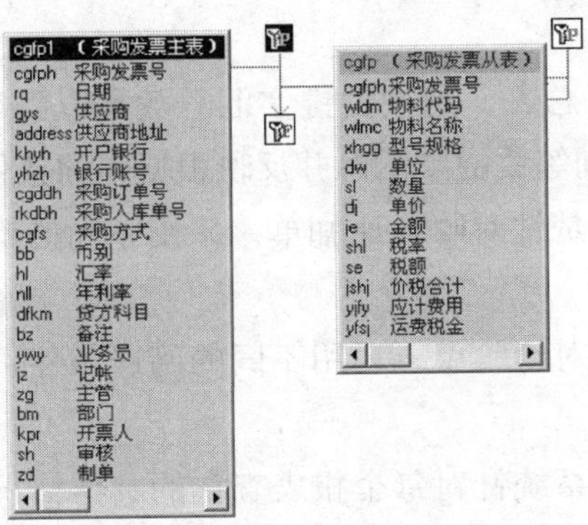

图9-8 采购发票表结构

9.2.4 采购系统的信息模型设计

系统的信息模型，是从实质上反映系统内部结构的主要方法，它不仅描述了各主从表的完整性约束，同时也描述了本系统以及相关系统之间数据的传递与约束关系，从而使业务单据之间的关联生成方法和实现原理非常易于理解。如图9-9所示为采购系统的信息模型。

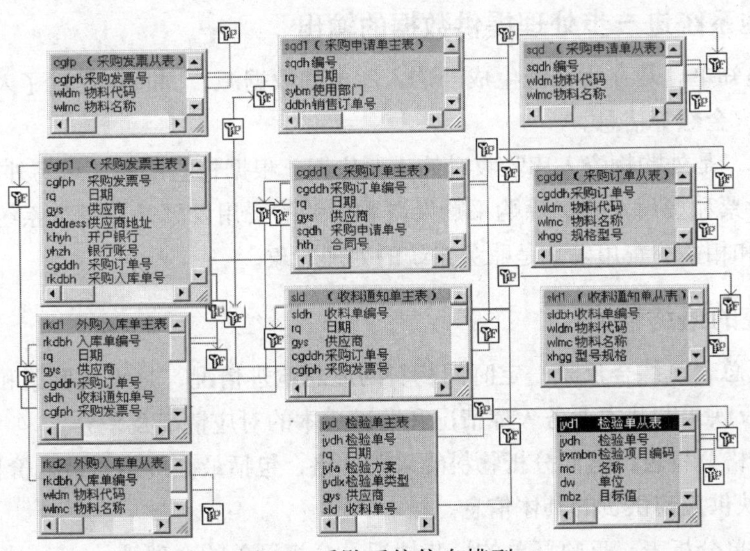

图9-9 采购系统信息模型

9.3 采购管理与核算系统输出

系统的输出结果分为三类：日常动态查询结果的输出；为其他系统进一步处理提供数据的输出；本系统的最终定期输出，这部分输出信息不再被其他系统进一步处理。

9.3.1 系统输出分类介绍

1. 系统日常动态查询结果的输出

1）采购申请单序时簿，是针对采购申请单，采用不同的筛选条件、汇总依据，然后输出查询的结果。

2）采购订单执行情况汇总表，是按关键字汇总数据以综合反映订单执行情况的报表，可以按物料类别、供应商类别等关键字汇总并反映根据不同条件所查询到的汇总数据。

3）收料通知单序时簿，是针对收料通知单，采用不同的筛选条件、汇总依据，然后输出查询的结果。

4）检验单序时簿，是针对检验单，采用不同的筛选条件、汇总依据，然后输出查询的结果。

5）采购发票序时簿，是系统针对每个报表查询的具体情况，提供一种或多种关键内容的组合，进行针对性查询，这种查询通常是为了特定业务处理而进行的。

6）费用发票明细表，是详细反映一定时期每张费用发票的详细业务信息，是对费用发票的独立查询。

各种序时簿和明细表采用的筛选条件、汇总依据都是这些关键字组合，即日期（起始日期、截止日期）、物料代码范围（开始物料代码、终止物料代码）、供应商代码范围（开始代码、结束代码）。根据用户的选择，生成所选范围的序时表或明细表。

2. 为其他系统进一步处理提供数据的输出

1）收料通知单，是存货系统生成外购入库单的数据源，同时也提供了入库核算所需要的单价、数量、金额等信息。

2）检验单，是外购物资入库验收时的主要依据，根据检验结果，填写外购入库单。

3）采购发票和费用发票。赊购采购发票和相关的费用发票是应付款系统的主要处理对象，现购发票和相关的费用发票是账务系统的处理对象。

3. 本系统的最终输出

1）采购汇总表，综合反映一定时间物料的汇总购进情况，是采购发票和外购入库情况的结合查询，反映采购基本业务入库情况和购进成本的对应情况及差异。

2）采购价格分析表，全面分析物料的采购价格，包括最高价格、最低价格、最新价格、平均价格，反映供应商供货的具体信息。

3）采购订单分析表，反映订单的订货情况，分析订单的合理性。

这些报表主要为采购系统工作决策提供指导。

9.3.2 采购系统的输出原理

从如图9-9所示的总体信息模型可知，系统存储了各类单据的原始数据，但各种序时簿、明细表、明细账并无实际存储，它们只是临时根据过滤条件，关联相关的基础数据表（原始单据）生成符合条件的标准SQL语句，然后将生成的SQL语句挂在一个数据窗口对象上，即可生成符合选择条件的明细账。

9.3.3　系统输出举例

本系统的所有序时簿和明细表都是相同的过滤界面，其生成原理和实现方法具有相同的思路。在此以采购明细表为例，来说明其生成原理及实现方法。采购明细表输出选择界面如图9-10所示。

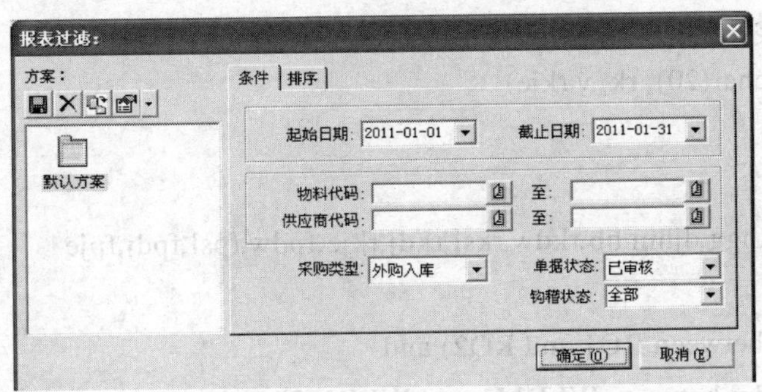

图9-10　采购明细表输出选择界面

（1）**根据图9-10的选择,生成SQL语句**　在图9-10 中,业务起始日期是通过两个控件接受两个参数,假设为RQ1,RQ2。物料代码通过两个控件接受两个参数，假设为WLDM1,WLDM2(SQL语句中的列名、表名见图9-10)。

1）建立视图：

```
create view  rk_v(rq, wldm, wlmc, xhgg, djhm, bb, rkdw, rksl, rkdj, rkje,
fpdw, fpsl, fpdj, fpje)//入库单视图
as
select
rkd1.rq, rkd.wldm, rkd.wlmc, rkd.xhgg, rkd1.rkdbh, rkd1.bb, rkd.dw, rkd.sl, rkd.dj, rkd.je,
char(0), char(0), char(0), char(0)
from  rkd, rkd1
where  rkd.rkdbh=rkd1.rkdbh
create view  fp_v(rq, wldm, wlmc, xhgg, djhm, bb, rkdw, rksl, rkdj, rkje, fpdw, fpsl, fpdj,
fpje)//采购发票视图
as
select
cgfp1.rq, cgfp.wldm, cgfp.wlmc, cgfp.xhgg, cgfp1.cgfph, cgfp1.bb, char(0), char(0),
char(0), char(0), cgfp.dw, cgfp.sl, cgfp.dj, cgfp.je
from  cgfp, cgfp1
where  cgfp.cgfph=cgfp1.cgfph
```

2）生成SQL语句：

```
select
rq,wldm,wlmc,xhgg,djhm,bb,rkdw,rksl,rkdj,rkje,fpdw,fpsl,fpdj,fpje
```

```
from rk_v
where (rk_v.rq between RQ1 and RQ2) and
        (rk_v.wldm between WLDM1 and WLDM2) and
        convert(char(10), rk_v.rkdw) and
        convert(char(20), rk_v.rksl) and
        convert(char(10), rk_v.rkdj)and
        convert(char(20), rk_v.rkje)
union
select
rq,wldm,wlmc,xhgg,djhm,bb,rkdw,rksl,rkdj,rkje,fpdw,fpsl,fpdj,fpje
from fp_v
where (fp_v.rq between RQ1 and RQ2) and
        (fp_v.wldm between WLDM1 and WLDM2) and
        convert(char(10), fp_v.fpdw) and
        convert(char(20), fp_v.fpsl) and
        convert(char(10), fp_v.fpdj) and
        convert(char(20), fp_v.fpje)
order by rq
```

采购明细表的生成原理如图9-11所示。

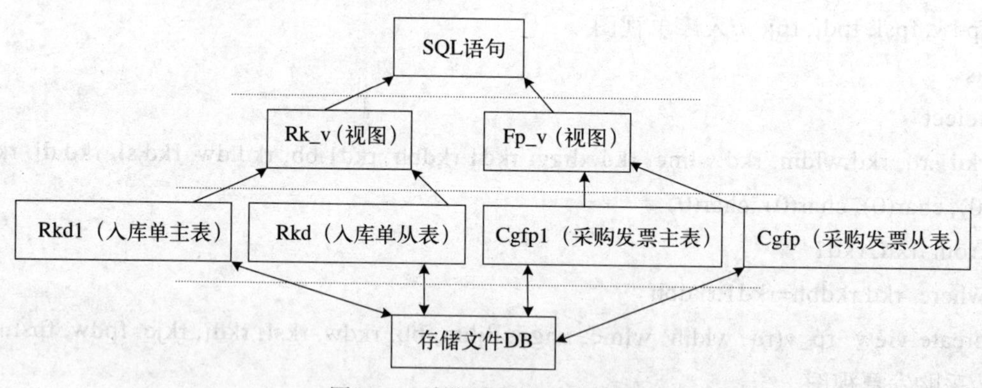

图9-11 采购明细表生成原理

（2）**定义数据窗口对象** 定义采购明细表数据窗口对象见图9-12，该数据窗口的数据源就是上一步生成的SQL语句。

日期	物料代码	物料名称	规格型号	单据号码	币别	入库				发票			
						单位	数量	单价	金额	单位	数量	单价	金额

图9-12 采购明细表数据窗口对象

（3）**将数据窗口对象挂在窗口对象的数据窗口控件上** 定义窗口对象，然后在窗口对象上添加数据窗口控件。将第2步定义的数据窗口对象与数据窗口控件挂接，即可生成如图9-13所示的采购明细表。

采购明细表

起始日期：2011-01-01
物料代码范围：所有物料
供应商代码范围：所有供应商
截止日期：2011-01-31

日期	物料代码	物料名称	供应商长代码	供应商名称	单据号码	币别		入库			
							含税金额	单位	数量	单价	金额
2011-01-03	01.01.001	45#锭	01.002	中华炼钢厂	WIN000002	人民币		吨	12	4,180.00	50,160.00
2011-01-06	01.01.001	45#锭	01.002	中华炼钢厂	WIN000009	人民币		吨	3	4,180.00	12,540.00
2011-01-03	01.01.002	20管锭	01.002	中华炼钢厂	WIN000003	人民币		吨	8	4,960.00	39,680.00
2011-01-06	01.01.003	T8锭	02.003	大阳炼钢厂	WIN000004	人民币		吨	6	5,150.00	30,900.00
2011-01-06	01.01.006	60Si2Mn锭	04.007	中隆炼钢厂	WIN000008	人民币		吨	10	3,850.00	38,500.00
2011-01-06	01.01.010	40Cr锭	03.006	连庆炼钢厂	WIN000005	人民币		吨	10	3,900.00	39,000.00
2011-01-06	01.02.011	45#坯	02.003	大阳炼钢厂	WIN000004	人民币		吨	8	4,100.00	32,800.00
2011-01-06	01.02.012	20-40Cr坯	03.005	启德炼钢厂	WIN000007	人民币		吨	6	4,000.00	24,000.00
2011-01-06	01.02.013	25MV坯	02.004	巨象炼钢厂	WIN000006	人民币		吨	5	4,550.00	22,750.00
2011-01-06	01.02.014	60Si2Mr坯	03.005	启德炼钢厂	WIN000007	人民币		吨	8	3,850.00	30,800.00
2011-01-06	01.02.015	20GrMrTi坯	04.007	中隆炼钢厂	WIN000008	人民币		吨	10	4,600.00	46,000.00
	01.02.016	Q235坯	04.007	中隆炼钢厂	WIN000008	人民币		吨	10	3,600.00	36,000.00
2011-01-01	01.02.018	轻轨钢坯	01.001	新元炼钢厂	WIN000001	人民币		吨	10	5,000.00	50,000.00
2011-01-06	01.02.019	R3坯	03.006	连庆炼钢厂	WIN000005	人民币		吨	10	4,860.00	48,600.00
2011-01-06	02.021	铁水脱硫剂	02.004	巨象炼钢厂	WIN000006	人民币		吨	6	6,350.00	38,100.00
	02.022	增碳剂	02.004	巨象炼钢厂	WIN000006	人民币		吨	7	6,250.00	43,750.00
		合计				人民币			129	4,523.8760	583,580.00

图9-13　采购明细表

9.4　采购系统应用

9.4.1　采购系统的操作流程

采购系统的操作流程如图9-14所示。

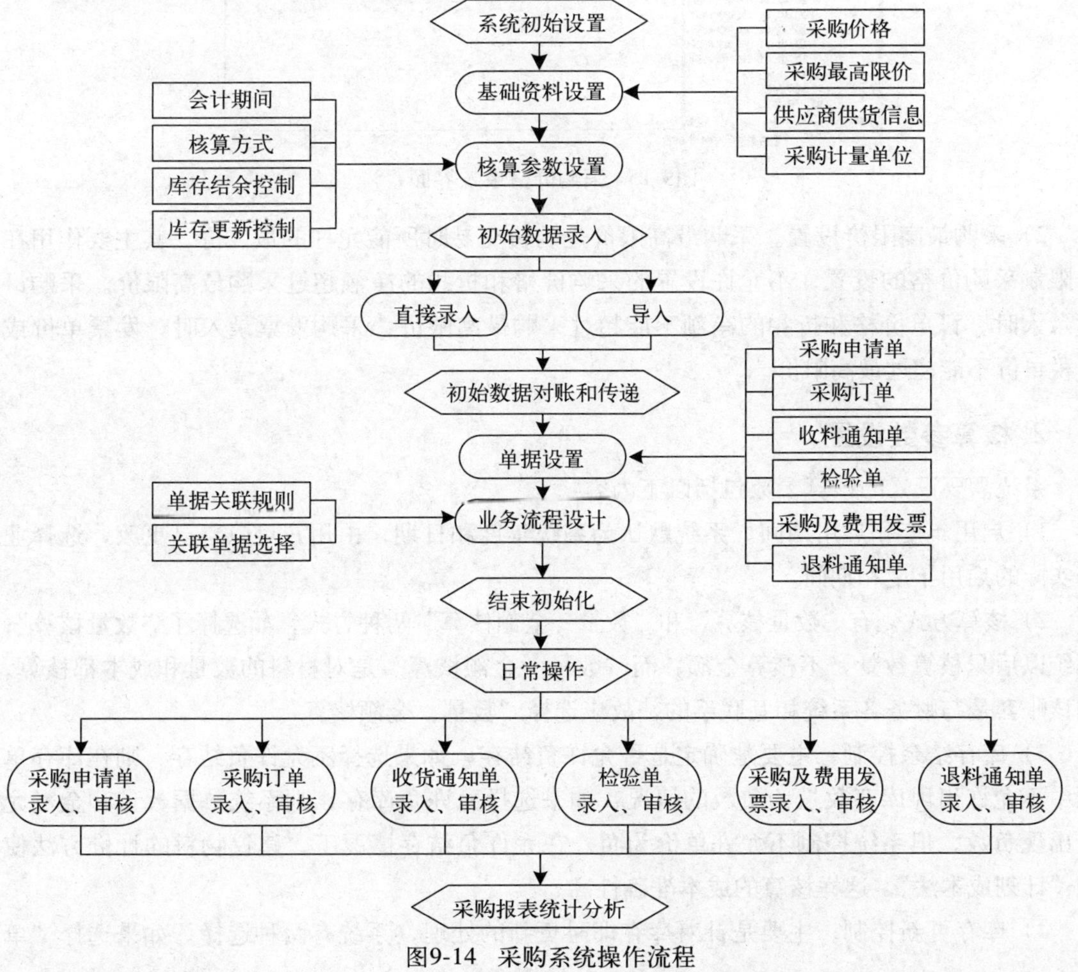

图9-14　采购系统操作流程

9.4.2 系统启用前的准备工作

1. 基础资料设置

采购系统基础资料设置主要是采购价格、采购最高限价、供应商供货信息、采购计量单位等的设置，前两项设置分述如下：

1）采购价格设置。采购价格设置主要为采购合同、采购订单、收料通知单、退料通知单、外购入库单、采购发票、委外类单据录入时提供价格参考。设置时操作界面如图9-15所示，其中单价类型选择委外加工单价或采购单价，报价为供应商给出的当前物料、当前数量段、当前币别的报价，订货提前期考虑订单准备时间、排队时间、加工时间、搬运或运输时间、接收和检验时间后确定。

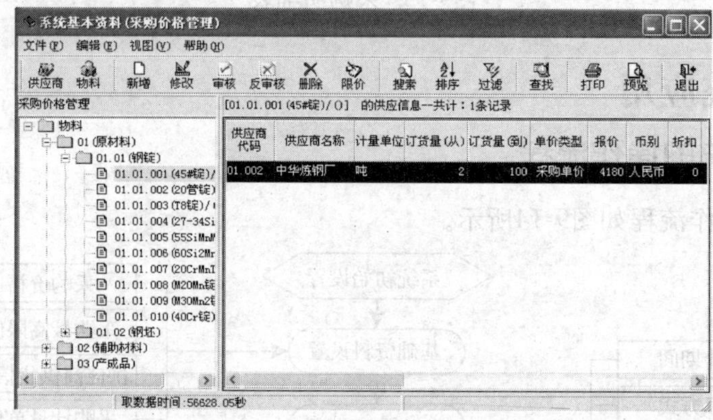

图9-15 采购价格录入界面

2）采购最高限价设置。采购最高限价是购货交易时所能允许的最高价，其主要作用在于限制采购价格的设置，不允许设置的采购价格和折扣的净额超过采购最高限价。采购订单录入时，订单价格和折扣的净额不能超过采购最高限价；采购发票录入时，发票单价或含税单价不能超过最高限价。

2. 核算参数设置

系统需要设置的核算参数包括以下内容：

1）启用年度和启用期间。系统默认为系统年度和日期，由用户可以自己更改，选择业务实际的启用年度和期间。

2）核算方式。有“数量核算”和“数量、金额核算”两种方式，如选择了“数量核算”，系统以后只核算数量，不核算金额；而“数量、金额核算”是对材料的数量和成本都核算。因该账套是与财务各系统相互联系的，故应选择“数量、金额核算”。

3）库存结余控制。主要是确定是否允许负结存，如果选择不允许负结存，则在库存单据中不允许出现库存数量为负数的情况；如果选择允许负库存，则系统单据数量和金额允许出现负数，但系统控制不允许单价为负。在允许负结存情况下，建议物料的计价方法使用“计划成本法”，这样核算的成本准确性高。

4）库存更新控制。主要是针对库存即时更新的处理，系统有两种选择。如果选择“单据审核后才更新”，则系统将在库存类单据进行业务审核后才将该单据的数量计算到库存中，并在反审核该库存单据后进行库存调整；如果选择“单据保存后立即更新”，则系统将在库存类单据保存成立后就将该单据的数量计算到库存中，并在修改、复制、删除、作废、反作废该库存单据时进行库存调整。

3. 初始数据录入

主要是物料的初始数据信息录入，在存货系统同时启用的情况下，数据由存货系统录入（见表9-1）。

表9-1　初始余额数据项说明

数据项	说　明
年初数量	启用期所在年度的年初存货数量余额，由系统根据平衡公式算出： 年初数量＝期初数量－本年累计收入数量＋本年累计发出数量
年初金额	启用期所在年度的年初存货实际成本或计划成本金额余额，由系统根据公式算出： 年初金额=期初金额－本年累计收入金额＋本年累计发出金额
年初差异	启用期所在年度的年初存货计划成本和实际成本的差异，由系统根据平衡公式算出： 年初差异=期初差异－本年累计收入差异＋本年累计发出差异
本年累计收入/发出数量	启用期所在年度初至启用期前的期间为止的时间段中，企业累计的存货收入/发出数量
本年累计收入/发出金额	启用期所在年度初至启用期前的期间为止的时间段中，企业累计的存货实际或计划收入/发出金额，如果物料采用计划成本法，系统自动根据物料基础资料中的“计划单价”和用户录入的数量数据算出
本年累计收入/发出差异	采用计划成本法的物料在启用期所在年度至启用期前的期间为止的时间段中，累计收入中存货计划成本和实际成本的差异
期初金额	在启用期当期的期初存货金额余额，如果物料采用计划成本法，由系统自动根据物料基础资料中的“计划单价”算出
期初差异	采用计划成本法的物料在启用期的期初存货计划成本和实际成本的差异

4. 单据设置

采购系统单据设置包括对采购申请单、采购订单、收料通知单、检验单、采购发票、费用发票、退料通知单等单据的编码规则及审核设置，设置界面如图9-16所示。

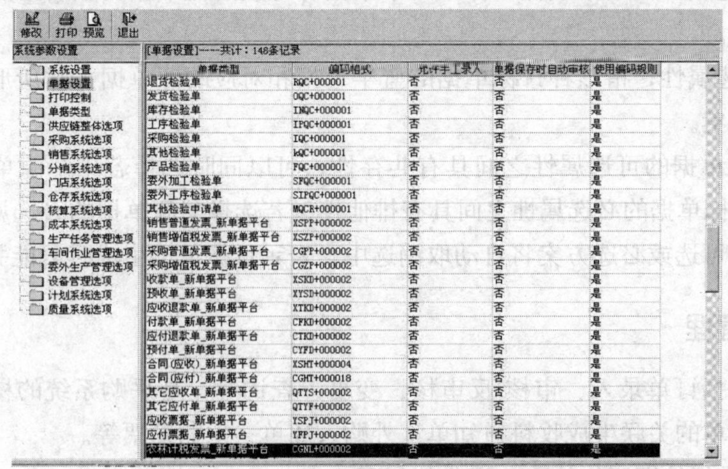

图9-16　单据设置界面

1）编码规则。给每一种单据设置单据编号的规则。

2）允许手工录入。用于设置单据编码是否可手工修改。使用编码规则时，可以选择或不选择允许手工录入；不使用编码规则时，只能选择允许手工录入。

3）使用编码规则。选择此项，单据编码可根据设置的编码规则自动产生。

4）保存后审核。选择此项单据保存后自动审核，不需要进行审核操作。

5. 业务流程设计

此设置用于控制采购系统单据录入时目标单据与源单据关联所形成的业务路线，设置界面如图9-17所示。

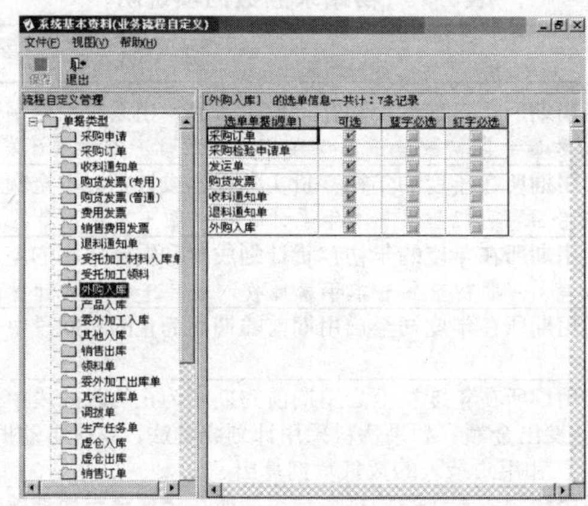

图9-17 业务流程设计界面

在图9-17左侧的单据类型栏用鼠标选中外购入库，界面右边显示该目标单据在选单关联时所能选择的所有源单据。源单据包括可选属性、红字必选属性和蓝字必选属性，分述如下：

1）可选属性，是指该种目标单据和对应的源单据关联所形成的业务路线可以作为选择方案。可选属性之间是共存的，系统将所有的流程和关联关系全部默认设置为可选。

2）红字必选属性，是指该种目标的红字单据和对应的源单据关联所形成的业务路线是必须选择的方案。

3）蓝字必选属性，指该种目标单据的蓝字单据和对应的源单据关联所形成的业务路线是必须选择的方案。

注意：目标单据的可选属性之间具有共存性，可以同时选择若干个源单据的可选属性（见图9-17）。目标单据的必选属性之间具有排他性，若选择某源单据的必选属性，其他所有源单据上已选的可选或必选方案将自动取消选中，表示目标单据生成时只能关联该源单据。

9.4.3 订单管理

订单管理包括订单录入、审核/反审核、变更、查询等，是采购系统的核心。此外，可以通过对采购订单的关联生成收料通知单、外购入库单、采购发票等。

2011年1月世纪轧钢厂的外购入库业务如下：

业务1：2011-01-01，以赊购方式向新元炼钢厂采购轻轨钢坯10吨，计划单价5 000元/吨，实际单价5 100元/吨。

业务2：2011-01-02，以赊购方式向中华炼钢厂采购45#锭12吨，计划单价4 180元/吨，实际单价4 200元/吨；20管锭8吨，计划单价4 960元/吨，实际单价4 900元/吨。

业务3：2011-01-05，以赊购方式向大阳炼钢厂采购T8锭6吨，计划单价5 150元/吨，实际单价5 200元/吨；45#坯8吨，计划单价4 100元/吨，实际单价4 200元/吨。

业务4：2011-01-17，以赊购方式向连庆炼钢厂采购40Cr锭10吨，计划单价3 900元/吨，实际单价4 000元/吨；R3坯10吨，计划单价4 860元/吨，实际单价4 800元/吨。

业务5：2011-01-20，以赊购方式向巨象炼钢厂采购25MV坯5吨，计划单价4 550元/吨，实际单价4 500元/吨；铁水脱硫剂6吨，计划单价6 350元/吨，实际单价6 500元/吨；增碳剂7吨，计划单价6 250元/吨，实际单价6 200元/吨。

业务6：2011-01-22，以赊购方式向启德炼钢厂采购20-40Cr坯6吨，计划单价4 000元/吨，实际单价4 050元/吨；60Si2Mr 8吨，计划单价3 850元/吨，实际单价3 800元/吨。

业务7：2011-01-22，以赊购方式向中隆炼钢厂采购20GrMrTi坯10吨，计划单价4 600元/吨，实际单价4 500元/吨；Q235坯10吨，计划单价3 600元/吨，实际单价3 530元/吨；60Si2Mr锭10吨，计划单价3 850元/吨，实际单价3 900元/吨。

业务8：2011-01-29，以赊购方式向中华炼钢厂采购45#锭3吨，计划单价4 180元/吨，实际单价4200元/吨。

业务9：2011-01-29，向昌南炼钢厂采购包装物，共计4 000元。

以上业务在存货系统的核算模块，生成凭证，直接保存到总账系统。

下面以业务1为例说明采购订单录入步骤：

1）订单录入。订单可以手工录入或关联采购申请单、采购合同以及销售订单生成。订单录入界面如图9-18所示。订单录入时通过源单类型选项与其他单据产生联系，源单类型可选择采购申请单、采购合同以及销售订单，然后选择具体的选单号，便可根据源单数据关联生成采购订单。

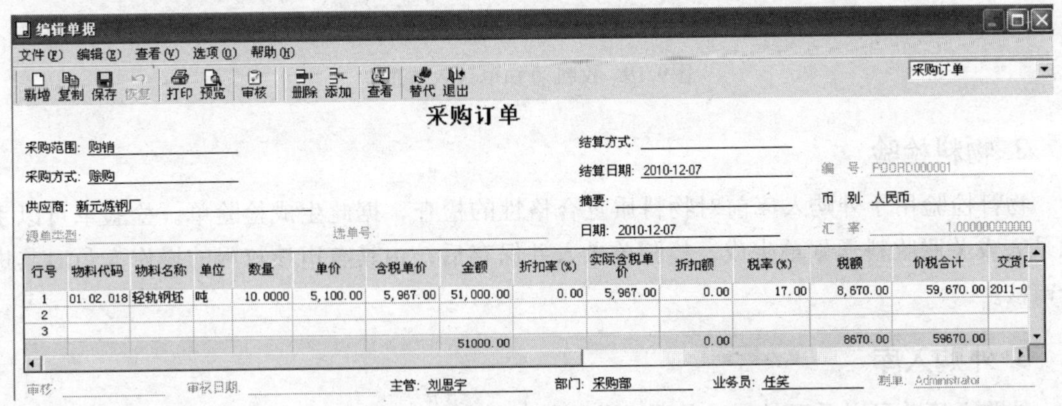

图9-18　采购订单录入界面

2）订单审核。订单录入并保存后，由具有审核权限的操作人员对其进行审核。

3）订单变更。订单变更是订单已被部分或全部执行（被收料通知单、外购入库单等关联）和被非关联单据关联（任务单、产品入库单等），因购货计划变动或其他原因需要修改订单的情况。其变更包括对订单数量、单位、单价、折扣率、税率等的修改。

4）订单查询。对于已录入的订单，可以查询采购价格、历史采购价格、供应商应付款等多种业务信息。

9.4.4 收货管理

收货管理包括收料通知单的录入、审核/反审核，检验单的录入、审核/反审核，以及外购入库单的录入、审核/反审核、对等核销/反核销等。通过对收料通知单的关联可以生成外购入库单、退料通知单。

1. 收料通知

收料通知单可以手工录入或关联采购订单、采购发票生成，录入界面如图9-19所示。录入时通过源单类型选项和对应的选单号与所选择的单据产生联系，选择采购订单、采购发票均可关联生成收料通知单。收料通知单录入并保存后，由具有审核权限的操作人员对其进行审核。此处源单类型选择“采购订单”，即图9-18输入的采购订单，采购订单数据自动关联到收料通知单。

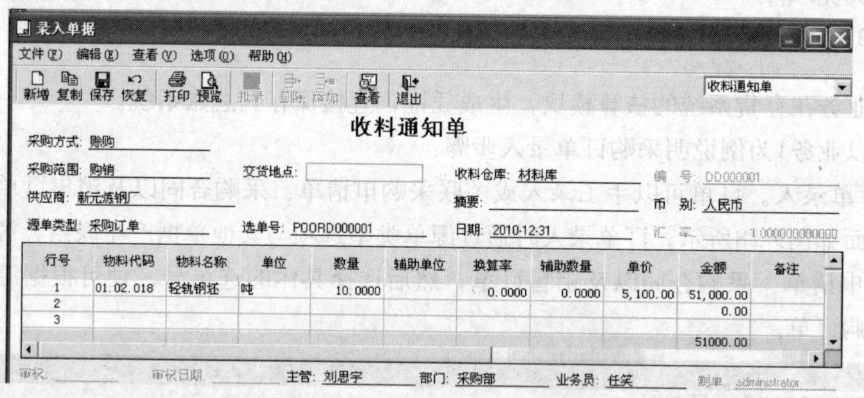

图9-19 收料通知单录入界面

2. 物料检验

物料检验用于外购入库前对物料质量合格性的检查，据此生成检验单。检验单可以手工录入或关联收料通知单生成。检验单录入并保存后，由具有审核权限的操作人员对其进行审核。

3. 外购入库

外购入库单可以手工录入或关联采购订单、收料通知单、检验单、采购发票生成，录入界面如图9-20所示。单据录入时源单类型选择“收料通知单”关联生成外购入库单。外购入库单录入并保存后，由具有审核权限的操作人员对其进行审核。入库单审核后可以据此生成采购发票，并可执行拆分单据、与发票核销、与红字外购入库单对等核销以及暂估入账等。外购入库单审核后不能再修改，如需修改可以反审核（外购入库单发生关联、拆分、与发票钩稽、核销、记账等情况不能反审核）后进行。

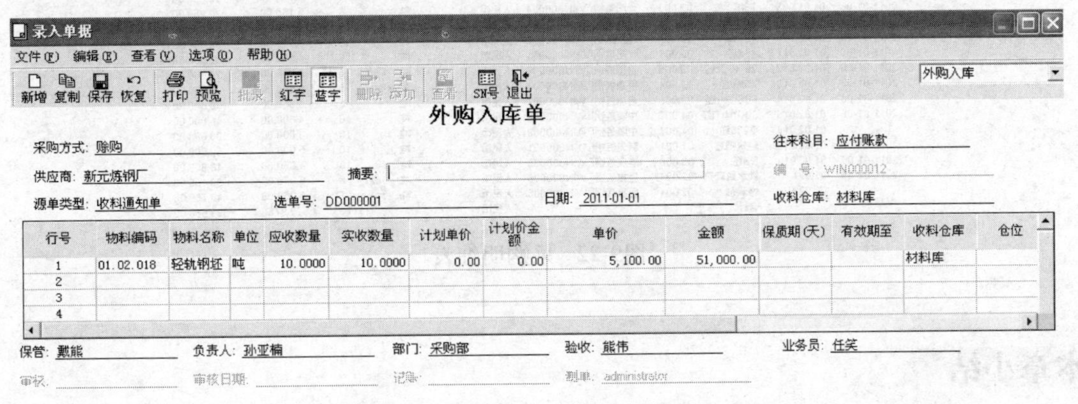

图9-20　外购入库单录入界面

注意：所有的单据录入，都可通过源单类型进行关联生成，但源单必须是经过审核的，否则不允许被关联。外购入库的核算及生成凭证，见第10章的凭证管理。

9.4.5　采购报表统计分析

采购报表统计分析包括对各类采购报表的查询及分析，分述如下：

1）采购报表查询。对于已录入的各类单据，系统提供任意组合条件的各类采购报表查询，包括采购订单查询、采购订单管理执行情况明细表、采购订单执行情况汇总表、收料通知单查询、检验单查询、外购入库单查询、采购发票查询、费用发票汇总表、委外加工材料明细表、委外加工材料汇总表、委外加工核销明细表、委外加工核销汇总表等。

2）采购报表分析。通过采购报表可以进行供货商供货ABC分析、采购价格分析、物料采购结构ABC分析、采购订单ABC分析等。下面以采购价格分析为例说明报表分析的操作过程。采购价格分析用于汇总一定期间所选物料段采购发票的数量和金额，并可计算单个物料平均采购价格、分析供货价格差异和采购价格变化。采购价格分析报表输出设置界面如图9-21所示。在图9-21输入指定期间、物料代码、供应商代码之后，选择单据状态（已审核、未审核、全部）、采购类型（外购入库、委外加工），按“确定”完成采购价格分析表设置，结果见图9-22。

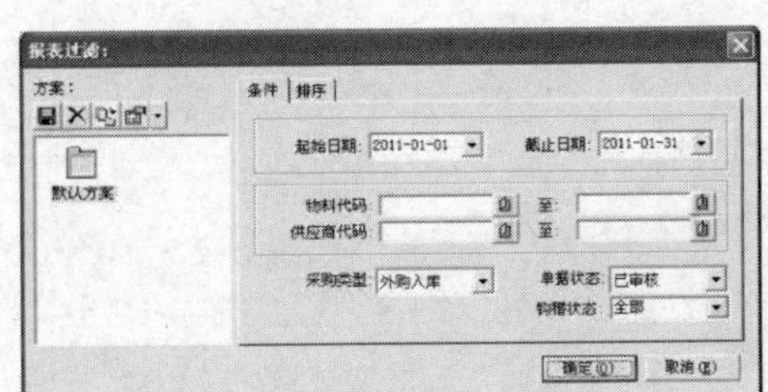

图9-21　采购明细输出选择界面

采购明细表

起始日期：2011-01-01

物料代码范围：所有物料

供应商代码范围：所有供应商　　　　截止日期：2011-01-31

日期	物料代码	物料名称	供应商长代码	供应商名称	单据号码	币别	含税金额	入库			
								单位	数量	单价	金额
2011-01-03	01.01.001	45#锭	01.002	中华炼钢厂	WIN000002	人民币		吨	12	4,180.00	50,160.00
2011-01-06	01.01.001	45#锭	01.002	中华炼钢厂	WIN000009	人民币		吨	3	4,180.00	12,540.00
2011-01-03	01.01.002	20管锭	01.002	中华炼钢厂	WIN000003	人民币		吨	8	4,960.00	39,680.00
2011-01-06	01.01.003	T8锭	02.003	大阳炼钢厂	WIN000004	人民币		吨	6	5,150.00	30,900.00
2011-01-06	01.01.006	60Si2Mn锭	04.007	中隆炼钢厂	WIN000008	人民币		吨	10	3,850.00	38,500.00
2011-01-06	01.01.010	40Cr锭	03.006	连庆炼钢厂	WIN000005	人民币		吨	10	3,900.00	39,000.00
2011-01-06	01.02.011	45#坯	02.003	大阳炼钢厂	WIN000004	人民币		吨	8	4,100.00	32,800.00
2011-01-06	01.02.012	20-40Cr坯	03.005	启德炼钢厂	WIN000007	人民币		吨	6	4,000.00	24,000.00
2011-01-06	01.02.013	25MV坯	02.004	巨象炼钢厂	WIN000006	人民币		吨	5	4,550.00	22,750.00
2011-01-06	01.02.014	60Si2Mr坯	03.005	启德炼钢厂	WIN000007	人民币		吨	8	3,850.00	30,800.00
2011-01-06	01.02.015	20GrMrTi坯	04.007	中隆炼钢厂	WIN000008	人民币		吨	10	4,600.00	46,000.00
	01.02.016	Q235坯	04.007	中隆炼钢厂	WIN000008	人民币		吨	10	3,600.00	36,000.00
2011-01-01	01.02.018	轻轨钢坯	01.001	新元炼钢厂	WIN000001	人民币		吨	10	5,000.00	50,000.00
2011-01-06	01.02.019	R3坯	03.006	连庆炼钢厂	WIN000005	人民币		吨	10	4,860.00	48,600.00
2011-01-06	02.021	铁水脱硫剂	02.004	巨象炼钢厂	WIN000006	人民币		吨	6	6,350.00	38,100.00
	02.022	增碳剂	02.004	巨象炼钢厂	WIN000006	人民币		吨	7	6,250.00	43,750.00
		合计				人民币			129	4,523.8760	583,580.00

图9-22　采购明细表

本章小结

采购管理是物料在企业内流动的起点，是从计划、销售等系统和本系统的采购申请单获得购货需求信息，与供应商和供货机构签订订单、采购货物，传递给需求系统的活动。本系统的管理活动起始于采购申请单，终止于外购入库单，每一项管理活动的结果都具体反映在相关业务单据中，通过业务单据的联查功能，可清晰反映出每项业务的执行情况。

习　题

1. 对照如图9-9所示的采购管理系统的信息模型，描述如何检查采购业务的执行情况。
2. 根据9.1节的分析结果，画出采购系统的数据流程图。
3. 简述采购系统与哪些系统共享什么基础资料。
4. 参照系统输出举例的设计过程，完成各种业务单据的动态查询设计。

第10章

存货管理与核算系统

10.1 存货管理系统分析

10.1.1 存货管理概述

存货是指企业在日常活动中为销售或耗用而持有的各种资产，包括商品、产成品、半成品、在产品，以及各种材料、备件、燃料、包装物、低值易耗品等。存货管理是采购管理、生产管理和销售管理的一个中间环节。采购的完成使存货增加，销售的完成使存货减少，但同时采购要考虑存货的库存量以及生产的需要，生产的需求又由销售量决定。所以说，存货管理与企业的采购、生产和销售紧密相连，存货管理的结果直接影响到采购、制造和销售系统。

10.1.2 存货管理业务分析

存货日常管理业务主要包括各种类型的出入库业务、内部调拨业务、清查盘点等业务。

1. 入库业务管理

1）采购入库业务管理。采购订单的来料入库时，根据采购系统中的采购订单生成的收料通知单进行验收，办理入库手续，登记外购原材料入库单。

2）产成品入库业务管理。生产车间根据生产计划组织产品生产，完工产品经检验合格后，即可根据生产车间交货的数量和质检部门的合格证书组织产成品入库，登记产成品入库单，调整产成品记录。

3）委外加工入库业务管理。委外加工存货是指企业已经委托外单位加工，但尚未加工完成的各种存货。企业是以所有权的归属而不以物品的存放地点为依据来确定企业存货的范围，即委外加工存货即使不存放在该企业仓库，但其所有权以及相应的风险和报酬仍属于该企业。因此，委外加工存货入库只需根据受托单位来货与委外加工出库单的要求核对即可组织入库，登记委外加工入库单，调整存货的明细记录。

4）其他入库业务管理。除以上入库业务外还包括生产领料的退回、销售退回入库、投资者投入存货入库以及接受捐赠的存货入库等。以销售退回为例，仓库部门根据销售系统中的退货通知单的产品名称、数量、规格等与退回产品核对，进行相应的登记，调整产品存货记录。

5）仓库的内部调拨业务管理。这类业务属于企业内部各仓库之间的物料调拨，可以不经过检验，调出仓库填写仓库调拨单，调拨单上填写调出仓库和调入仓库名称，以此单为依据调整双方仓库的存货记录。这类业务一般发生在大中型企业，各生产单位没有自主采购权，所有的物资采购供应由物资部统一负责，包括采购、验收等工作，然后再拨入各生产单位的仓库。

2. 存货的出库业务管理

1）生产领用出库业务管理。生产计划的用料由主管生产的负责人根据生产的需要填写领料单。领料单上应填写领料单位、用途、物料名称、规格、数量，并由主管生产的负责人签字，以此单作为领料的凭证。存货管理人员按照领料单进行发货处理，在领料单上填写实发数量，并在发料人处签名，该单便成为发料凭证。该单一式三联，分别由领料单位、仓库、财务部门保管。

2）委外加工出库业务管理。企业生产部门按需将外购或自制的某些存货通过支付加工费的方式委托外单位进行加工生产，签订委外加工合同。仓库部门则按委外加工合同发货，填写委外加工出库单。由于委外加工存货仍属于该企业存货，仅需调整存货的明细记录。

3）销售产品出库业务管理。销售部门按销售订单或合同生成发货通知单，并转交仓库部门，仓库部门按发货通知单的具体要求发货，填写销售出库单，并以此单为依据调整存货记录。

4）其他出库业务管理。其他出库业务指非生产领料，如企业管理部门日常领料、企业向外捐赠等。非生产领料有多种形式，但处理流程基本相同，即领料部门出具相关领料单据，仓库部门据单发货，填写其他出库单，并以此单为依据调整存货记录。

5）出库调整业务管理。与入库调整业务相对应，各相关仓库按需进行物料调拨，组织出库，填写仓库调拨单，调整存货记录。

3. 存货盘点业务管理

企业的存货品种很多，收发频繁，在日常存货收发、保管过程中，由于各种原因，可能造成账实不符。为了确保企业资产的安全完整，企业必须对存货进行定期或不定期的、局部或全面的存货盘点，即对库存物品进行数量清点、质量检查。确定各种存货的实际库存量，并与账面记录相核对，查明存货盘盈、盘亏及毁损的数量以及造成的原因，并据此编制存货盘点报告表，按规定程序，报有关部门审批。经批准后，应进行相应的账务处理，填写库存调整单，调整存货账的实存数，使存货的账面记录与库存实物核对相符。

4. 存货管理的业务流程分析

按照存货日常管理业务综合分析存货管理与其他部门的关系以及对所有业务的管理过程，得出其业务流程可用图10-1表示。

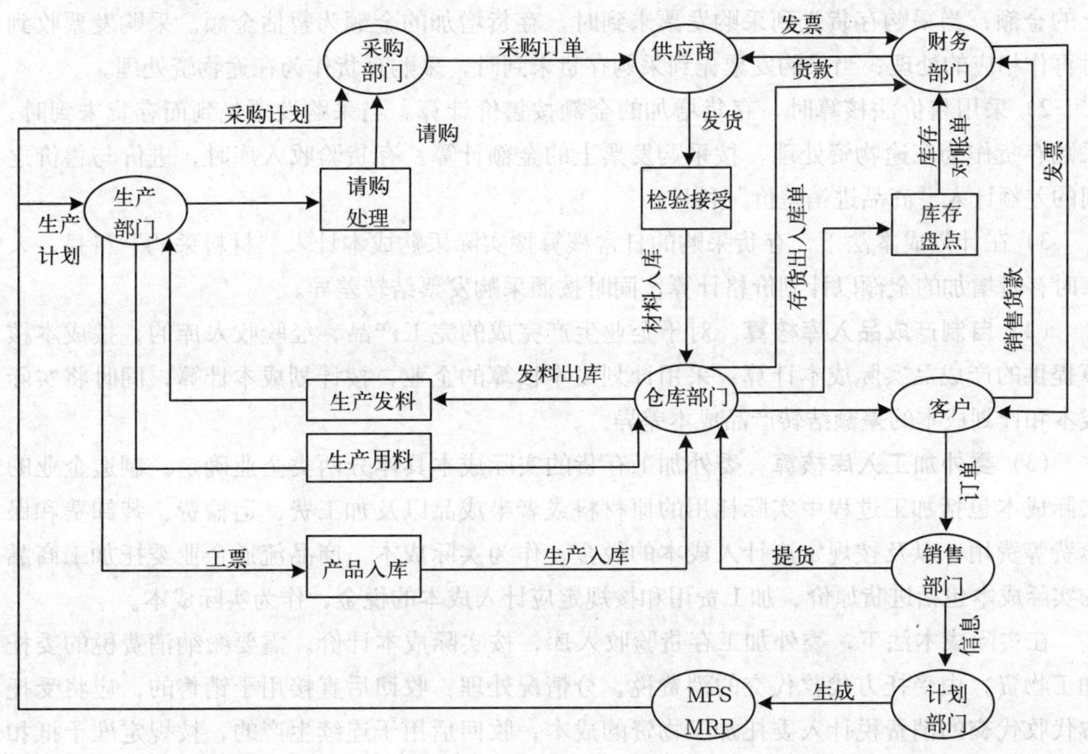

图10-1　存货管理业务流程图

10.1.3　存货核算管理分析

存货的核算是从资金流的角度对存货增加、减少和库存进行反映与监督。存货的核算业务与存货管理业务相对应，具体核算业务包括：存货增加的核算，即入库成本的核算，对应入库业务管理；存货减少的核算，即出库成本的核算，对应出库业务管理；期末库存存货的核算。在手工方式下，不同的企业采取不同的会计核算方法。例如，许多工业企业采取了计划成本法的存货核算方法，目的是为了进行成本考核；有些商业企业为了简化存货成本的核算，采取了按售价核算的存货核算方法；还有些企业采取了实际成本法的存货核算方法。在计算机方式下，由于可提供灵活多样的核算与控制方法，一般可同时采用实际成本和计划成本进行核算，计划成本用于进行考核与控制，而实际成本用于成本核算，可省略手工操作方式下的成本还原。存货核算可动态反映与监督存货的收发、领退和保管情况；反映和监督存货资金的占用情况，动态反映存货资金的增减变动情况，提供存货资金周转和占用的分析；在保证生产经营的前提下，降低库存量，减少资金积压，加速资金周转。

1. 存货增加的核算

在存货增加的核算中，主要是针对各种入库业务进行相应的核算，确定入库成本。

（1）**外购存货入库核算** 具体如下：

1）在实际成本法下，当采购发票与采购存货同时到达时，存货增加的金额为采购发票上的金额；当采购存货先到采购发票未到时，存货增加的金额为暂估金额，采购发票收到时再作相应的处理；当采购发票先到采购存货未到时，采购存货作为在途物资处理。

2）采用售价法核算时，存货增加的金额按售价计算。当采购发票先到而存货未到时，采购存货作为在途物资处理，按采购发票上的金额计算。存货验收入库时，进价与售价之间的差额计入“商品进销差价”科目。

3）在计划成本法下，存货采购的日常核算按实际采购成本计入“材料采购”科目。入库时存货增加的金额以计划价格计算，同时按照采购发票结转差异。

（2）**自制产成品入库核算** 对于企业生产完成的完工产品，经验收入库的，按成本核算提供的产成品实际成本计算；采用计划成本核算的企业，按计划成本计算，同时将实际成本和计划成本的差额结转产品成本差异。

（3）**委外加工入库核算** 委外加工存货的实际成本具体分两类企业确定。制造企业的实际成本包括加工过程中实际耗用的原材料或者半成品以及加工费、运输费、装卸费和保险费等费用，以及按规定应计入成本的税金，作为实际成本。商品流通企业委托加工商品的实际成本包括进货原价、加工费用和按规定应计入成本的税金，作为实际成本。

在实际成本法下，委外加工存货验收入库，按实际成本计价。需要缴纳消费税的委托加工物资，由受托方代收代交的消费税，分情况处理：收回后直接用于销售的，应将受托方代收代交的消费税计入委托加工物资的成本；收回后用于连续生产的，按规定准予抵扣的，按受托方代收代交的消费税，计入“应交税费——应交消费税”科目的借方。

在计划成本法下，委外加工存货验收入库时，按计划成本计算存货成本，同时结转成本差异。

（4）**其他入库业务核算** 其他入库业务包括生产领料的退回、销售退回入库、投资者投入存货入库以及接受捐赠的存货入库、接受的债务人以非现金资产抵偿债务方式取得的存货或以应收债权换入的存货入库、非货币性交易换入的存货入库等。由于存货的来源不同，入库成本的确认就有所不同，因此核算方法亦不尽相同，分述如下：

1）生产领料退回入库核算。在实际成本法下，退回的生产领料按其实际成本计算，同时冲减生产成本或制造费用；在计划成本法下，退回的生产领料按计划成本计算，并冲减生产成本或制造费用。

2）销售退回入库核算。未确认收入的已发出商品的退回，按记入发出商品科目的金额计算退回商品的金额。采用计划成本或售价核算的，按计划成本或售价计算退回商品金额；已确认收入的销售商品退回，按退回商品的成本即主营业务成本的金额计算。

3）投资者投入存货入库核算。投资者投入的存货按计划成本计算，按投资合同或协议约定的价值（合同或协议约定价值不公允的除外）和计划成本之间的差异结转材料成本差异。

4）接受捐赠的存货入库核算。若捐赠方提供了有关凭据如发票、报关单等，按凭据上标明的金额加上应支付的相关税费，作为受赠存货的实际成本。若捐赠方没有提供有关凭据，则按同类或类似存货的市场价格估计的金额，加上应支付的相关税费，作为受赠存货的实际成本。在实际成本法下，受赠存货以上述确定的实际成本入账；在计划成本法下，以计划成本入账，按上述确定的实际成本和计划成本的差额记入材料成本差异。

（5）**仓库的内部调拨核算**　仓库间的物资调拨并不影响企业存货总金额的大小。当某仓库接收从其他仓库调来的存货时，原材料、库存商品、低值易耗品等科目的实际成本或计划成本不变，只是该仓库对应的存货数量发生变化。

2. 存货减少的核算

在存货减少的核算中，主要是针对各种出库业务进行相应的核算。确定出库成本需要解决的问题是存货减少的金额，即对出库成本的计量，主要包括生产领料出库、销售出库、委外加工出库等。

在实际成本法下，可用许多方法来计算存货减少的金额如先进先出法、加权平均法、移动加权平均法、个别计价法等。对于特殊的出库，如未入库即出库的业务或暂估入库的业务，可参照各种参考价，计算出库的成本。

在计划成本法核算下，存货减少的金额以计划价格计算。期末结账时，对差异进行结转。

3. 库存存货的核算

库存存货的核算，主要解决库存存货占压资金的问题。在计划成本法下，通过存货增加与减少的核算，可直接确定库存存货占压的资金。在实际成本核算下，根据库存存货数量和实际成本来核算实际库存存货占压的资金。

4. 向其他系统传递数据

在出入库成本确定的基础上，根据不同的出入库业务，生成相应的凭证传递到账务处理系统，进行会计核算。对于生产领用材料出库，其出库成本是成本核算系统的主要数据，是进行成本核算的依据。

5. 存货核算的数据流程分析

通过对存货核算业务进行全面分析，存货核算处理流程可用图10-2表示。

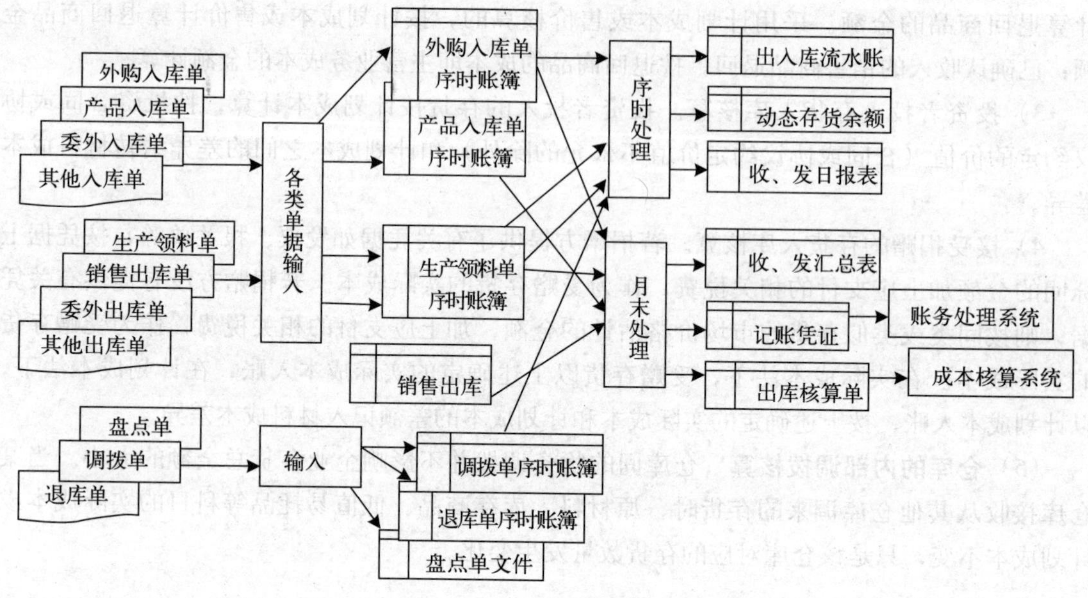

图10-2 存货处理核算流程

10.1.4 存货管理系统与其他业务系统的关系

存货管理系统与其他业务系统的关系见图10-3。

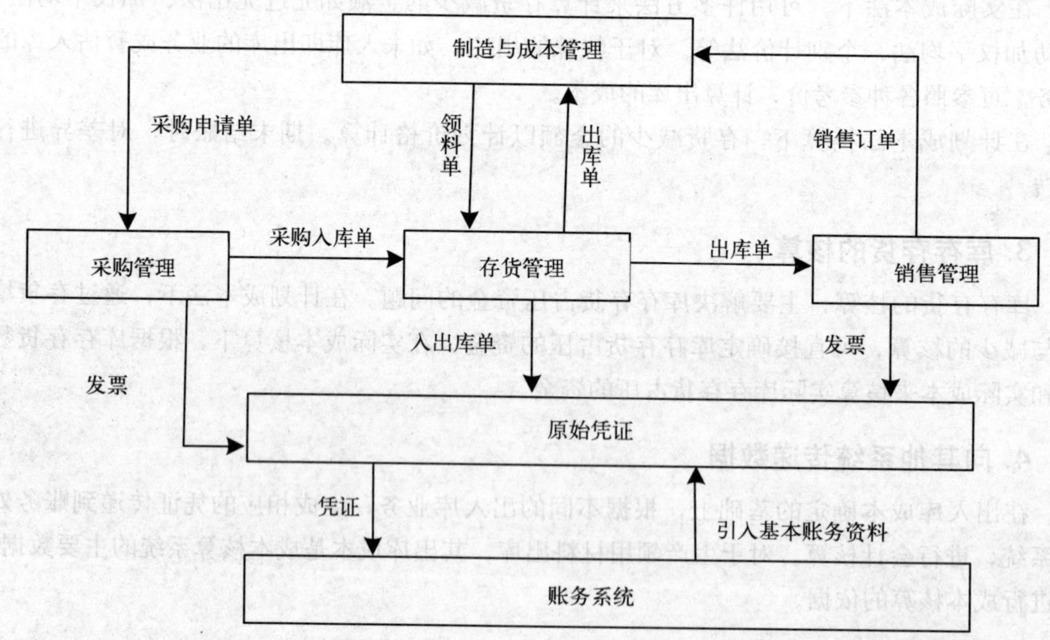

图10-3 存货管理系统与其他业务系统的关系

10.2 系统设计

存货管理系统是企业会计信息系统中一个关键而且比较复杂的系统，关键之处体现在存货管理如何与采购管理、生产管理、成本管理、销售管理等协同，实现企业财务信息与业务信息的一体化管理，这是存货管理系统的设计目标。设计的质量不仅影响本系统，而且可直接影响与该系统相关的其他系统，因此，在设计中必须考虑生产经营活动。存货管理系统一要处理各种各样的业务，二要用各种各样的处理方法，三要同采购与应付系统、成本核算系统和账务处理系统进行各种数据交换。为了灵活地使用存货管理系统，处理好存货的管理与核算工作，以存货业务处理的流程为线索去掌握系统的内部结构是关键。

10.2.1 功能设计

1. 功能结构

存货系统的主要功能有系统设置、日常管理、输出管理、转账处理。其功能结构如图10-4所示。

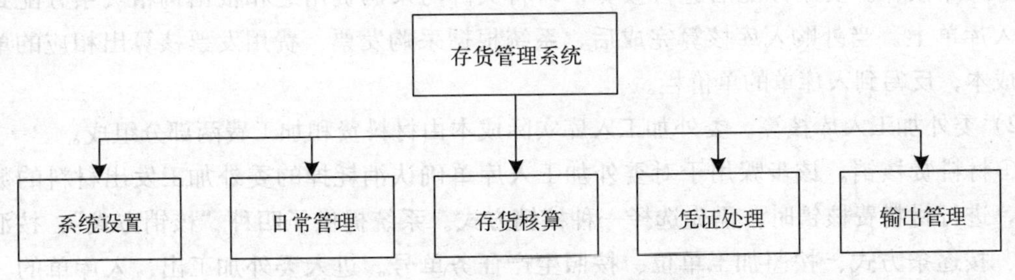

图10-4 存货管理系统功能结构图

2. 功能说明

（1）**系统设置** 主要包括仓库设置、供应商设置、客户设置。这些设置工作是系统的基础资料，同时也是与其他系统共享的资料，必须保持各系统数据的一致性。

1）供应商资料的设置与管理，应在系统初始化时输入，但该资料的维护与更新应由采购系统负责，因为与供应商最先发生业务联系的是采购部门。因此采购系统应具有维护和更新的权限，并保证该资料在整个系统的一致性。

2）客户资料的设置与管理，应在系统初始化时输入，但该资料的维护与更新应由销售系统负责，因为与客户最先发生业务联系的是销售部门。因此销售系统应具有维护和更新的权限，并保证该资料在整个系统的一致性。

3）仓库的设置与管理，同样需要在初始化时输入，但维护与更新应由存货系统负责。

（2）**日常管理** 存货系统的日常管理包括各种入库单、出库单的录入，调拨单的录入等。

1）外购入库单录入。外购入库单的数据，可通过关联采购订单、采购发票、收料通知单等多种方式生成，也可直接由用户手工录入。

2）自制产品入库单的录入。产品入库单可以通过关联销售订单、生产任务单等生成，也可直接由用户手工录入。

3）销售出库单录入。销售出库单的数据，可以通过关联销售订单、发货通知单、销售发票等多种方式生成，也可直接由用户手工录入。

4）生产领料单录入。生产领料单可以通过关联生产任务单、外购入库单等生成，也可直接由用户手工录入。

（3）**核算管理** 这里主要介绍外购入库、委外加工入库和自制入库三种入库业务核算，其他入库方式可视具体情况参照前三种方式进行核算。

1）外购入库核算。包括采购费用分配和入库核算两个步骤。

①费用分配。从采购发票序时簿选择需分配的费用发票，然后选择分配方式。选择“按数量分配”时，则按发票上各物料的基本计量单位数量作为权重对采购费用进行分配；选择“按金额分配”时，则以发票上各物料的金额为权重进行分配。分配时，将采购费用总额和税金，分别先除以发票上所有物料的数量或金额，然后分别乘各自的数量或金额，得到各物料的采购费用和运费税金。

②入库核算。费用分配后进行核算，即将买价与采购费用之和根据钩稽关系分配到对应的入库单上。当外购入库核算完成后，系统根据采购发票、费用发票核算出相应的单位入库成本，反写到入库单的单价栏。

2）委外加工入库核算。委外加工入库实际成本由材料费和加工费两部分组成。

①材料费核销。该步骤用于对委外加工入库单确认消耗掉的委外加工发出材料的数量信息，进行材料费核销时，需先选择一种核销方式。系统提供了四种“核销方式”：按汇总方式、按逐条方式、按照加工单位、按照生产任务单号。进入委外加工出、入库单的“核销”界面；核销界面分为上、下两部分，上界面为委外加工入库单，下界面为关联出的委外加工出库单；用户选择本次核销操作的“核销依据”。“核销依据”是对已经罗列出来的委外加工出入库单之间依照何种规则进行数量核销，可选择手工核销、按BOM耗用量自动核销、按入库数量比自动核销、按BOM系数比自动核销。

注意：能够参与委外加工入库核算的委外加工入库单必须是本期已审核且未记账的委外加工入库单、本期已暂估记账但后来又与费用发票勾稽的委外加工入库单、以前期间的但在本期与费用发票相勾稽的委外加工入库单、在本期进行了费用发票补充勾稽（未生成凭证）的委外加工入库单。

②费用分配。将委外加工费用发票（附加费用发票）上的费用和可抵扣税金分摊到对应的采购发票（指加工费发票）的应计费用及运费税金等栏目中。分配过程与外购入库的费用分配相同。

③成本核算。核算过程由系统自动进行。核算时，系统先将采购发票上某一物料的全部金额（指采购发票原有金额）和采购费用（指发票上分配到的应计入成本的费用）合计，除以入库单上该物料的实收数量，计算出单位加工费，再以该单位加工费乘以对应物料的数量信息得到总加工费。同时，系统按照入库单核销的出库单信息取得出库材料成本并汇总得到材料费用，汇总材料费用和加工费用之和即入库物料的总成本，并倒算单位成本，

完成委外加工核算。

（4）**凭证处理** 存货核算系统的凭证处理功能负责采购系统、销售系统和仓存管理系统的凭证处理。它主要是根据这三个系统中已输入的业务单据，如收、发单据的数据和相对应的业务生成记账凭证。可根据对应的业务设置凭证模板，按凭证模板生成凭证，并进行凭证查询。

（5）**输出管理** 输出管理功能包括日常动态输出管理、给其他系统的输出管理、定期报表的输出管理。

1）日常动态输出管理。即库存台账、出入库流水账、物料收发汇总表、物料收发明细表、物料收发日报表等动态信息的输出。具体包括产成品发出汇总表、生产领料成本汇总表、生产领料成本明细表、销售成本明细表、销售收入明细表、分期收款发出商品明细账、委托代销发出商品明细账、销项税额汇总表、委托加工材料汇总表。

2）给其他系统的输出管理。生产领料成本明细表，按部门、用途、物料类别生成的统计表，是计算成本的依据；销售成本明细表和销售收入明细表，为销售系统进行分析提供依据。

3）定期报表的输出管理。包括存货总分类账和存货库存统计表。

10.2.2 代码设计

存货系统所涉及的主要编码有业务单据编号和产成品编码，其中业务单据编号包括外购入库单编号、自制产品入库单编号、委外加工入库单编号、其他入库单编号、生产领料单编号、其他出库单编号、销售出库单编号、委外加工出库单编号、仓库调拨单编号、仓库调整单编号等。

业务单据编号采用统一的规则，即固定前缀+顺序号。

1）外购入库单编号规则为：WIN+顺序号。

2）自制产品入库单编号规则为：CIN +顺序号。

3）委外加工入库单编号规则为：JIN +顺序号。

4）其他入库单编号规则为：QIN +顺序号。

5）生产领料单编号规则为：SOUT +顺序号。

6）其他出库单编号规则为：QOUT +顺序号。

7）销售出库单编号规则为：XOUT +顺序号。

8）委外加工出库单编号规则为：JOUT +顺序号。

9）仓库调拨单编号规则为：CHG +顺序号。

产品的编码结构与原则和采购系统相一致，编码分为2级。详见第3章物料编码。

10.2.3 数据库设计

存货系统所有输入的收发单据，都是系统管理和核算的基础数据，必须设计相应的数据表进行存储，为系统的输出和日常管理提供及时、准确的数据。

1. 各类入库单的数据分析

1）外购入库单。主要数据包括：编号、日期、供应商、采购订单号、收料通知单号、购货发票号、采购方式、收料仓库、币别、汇率、保管、验收、审核、记账、制单、物料代码、物料名称、规格型号、批号、单位、应收数量、实收数量、计划单价、计划价金额、单价、金额、备注等。对于每一张入库单，可能有多种物料，但是有些数据项与物料的多少没有关系。这些数据项对于每一张入库单，只有一个值，因此就会出现一张入库单对应多种物料。为避免数据的冗余，将入库单分为主从表，其表结构如图10-5所示。

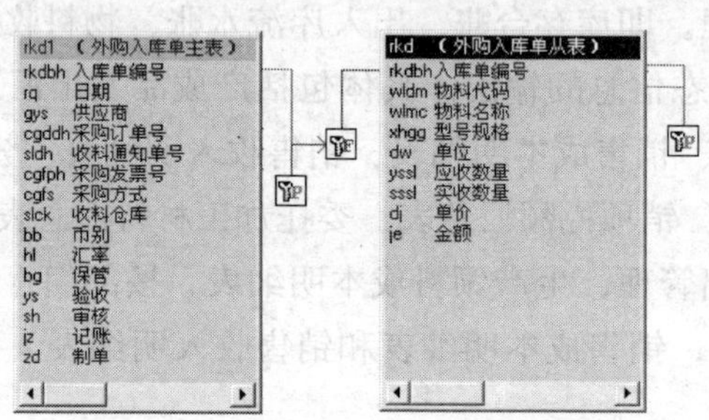

图10-5 外购入库单表结构

2）自制产品入库单。主要数据包括：编号、日期、交货单位、生产任务单号、销售订单号、收料仓库、保管、验收、审核、记账、制单、产品编码、产品名称、型号规格、单位、数量、单价、金额、备注等。其表结构如图10-6所示。

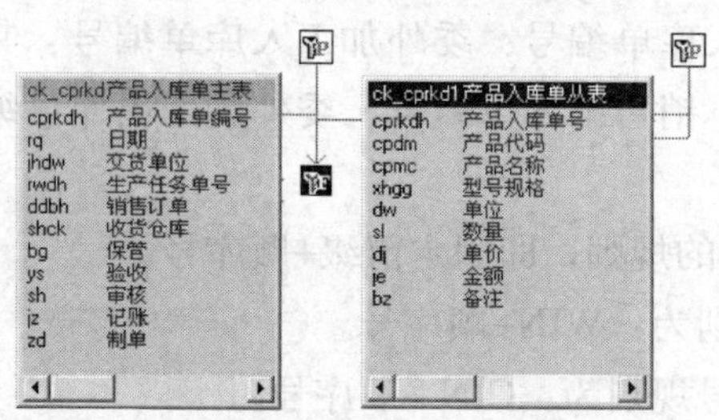

图10-6 产品入库单表结构

3）委外加工入库单。其表结构如图10-7所示。

4）其他入库单。其表结构如图10-8所示。

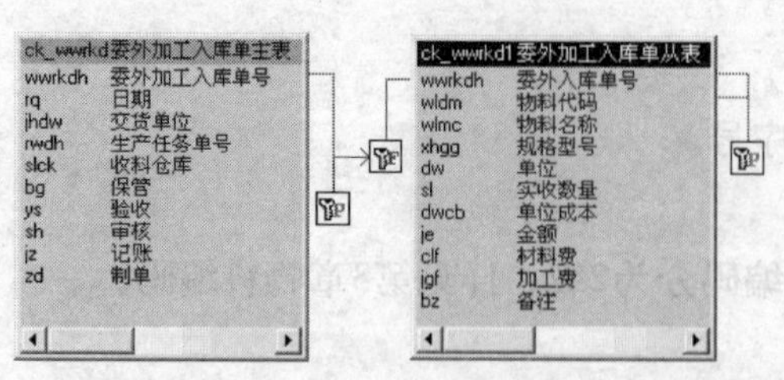

图10-7 委外加工入库单表结构

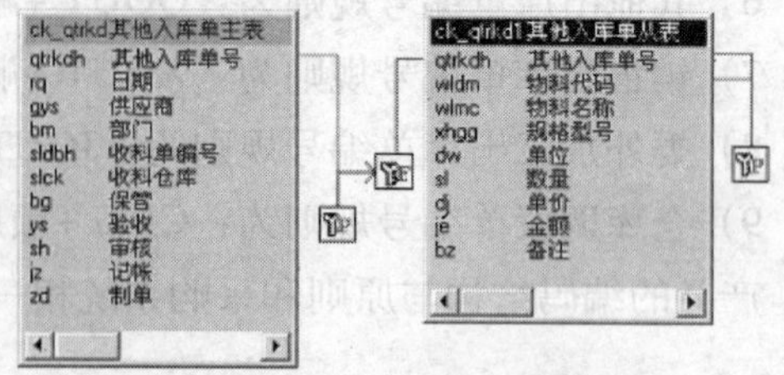

图10-8 其他入库单表结构

2. 各类出库单的数据分析

1）生产领料单。其表结构如图10-9所示。

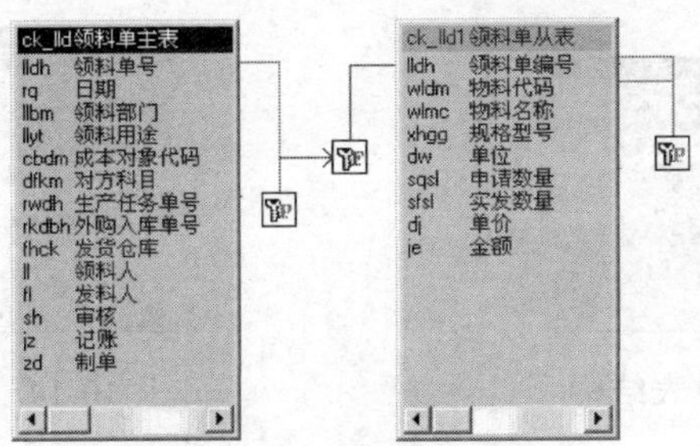

图10-9 生产领料单表结构

2）其他出库单。其表结构如图10-10所示。

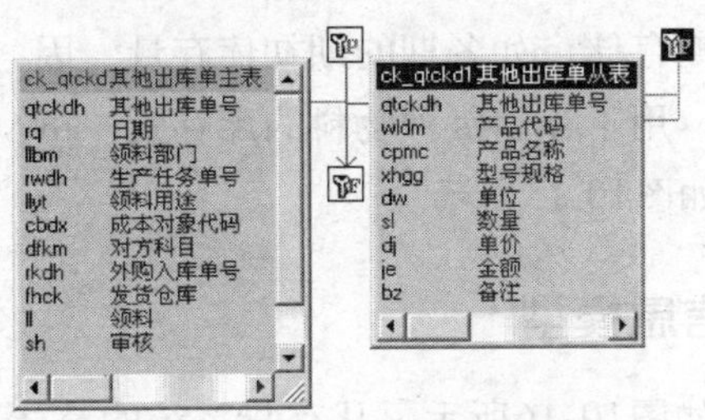

图10-10 其他出库单表结构

3）销售出库单。其表结构如图10-11所示。

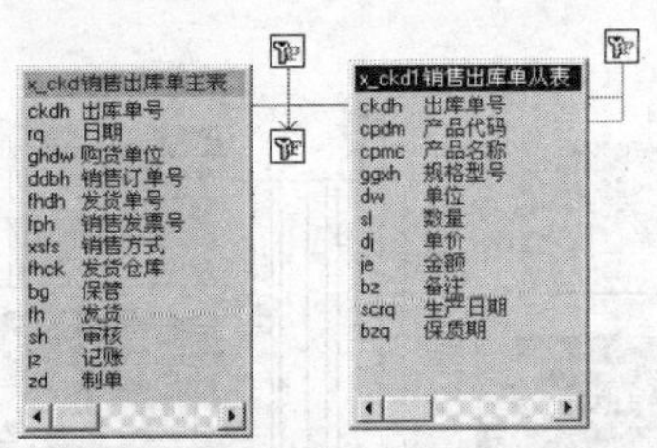

图10-11 销售出库单表结构

4）委外加工出库单。其表结构如图10-12所示。

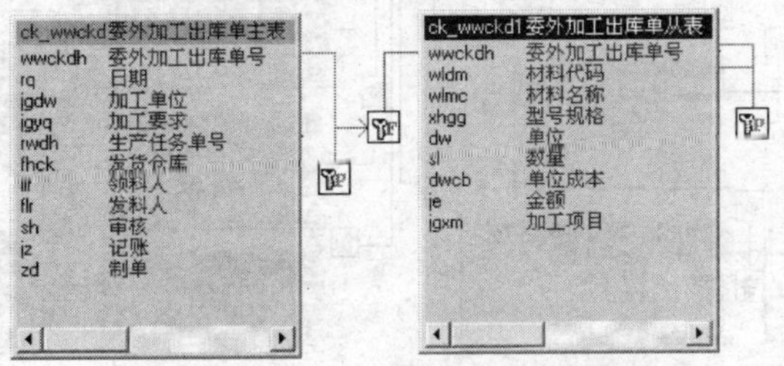

图10-12 委外加工出库单表结构

3. 其他业务单据

1）仓库调拨单。其表结构如图10-13所示。

2）仓库调整单。其表结构如图10-14所示。

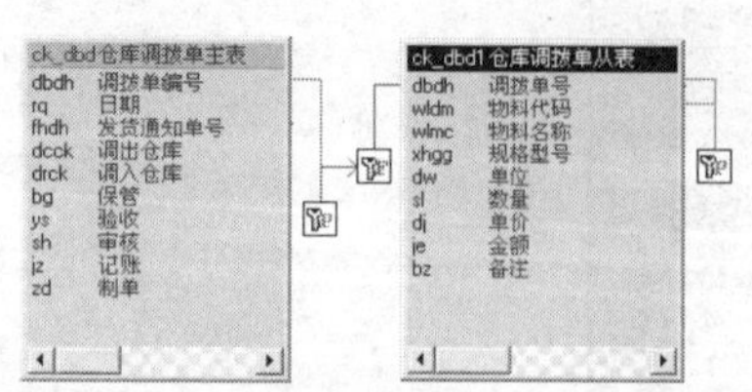

图10-13 仓库调拨单表结构

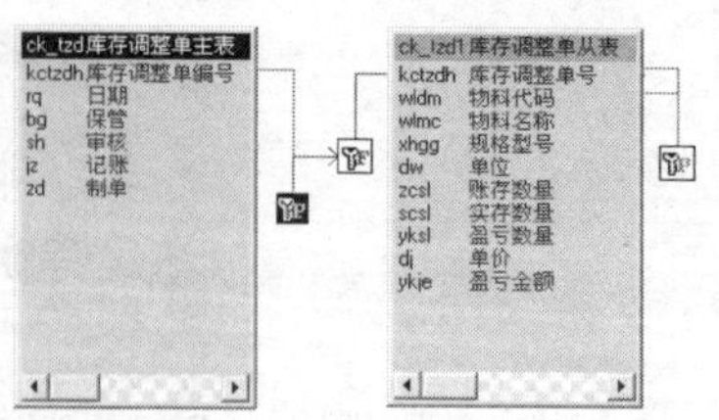

图10-14 仓库调整单表结构

4. 存货库存数据分析

在各类输出信息中，有些信息是从各种收发单据中直接获取的，而有些数据则必须定期存储，如各期的期初库存量。因此，应设计一个库存余额表，用于存储每种物料的库存量、单价、金额等数据，其表结构如图10-15所示。

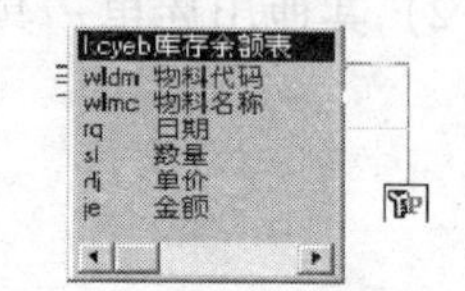

图10-15 库存余额表结构

10.2.4 存货管理系统信息模型

存货管理系统信息模型如图10-16所示。从存货系统的整体信息模型，可以清楚地看出各业务核算单据之间的约束关系以及与库存余额表的关系。所有的处理都可通过物料编码由出库单据、余额表、入库单据进行关联，且可根据需要，方便地生成各种明细分类账、总分类账和收发汇总表等。

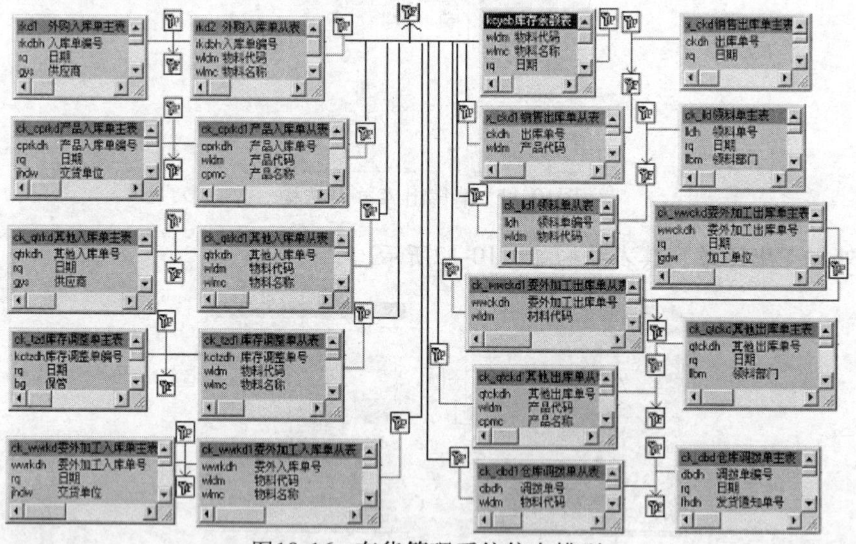

图10-16 存货管理系统信息模型

10.3 系统输出

10.3.1 系统的输出分类

系统的输出可分为三类：本系统的最终信息，即其他系统不继续进行处理；日常动态查询信息；为其他系统进一步处理提供数据。

存货系统的最终输出包括：存货库存统计表、存货总分类账。

日常动态查询信息包括：库存台账、出入库流水账、物料收发汇总表、物料收发明细表、物料收发日报表、产成品发出汇总表、生产领料成本汇总表、生产领料成本明细表、销售成本明细表、销售收入明细表、分期收款发出商品明细账、委托代销发出商品明细账、销项税额汇总表、委托加工材料汇总表。

为其他系统提供的数据包括：

生产领料成本明细表，按部门、用途、物料类别生成的统计表，是计算成本的依据；销售成本明细表、销售收入明细表，为销售系统进行分析提供依据；物料、产成品收发汇总表，为账务处理系统期末结转提供依据。

10.3.2 系统输出的设计原理与实现方法

从系统的信息模型图10-16可知，系统实际存储的是各种业务单据和库存余额表、其他报表都是通过用户选择的时间段、对特定产品或物料等不同的条件组合、经由各业务单据的日期、编码关联生成。因此，理解了系统的信息模型即存储模式，各种输出只是不同用户的外模式。

10.3.3 系统输出举例

由于系统各种动态报表的生成原理和实现方法完全相同，在此只选择两类典型报表加以介绍。

1. 业务单据序时簿举例

存货系统有多种业务单据，其序时簿的生成都是相同的过滤界面，只是对应的业务单据不同而已。下面以外购入库单序时簿为例。

选择“供应链”→“仓存管理”→“验收入库”，双击“外购入库单—查询”，即得到如图10-17所示的外购入库单序时簿过滤界面，选择名称“供应商”，比较关系“等于”和数值“新元炼钢厂”，则可以查询到从新元炼钢厂所购买的所有原材料、辅助材料的入库情况。

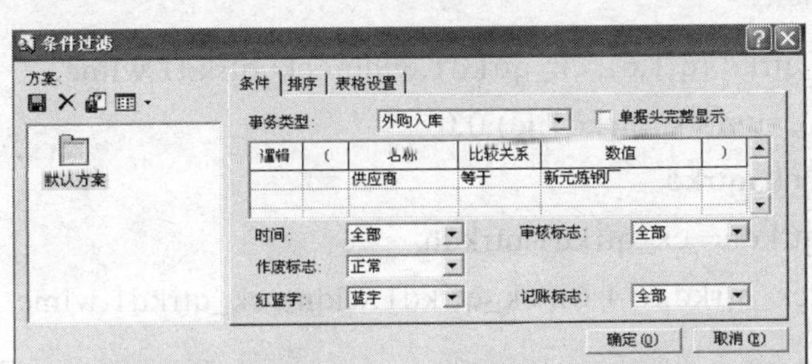

图10-17 外购入库单序时簿过滤界面

过滤界面中，名称、比较关系和数值三列实际是三个下拉列表或下拉数据窗口，名称列对应外购入库单的列名，数值对应外购入库单的记录值，表达式允许用户自己输入。根据用户的选择和输入，名称+比较关系+数值构成一个查询条件，多个查询条件通过与、或、非逻辑关系连接，构成一个复杂查询条件，实际就是SELECT 查询的WHERE子句。

假设根据用户的输入得到的查询条件是TJ，则外购入库单序时簿数据窗口生成的SQL语句如下：

```
select *
from rkd.,rkd1
where rkd.rkdbh=rkd1.rkdbh and TJ
order by rkd1.rq
```

2. 存货收发存汇总表

（1）选择“供应链”→“存货核算”→“报表分析”，双击“存货收发存汇总表”，在如图10-18所示过滤界面选择“2011年1期”，汇总依据“物料类别”，类别级次“1至2”，点击“确定”即可。

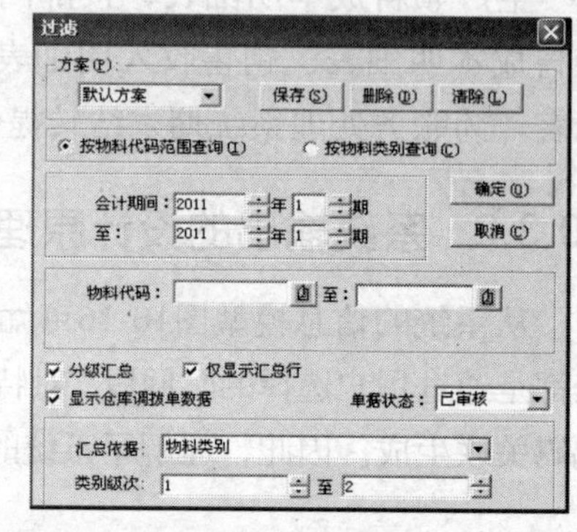

图10-18 存货收发存汇总表过滤界面

根据图10-18的选择，生成SQL语句。在图10-18中，会计期间是通过两个控件接收两个参数，假设为QJ1，QJ2；物料代码也是通过两个控件接收了选定物料代码范围的两个参数，假设为WLDM1，WLDM2(SQL语句中的列名、表名见图10-16)。

1）创建视图：

```
create view chhz1_v(kjqj,wldm,wlmc,bqsrsl,bqsrje,bqfcsl,bqfcje) //各出入库单按期间，物料代码汇总
as
select  substr(ck_cprkd .rq,1,6),ck_cprkd1.cpdm, ck_cprkd1.cpmc,
sum(ck_cprkd1.sl), sum(ck_cprkd1.je),0,0
from   ck_cprkd, ck_cprkd1
where  ck_cprkd.cprkdh= ck_cprkd1.cprkdh
group by substr(ck_cprkd .rq,1,6),ck_cprkd1.cpdm, ck_cprkd1.cpmc
union
select  substr(ck_qtrkd.rq,1,6), ck_qtrkd1.wldm, ck_qtrkd1.wlmc,
sum(ck_qtrkd1.sl), sum(ck_qtrkd1.je),0,0
from  ck_qtrkd1, ck_qtrkd
where ck_qtrkd.qtrkdh= ck_qtrkd1.qtrkdh
group by substr(ck_qtrkd.rq,1,6), ck_qtrkd1.wldm, ck_qtrkd1.wlmc
union
select
substr(rkd1.rq,1,6),rkd.wldm,rkd.wlmc,sum(rkd.sssl), sum(rkd .je) ,0,0
from  rkd,rkd1
where  rkd.rkdbh=rkd1.rkdbh
group by substr(rkd1.rq,1,6),rkd.wldm, rkd.wlmc
union
```

```
select  substr(ck_lld.rq,1,6), ck_lld1.wldm, ck_lld1.wlmc , 0,0,
sum(ck_lld1.sfsl),sum(ck_lld1.je)
from  ck_lld , ck_lld1
where  ck_lld.lldh= ck_lld1.lldh
group  by  substr(ck_lld.rq,1,6), ck_lld1.wldm, ck_lld1.wlmc
union
select  substr(ck_qtckd.rq,1,6), ck_qtckd 1.cpdm, ck_qtckd 1.cpmc ,0,0,
sum(ck_qtckd 1.sl),sum(ck_qtckd 1.je)
from  ck_qtckd, ck_qtckd1
where  ck_qtckd .qtckdh= ck_qtckd1 .qtckdh
goup  by  substr(ck_qtckd.rq,1,6), ck_qtckd 1.cpdm, ck_qtckd 1.cpmc
union
select   substr(x_ckd.rq,1,6), x_ckd1.cpdm, x_ckd1.cpmc ,0,0,
sum(x_ckd1.sl),sum(x_ckd1.je)
from  x_ckd, x_ckd1
where  x_ckd .ckdh= x_ckd 1.ckdh
goup by  substr(x_ckd.rq,1,6), x_ckd1.cpdm, x_ckd1.cpmc
create view chhz2_v(kjqj,wldm,wlmc,bqsrsl,bqsrje,bqfcsl,bqfcje) //按期间，汇总各物料的收发存
as
select  kjqj,wldm,wlmc,sum(chhz1_v.bqsrsl),sum(chhz1_v .bqsrje),
sum(chhz1_v .bqfcsl),sum(chhz1_v .bqfcje)
from   chhz1_v
group  by  kjqj,wldm,wlmc
create view chhz3_v(kjqj,wldm,wlmc,qcsl,qcdj,qcje,bqsrsl,bqsrdj,
bqsrje,bqfcsl,bqfcdj,bqfcje, jcsl,jcdj,jcje)  //存货收发存综合查询视图
as
select  chhz2_v.kjqj, chhz2_v.wldm, chhz2_v.wlmc,
    kcyeb.qcsl,kcyeb.qcdj,kcyeb.qcje,
        chhz2_v.bqsrsl, kcyeb.qcdj ,chhz2_v.bqsrje,
        chhz2_v.bqfcsl, kcyeb.qcdj ,chhz2_v.bqfcje,
        kcyeb.qcsl +chhz2_v.bqsrsl−chhz2_v.bqfcsl,
        kcyeb.qcdj,
        kcyeb.qcje+ chhz2_v.bqsrje−chhz2_v.bqfcje
from   chhz2_v, kcyeb
where   chhz2_v.kjqj=substr(kcyeb.rq,1,6)  and
        chhz2_v.wldm=kcyeb.wldm
```

2)生成SQL语句：

```
select *
from  chhz3_v
where  kjqj between QJ1 and QJ2  and
    wldm between WLDM1 and WLDM2
order by  kjqj,wldm
```

存货收发存汇总表的生成原理如图10-19所示。

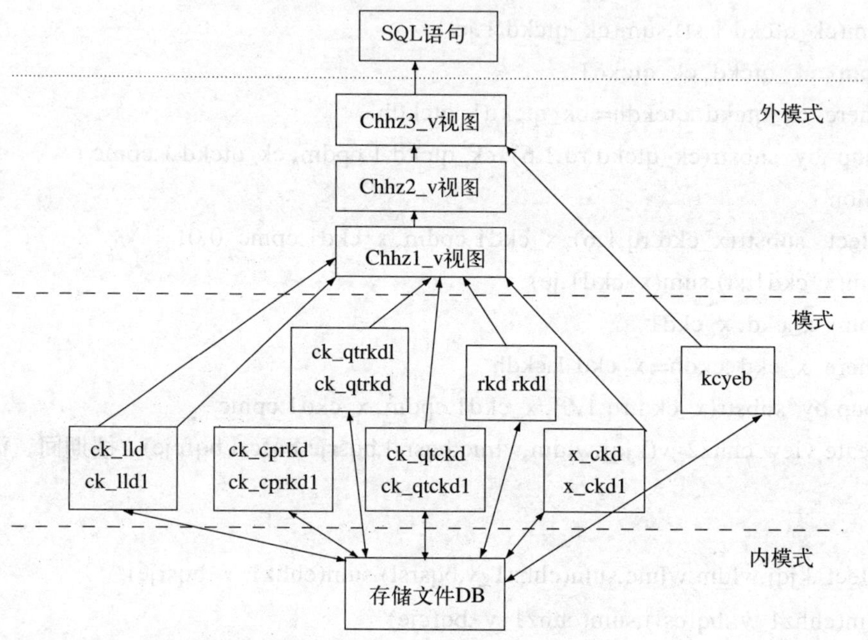

图10-19 存货收发存汇总表生成原理

定义存货收发存汇总表的数据窗口对象见图10-20，该数据窗口的数据源就是第一步生成的SQL语句。

会计期间	1级物料类别	2级物料类别	期初结存			本期收入			本期发出			期末结存		
			数量	单价	金额	数量	单价	金额	数量	单价	金额	数量	单价	金额

图10-20 定义存货收发存汇总表数据窗口对象

定义窗口对象，然后在窗口上填加数据窗口控件，将第二步定义的数据窗口对象与数据窗口控件挂接，即可生成如图10-21所示的存货收发存汇总表。

存货收发存汇总表

起始期间：2011年 第1期　　截止期间：2011年 第1期

物料代码范围：所有物料　　汇总依据：1--2级物料类别

会计期间	1级物料类别	2级物料类别	期初结存			本期收入			本期发出			期末结存		
			数量	单价	金额	数量	单价	金额	数量	单价	金额	数量	单价	金额
2011.1	产成品		73	5,159.72	376,659.65	225	5,199.83	1,169,961.69	265.6	5,208.59	1,383,400.21	32.4	5,037.69	163,221.13
2011.1	产成品小计		73	5,159.72	376,659.65	225	5,199.83	1,169,961.69	265.6	5,208.59	1,383,400.21	32.4	5,037.69	163,221.13
2011.1	原材料	钢锭小计	35	4,515.71	158,050.00	57	4,238.25	241,580.00	33	4,399.55	145,185.00	59	4,312.63	254,445.00
2011.1	原材料	钢坯小计	205	4,299.27	881,350.00	59	5,273.73	311,150.00	214.73	4,273.99	917,753.00	49.27	5,576.35	274,747.00
2011.1	原材料	辅助材料小计				13	6,296.15	81,850.00				13	6,296.15	81,850.00
2011.1	原材料小计		240	4,330.83	1,039,400.00	139	4,565.32	634,580.00	247.73	4,290.71	1,062,938.00	131.27	4,654.85	611,042.00
2011.1	合计		313	4,524.15	1,416,059.65	364	4,957.53	1,804,541.69	513.33	4,765.62	2,446,338.21	163.67	4,730.64	774,263.13

图10-21 存货收发汇总表

10.4 存货系统应用

10.4.1 存货系统操作流程

存货系统操作流程如图10-22所示。

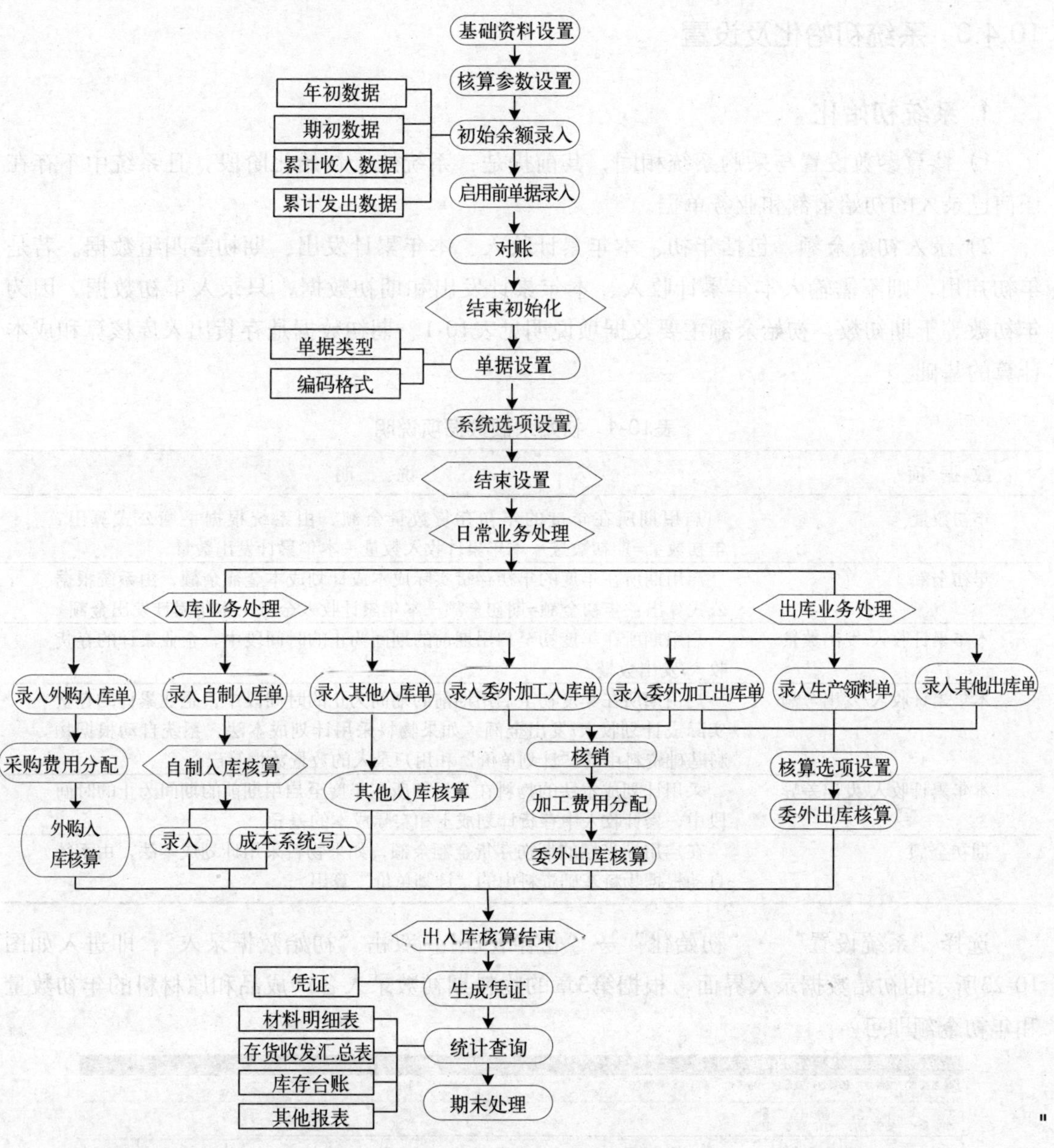

图10-22　存货系统操作流程图

10.4.2 系统启用前的准备工作

整理启用期前的暂估入库单、启用期前的未核销销售出库单、启用期前的未核销委外加工出库单、启用期前的暂估委外加工入库单，并将各单据上的物料与系统设置的物料信息表调整一致，为初始数据录入做好准备。

各仓库进行清查盘点，做到账实相符，结出各种物料的库存余额。对账实不符部分，查清原因，进行对应处理，避免将错误带入新启用的系统。

10.4.3 系统初始化及设置

1. 系统初始化

1）核算参数设置与采购系统相同，其前提是：系统处于初始化阶段，且系统中不存在任何已录入的初始余额和业务单据。

2）录入初始余额，包括年初、本年累计收入、本年累计发出、期初等四组数据。若是年初启用，则不需输入本年累计收入、本年累计发出和期初数据，只录入年初数据，因为年初数等于期初数。初始余额主要数据项说明见表10-1。期初数据是存货出入库核算和成本计算的基础。

表10-1 初始余额数据项说明

数 据 项	说 明
年初数量	启用期所在年度的年初存货数量余额，由系统根据平衡公式算出：年初数量=期初数量－本年累计收入数量＋本年累计发出数量
年初金额	启用期所在年度的年初存货实际成本或计划成本金额余额，由系统根据公式算出：年初金额=期初金额－本年累计收入金额＋本年累计发出金额
本年累计收入/发出数量	启用期所在年度初至启用期前的期间为止的时间段中，企业累计的存货收入/发出数量
本年累计收入/发出金额	启用期所在年度初至启用期前的期间为止的时间段中，企业累计的存货实际或计划收入/发出金额，如果物料采用计划成本法，系统自动根据物料基础资料中的“计划单价”和用户录入的数量数据算出
本年累计收入/发出差异	采用计划成本法的物料在启用期所在年度至启用期前的期间为止的时间段中，累计收入中存货计划成本和实际成本的差异
期初金额	在启用期当期的期初存货金额余额，如果物料采用计划成本法，由系统自动根据物料基础资料中的“计划单价”算出

选择“系统设置”→“初始化”→“仓存管理”，双击“初始数据录入”，即进入如图10-23所示的初始数据录入界面，根据第3章的物料期初数录入各产成品和原材料的年初数量和年初金额即可。

图10-23 初始数据录入界面

3）启用前的单据录入。在系统的主界面下，选择“系统设置”→“初始化”→“仓存管理”，双击“录入启用期前的暂估入库单”、“录入启用期前的未核销销售出库单”、“录入启用期前的未核销委外加工出库单”、“录入启用期前的暂估委外加工入库单”其中之一，进行单据的录入。录入操作与正常单据处理操作相同，在此不再对输入数据项进行说明。

启用前单据与正常单据有如下区别：①名称不同，启用期前的单据分别称呼为“启用期前的暂估入库单”、“启用期前的未核销销售出库单”、“启用期前的未核销委外加工出库单”、“启用期前的暂估委外加工出库单”，而日常单据处理应分别称呼为“外购入库单”、“销售出库单”、“委外加工出库单”；②启用期前的四类单据期间小于启用期间；③单据状态不同，其他单据只允许录入，不能审核，而启用期前的四类单据必须在初始化启用前审核；④位置不同，启用期前的四类单据单独管理，不在单据管理模块中处理；⑤启用期前的四类单据序时簿中不能允许其他不符合条件的单据录入或进行审核、查看等操作；⑥启用期前的四类单据不能调整期初余额，而且其发生额不计算到本期报表以及即时库存中。

4）初始数据的对账和数据传递。在“初始数据录入”界面，单击“对账”，或选择“查看”→“对账/录入”，都可以将当前界面显示为对账界面。该窗口显示的数据是系统自动生成的、按会计科目重新排列组合的财务数据信息，实现与财务系统对账。

在该操作界面左边是按所有物料选中的存货科目和成本差异科目分级列示。界面右边显示的是针对全部科目、某一确定科目的所有物料的初始账务余额信息。用户可以在界面的左边选中全部会计科目查询整体的年初余额、本年累计收入金额、本年累计发出金额和期初金额，也可以选中某个会计科目或明细科目来查询其所包含的所有物料的对应账务余额。用户可以用该数据与总账系统的初始余额进行对账，如图10-24所示。初始数据对账完成后，就可以将对账后的科目余额传递到总账系统中，实现初始数据的传递。

科目代码	科目名称	借贷方向	年初金额	本年累计收入金额	本年累计发出金额	期初金额
1403	原材料	借	39,400.00			39,400.00
1405	库存商品	借	76,659.95			76,659.95
合计			116,059.95			116,059.95

图10-24　初始数据对账

2. 单据设置

单据设置包括单据类型、编码格式、允许手工录入、单据保存后是否自动审核属性的设置。

1）单据类型设置。系统预设“库存转换”、“分销调拨”、“组装”和“批次转换”四种，预设的类型不能修改和删除，但用户可以新增。

2）编码格式设置。用户可根据企业习惯和业务要求自行设置。将光标移至所要设置的单据所在条目，单击界面右上角“修改”按钮，系统调出该单据的“修改单据参数设置”窗口，就可以进行该单据的编码格式设置工作。在“修改单据参数设置”可以修改单据编码规则的设置，该页面由编码设置、编码选项两个页签组成。在编码设置界面，进行单据编码规则的设置，主要通过组合各种变动项目（自定义项目、日期项目、流水号、核算项目）产生单据编码规则，例如自定义+日期+流水号。在编码选项设置页面，主要设置与单据编码相关的各种参数设置，如使用编码规则；允许手工录入，保存后自动审核等。

3. 系统选项设置

系统选项共涉及21项，其操作见图10-25，具体选项说明见表10-2。选择“系统设置”→“仓存管理”→“系统设置”，进入系统参数维护界面，双击“核算系统选项”，如图10-25所示进行设置。

[核算系统选项]:

	参数	值
1	期末结账时检查未记账的单据	✓
2	暂估冲回凭证生成方式	月初一次冲回
3	存货核算方式	总仓核算
4	调拨单允许异价调拨	
5	调拨单生成凭证	
6	成本调拨类型调拨单单价来源	手工录入
7	有单价成本调拨类型调拨单出库核算时重新取得单价	
8	无原单的红字出库单单价来源	手工录入
9	负结存单据单价来源	手工录入
10	返工物料出库单价来源	前期最新自制入库单价
11	本期还有未审核的出入库单据时允许关账	✓
12	本期还有单据未生成凭证时允许关账	✓
13	关账后允许对本期的核算单据进行修改、作废和反审核	✓
14	关账以后允许新增发票	✓
15	关账后允许钩稽本期发票	✓
16	仓库分组设置	
17	红字出库单参与加权平均法，计划成本法核算规则设置	
18	存货跌价准备计提方式	按物料计提
19	录入期初余额调整数据时显示过滤界面	
20	暂估差额生成方式	差额调整
21	外购入库生成暂估冲回凭证	

图10-25 系统选项设置

表10-2 系统选项设置参数说明

参数	说明
期末结账时检查未记账的单据	为保证核算系统的存货余额及发生额与总账系统的存货类科目保持一致，选择此项，则系统在期末结账前检查是否还有未记账的凭证，保证核算单据生产凭证的完整性
暂估冲回凭证生产方式	系统在期末结账后，自动根据上期生产的暂估凭证对应生产红字暂估凭证
本期还有未审核的出入库单据时允许关账	期末关账时，本期有未审核的核算单据不影响关账
本期还有单据未生成凭证时允许关账	期末关账时，本期有核算单据未生成凭证不影响关账
关账以后允许新增发票	关账后允许新增当期、以前、以后期间的各种发票，允许修改、删除、作废、审核当期、以前期间、以后期间的发票
关账后允许勾稽本期发票	关账后允许进行单据日期为当期、以前期间采购发票、销售发票、费用发票的勾稽

10.4.4 世纪轧钢厂1月份日常经营业务

生产领料业务：

业务1：2011-01-07，加热炉领用40Cr锭10.5吨，单价3 900元，用于齿轮钢生产。

业务2：2011-01-15，加热炉领用45#坯21吨，单价4 100元；R3坯16吨，单价4 860元，用于锚杆钢生产。

业务3：2011-01-15，加热炉领用轻轨钢坯31吨，单价5 000元，用于轻轨的生产。

业务4：2011-01-17，加热炉领用45#锭12吨，单价4 180元，T8锭10.5吨，单价5 150元，用于生产弹条钢。

业务5：2011-01-18，加热炉领用20-40Cr坯16吨，单价4 000元，用于扣件钢的生产。

业务6：2011-01-20，加热炉领用20GrMrTi坯29.67吨，单价3 600元，用于螺纹钢的生产。

业务7：2011-01-24，加热炉领用25MV坯26吨，单价4 550元，用于生产角钢。

业务8：2011-01-25，加热炉领用60Si2Mr坯47.06吨，单价3 850元，用于生产槽钢。

业务9：2011-01-28，加热炉领用20GrMrTi坯26吨，单价4 600元，用于生产链条钢。

验收入库业务：

业务1：2011-01-07，验收入库精整车间生产的齿轮钢10吨，单位成本4 559.1元。

业务2：2011-01-07，验收入库精整车间生产的扣件钢15吨，单位成本4 808.11元。

业务3：2011-01-09，验收入库精整车间生产的螺纹钢20吨，单位成本5 862.71元。

业务4：2011-01-10，验收入库精整车间生产的角钢25吨，单位成本5 242.51元。

业务5：2011-01-11，验收入库精整车间生产的槽钢35吨，单位成本5 740.14元。

业务6：2011-01-11，验收入库精整车间生产的轻轨30吨，单位成本5 669.44元。

业务7：2011-01-18，验收入库精整车间生产的链条钢30吨，单位成本4 489.44元。

业务8：2011-01-24，验收入库精整车间生产的锚杆钢30吨，单位成本5 964.77元。

业务9：2011-01-26，验收入库精整车间生产的弹条钢30吨，单位成本3 977.27元。

10.4.5　入库业务管理

入库业务管理主要是对外购入库、委托加工入库、自制产品入库、存货估价入库、其他入库等入库业务进行日常管理和成本核算。

1. 日常管理

入库日常管理主要是各类入库单和调拨单的录入。外购入库单的录入可参照采购系统，下面以业务1为例说明自制产品入库单的录入。

选择“供应链”→“仓存管理”→“验收入库”，双击“产品入库—录入”，出现如图10-26所示的录入界面，录入业务1的相应数据。

产品入库

交货单位：精整　　编　号：CIN000001

源单类型：　　选单号：　　日期：2011-01-07　　收货仓库：产成品库

行号	物料编码	物料名称	单位	应收数量	实收数量	单价	金额	收货仓库
1	03.023	齿轮钢	吨		10.0000	4,559.10	45,591.00	产成品库
2								
							45591.00	

图10-26　产品入库单

2. 入库核算

入库核算包括外购入库、委外加工入库和自制入库三种入库业务核算，在此以自制入库核算为例进行说明。

自制入库核算以产品入库单的实收数量作为更新库存的数据，界面如图10-27所示。若成本系统已启用，产品入库的成本可直接从成本系统调入；若未启用，可手工录入产品实际成本的单价和金额。

选择“供应链”→“存货核算”→“入库核算”，双击“自制入库核算”，在如图10-27所示的界面选择事务类型“产品入库”，物料代码“03.023-03.031”，点击“确定”，则得到如图10-28所示的汇总数据。单击工具栏的“核算”，系统会将汇总计算出的单价、金额回填到单据。

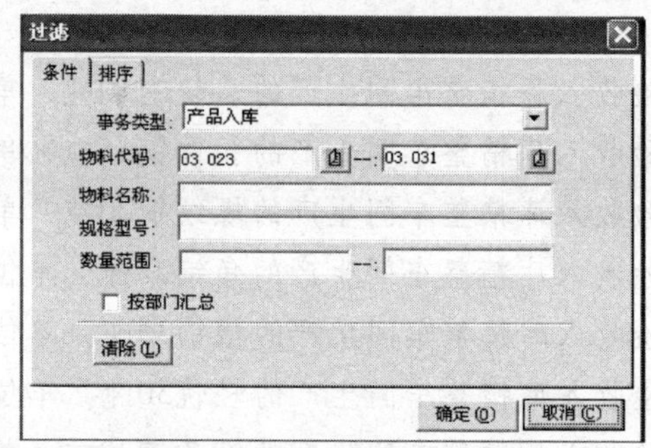

图10-27 自制入库核算过滤界面

过滤 打印 预览 刷新 字体 核算 引入 退出

自制入库核算

会计期间: 2011年 第1期
事务类型: 产品入库

物料代码	物料名称	规格型号	批次	常用计量单位			金额
				数量	单位	单价	
03.023	齿轮钢			10.0000	吨	4559.10	45591.00
03.024	螺纹钢			20.0000	吨	5862.71	117254.20
03.025	角钢			25.0000	吨	5242.51	131062.75
03.026	槽钢			35.0000	吨	5740.14	200904.90
03.027	扣件钢			15.0000	吨	4808.11	72121.65
03.028	轻轨			30.0000	吨	5669.44	170083.20
03.029	链条刚			30.0000	吨	4489.44	134683.20
03.030	锚杆钢			30.0000	吨	5964.77	178943.10
03.031	弹条钢			30.0000	吨	3977.27	119318.10

图10-28 自制入库核算

10.4.6 出库业务管理

1. 日常管理

材料和产成品出库的日常管理主要是领料单和出库单的录入。销售出库单参照销售系统，而领料单如图10-29所示。

领料单

领料类型: 一般领料　　对方科目: 生产成本_基本生产成本_材料成本

领料部门: 加热炉车间　　领料用途: 用于齿轮钢生产　　编 号: SOUT000001

源单类型:　　选单号:　　日期: 2011-01-07　　发料仓库: 原材料仓库

行号	物料代码	物料名称	是否返工	成本对象	产品规格型号	单位	申请数量	实发数量	计划单价	计划价金额	单价	金额	发料仓库	工序	源单单号	生产任务单号
1	01.0101.010	40Cr锭	否	齿轮钢		吨	0.0000	10.5000	0.00	0.00	3,900.00	40,950.00	原材料仓库			
2																
										0.00		40950.00				

图10-29 领料单

2. 出库核算

下面以材料出库业务核算为例说明核算过程，产品出库业务处理流程与材料出库核算相同。

1）选择结转物料范围。物料选择界面如图10-30所示。

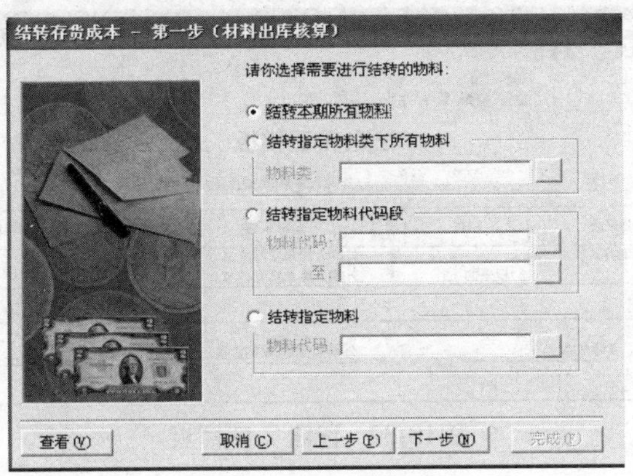

图10-30 物料选择

2）设置核算选项。如图10-31所示，可根据需要设定各选项。

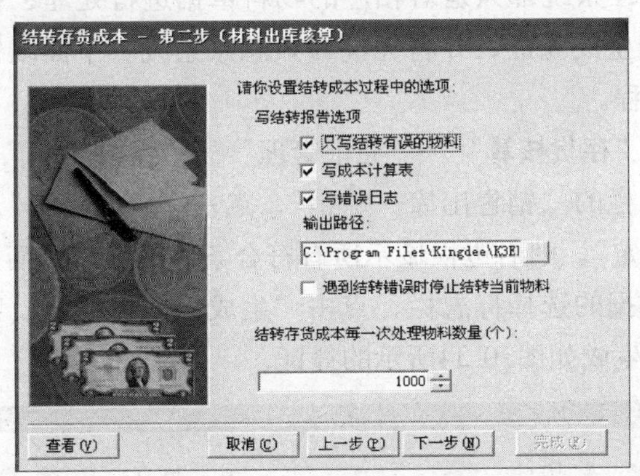

图10-31 核算选项设置

3）出库核算。选项设置完后，进行出库核算。系统会按照物料代码和仓库（组）顺序，逐个物料、仓库（组）计算。若出现负结存出库，系统会根据系统设置中的负结存出库选项，来决定出库成本；对于红字出库单据和调拨单，系统也会根据系统选项设置来决定出库成本。

10.4.7 凭证管理

在供应链模块，采购管理、销售管理和仓存管理系统都没有凭证管理功能，只有在存货核算系统才能进行凭证处理，包括凭证模板的设置、凭证生成和凭证查询三个功能。

1. 凭证模板

系统本身已经预置了两类凭证模板，一种是实际成本法下的凭证模板，另一种是计划成本法下的凭证模板。两种方法下，都包括采购、销售、仓存以及存货管理系统的凭证生成模板。以外购入库单（单据直接生成）为例，其设置见图10-32。根据需要，在凭证模板设置中可以新增、修改、删除凭证模板，分别点击工具栏的“新增”、“修改”、“删除”按钮即可。

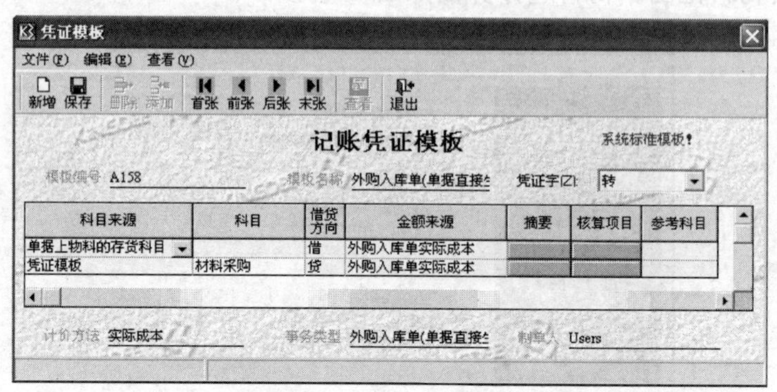

图10-32 记账凭证模板

2. 凭证生成

采购管理、销售管理系统都只是对相应的物料单据进行处理，核算都要在存货系统进行。将所有的物料单据生成凭证，并将凭证写入总账系统。下面以销售出库结转销售成本为例说明生成凭证的过程。

选择“供应链”→“存货核算”→“凭证管理”→“生成凭证”，进入如图10-33所示凭证制作界面，勾选左边栏的“销售出库—赊销”，点击“重新设置”，在出现的过滤界面输入过滤条件，点击“确定”，则右边栏显示所有符合条件的已审核而未生成凭证的单据，勾选要生成凭证所对应单据的选择标志栏，点击“生成凭证”图标，系统提示“生成凭证成功”，点击“确定”，即生成如图10-34所示的凭证。

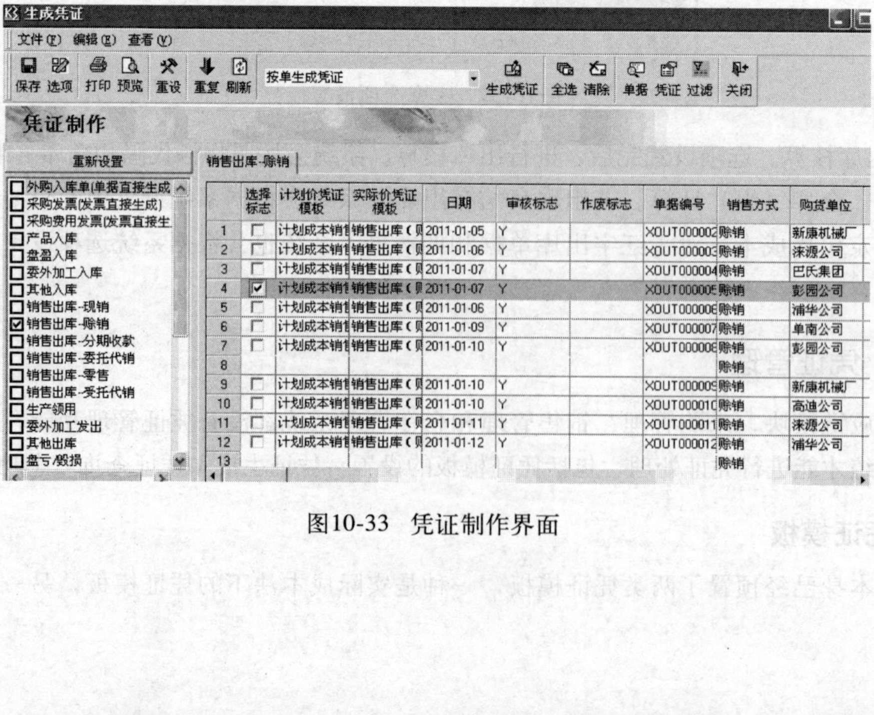

图10-33 凭证制作界面

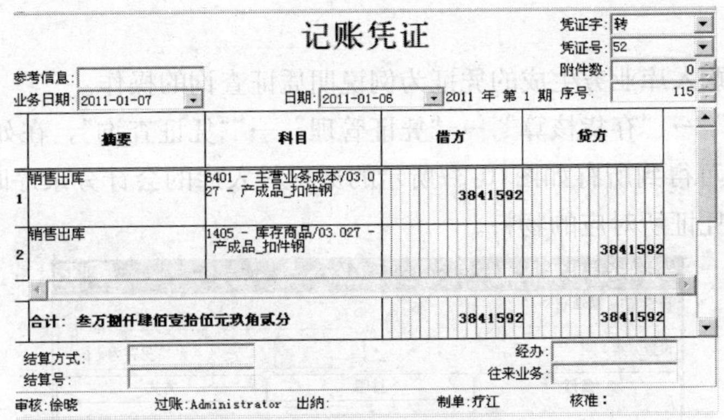

记账凭证

凭证字：转
凭证号：52
附件数：0
序号：115

参考信息：
业务日期：2011-01-07　日期：2011-01-06　2011 年 第 1 期

	摘要	科目	借方	贷方
1	销售出库	6401 - 主营业务成本/03.027 - 产成品_扣件钢	3841592	
2	销售出库	1405 - 库存商品/03.027 - 产成品_扣件钢		3841592
	合计：叁万捌仟肆佰壹拾伍元玖角贰分		3841592	3841592

结算方式：
结算号：
经办：
往来业务：

审核：徐晓　过账：Administrator　出纳：　制单：疗江　核准：

图10-34　记账凭证

注意：在选择生成凭证的单据时，可以同时选中多张单据，这样就生成一张汇总凭证。本系统采用的是按单据生成凭证，根据销售系统的出库业务，生成的所有凭证汇总表如图10-35所示（既可以在总账系统查询，又可以在存货核算系统查询）。主营业务成本及库存商品科目均是按物料核算，因而在汇总表中都只显示一级科目，点击记录可以查看单张凭证，可以看到对应的产品名称。

会计分录序时簿

期间	凭证字号	摘要	科目代码	科目名称	原币金额	借方	贷方	制单	审核	过账
2011.1	转 - 49	销售出库	6401	主营业务成本	21,305.80	21,305.80		疗江	徐晓	Administr
		销售出库	1405	库存商品	21,305.80		21,305.80			
2011.1	转 - 50	销售出库	6401	主营业务成本	53,705.04	53,705.04		疗江	徐晓	Administr
		销售出库	1405	库存商品	53,705.04		53,705.04			
2011.1	转 - 51	销售出库	6401	主营业务成本	40,996.90	40,996.90		疗江	徐晓	Administr
		销售出库	1405	库存商品	40,996.90		40,996.90			
2011.1	转 - 52	销售出库	6401	主营业务成本	38,415.92	38,415.92		疗江	徐晓	Administr
		销售出库	1405	库存商品	38,415.92		38,415.92			
2011.1	转 - 53	销售出库	6401	主营业务成本	36,657.11	36,657.11		疗江	徐晓	Administr
		销售出库	1405	库存商品	36,657.11		36,657.11			
2011.1	转 - 54	销售出库	6401	主营业务成本	40,984.65	40,984.65		疗江	徐晓	Administr
		销售出库	1405	库存商品	40,984.65		40,984.65			
2011.1	转 - 55	销售出库	6401	主营业务成本	36,430.80	36,430.80		疗江	徐晓	Administr
		销售出库	6401	主营业务成本	50,973.75	50,973.75				
		销售出库	1405	库存商品	36,430.80		36,430.80			
		销售出库	1405	库存商品	50,973.75		50,973.75			
2011.1	转 - 56	销售出库	6401	主营业务成本	78,550.95	78,550.95		疗江	徐晓	Administr
		销售出库	6401	主营业务成本	43,217.91	43,217.91				
		销售出库	1405	库存商品	78,550.95		78,550.95			
		销售出库	1405	库存商品	43,217.91		43,217.91			
2011.1	转 - 57	销售出库	6401	主营业务成本	67,131.30	67,131.30		疗江	徐晓	Administr
		销售出库	6401	主营业务成本	42,611.60	42,611.60				
		销售出库	1405	库存商品	67,131.30		67,131.30			
		销售出库	1405	库存商品	42,611.60		42,611.60			
2011.1	转 - 58	销售出库	6401	主营业务成本	95,345.28	95,345.28		疗江	徐晓	Administr
		销售出库	1405	库存商品	95,345.28		95,345.28			
2011.1	转 - 59	销售出库	6401	主营业务成本	59,590.80	59,590.80		疗江	徐晓	Administr
		销售出库	1405	库存商品	59,590.80		59,590.80			
2011.1	转 - 60	销售出库	6401	主营业务成本	79,292.50	79,292.50		疗江	徐晓	Administr
		销售出库	1405	库存商品	79,292.50		79,292.50			
2011.1	转 - 61	销售出库	6401	主营业务成本	63,077.41	63,077.41		疗江	徐晓	Administr
		销售出库	1405	库存商品	63,077.41		63,077.41			
2011.1	转 - 62	销售出库	6401	主营业务成本	76,137.10	76,137.10		疗江	徐晓	Administr
		销售出库	1405	库存商品	76,137.10		76,137.10			
2011.1	转 - 63	销售出库	6401	主营业务成本	172,029.30	172,029.30		疗江	徐晓	Administr
		销售出库	1405	库存商品	172,029.30		172,029.30			
2011.1	转 - 64	销售出库	6401	主营业务成本	72,439.72	72,439.72		疗江	徐晓	Administr
		销售出库	1405	库存商品	72,439.72		72,439.72			
2011.1	转 - 65	销售出库	6401	主营业务成本	51,467.33	51,467.33		疗江	徐晓	Administr
		销售出库	1405	库存商品	51,467.33		51,467.33			
2011.1	转 - 66	销售出库	6401	主营业务成本	71,363.25	71,363.25		疗江	徐晓	Administr
		销售出库	1405	库存商品	71,363.25		71,363.25			
2011.1	转 - 67	销售出库	6401	主营业务成本	49,781.95	49,781.95		疗江	徐晓	Administr
		销售出库	1405	库存商品	49,781.95		49,781.95			
2011.1	转 - 68	销售出库	6401	主营业务成本	41,893.84	41,893.84		疗江	徐晓	Administr
		销售出库	1405	库存商品	41,893.84		41,893.84			

图10-35　销售出库结转销售成本凭证汇总

3. 凭证查询

此处以查询外购入库业务生成的凭证为例说明凭证查询的操作。

选择“供应链”→“存货核算”→“凭证管理”→“凭证查询”，在如图10-36所示界面输入过滤条件，即可得到所有如图10-37所示的原材料入库的会计分录序时簿，双击单条记录，可以查看每张凭证所对应的物料。

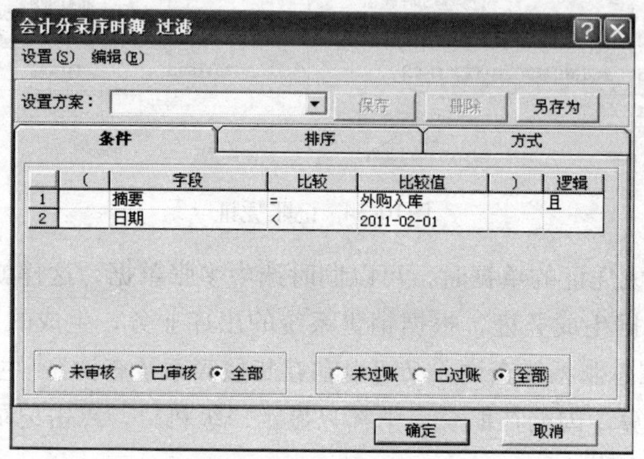

图10-36 凭证查询界面

会计分录序时簿

期间	凭证字号	摘要	科目代码	科目名称	原币金额	借方	贷方	制单	审核	过账
2011.1	转 - 70	外购入库	1403	原材料	50,000.00	50,000.00		龙胜强	徐晓	Administr
		外购入库	1401	材料采购	50,000.00		50,000.00			
2011.1	转 - 71	外购入库	1403	原材料	50,160.00	50,160.00		龙胜强	徐晓	Administr
		外购入库	1401	材料采购	50,160.00		50,160.00			
2011.1	转 - 73	外购入库	1403	原材料	39,680.00	39,680.00		疗江	龙胜强	Administr
		外购入库	1401	材料采购	39,680.00		39,680.00			
2011.1	转 - 74	外购入库	1403	原材料	30,900.00	30,900.00		疗江	龙胜强	Administr
		外购入库	1403	原材料	32,800.00	32,800.00				
		外购入库	1401	材料采购	30,900.00		30,900.00			
		外购入库	1401	材料采购	32,800.00		32,800.00			
2011.1	转 - 75	外购入库	1403	原材料	39,000.00	39,000.00		疗江	龙胜强	Administr
		外购入库	1403	原材料	48,600.00	48,600.00				
		外购入库	1401	材料采购	39,000.00		39,000.00			
		外购入库	1401	材料采购	48,600.00		48,600.00			
2011.1	转 - 76	外购入库	1403	原材料	22,750.00	22,750.00		疗江	龙胜强	Administr
		外购入库	1403	原材料	38,100.00	38,100.00				
		外购入库	1403	原材料	43,750.00	43,750.00				
		外购入库	1401	材料采购	22,750.00		22,750.00			
		外购入库	1401	材料采购	38,100.00		38,100.00			
		外购入库	1401	材料采购	43,750.00		43,750.00			
2011.1	转 - 78	外购入库	1403	原材料	46,000.00	46,000.00		疗江	龙胜强	Administr
		外购入库	1403	原材料	36,000.00	36,000.00				
		外购入库	1403	原材料	38,500.00	38,500.00				
		外购入库	1401	材料采购	46,000.00		46,000.00			
		外购入库	1401	材料采购	36,000.00		36,000.00			
		外购入库	1401	材料采购	38,500.00		38,500.00			
2011.1	转 - 79	外购入库	1403	原材料	12,540.00	12,540.00		疗江	龙胜强	Administr
		外购入库	1401	材料采购	12,540.00		12,540.00			
2011.1	转 - 80	外购入库	1403	原材料	24,000.00	24,000.00		疗江	龙胜强	Administr
		外购入库	1403	原材料	30,800.00	30,800.00				
		外购入库	1401	材料采购	24,000.00		24,000.00			
		外购入库	1401	材料采购	30,800.00		30,800.00			

图10-37 原材料外购入库凭证汇总

注意：原材料和材料采购均按物料设置了辅助核算，在此只显示一级科目，凭证中保存了材料名称。

10.4.8 存货统计查询

可通过材料明细表、产品明细表、存货收发存汇总表、库存台账、出入库流水账等对物料的收发情况和库存状态进行统计查询。下面以收发业务汇总表和库存台账为例作简要说明。

1）收发业务汇总表反映一定期间选定物料的收发情况，根据需要选择输出条件后生成，如图10-38所示。选择“供应链”→“仓存管理”→“报表分析”→“收发业务汇总表”，进入如图10-38所示的过滤界面，选择起始日期“2011-01-01”，截止日期“2011-01-31”，物料代码“01至03”，仓库代码“01至02”，点击“确定”，即可得到如图10-39所示收发业务汇总表。

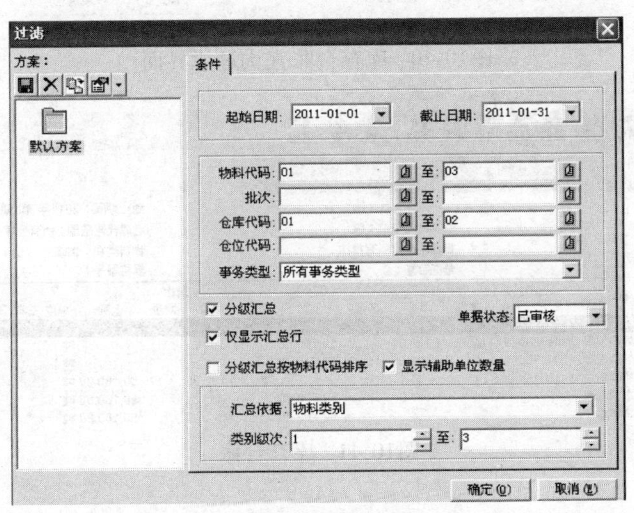

图10-38 收发业务汇总表过滤界面

收发业务汇总表

起始日期：2011-01-01　　　　　　截止日期：2011-01-31
物料代码范围：01 -- 03　　事务类型：所有事务类型　　批次范围：所有批次
仓库代码范围：01 -- 02　　仓位范围：所有仓位　　汇总依据：1--2级物料类别

1级物料类别	2级物料类别	本期收入				本期发出			
		单位（基本）	单价（基本）	数量（基本）	金额	单位（基本）	单价（基本）	数量（基本）	金额
产成品		吨	5,199.83	225	1,169,961.69	吨	5,208.59	265.6	1,383,400.21
产成品小计		吨	5,199.83	225	1,169,961.69	吨	5,208.60	265.6	1,383,400.21
原材料	钢锭小计	吨	4,238.25	57	241,580.00	吨	4,399.55	33	145,185.00
原材料	钢坯小计	吨	5,273.73	59	311,150.00	吨	4,273.99	214.73	917,753.00
原材料	辅助材料小计	吨	6,296.15	13	81,850.00	吨			
原材料小计		吨	4,565.32	139	634,580.00	吨	4,290.71	247.73	1,062,938.00
合计			4,957.53	364	1,804,541.69	吨	4,765.62	513.33	2,446,338.21

图10-39 收发业务汇总表

2）库存台账可查看某一具体物料的收发情况和库存情况。选择“供应链”→“仓存管理”→“报表分析”→“库存台账”，进入如图10-40所示的过滤界面，选择会计期间“2011年1期”，点击“确定”，得到如图10-41所示的库存台账。点击“向后”，可以查看其他存货的台账。

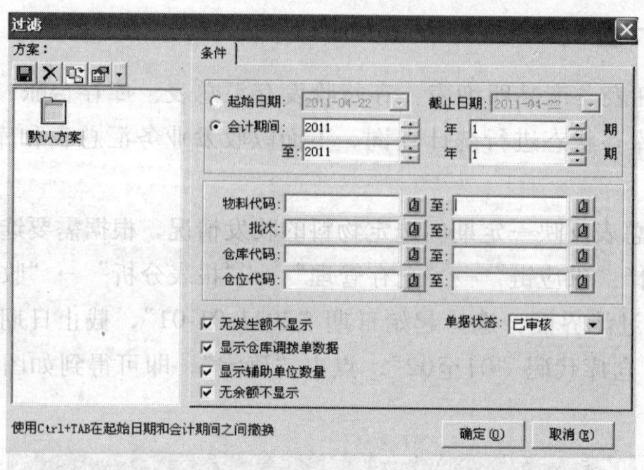

图10-40 库存台账查询过滤界面

过滤 刷新 打印 预览 页面 精度 图表 最前 向前 向后 最后 查找 上查 下查 退出

库存台账

起始期间：2011年 第1期　　截止期间：2011年 第1期

物料名称：45#锭(01.01.001)　　基本计量单位：吨　　仓库代码范围：所有仓库

仓位范围：所有仓位　　批次范围：所有批次　　物料类别：钢锭

最高存量：1000　　最低存量：0　　规格型号：

会计期间	日期	凭证字号	事务类型	单据号码	收入				发出				结存			
					单位	单价	数量	金额	单位	单价	数量	金额	单位(基本)	单价(基本)	数量(基本)	金额
2011.1	2011-01-01		期初结存													
2011.1	2011-01-03	转-71	外购入库	WIN000002	吨	4,180.00	12	50,160.00					吨	4,180.00	12	50,160.00
2011.1	2011-01-06	转-79	外购入库	WIN000009	吨	4,180.00	3	12,540.00					吨	4,180.00	15	62,700.00
2011.1	2011-01-17	转-2	领料单	SOUT000003					吨	4,180.00	12	50,160.00	吨	4,180.00	3	12,540.00
2011.1	2011-01-31		本期合计					62,700.00				50,160.00	吨	4,180.00	3	12,540.00
	2011-01-31		本年累计					62,700.00				50,160.00	吨	4,180.00	3	12,540.00

图10-41 库存台账

10.4.9 期末处理

期末处理包括期末关账和期末结账。

1. 期末关账

在期末结账前，要对本期的出入库单据进行后续处理，如果此时本期的出入库单据录入尚未截止，就可能造成对账结果的不确定。关账功能就是截止本期的出入库单据的录入，并控制其他相关处理，为期末结账前的核算处理创造稳定的数据环境。

选择“供应链”→“存货核算”→“期末处理”→“期末关账”，在如图10-42所示的界面点击“对账”，得到如图10-43所示的仓存与总账对账单。如对账结果显示不存在差异，则可以进行关账操作，在期末关账界面点击“关账”即可。

2. 期末结账

在本期业务处理完毕后，就可以进行期末处理了，由系统自动进行，其处理流程如下：

1）结账前的检查。系统在结账前会对核算单据进行检查，以确认本期的业务已处理完整。

2）计算发生额、结转余额。根据本期所有的出入库单据，计算本期收发数量、金额合计，并写入存货余额表中；根据上期的本年累计收入数量、金额、发出数量、金额，以及本期收发数量、金额合计，计算截止到本期的本年累计收发数量、金额；根据本期期初余额和本期收发数量、金额合计，计算本期期末余额，结转到下一期；更新即时库存数据。

3）参数下置。存货余额处理成功后，系统会将当期期间参数值下置一期。至此结账处理成功。

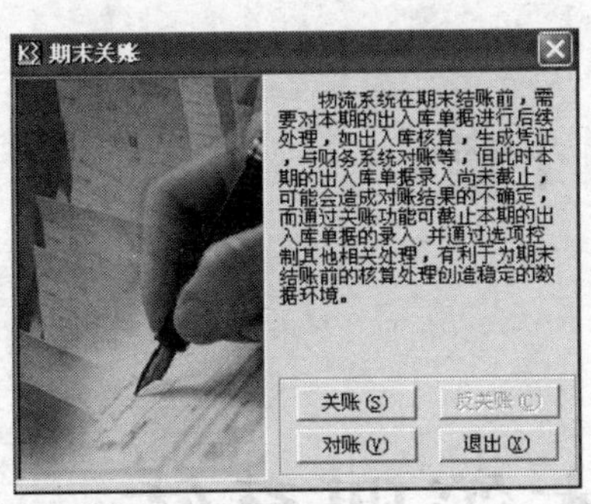

图10-42 期末关账界面

仓存与总账对账单

起始期间：2011年 第1期　　截止期间：2011年 第1期

科目代码范围：所有科目

会计期间	存货明细科目代码	存货明细科目名称	仓存期初余额	总账期初余额	期初差额	仓存本期收入	总账借方发生额	收入差额	仓存本期发出	总账贷方发生额	发出差额	仓存期末余额	总账期末余额	期末差额
2011.1	1403	原材料	1,039,400.00	1,039,400.00		634,580.00	634,580.00		1,062,938.00	1,062,938.00		611,042.00	611,042.00	
2011.1	1405	库存商品	376,659.65	376,659.65		1,169,961.69	1,169,961.69		1,383,400.21	1,383,400.21		163,221.13	163,221.13	
2011.1		小计	1,416,059.65	1,416,059.65		1,804,541.69	1,804,541.69		2,446,338.21	2,446,338.21		774,263.13	774,263.13	

图10-43 存货与总账对账单

本章小结

存货系统是内部物流的中心环节，其收入与发出涵盖了企业所有非货币的流动资产。它起始于采购的收货通知单，终止于销售出库单。它直接服务于企业的整个制造过程，为满足生产需求而尽量减少储备资金进行管理。它可直接为销售出库产品提供结转销售成本的依据，可为生产过程的消耗提供准确的数据，为成本核算提供消耗对象的价值，成本核算则为存货的自制品入库核算提供了依据。在整个物流系统中，各种单据是传递数据的主要载体，通过多方关联，可跟踪业务的执行过程，实现全过程的控制和有效管理，并可为用户提供各种动态信息，这是手工处理无可比拟的优势。

习　题

1. 简述存货系统与其他系统的关系。
2. 存货核算的结果为哪些系统提供核算依据？
3. 参照外购入库单序时簿输出举例，自行完成销售出库单序时簿输出设计。
4. 从数据库设计和数据处理的角度，阐述跟踪业务执行过程的原理和实现技术。
5. 说明参数设置、单据设置、系统选项各有什么作用。

第11章

制造与成本管理系统

11.1 制造与成本管理系统分析

产品的生产过程（即制造过程）就是成本的形成过程，二者紧密相关。因为成本的主要内容就是在生产产品的过程中所发生的各项费用，因此生产和生产成本是密切相关的一个整体，如果抛开生产过程只讲成本管理，不可能实现成本的事前预测和事中控制。成本控制的实施是靠对生产过程进行控制，而并非对成本本身进行控制。只有在企业信息高度集成的环境中，将二者联系在一起，才能真正实现成本的全方位管理和生产过程中的实时控制。此外，生产的工艺和生产组织都与成本计算方法的选择及成本对象的确定有着直接的关系。因此，本章所进行的生产分析，只是对与成本密切相关的部分进行分析，而不是站在生产管理的角度进行分析。

11.1.1 生产过程分析

1. 按生产工艺过程特点分类

1）单步骤生产。亦称简单生产，是指生产工艺过程不能间断、不可能或不需要划分为几个生产步骤的生产，例如发电、采掘等工业生产。这类生产由于技术上的不可间断（例如发电），或由于工作地点上的限制（例如采煤），通常只能由一个企业整体进行，而不能由几个企业协作进行。

2）多步骤生产。亦称复杂生产，是指生产工艺过程由若干个可以间断的、分散在不同地点、分别在不同时间进行的生产，例如纺织、钢铁、机械、造纸、服装等工业生产。多步骤生产按其产品的加工方式，可分为连续加工式生产和装配式生产。连续加工式生产是指原材料投入生产后，要依次经过几个生产步骤的连续加工，才能成为产品，如纺织、钢铁等工业生产。装配式生产是指先将原材料分别在各个加工车间平行加工为零件、部件，然后再将零件、部件装配为产品，如机械、车辆、仪表制造等工业生产。

2. 按生产组织特点分类

1）大量生产。指不断地重复生产相同产品的生产。在这种生产的企业或车间中，产品的品种较少，而且比较稳定，如采掘、纺织、面粉、化肥等的生产。

2）成批生产。指按照事先规定的产品批别和数量进行的生产。在这种生产的企业或车间中，产品的品种较多，而且具有一定的重复性，如服装、机械等的生产。成批生产按照产品批量的大小，又可以分为大批生产和小批生产。由于产品批量大，大批生产往往在几个月内不断地重复生产一种或几种产品，因而性质近于大量生产；小批生产，由于生产产品的批量小，一批产品一般可以同时完工，因而其性质近于单件生产。

3）单件生产。类似小批生产，是指根据订货单位的要求，进行个别的、特殊的产品的生产，如重型机械制造和船舶制造等。在这种生产的企业或车间中，产品的品种多，而且很少重复。

11.1.2　成本管理与核算分析

1. 成本管理与核算的任务

1）进行成本预测，参与经营决策，编制成本计划，为企业有计划地进行成本管理提供基本依据。企业应在遵守国家的有关政策、法令和制度的前提下，按照市场经济规律的要求，正确地组织自己的生产经营活动。因此，企业必须在经营管理中加强预见性和计划性。也就是说，面对市场，企业应在分析过去的基础上，科学地预测未来，周密地对自身的各项经济活动实行科学管理。就企业的成本管理工作来说，它是一项综合性强、涉及面广的管理工作，仅靠财会部门是难以完成的。为了使企业成本管理工作有计划地进行和对费用开支有效地进行控制，财会部门应在企业各有关方面的配合下，根据历史成本资料、市场调查情况以及其他有关方面(如生产、技术、财务等)的资料，采用科学的方法来预测成本水平及其发展趋势，拟定各种降低成本的方案，进而进行成本决策，选出最优方案，确定目标成本；然后再根据目标成本编制成本计划，制定成本费用的控制标准以及降低成本应采取的主要措施，作为对成本实行计划管理、建立成本管理的责任制、开展经济核算和控制费用支出的基础。

2）严格审核和控制各项费用支出，努力节约开支，不断降低成本。企业作为自主经营、自负盈亏的商品生产者和经营者，应贯彻增产节约的原则，加强经济核算，不断提高自己的经济效益,在此方面财会部门担负着极为重要的任务。为此，必须以国家有关成本费用开支范围和开支标准，以及企业的有关计划、预算、规定、定额等为依据，严格控制各项费用的开支，监督企业内部各单位严格按照计划、预算和规定办事。

3）及时、正确地进行成本核算，为企业的经营管理提供有用的信息。按照国家有关法规、制度的要求和企业经营管理的需要，及时、正确地进行成本核算，提供真实、有用的成本信息，是成本会计的基本任务。这是因为，成本核算所提供的信息，不仅是企业正确地进行存货计价、确定利润和制定产品价格的依据，同时也是企业进行成本管理的基本依据。在成本管理中，对各项费用的监督与控制主要是在成本核算过程中，利用有关核算资料来进行的；成本预测、决策、计划、考核、分析等也是以成本核算所提供的成本信息为基本依据的。

4）考核成本计划的完成情况，开展成本分析。在企业的经营管理中，成本是一个极为重要的经济指标，它可以综合反映企业以及企业内部有关单位的工作业绩。因此，成本会计必须按照成本计划的要求，进行成本考核、成本分析。通过成本分析，揭示影响成本升降的各种因素及其影响程度，以便正确评价企业以及企业内部各有关单位在成本管理工作中的业绩影响，揭示企业成本管理工作中的问题，从而促进成本管理工作的改善，提高企业的经济效益。

综上所述，成本会计的任务包括：成本的预测、决策、计划、控制、核算、考核和分析。其中，进行成本核算，提供真实、有用的核算资料，是成本会计的基本任务和中心环节。但为满足有效地进行生产经营决策和成本控制的需要，还必须制定标准成本。

2. 成本会计工作组织的原则

要根据企业生产经营的特点、生产规模的大小和成本管理的要求等具体情况来组织成本会计工作。具体而言，必须遵循以下几项原则：

1）成本会计工作必须与技术相结合。成本是一项综合性的经济指标，它受多种因素的影响。其中产品的设计、加工工艺等技术是否先进，在经济上是否合理，对产品成本的高低有着决定性的影响。在传统的成本会计工作中，会计部门多注重产品加工中的耗费，而对产品的设计、加工工艺、质量、性能等与产品成本之间的联系则考虑较少，甚至有的成本会计人员不懂基本的技术问题；相反，工程技术人员考虑产品的技术方面的问题多，而对产品的成本则考虑较少。这种成本会计工作与技术工作的脱节，使得企业在降低产品成本方面受到很大限制，成本会计工作也往往仅限于事后算账，只起提供核算成本资料的作用。因此，为了在提高产品质量的同时不断降低成本，提高企业经济效益，不仅要求工程技术人员要懂得相关的成本知识，树立成本意识，而且要求成本会计人员也必须改变传统的知识结构，具备与正确进行成本预测、参与经营决策相适应的生产技术方面的知识。只有这样，才能在成本管理上实现经济与技术的结合，才能使成本会计工作真正发挥其应有的作用。

2）成本管理工作必须与经济责任相结合。实行成本管理上的经济责任制是降低成本的一条重要的途径。由于成本管理工作是一项综合性的价值管理工作，涉及面宽、信息需求量大，因此，企业不应只注重成本的事后核算作用，而应充分与经济责任制有机地结合起来，这样可以使成本管理工作收到更好的效果。例如，在实行成本分级归口管理的情况下，应使成本会计工作处于中心地位，具体负责组织成本指标的制定、分解落实，日常的监督检查，成本信息的反馈、调节以及成本责任的考核、分析、奖惩等工作，并指导和监督班组的日常成本管理工作，从而使成本会计工作渗透到企业生产经营过程的各个环节，更好地发挥其在成本管理经济责任制中的作用。

3）成本会计工作必须建立在良好的成本基础管理工作之上。不断挖掘潜力，努力降低成本，是成本管理的根本性目标。但各种耗费是在生产经营的各个环节中发生的，成本的高低取决于各部门、车间、班组和职工的工作质量。因此，要加强成本管理，实现降低成本的目标，就不能仅靠几个专业人员，而必须充分调动广大职工群众在成本管理上的积极性和创造性。

3. 成本管理的基础

1）加强定额管理。凡能制定定额的耗费，都应制定定额；随着生产技术进步和劳动生产率的提高，还应不断地修订定额。要按照定额发料、用工，控制生产耗费，并及时核算和分析定额的执行情况。

2）严格计量工作。各种材料的收发、耗用，在产品、半成品的内部转移，以及产成品的入库等，都要经过计量、验收，办理必要的凭证手续。

3）建立健全原始记录。凡是工时、动力的耗费，在产品、半成品的交接，以及产品质量的检验等，都必须有真实的原始记录。同时还必须建立健全既符合生产管理和成本核算的需要，又简便易行的原始记录制度，并做好各项原始记录的登记、审核和保管。

4）制定厂内计划价格。在有条件的企业中，应对原材料、燃料、半成品和厂内各车间相互提供的劳务制定厂内计划成本价格（或计划单位成本），作为企业内部结算的依据，以便划分各单位的经济责任，实行内部经济核算制，并简化和加速成本计算工作。

4. 成本核算的方法分析

产品成本是在生产过程中形成的，因此生产的特点在很大程度上影响着成本计算方法的特点；另外，成本计算是为成本管理提供资料的，因此采用什么方法、提供哪些资料，必须考虑成本管理的要求，而成本管理的要求依生产特点而定。总而言之，企业在确定产品成本计算方法时，必须同时考虑生产特点和成本管理要求。

（1）**品种法账务处理流程分析** 以产品品种为成本计算对象，按照产品品种归集生产费用，计算产品成本的方法称为品种法，其账务处理流程如图11-1所示。品种法主要适用于大量、大批的单步骤生产，如发电、采掘等。在这种类型的生产中，产品的生产工艺过程不可能或者不需要划分为几个生产步骤，因而也就不可能或者不需要按照生产步骤计算产品成本。在大量、大批的多步骤生产中，如果企业或车间的规模较小，或者车间是封闭式的（即从原材料投入到产品产出的全过程，都是在一个车间内进行的），或者生产是按流水线组织的，管理上不要求按照生产步骤计算产品成本，也可以采用品种法计算产品成本，如小型水泥厂、织布厂，以及辅助生产的供水、供电、蒸汽车间等。

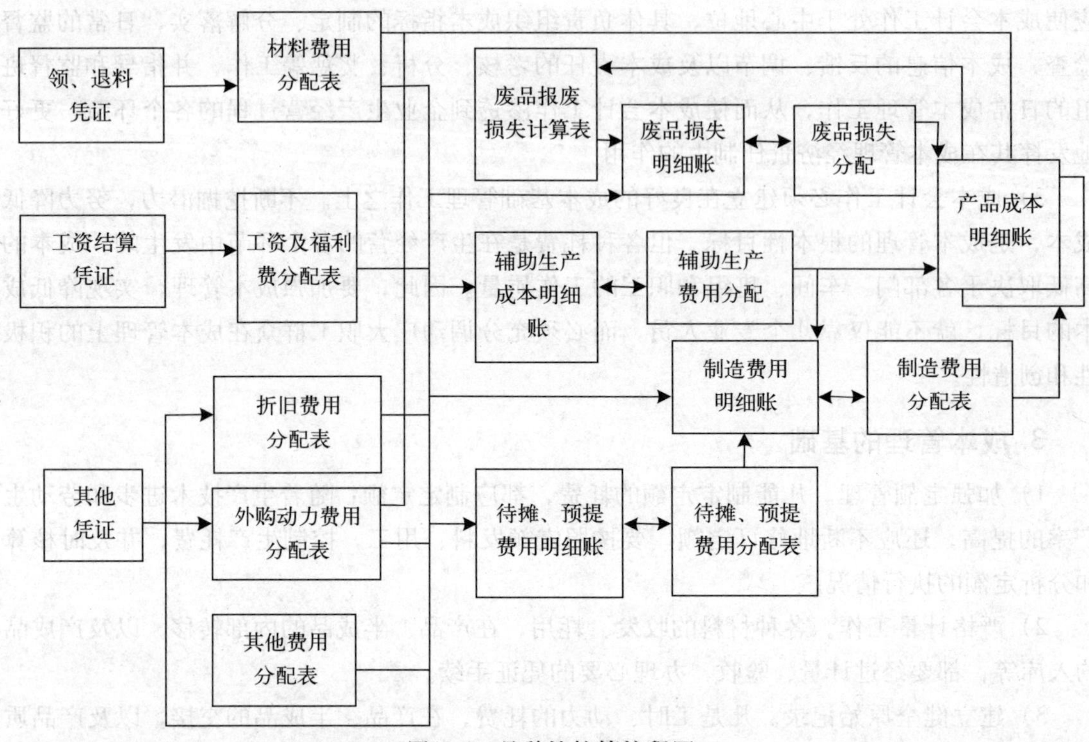

图11-1 品种法核算流程图

（2）**分批法账务处理流程分析** 分批法的成本计算对象是各批（或各订单）产品，采用分批法归集费用时，对于能按订单或批次划分的直接费用，在费用原始凭证上注明订单号码或批次，作为计入成本核算单的依据。对于不能按订单或批次划分的间接费用，则应在费用原始凭证上注明费用发生的地点，以便按费用发生的地点归集，再在各受益对象之间进行分配。分批法账务处理流程如图11-2所示。

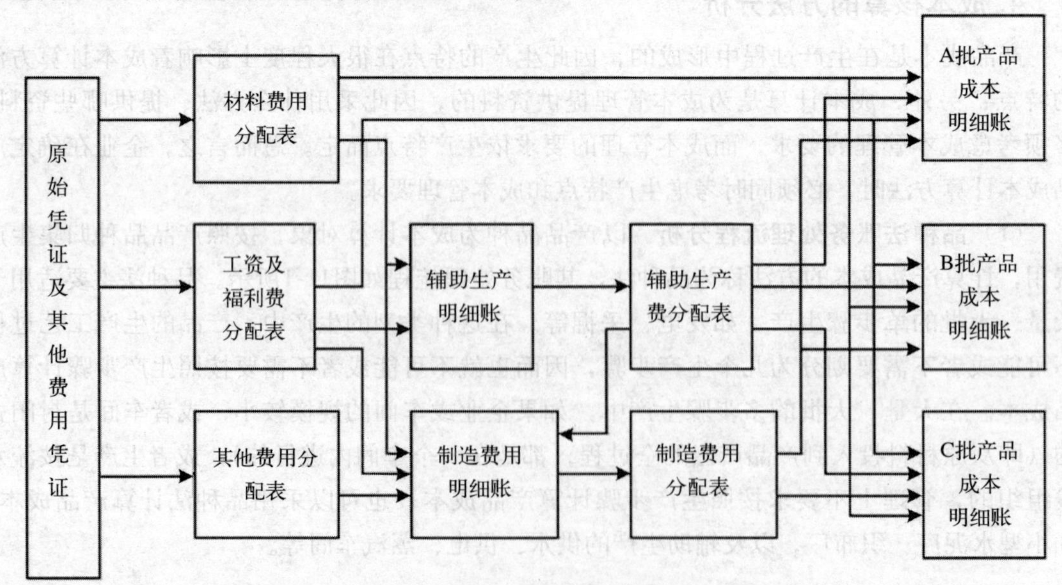

图11-2 分批法财务处理流程图

分批法主要适用于小批、单件、管理上不要求分步骤计算成本的多步骤生产，如重型机器制造、船舶制造、精密工具仪器制造，以及服装、印刷工业等。在这种生产类型企业中，由于生产多是根据购货单位的订货单组织的，因此，分批法也称订单法。

（3）**分步法账务处理流程分析** 分步法是指按照产品的品种和每种产品所经过的生产步骤归集生产费用，计算产品成本的方法。采用分步法计算产品成本，需在原始凭证上注明该项费用发生的步骤名称即对应的工艺路线，对于反映直接费用的原始凭证，还应注明用于哪一种产品，这些是费用归集和分配的依据。

由于企业生产管理的要求不同，分步法在结转各步骤的成本时，产生了两种不同的结转方法，逐步结转分步法和平行结转分步法。逐步结转分步法核算流程如图11-3所示，其特点是每步骤的成本都随着半成品实物的转移而逐步向后转移，逐步汇集生产费用，逐步计算半成品成本，最后形成产成品成本。

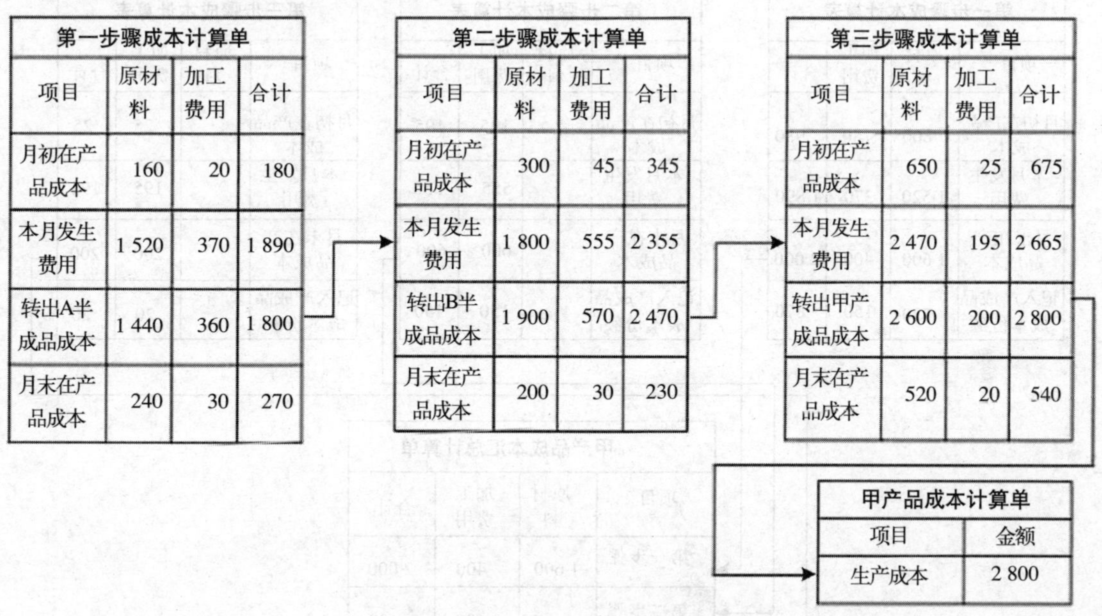

第一步骤成本计算单

项目	原材料	加工费用	合计
月初在产品成本	160	20	180
本月发生费用	1 520	370	1 890
转出A半成品成本	1 440	360	1 800
月末在产品成本	240	30	270

第二步骤成本计算单

项目	原材料	加工费用	合计
月初在产品成本	300	45	345
本月发生费用	1 800	555	2 355
转出B半成品成本	1 900	570	2 470
月末在产品成本	200	30	230

第三步骤成本计算单

项目	原材料	加工费用	合计
月初在产品成本	650	25	675
本月发生费用	2 470	195	2 665
转出甲产品成本	2 600	200	2 800
月末在产品成本	520	20	540

甲产品成本计算单

项目	金额
生产成本	2 800

图11-3 逐步结转分步法成本结转流程图

平行结转分步法核算流程如图11-4所示。平行结转分步法的成本计算对象是各种产品所经过的各生产步骤的成本“份额”。它的成本结转特点是各步骤的生产费用不随着半成品实物的转移而结转，各步骤只核算本步骤发生的费用；月末时，各步骤计算出本步骤发生的生产费用应计入产成品成本的“份额”，并从成本单中转出；将各步骤相同产品的成本“份额”平行汇总，便可计算出产成品成本。

分步法主要适用于大量、大批的多步骤生产，因为在这些企业中，产品生产可以划分为若干个生产步骤进行。例如纺织企业生产可分为纺纱、织布等步骤，冶金企业生产可分为炼铁、炼钢、轧钢等步骤，机器制造企业生产可分为铸造、加工、装配等步骤。为了加强成本管理，不仅要求按照产品品种归集生产费用，计算产品成本，而且要求按照产品的生产步骤归集生产费用，计算各步骤产品成本，提供反映各种产品及其各生产步骤成本计划执行情况的资料。

11.1.3 标准成本法在成本管理中的应用分析

1. 标准成本法概述

标准成本法并不单纯是一种成本计算方法，而是一种将成本计算和成本控制相结合、由制定标准成本、计算和分析成本差异、处理成本差异三个环节所组成的完整系统。标准成本法与产品成本计算的其他方法不同。其他成本计算方法计算出的产品成本是产品的实际成本，即生产过程中实际耗费的各种费用；而标准成本法下的产品成本不是产品的实际成本，而是产品的标准成本。因此，标准成本法主要用来加强成本控制，在本质上它是一种成本管理方法，这是标准成本法与其他成本计算方法的本质区别。标准成本法可以同完全成本法结合使用，也可以同变动成本法结合使用。

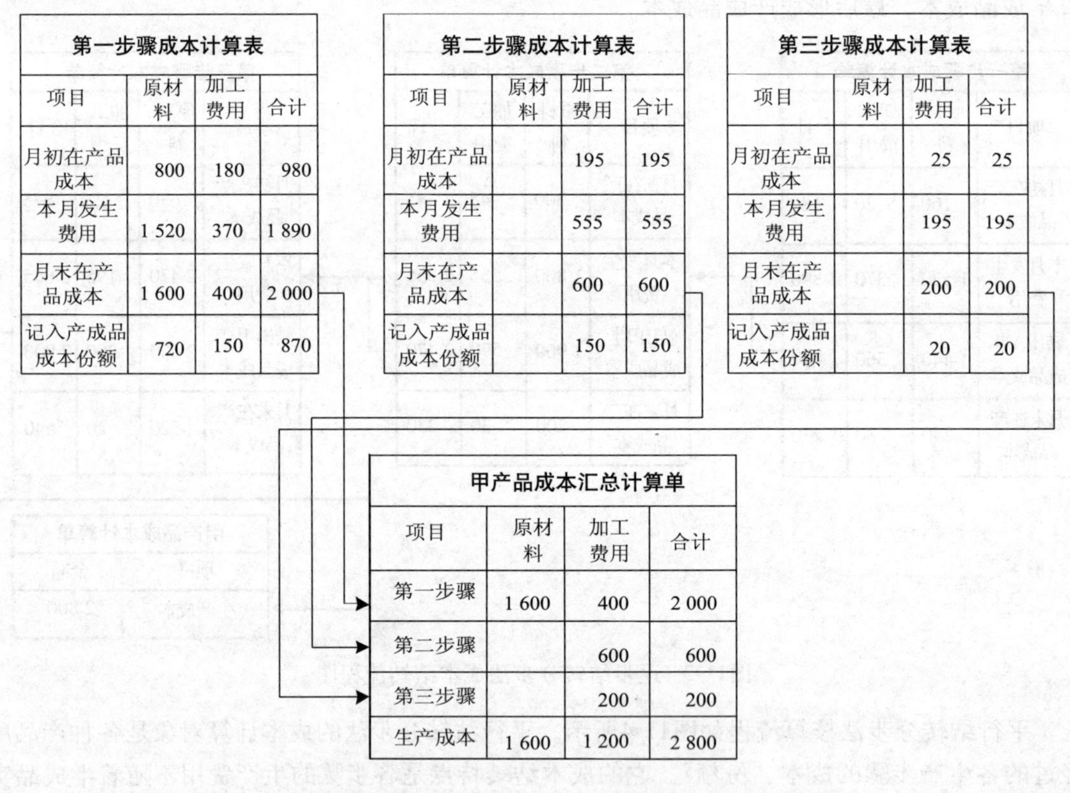

第一步骤成本计算表

项目	原材料	加工费用	合计
月初在产品成本	800	180	980
本月发生费用	1 520	370	1 890
月末在产品成本	1 600	400	2 000
记入产成品成本份额	720	150	870

第二步骤成本计算表

项目	原材料	加工费用	合计
月初在产品成本		195	195
本月发生费用		555	555
月末在产品成本		600	600
记入产成品成本份额		150	150

第三步骤成本计算表

项目	原材料	加工费用	合计
月初在产品成本		25	25
本月发生费用		195	195
月末在产品成本		200	200
记入产成品成本份额		20	20

甲产品成本汇总计算单

项目	原材料	加工费用	合计
第一步骤	1 600	400	2 000
第二步骤		600	600
第三步骤		200	200
生产成本	1 600	1 200	2 800

图11-4 平行结转分步法核算流程图

使用标准成本法，应事先制定标准成本，以作为控制成本支出的依据及考核成本支出的尺度。所谓标准成本，就是经过认真调查、分析和技术测定而制定的、在有效经营条件下应当发生的，因而可以作为控制成本开支、评价实际成本、衡量工作效率的依据和尺度的一种目标成本。标准成本有两种含义，一是指“单位产品的标准成本”，它是根据单位产品的标准消耗量和标准单价计算出来的，其公式为：

$$单位标准成本=单位产品标准消耗量\times 标准单价$$

二是指“实际产量的标准成本”，它是根据实际产品产量和单位产品标准成本计算出来的，其公式为：

标准成本=实际产量×单位产品标准成本

标准成本可分为以下几类：

1）理想标准成本，即以现有生产经营条件处于最优状态为基础确定的最低水平的成本。它通常是根据理论上的生产要素耗用量、最理想的生产要素价格和可能实现的最高生产经营能力利用程度来制定的。由于这种标准成本未考虑客观存在的实际情况，提出的要求过高从而很难实现，故在实际工作中较少采用。

2）正常标准成本，即根据正常的耗用水平、正常的价格和正常的生产经营能力利用程度制定的标准成本。这种标准成本，是依据过去较长时期实际成本的平均值，剔除其中生产经营活动中的异常情况，并考虑未来的变动趋势来制定的。这种标准成本是一种经过努力可达到的成本，而且生产技术和经营管理条件若无较大变化则不必修订。因此，在经济形势稳定的条件下得到广泛的应用。

3）现实标准成本，亦称可达到标准成本，是在现有生产技术条件下进行有效经营的基础上，根据下一期最可能发生的各种生产要素的耗用量、预计价格和预计的生产经营能力利用程度而制定的标准成本。这种标准成本可以包含管理当局认为短期内还不能完全避免的某些不应有的低效、失误和超量消耗。因其最切实可行，最接近实际成本，因此不仅可用于成本控制，也可以用存货计价。这种标准成本最适于在经济形势多变的情况下使用。

标准成本的确定应就不同种类、不同规格的产品，编制标准成本卡。标准成本卡应分车间、分项目（在完全成本法下，一般包括直接材料、直接人工、变动制造费用和固定制造费用四个部分）反映单位产品标准成本及其所依据的材料、工时的用量标准和标准的价格、工资率（每工时的工资）、制造费用分配率（每工时应负担的制造费用）。直接材料项目应按所耗材料的种类和规格详细列明；直接人工应按不同工种不同工资率分别列示。

标准成本具有如下作用：

1）标准成本是有效地进行成本控制的依据。成本控制的标准有两类：一类是以历史上曾经达到的水平作为依据，如上年实际成本、历史最低成本等；另一类是以应该发生的成本作为依据，如各种标准成本。由于标准成本是在对实际情况认真调查、分析的基础上，用科学方法制定的，所以它具有客观性和科学性。而在历史成本中包含了一些偶然性和不正常因素，所以标准成本是比历史成本水平更为优越的控制依据。

2）采用标准成本，有利于责任会计的推行。标准成本不仅是编制成本预算的依据，也是分析、考核责任中心成本控制业绩的依据。

3）标准成本是经营决策的重要依据。由于标准成本代表了成本要素的合理近似值，因而它是进行价格决策和投标议价的一项重要依据，也是其他长短期决策必须考虑的因素。

4）采用标准成本对在产品、产成品和销货成本进行计价，可以简化成本核算的账务处理工作。

2. 成本差异的计算分析

成本差异是指实际成本与标准成本之间的差额。实际成本超过标准成本所形成的差异叫做不利差异、逆差或超支；实际成本低于标准成本所形成的差异，叫做有利差异、顺差或节约。成本差异包括直接材料成本差异、直接人工成本差异和制造费用差异三部分。其中，制造费用差异又可分为变动制造费用差异和固定制造费用差异。

计算分析成本差异的主要目的，在于查明差异形成的原因，以便及时采取措施消除不利差异，并为成本控制、考核和奖惩提供依据。

1）直接材料成本差异的计算分析。直接材料成本差异，是指一定产品产量的直接材料实际成本与直接材料标准成本之间的差额，它由直接材料价格差异和直接材料用量差异两部分构成，可以用下列公式表示

直接材料成本差异=直接材料价格差异+直接材料用量差异

其计算方法为

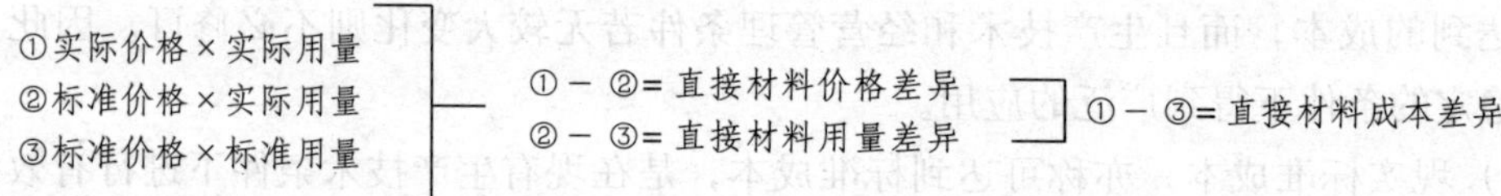

2）直接人工成本差异的计算分析。直接人工成本差异，是指一定产品产量的直接人工实际成本与直接人工标准成本之间的差额，它由直接人工工资率差异和直接人工效率差异两部分构成，可以用下列公式表示：

直接人工成本差异=直接人工工资率差异+直接人工效率差异

其计算方法为：

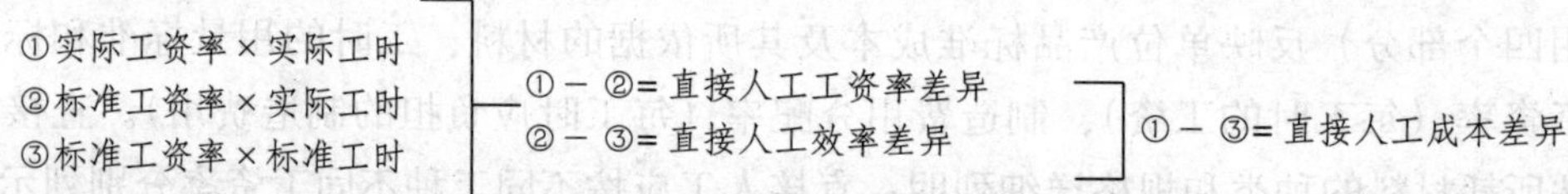

3）变动制造费用差异的计算与分析。变动制造费用差异，是指一定产品产量的实际变动制造费用与标准变动制造费用之间的差额，它由变动制造费用开支差异和变动制造费用效率差异两部分组成，可以用下式表示：

变动制造费用差异=变动制造费用开支差异+变动制造费用效率差异

在成本差异分析中，变动制造费用开支差异类似于材料价格差异和直接人工工资率差异；变动制造费用效率差异类似于材料用量差异和直接人工效率差异。它们的计算方法如下：

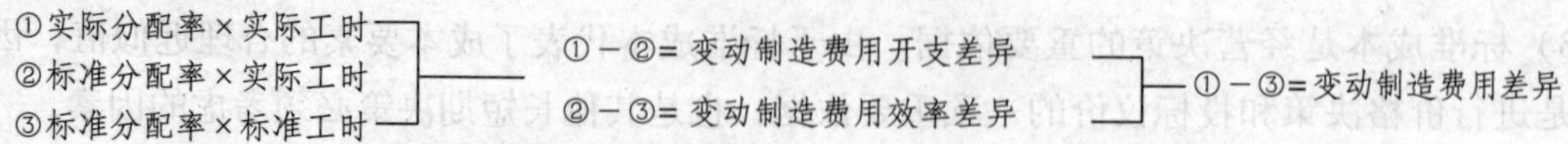

4）固定制造费用差异的计算与分析。固定制造费用差异，是指一定产品产量的实际固定制造费用与标准固定制造费用之间的差额，可分为固定制造费用开支差异、能力差异和效率差异三部分：

固定制造费用差异＝固定制造费用开支差异＋固定制费用能力差异＋固定制造费用效率差异

在一定的业务范围内，固定制造费用总额是不变的。为了计算固定制造费用标准分配率，必须设定一个预算工时作为分母。当实际工时小于预算工时时，说明企业生产能力的利用程度未达到预算时的计划水平；反之则说明企业生产能力的利用程度超过了预算规定的水平。这种由于实际工时与预算工时之间的差异而造成的固定制造费用的差异，叫做固定制造费用能力差异。因此，固定制造费用差异，除了像变动制造费用差异那样包括开支差异和效率差异外，还包括能力差异。它们的计算公式及计算方法如下。

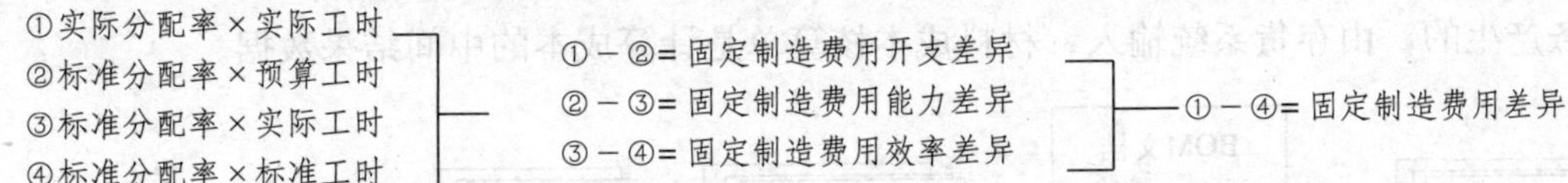

标准成本法是一种将成本核算与成本控制结合在一起,由制定标准成本、计算和分析成本差异以及处理成本差异三个环节所组成的完整系统。在此介绍的内容，主要目的是用于成本控制。

11.1.4　生产与成本系统的关系分析

1. 二者所使用的主要基础数据

1）物料清单（BOM）。BOM是生产系统中最基本的资料，它是一种描述装配件的结构化的零件表，其中包括所有子装配件、零件、原材料的清单，以及制造一个装配件所需要的所有物料的数量与层次关系。BOM涉及企业内部的销售、计划、生产、供应、物料、成本、设计、工艺等部门，是联系与沟通各业务部门的纽带。它体现了数据共享和信息集成，通过物料清单可以查询任何一个物料从属的上层父项物料和顶层的最终成品，也可以查询物料的需求量。物料清单是网络层次结构的扩展，这种网络性质使它可以扩展到多方面的用途，例如赋予每项物料以成本信息构成成本BOM，利用子项和父项的数量关系形成计划BOM。BOM是MRP运算的基础数据，利用BOM，才能通过MRP运算，产生物料需求计划。同时，在审核生产任务单时可通过BOM自动生成生产投料单，确定生产任务单指定产品对子物料的合理领用关系。在成本管理系统中，也要通过BOM完成对产品各种成本的计算。

2）生产任务单。又名工单，是车间作业任务的生产指令，它在下达任务时记录了生产什么产品，所需消耗的物料名称、物料规格、计量单位、计划生产数量、计划发料日期、计划开工日期、计划完工日期、生产车间、工艺路线等数据。在生产任务执行时填入实际开工日期，当任务完成时填写实际完工日期、实际完工数量、报废数、遗失数等数据，这些数据都是成本核算的基础数据。

3）生产投料单。根据生产任务单关联生成，主要内容是记录为完成某一生产任务单所需要投入的物料。

4）生产领料单。生产投料审核后，即可根据生产投料进行生产领料。生产领料单中记录了生产任务单号，所领物料应计入的成本对象代码、成本对象名称、领料用途、对方科目，所领物料的代码、物料名称、规格型号、实发数量、计划单价、实际单价等，这些数据是归集直接材料成本或进行费用分配的依据。

2. 生产业务流程与各类数据文档资料

生产业务流程即产品的形成过程与各类数据文档资料的关系如图11-5所示。在图11-5中，产品入库单是指在生产任务部分或全部完工后，生产部门将产品提交给仓库部门入库时记录的单据，入库单上的单价来自成本计算单，在存货系统输入；成本计算单是本期由成本系统计算的结果，可提供自制产品的实际成本和计划成本；生产领料单是生产系统根据生产任务产生的，由存货系统输入；材料成本核算单是计算成本的中间结果数据。

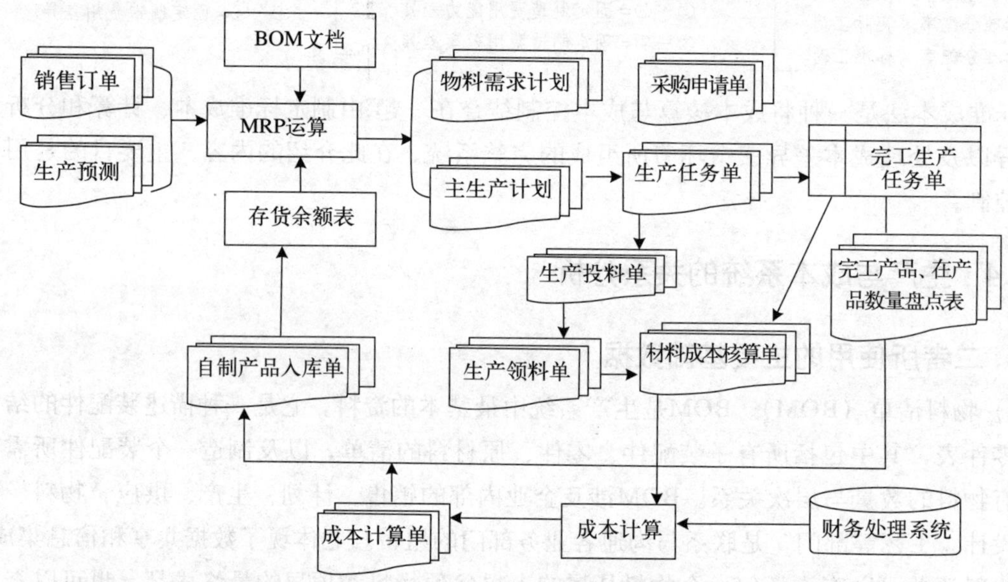

图11-5 生产业务流程与各类数据文档资料的关系

3. 生产过程与各文档资料的生成描述

1）销售订单和生产预测。决定生产什么产品，需要综合考虑市场对产品的需求、生产这种产品所必需的原材料以及企业可利用的生产资源。通过存货状况报告和要素可利用性报告，可以将可利用的生产资源提供给生产控制职能。原材料状况报告详细说明了存货中可用于生产的原材料，每一种产品均有一条记录，每条记录中都包含原材料需求细节。工艺路线文档资料中，包含有关产品所需的人工和机械操作需求以及生产工序的顺序方面的细节情况，还包括标准计时及标准成本的情况。该产品的生产需求取决于销售和市场部门的销售预测，销售预测必须与存货中的产品数量联系在一起考虑。这一信息可以由存货系统的产成品状况报告中提供，产成品状况报告列示了存货中产成品的数量。

2）MRP运算。主要是根据已审核的生产预测和销售订单的数据，以BOM为基础数据，以现有库存、预计入库量、预计出库量为计算参量，按MRP逻辑计算得出物料需求计划和主生产计划，并根据物料需求计划自动生成采购申请单，根据主生产计划自动生成生产任务单，由此完成系统的核心业务之一，即计算物料需求计划和主生产计划。生产计划体现在生产进度表和生产任务单中，这些文档是生产系统数据处理流程的最初信息来源。

3）生产任务单。生产任务单作为一种授权方式，批准生产部门生产特定的产品。相对于每一份生产任务单，都会根据产品BOM产生材料需求表，授权生产部门到存货部门领取原材料。材料需求表上的项目和数量在该产品的材料单上有详细的说明。成本系统直接从生产系统得到一份生产任务单的数据。当任务单完成时，将工时卡上记录的实际工时转录到已完工的生产任务单上，并转送到成本系统。以同样的方式，成本系统可以从存货控制和生产两个系统得到材料需求表的数据。这种数据传递方式履行了适当的职责分工，同时为生产部门提供了衡量标准。

生产状况报告详细说明了具体的生产任务单在生产过程中的完成情况。这一过程用来检测正在生产的生产任务单的完成状况，并在必要的情况下修订该生产进度表。

上述过程的中心文档是生产任务单。在成本系统中要用到生产任务单的实际完工数量、报废数、遗失数、实际耗用工时，用于结转完工产品，进行废品管理，基于实际耗用工时进行工资费用分配等项工作。

4）BOM和工艺路线。基本的生产需求由物料需求清单和工艺路线提供。物料需求清单中记录了每一种产品所需的详细原材料规格，列示了所有需要的零部件，同时描述了对这些零部件的组装规则。工艺路线列示了每一种产品的人工操作、操作的先后顺序以及和这些操作相关的机器设备。生产控制职能以物料需求清单和工艺路线为基础。在一个标准成本系统中，物料需求清单和工艺路线应包括标准的原材料成本和劳动力成本。

5）成本系统的核算过程。成本系统根据本期下达的生产任务单，和与生产任务单号相关的生产领料单，归集投入的材料成本。期末结转时，根据本期完成的生产任务单，计算本期完工产品数量、废品数、在产品数、实际耗用工时。将本期的投入在完工产品和在产品之间进行分配，并将其过账到成本记录。直接人工成本由工时卡（已完工的任务单）得到。间接费用是基于直接人工时间或直接人工费用进行分摊的，所以与直接人工成本同时过账，完成产成品的成本核算。

当生产任务单加工完成后，产品被运送到存货仓库，伴随这一过程将更新相关文档的记录。生产控制功能将生产任务单从正在生产的生产任务单文档中移出，及时结转产成品、生成自制产品入库单，并同时更新存货记录，以反映当前可用的产品状况。

4. 成本系统与其他系统的关系

通过以上分析和描述，对成本的形成过程已有了基本的认识。在这一过程中，成本系统与其他系统结成了不同的关系。与生产成本密切相关的是生产系统和存货系统，因为它们之间的数据传递是实时进行的；其次是账务处理系统，该系统为成本系统提供辅助生产费用数据、制造费用数据、劳务支出费用、其他费用数据；最后是工资系统、固定资产系统，这两个系统几乎是独立运行，只是按期提供工资费用数据和固定资产的折旧费用数据。各系统与成本管理系统之间的关系如图11-6所示。

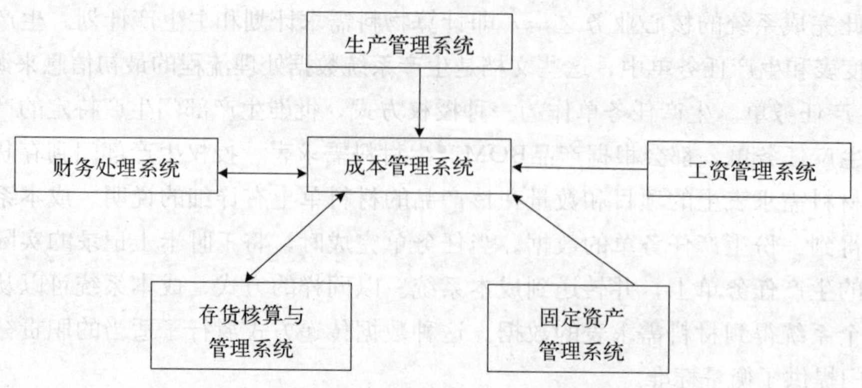

图11-6 成本管理系统与其他系统的关系

11.2 系统设计

11.2.1 功能设计

成本管理系统的功能结构如图11-7所示。

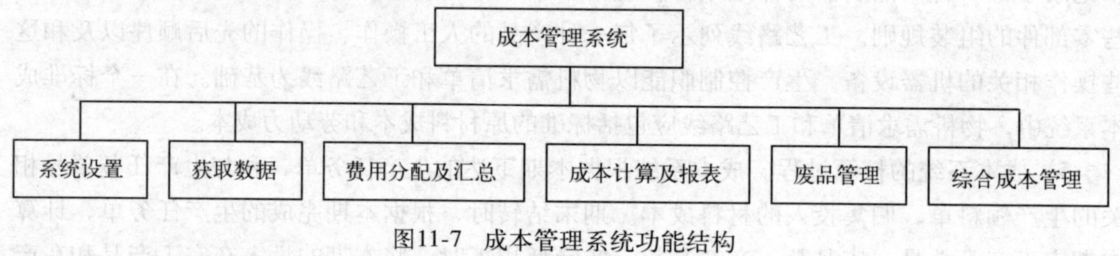

图11-7 成本管理系统功能结构

11.2.2 功能说明

1. 系统设置

（1）**核算项目设置** 具体如下：

1）成本对象的设置。企业为归集和分配生产费用而确定的对象为成本对象，其属性决定了成本计算的方法。在本书中介绍了品种法、分步法、分批法三种计算方法，因而也提出了三种成本计算的对象。

2）劳务的设置。劳务是指由辅助生产部门提供的、无期初及期末余额、本期生产并全部耗用的一种产品。劳务设置规定，每种劳务只能由一个辅助生产部门提供，一个辅助生产部门只提供一种劳务。

3）成本项目的设置。成本项目包括直接材料、直接人工、制造费用，每一个具体成本项目的信息包括代码、名称、标准成本项目、成本性态、责任属性。

（2）**成本资料设置** 具体如下：

1）分配标准的设置。分配标准设置是在定义的分配标准范围内指定各种共耗费用及在产品成本分配中采用的具体的分配标准，主要功能包括：一般共耗费用分配标准设置、在产品成本分配标准的设置、废品共耗费用分配标准设置。

2）成本类型设置。成本类型是进行成本分析和成本管理的基础，类似于管理会计中的成本类型，主要满足用户进行成本管理和控制的需要，可在成本资料的成本类型中设置计划成本、预算成本等成本类型。

2. 获取成本核算所需数据

1）投入量数据获取。从投入产出的角度获取各环节的产量信息。这些数据应从生产过程中的计量数据中获取；如果企业没有完整的计量基础设施，应由生产管理部门负责及时录入。

2）完工产量数据获取。完工产品产量数据是生产系统与存货系统的数据接口，该数据是生成存货系统的自制产品入库单的数据源，应由生产系统对完工产品盘点后录入已完工的生产任务单。

3）在产品盘点产量数据获取。在成品盘点产量数据是产品生产过程中，在各不同生产环节结转时盘点的数据。有的半成品可以对外出售，这些数据一般进入存货系统；而有些半成品需要进入下一个生产流程，这些数据可直接从生产系统的完工生产任务单中获取。

4）费用数据的获取。具体有：材料费用数据获取，应从存货系统的生产领料单中获取；人工费用数据获取，应从工资系统的工资费用分配表中获取；折旧费用数据获取，从固定资产系统中的折旧费用分配表中获取；其他费用数据获取，可从账务处理系统中获取。

5）劳务耗用量数据获取。劳务耗用量反映辅助生产部门生产的总劳务耗用量的分配情况，即受益部门耗用劳务供应部门的劳务量。劳务供应部门对应的所有受益部门的耗用量之和为劳务供应部门的劳务生产总量。劳务耗用量可手工录入，也可从其他系统引入或引入外部数据。

6）标准成本数据获取。标准成本数据是指用于标准成本计算、标准成本分析和成本差异分析所需的数据，包括外购物料标准单价、自制物料标准单价、单位标准工时、标准工资率、变动制造费用分配率、固定制造费用预算、标准产量等数据。这些数据是各企业自行制定的标准，可以直接录入，也可以利用BOM的结构计算得到。

3. 费用分配及汇总

费用分配模块主要提供生产过程中所有正常耗用费用的分配功能（修复废品发生的费用在“废品处理”中进行处理），其中“材料费用分配”用于分配正常生产耗用的所有生产领料单，“制造费用分配”用于分配所有转入制造费用的费用单据，“辅助生产费用分配”用于分配耗用部门为辅助生产部门的费用单据，其他费用分配用于分配人工、折旧以及其他要素费用单据。

费用分配特指成本对象为“共耗费用”的费用单据，而指定具体成本对象的材料费用将直接分配给指定的成本对象。共耗费用的分配，包括以下明细功能：材料费用分配、其他费用分配、辅助生产费用分配、制造费用分配。费用分配过程是对发生费用的原始单据逐个进行分配，然后再按照成本对象汇总，便可得到费用分配表。分述如下：

1）材料费用分配。对未分配的生产领料单，按照系统设定的分配标准，在“共耗”对象中逐一进行分配。

2）其他费用分配。对未分配的费用单据，按照系统设定的分配标准，在“共耗”对象中逐一进行分配。

3）辅助生产费用分配。第一步将辅助生成车间发生的所有费用按照劳务耗用量计算出单位劳务成本，再根据各部门耗用劳务量将辅助生产车间发生的所有费用分摊到各劳务耗用部门；第二步将已经分配到各耗用劳务部门的辅助生产成本分配到各具体成本对象上。

4）制造费用分配。对生产中一般耗用制造费用在部门内各成本对象间进行分配。

费用分配报表是反映成本计算费用分配结果的报表，其数据来源于“费用分配”功能产生的结果，它就是按照一定的条件对分配结果进行筛选生成的。费用分配报表按费用分配的流程分为如下四种：

1）材料费用分配表。对材料费用分配单据按一定的条件进行排序和汇总而形成的一种报表，是反映材料费用分配结果的报表。

2）其他费用分配汇总表。对材料费用要素以外的要素费用分配单据按一定的条件进行排序和汇总而形成的一种报表，是反映其他要素费用分配结果的报表。

3）辅助生产费用分配表。反映辅助生产费用最终分配结果的报表，反映了各基本生产部门已投产成本对象分配的劳务数量、单价、金额及成本项目。

4）制造费用分配表。反映各基本生产部门费用转入制造费用的分配结果的报表，反映了制造费用分配所设置的分配标准及分配标准数值。

4. 成本计算及成本报表

成本计算提供各类费用自动分配（含废品耗用）、成本计算合法性检查、产品实际成本计算、标准成本计算以及废品损失计算等。整个业务流程可由用户自行设计，通过对各个界面进行操作选择，从而实现满意的操作结果。在此过程中突出和集中了成本整个业务流程的运算过程。

成本报表管理包括产品成本计算单、 材料成本计算单、批次成本汇总表、完工成本分级汇总表。

5. 废品管理

废品管理是将所有废品相关业务集中处理的模块，在该模块中可以进行修复废品发生费用的分配和标准设置，同时提供废品产量和废品索赔数据的录入。可实现如下功能：废品共耗费用分配标准设置、废品产量录入、废品索赔录入、废品共耗费用分配。废品业务报表提供与废品损失相关的信息，包括废品损失信息、产品成本信息、废品损失明细表、汇总表。

6. 综合成本管理

1）成本分析。成本分析从三个主要的角度分析成本升降的原因，为企业的成本决策提供重要的信息。通过成本结构的分析，可以掌握企业成本的构成情况，指导企业控制成本的重心；通过成本类型之间的分析，可以掌握企业成本控制的力度；通过提供不同期间成本的分析，可以掌握企业成本的重大影响因素。

成本分析的主要方法有：成本结构分析、成本比较分析、期间成本分析、成本性态明细表、成本性态汇总表、完全成本、变动成本对比表。

2）成本考核。成本考核是在成本分析的基础上，根据成本计划的完成情况，按照企业制定的考核制度，对各生产部门进行考核。主要内容是进行责任目标成本考核，责任成本按制造成本的形成过程划分责任，把成本指标的管理与经济责任制度结合起来，按企业生产过程中的可控成本和不可控成本进行分析。

3）成本预测。成本预测指通过以前若干期间实际成本计算结果预测出以后期间成本数据，成本预测可以采用很多种不同的预测方法，例如移动平均法成本预测和时序移动平均法成本预测等。

4）成本控制。

A. 标准成本报表是反映各成本对象的标准成本报表，包括标准成本汇总表、直接材料标准成本明细表、直接人工标准成本明细表、变动制造费用标准成本明细表和固定制造费用标准成本明细表。

B. 实际成本报表是指将在成本管理系统计算出的实际成本按标准成本项目进行转换后的实际成本的报表，主要包括实际耗用工时表、实际成本汇总表、直接材料实际成本明细表、直接人工实际成本明细表、变动制造费用实际成本明细表和固定制造费用实际成本明细表。

C. 差异分析报表是指按标准成本项目反映成本差异的报表，包括成本差异汇总表、直接材料成本差异报表、直接人工成本差异报表、变动制造费用成本差异报表和固定制造费用成本差异报表。

7. 凭证管理

成本系统的凭证处理可将各事务类型反映的各业务流程单据按凭证模板生成凭证，根据凭证模板上选定的科目属性生成不同的凭证，如数量金额凭证、外币凭证等，单据上的核算项目（包括自定义的核算项目类型字段）信息也可传递到凭证。还可对生成的凭证进行查询和修改，并实现单据和凭证之间的联查，使物流和资金流在本模块实现同步。

8. 期末处理

期末结转是从期间上衔接本期与下期的相同业务数据，主要是对数据的衔接进行处理：将本期的期末余额数据转入下一期的期初余额数据，将没有期间概念的数据转入下期，期末结转后，可以进行下一期的数据处理。

11.2.3 数据库设计

成本系统的基础数据均来自其他系统，该系统主要存储成本的计算方法、分配标准等成本核算的基础资料、生产过程的投入产出数据、费用数据、费用分配表等中间数据和成本报表等。

1. 存储基础数据的主要表结构设计

存储分配标准的表结构如图11-8所示，该表用于存储每一种分配所对应的成本项目，是费用分配的依据。具体的标准有：定额材料（=材料定额×本期投入产量），用于共耗材料费用分配；实际完工产量，用于所有费用分配；实际总工时，取本期实际工时的成本对象合计数，可用于所有费用分配；约当产量（=期末在产品产量×约当系数），用于成本计算。复合标准列的取值由标准编码列的值决定，如定额材料、约当产量为复合标准，与之对应的记录中复合标准列取值为“是”，其他记录取值为“否”。

成本类型定义表结构如图11-9所示。成本类型具体来说就是实际成本、上月成本、年平均成本、累计平均成本、期间平均成本、期间累计平均成本等。复合类型列的取值同分配标准表中的复合标准列。

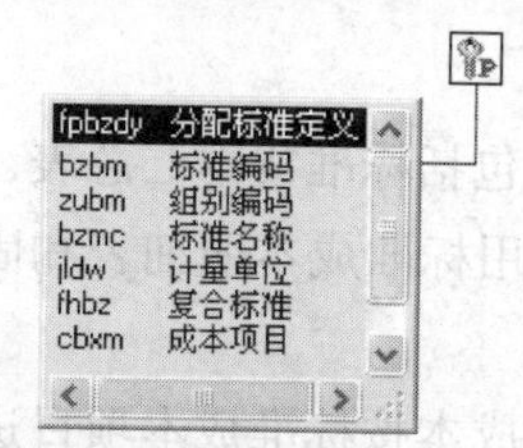

图11-8 分配标准表结构

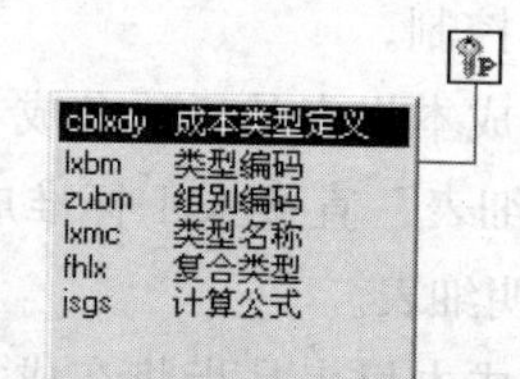

图11-9 成本类型定义表结构

2. 存储中间数据的投入产出表结构设计

生产过程的投料记录表结构如图11-10所示，该表主要存储生产流程中工艺卡上的主要数据，它记录了各部门投入了什么、投入了多少以及投入到哪个成本对象。该表的数据可从生产任务单上获取，按照主键进行汇总，便可得到该成本对象的直接材料成本。

在产品盘点表结构如图11-11所示，该表用于存储每一会计期末在产品、完工产品、废品的数量，这些数据可根据生产任务单的执行情况获取，是本期所完工生产任务单和正在生产的任务单的累计数据，是所有投入在产成品与在产品之间分配的依据。

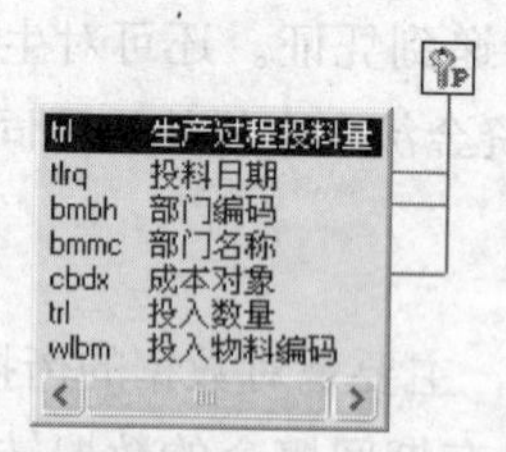

图11-10 投料记录表结构

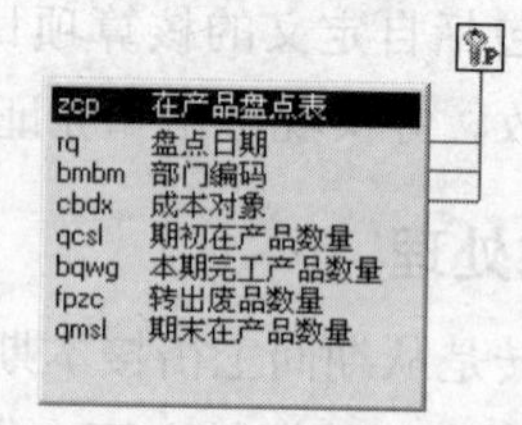

图11-11 在产品盘点表结构

成品入库单则对应在产品盘点表中的本期完工产品数量。

3. 存储中间数据的费用表结构设计

1）材料费用分配表结构设计。材料费用分配表存储领料单中所填的成本对象为共耗材料的每张料单在共耗对象中进行分配的结果。每张料单对应多个成本对象，料单与成本对象是一对多的关系，因此，该表结构应设为主从表。主表存储料单编号、领用部门、材料编码、分配标准等数据；从表存储成本对象、分配标准数值、数量、单价、金额、成本项目等数据。表结构如图11-12所示。

2）其他费用分配表结构设计。其他费用分配表存储费用单据中所填的成本对象为共耗费用的每张单据在共耗对象中进行分配的结果。每张费用单据对应多个成本对象，所以单据与成本对象是一对多的关系，因此，该表结构应设计为主从表。主表存储费用单据编号、部门编码、费用要素、分配标准等数据；从表存储成本对象、分配标准数值、金额、成本项目等数据。表结构如图11-13所示。

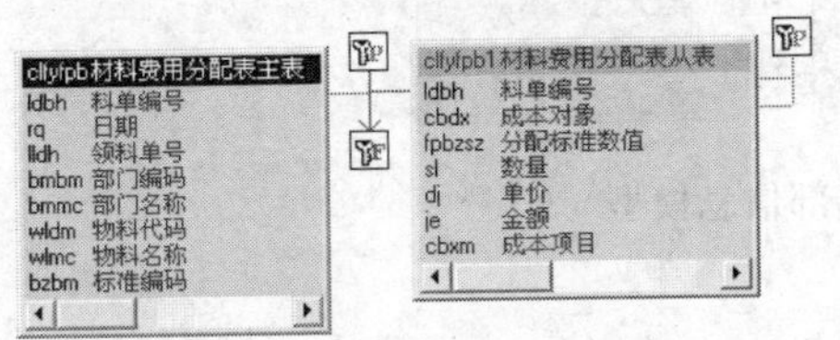

图11-12 材料费用分配表结构

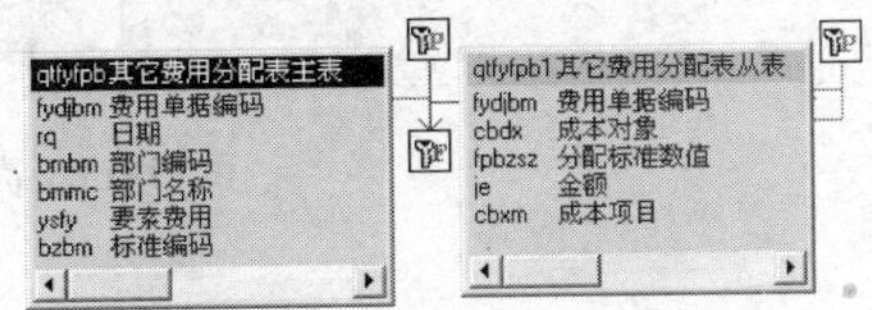

图11-13 其他费用分配表结构

3）辅助生产费用分配表结构设计。辅助生产费用分配表存储各耗用劳务部门的辅助生产成本在各具体成本对象上分配结果，同样存在一种劳务在多个成本对象间的分配问题，因此，该表也设计为主、从表，表结构如图11-14所示。

4）制造费用分配表结构设计。制造费用分配表存储生产中一般耗用制造费用在部门内各成本对象间的分配结果，同样存在同一制造费用在多个成本对象间的分配问题，因此，该表也设计为主、从表，表结构如图11-15所示。

图11-14 辅助成产费用分配表结构

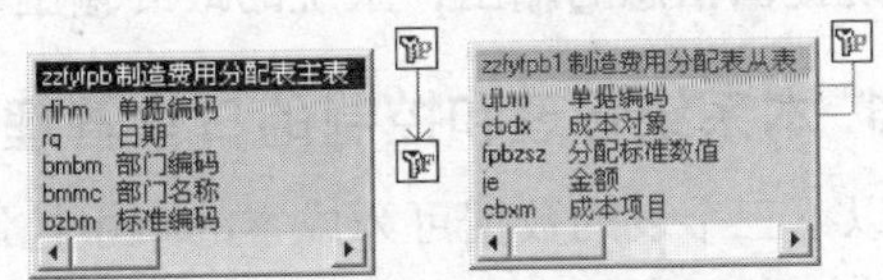

图11-15 制造费用分配表结构

11.2.4 信息模型

因为成本系统的中间处理流程复杂，与相关系统的数据联系较多，不能用一个单一的模型表示，在此选取两个局部模型说明：

1）材料投入局部信息模型。该模型主要描述了由生产任务单生成投料单，根据投料单生成生产领料单，根据生产任务单下达工票的过程，以及几个单据之间的关联关系，其信息模型如图11-16所示。

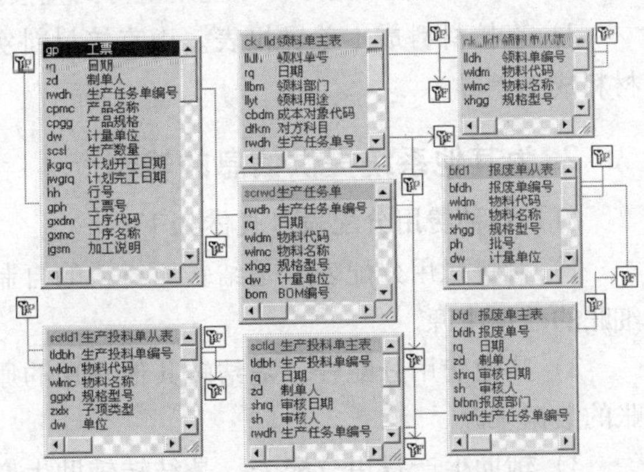

图11-16 材料投入局部信息模型

2）费用分配局部信息模型。该模型主

要描述了各种费用分配与归集对象之间的关系，如图11-17所示。

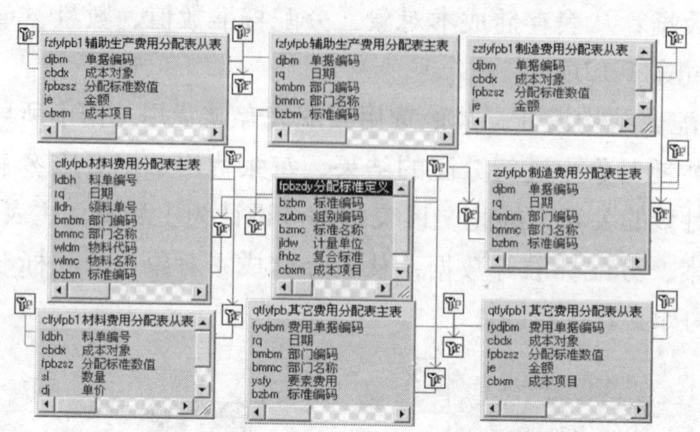

图11-17 费用分配局部信息模型

11.3 系统输出

成本系统在会计信息系统中处于较高层次，该系统所使用的数据大多数来源于其他系统，而它的输出大多为中间结果，并且是本系统和其他系统共同使用，不向企业外部提供。

11.3.1 系统输出分类

成本系统的输出可大致分为三类：一般用于本系统管理和控制的日常管理信息；为其他系统提供信息的输出；系统的最终输出。

1. 本系统管理和控制的日常管理信息

以下三个表的数据可为成本的事中控制/按任务单控制提供依据：

1）直接材料标准成本明细表。从完工的生产任务单上获取完工产品数量再由完工产品数量乘以单位产品的标准材料耗用量得到直接材料标准成本明细表。

2）直接材料实际成本明细表。从完工的生产任务单上获取完工产品数量，由完工产品数量乘以单位产品的实际材料耗用量得到直接材料实际成本明细表。

3）直接材料成本差异报表。由直接材料实际成本减去直接材料标准成本便可得到直接材料成本差异。

2. 为其他系统提供信息的输出

（1）**各种费用分配表** 具体如下：

1）材料费用分配表，是结转原材料的自制原始凭证，也是账务处理系统登记各费用明细账的数据来源。

2）其他费用分配表，是结转其他费用的原始凭证，也是账务处理系统登记各费用明细账的数据来源。

3）辅助生产费用分配表，是结转辅助生产费用的原始凭证，也是账务处理系统登记各费用明细账的数据来源。

4）制造费用分配表，是结转制造费用的原始凭证，也是账务处理系统记账的数据来源。

（2）**产品成本计算单**　为存货系统提供自制产品入库核算的依据，是账务处理系统结转生产成本的依据，也是成本系统的最终输出。

以上信息是存货系统、成本系统、账务处理系统在集成环境下，相互控制和核对的依据。各种费用分配表是成本系统的中间数据，它们还须继续处理，才能得出产品成本计算单。它们也是存货减少的依据，又是账务系统和存货系统账务之间稽核的纽带。

3. 系统的最终输出

（1）**成本分析信息**　具体如下：

1）成本结构分析，以产品成本计算单为基础数据，以具体产品为分析对象，分析构成成本的各成本项目所占总成本的比例。

2）期间成本分析，以产品成本计算单为基础数据，以具体产品为分析对象，以多个会计期间为时间段，分析产品成本的发展趋势和升降原因。

3）成本比较分析，以产品成本计算单为基础数据，以某一具体产品为对象，进行本期成本与上期成本的比较，实际成本与计划成本的比较。

（2）**成本考核表**　责任成本明细表是按成本的责任属性反映企业生产过程中发生的制造成本，以便对各部门进行考核。

（3）**成本预测信息**　以各期的历史成本为基础，使用特定的方法（如移动平均法、时序移动平均法），计算下期成本。

（4）**成本控制信息**　具体如下：

1）直接材料成本差异报表，数据由直接材料实际成本减直接材料标准成本所得。

2）直接人工成本差异报表，数据由直接人工实际成本减直接人工标准成本所得。

3）变动制造费用成本差异报表，数据由实际变动制造费用减标准变动制造费用所得。

4）固定制造费用成本差异报表，数据由实际固定制造费用减标准固定制造费用所得。

11.3.2　输出设计原理与实现方法总结

1）按输出对象定义视图。定义视图，该视图关联输出对象所涉及的各种数据，视图中只存在投影和关联，而没有对数据进行选择操作。

2）生成动态SQL语句。根据用户选择输出界面，通过控件接受会计期间、部门代码、成本对象等参数，生成符合用户选择结果的SQL语句，这些选择条件都是对第一步定义的视图进行过滤。

上述两步完成了对数据表的关联、选择和投影操作。由于不同用户输入的参数值不同，因此输出结果随参数值而变化，从而满足动态输出的要求。

3）以生成的动态SQL语句为数据源，创建输出对象。以生成的动态SQL语句为数据源，创建数据窗口对象，然后将数据窗口对象挂在窗口对象上，就实现了系统的动态输出。

11.4 制造与成本管理系统应用

11.4.1 系统操作流程

系统的操作流程如图11-18所示。

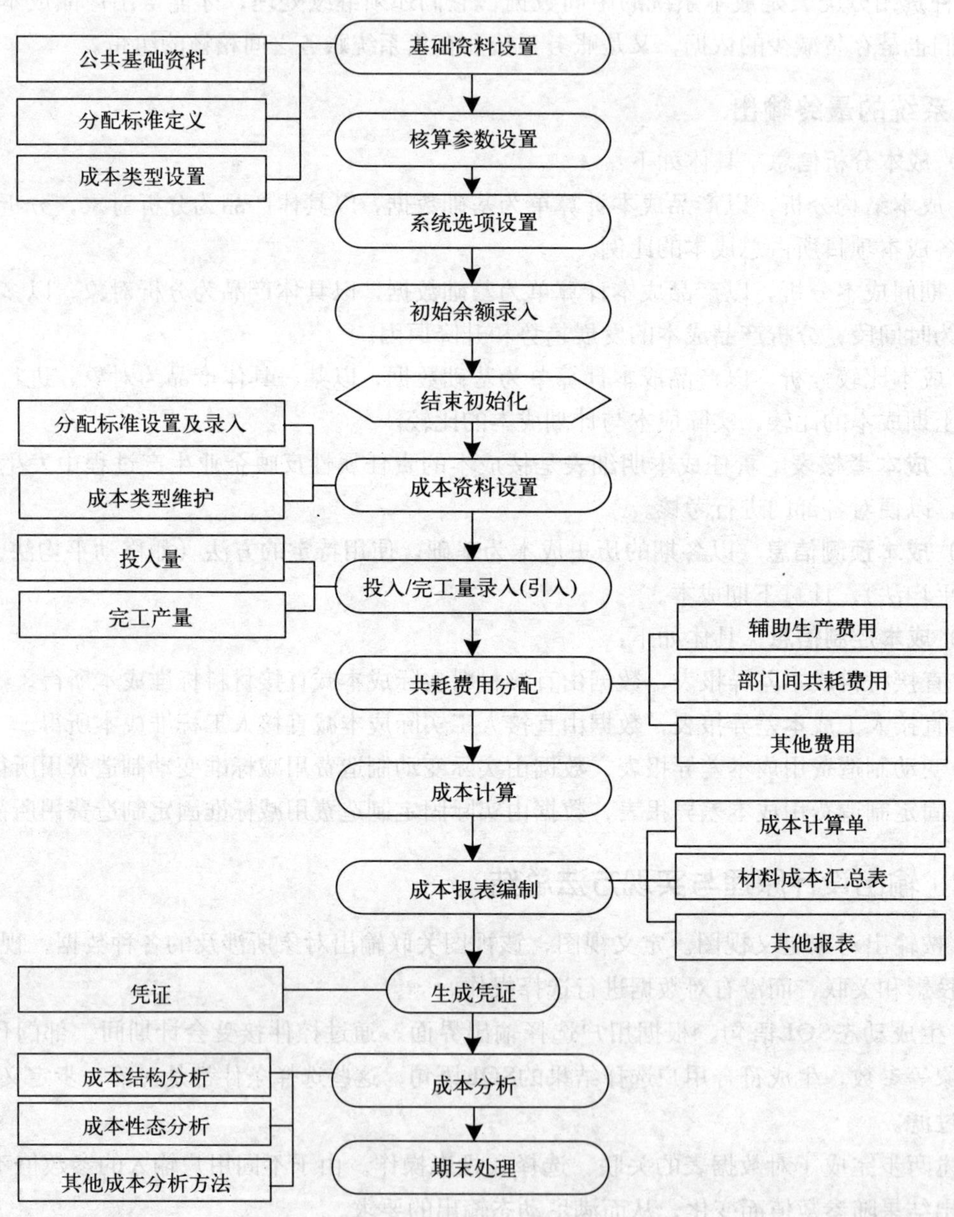

图11-18 制造与成本管理系统操作流程图

11.4.2 系统启用前的准备工作

1. 基础资料设置

公共基础资料设置中，与成本项目有关的，且在第3章没有设置的项目，应在此进行设置，分述如下：

1）成本对象设置。成本对象设置如图11-19所示。根据成本计算方法的不同，分为品种法、分步法、分批法等成本计算对象。其中，自制或配置类物料的成本计算方法自动默认为“品种法”，成本计算时，系统根据对成本对象的计算步骤自动判断，确认为按品种法或分步法计算。物料计价方法为“分批认定法”的自制产品为分批法成本对象，该成本对象只能指定一个自制物料。对每个成本对象都可以指定BOM。如果使用材料定额分配标准分配共耗材料费用，系统会根据在此指定的BOM判断该成本对象是否耗用对应物料；如果用户没有指定明确的BOM，那么系统会取对应自制物料的已使用的标准BOM。因为世纪轧钢厂属单步骤生产，成本对象就是具体的产品，即物料中的产品。

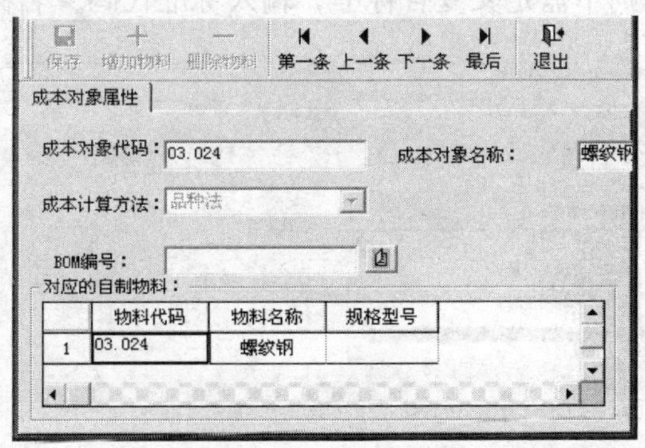

图11-19 成本对象属性设置

2）成本项目设置。成本项目为“直接材料、直接人工、制造费用”，设置界面如图11-20所示。双击任意“成本项目”，可设置该项目的标准成本项目和成本性态信息。

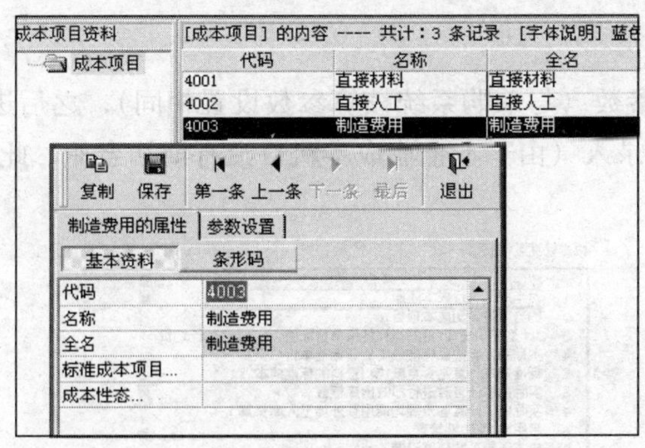

图11-20 成本项目设置

3）要素费用设置。设置界面如图11-21所示。系统预设了材料费用、人工费用、折旧费用三种要素费用。而对每一种要素费用，还需要设置图中提示的信息。

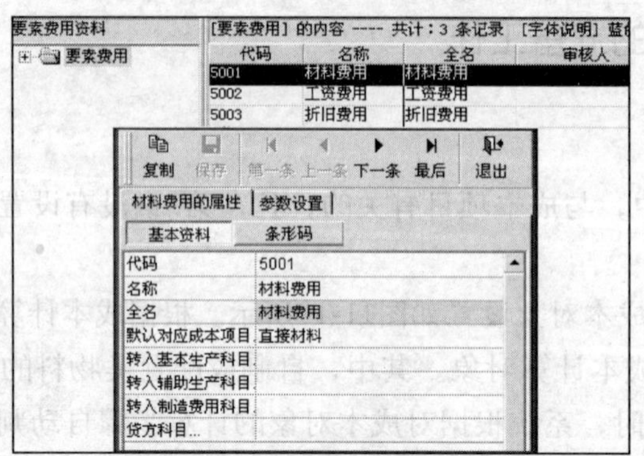

图11-21 要素费用设置

2. 分配标准定义

界面如图11-22所示。复合分配标准指通过定义分配标准单元元素的四则运算制定标准。如果选择“只设到部门”则不需定义复合标准，输入标准代码、名称和计量单位即可。

图11-22 分配标准定义

11.4.3 系统初始化

首先设置系统核算参数（与采购系统核算参数设置相同），之后进行系统选项设置（见图11-23）和期初余额的录入（由于本企业成本科目没有期初余额，此处省略），最后结束初始化。

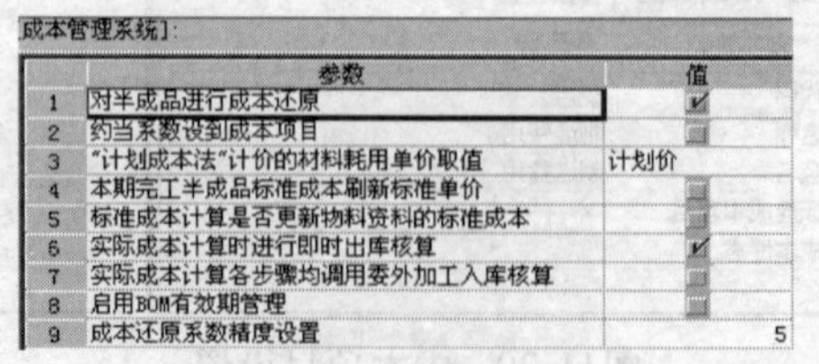

图11-23 系统选项设置

11.4.4　成本资料设置

成本资料设置的内容包括分配标准设置和成本类型维护，其中成本类型维护可参照成本类型设置。而分配标准设置是指在基础资料中已定义的分配标准范围内，指定一般共耗费用分配标准、在产品成本分配标准、分类法成本分配标准、废品共耗费用等的分配标准。各类分配标准的设置和数据录入过程类似，这里以一般共耗费用中的材料费用为例说明。

分配标准设置可统一设置或按部门分别设置，统一设置即对正常生产耗用的材料共耗费用，在所有基本生产部门已投产的成本对象间按同一个标准分配，如图11-24所示。分配标准设置完成后，设置过滤条件并录入相应数据即可。

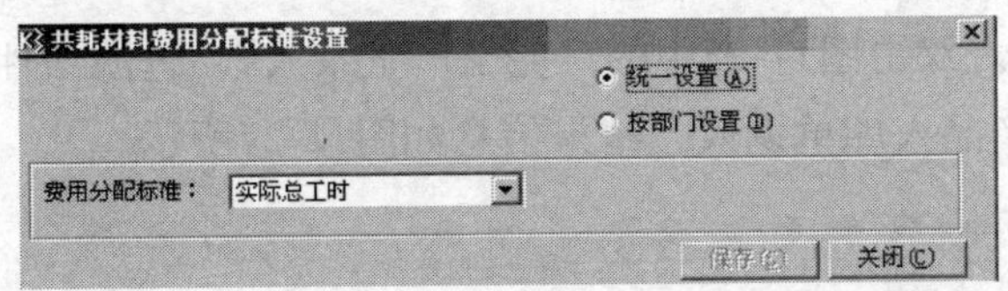

图11-24　分配标准统一设置

11.4.5　产量录入（或引入）

投入量录入后与期初在产品产量一起构成本期投产信息；完工产量录入是以产品入库单的形式录入本期完工入库的产量信息。投入/完工量可手工录入，也可引入数据。引入时，可选择引入生产任务单数据或产品入库单数据：从生产任务单中引入的数据是计划开工日期为当前期间、且已下达的生产任务单的下达数量；从入库单引入的是已审核且没有作废的产品入库单的入库数量。如果产品没有对应成本对象，那么系统将不引入相关产量信息。

1）投入量录入。双击如图11-25中的“投入产量录入”，出现图中的过滤界面。填入图中所示的会计期间、部门代码及成本对象代码，按“确认”，出现如图11-26所示的投入产量录入界面，可从其他已有系统引入。本实验的数据是从产品入库单中引入的，因为在存货管理中已经输入，在此直接使用。

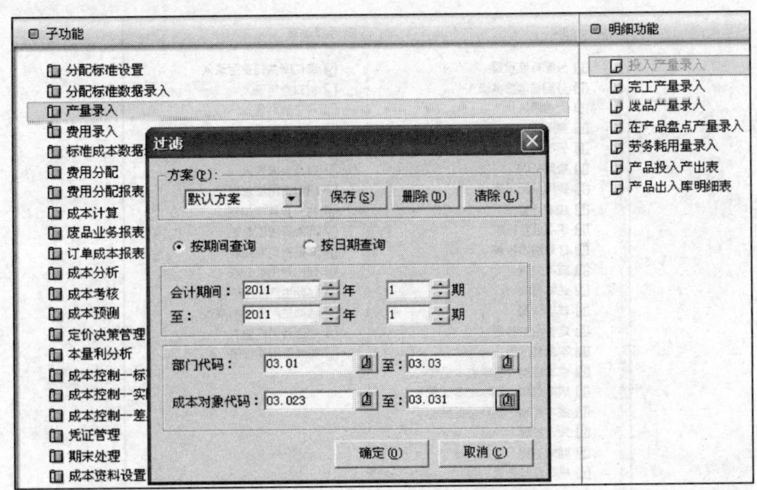

图　11-25

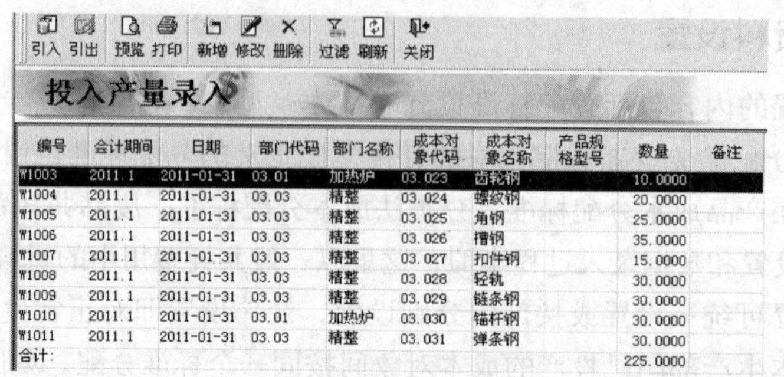

编号	会计期间	日期	部门代码	部门名称	成本对象代码	成本对象名称	产品规格型号	数量	备注
W1003	2011.1	2011-01-31	03.01	加热炉	03.023	齿轮钢		10.0000	
W1004	2011.1	2011-01-31	03.03	精整	03.024	螺纹钢		20.0000	
W1005	2011.1	2011-01-31	03.03	精整	03.025	角钢		25.0000	
W1006	2011.1	2011-01-31	03.03	精整	03.026	槽钢		35.0000	
W1007	2011.1	2011-01-31	03.03	精整	03.027	扣件钢		15.0000	
W1008	2011.1	2011-01-31	03.03	精整	03.028	轻轨		30.0000	
W1009	2011.1	2011-01-31	03.03	精整	03.029	链条钢		30.0000	
W1010	2011.1	2011-01-31	03.01	加热炉	03.030	锚杆钢		30.0000	
W1011	2011.1	2011-01-31	03.03	精整	03.031	弹条钢		30.0000	
合计:								225.0000	

图11-26 投入产量录入

2）完工产量录入。双击图11-25中的"完工产量录入"，过滤条件与投入产量录入相同，其功能可直接将完工产品入库单调入，结果信息如图11-27所示。

新增 修改 删除 查看 审核 复制 凭证 上查 下查 附件 打印 预览 刷新 过滤 退出

产品入库

日期	审核标志	交货单位	单据编号	收货仓库	物料代码	物料长代码	物料名称	单位	实收数量	单价	金额	验收
2011-01-07	Y	加热炉	CIN000001	产成品库	023	03.023	齿轮钢	吨	10.0000	4,559.10	45,591.00	刘壮
2011-01-09	Y	精整	CIN000002	产成品库	024	03.024	螺纹钢	吨	20.0000	5,862.71	117,254.20	刘壮
2011-01-10	Y	精整	CIN000003	产成品库	025	03.025	角钢	吨	25.0000	5,242.51	131,062.75	刘壮
2011-01-11	Y	精整	CIN000004	产成品库	026	03.026	槽钢	吨	35.0000	5,740.14	200,904.90	刘壮
2011-01-07	Y	精整	CIN000005	产成品库	027	03.027	扣件钢	吨	15.0000	4,808.11	72,121.65	孙艳
2011-01-11	Y	精整	CIN000006	产成品库	028	03.028	轻轨	吨	30.0000	5,669.44	170,083.20	岑洁
2011-01-18	Y	精整	CIN000007	产成品库	029	03.029	链条钢	吨	30.0000	4,489.44	134,683.20	刘壮
2011-01-24	Y	加热炉	CIN000008	产成品库	030	03.030	锚杆钢	吨	30.0000	5,964.77	178,943.10	孙艳
2011-01-26	Y	精整	CIN000009	产成品库	031	03.031	弹条钢	吨	30.0000	3,977.27	119,318.10	王传东
合计:									225.0000		1,169,962.10	

图11-27 完工产量

由于本企业没有月末在产品，所以本期的投入与产出相同。

11.4.6 费用录入

完成产量录入之后，方可进行费用录入。费用录入包括如图11-28所示的多种费用录入，因本企业无共耗材料，所以从材料费用录入开始。

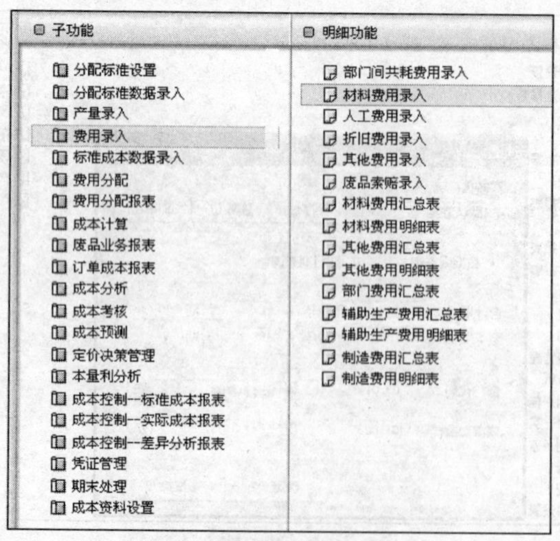

图11-28 费用录入界面

1）材料费用录入。在图11-28中，双击“材料费用录入”，弹出过滤界面，设置条件后“确认”，出现如图11-29所示的界面。数据来源于存货系统的生产领料单。

新增 修改 删除 查看 审核 复制 凭证 上查 下查 附件 打印 预览 刷新 过滤 退出

材料费用录入

共计：9张单据,11

日期	审核标志	领料部门	领料用途	单据编号	发料仓库	成本对象代码	物料代码	物料长代码	物料名称	单位	实发数量	单价	金额	领料	发料
2011-01-0	Y	加热炉	用于齿轮钢生产	SOUT00000	材料库	03.023	010	01.01.010	40Cr锭	吨	10.5000	3,900.00	40,950.00	孙亚楠	孙艳
2011-01-15	Y	加热炉	用于锚杆钢生产	SOUT000002	材料库	03.030	011	01.02.011	45#坯	吨	21.0000	4,100.00	86,100.00	孙亚楠	覃晓
					材料库	03.030	019	01.02.019	R3坯	吨	16.0000	4,860.00	77,760.00	孙亚楠	覃晓
2011-01-17	Y	加热炉	生产弹条钢	SOUT000003	材料库	03.031	001	01.01.001	45#锭	吨	12.0000	4,180.00	50,160.00	覃晓	刘雄伟
					材料库	03.031	003	01.01.003	T8锭	吨	10.5000	5,150.00	54,075.00	覃晓	刘雄伟
2011-01-24	Y	加热炉	生产角钢	SOUT000004	材料库	03.025	013	01.02.013	25MV坯	吨	26.0000	4,550.00	118,300.00	岑洁	张巧枚
2011-01-18	Y	加热炉	用于扣件钢的生产	SOUT000005	材料库	03.027	012	01.02.012	20-40Cr坯	吨	16.0000	4,000.00	64,000.00	孙亚楠	覃晓
2011-01-25	Y	加热炉	生产槽钢	SOUT000006	材料库	03.026	014	01.02.014	60Si2Mr坯	吨	47.0600	3,850.00	181,181.00	覃晓	刘壮
2011-01-28	Y	加热炉	生产链条钢	SOUT000007	材料库	03.029	015	01.02.015	20GrMrTi坯	吨	26.0000	4,600.00	119,600.00	熊伟	刘壮
2011-01-20	Y	加热炉	用于螺纹钢的生产	SOUT000008	材料库	03.024	015	01.02.015	20GrMrTi坯	吨	29.6700	3,600.00	106,812.00	孙亚楠	覃晓
2011-01-15	Y	加热炉	用于轻轨的生产	SOUT000009	材料库	03.028	018	01.02.018	轻轨钢坯	吨	31.0000	5,000.00	155,000.00	孙亚楠	覃晓
合计:											245.7300		1,053,938.00		

图11-29 材料费用录入

2）人工费用录入。因为人工费用由人力资源系统的工资管理进行核算，所以必须进行引入操作，既可从工资系统引入也可从总账引入。

3）查询材料费用汇总表。费用录入之后，就可查询各种费用的汇总情况。例如查看材料费用汇总表，双击如图11-28中的“材料费用汇总表”，输入过滤条件，汇总结果信息如图11-30所示。材料费用汇总表中列示了每种成本对象所消耗的物料名称及数量、单价、金额信息。

材料费用汇总表

起始期间：2011年 第1期　　截止期间：2011年 第1期

部门代码范围：03.01 -- 03.03　　成本对象范围：03.023 -- 03.031

物料代码范围：01.01.001 -- 01.02.020　　仓库代码范围：所有仓库

成本对象组范围：所有成本对象组　　耗用类型：一般耗用

部门代码	部门名称	成本对象代码	成本对象名称	成本对象组代码	成本对象组名称	物料代码	物料名称	数量	单价	金额
03.01	加热炉	03.023	齿轮钢			01.01.010	40Cr锭	10.5	3,900.00	40,950.00
03.01	加热炉	03.023	齿轮钢	小计				10.5	3,900.00	40,950.00
03.01	加热炉	03.024	螺纹钢			01.02.015	20GrMrTi坯	29.67	3,600.00	106,812.00
03.01	加热炉	03.024	螺纹钢	小计				29.67	3,600.00	106,812.00
03.01	加热炉	03.025	角钢			01.02.013	25MV坯	26	4,550.00	118,300.00
03.01	加热炉	03.025	角钢	小计				26	4,550.00	118,300.00
03.01	加热炉	03.026	槽钢			01.02.014	60Si2Mr坯	47.06	3,850.00	181,181.00
03.01	加热炉	03.026	槽钢	小计				47.06	3,850.00	181,181.00
03.01	加热炉	03.027	扣件钢			01.02.012	20-40Cr坯	16	4,000.00	64,000.00
03.01	加热炉	03.027	扣件钢	小计				16	4,000.00	64,000.00
03.01	加热炉	03.028	轻轨			01.02.018	轻轨钢坯	31	5,000.00	155,000.00
03.01	加热炉	03.028	轻轨	小计				31	5,000.00	155,000.00
03.01	加热炉	03.029	链条钢			01.02.015	20GrMrTi坯	26	4,600.00	119,600.00
03.01	加热炉	03.029	链条钢	小计				26	4,600.00	119,600.00
03.01	加热炉	03.030	锚杆钢			01.02.011	45#坯	21	4,100.00	86,100.00
						01.02.019	R3坯	16	4,860.00	77,760.00
03.01	加热炉	03.030	锚杆钢	小计				37	4,428.65	163,860.00
03.01	加热炉	03.031	弹条钢			01.01.001	45#锭	12	4,180.00	50,160.00
						01.01.003	T8锭	10.5	5,150.00	54,075.00
03.01	加热炉	03.031	弹条钢	小计				22.5	4,632.67	104,235.00
小计								245.73	4,289.01	1,053,938.00
合计								245.73	4,289.01	1,053,938.00

图11-30 材料费用汇总表

11.4.7 费用分配

选择图11-28中费用分配，双击“材料费用分配”，出现过滤条件界面，输入过滤条件“确认”之后，显示如图11-31所示的材料费用分配表。

材料费用分配

日期	审核标志	领料部门	领料用途	单据编号	发料仓库	成本对象代码	物料代码	物料长代码	物料名称	单位	实发数量	单价	金额
2011-01-07	Y	加热炉	用于齿轮钢生产	SOUT000001	材料库	03.023	010	01.01.010	40Cr锭	吨	10.5000	3,900.00	40,950.00
2011-01-20	Y	加热炉	用于螺纹钢的生产	SOUT000008	材料库	03.024	015	01.02.015	20GrMrTi坯	吨	29.6700	3,600.00	106,812.00
2011-01-24	Y	加热炉	生产角钢	SOUT000004	材料库	03.025	013	01.02.013	25MV坯	吨	26.0000	4,550.00	118,300.00
2011-01-25	Y	加热炉	生产槽钢	SOUT000006	材料库	03.026	014	01.02.014	60Si2Mr坯	吨	47.0600	3,850.00	181,181.00
2011-01-18	Y	加热炉	用于扣件钢的生产	SOUT000005	材料库	03.027	012	01.02.012	20-40Cr坯	吨	16.0000	4,000.00	64,000.00
2011-01-15	Y	加热炉	用于轻轨的生产	SOUT000009	材料库	03.028	018	01.02.018	轻轨钢坯	吨	31.0000	5,000.00	155,000.00
2011-01-28	Y	加热炉	生产链条钢	SOUT000007	材料库	03.029	015	01.02.015	20GrMrTi坯	吨	26.0000	4,600.00	119,600.00
2011-01-15	Y	加热炉	用于锚杆钢生产	SOUT000002	材料库	03.030	011	01.02.011	45#坯	吨	21.0000	4,100.00	86,100.00
					材料库	03.030	019	01.02.019	R3坯	吨	16.0000	4,860.00	77,760.00
2011-01-17	Y	加热炉	生产弹条钢	SOUT000003	材料库	03.031	001	01.01.001	45#锭	吨	12.0000	4,180.00	50,160.00
					材料库	03.031	003	01.01.003	T8锭	吨	10.5000	5,150.00	54,075.00

图11-31 费用分配过滤条件设置

11.4.8 成本计算及结果查询

1. 成本计算

系统可自动完成整个成本业务流程中费用分配和成本计算以及废品损失计算等所有运算过程，包括费用分配、废品费用分配、成本计算和成本计算合法性检查。可按照成本计算向导进行操作，如图11-32至11-36所示。

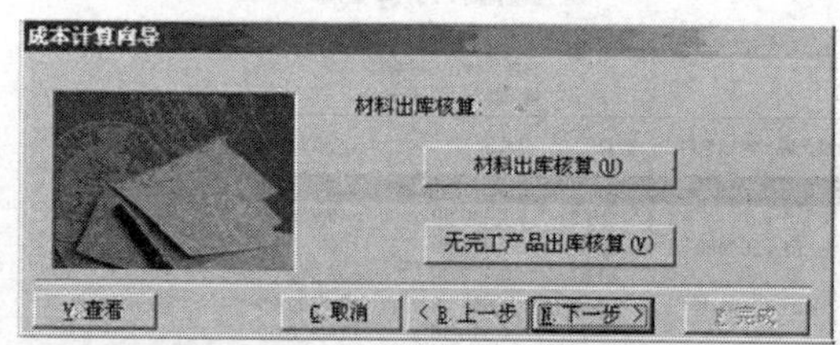

图11-32 成本计算步骤一：材料出库核算

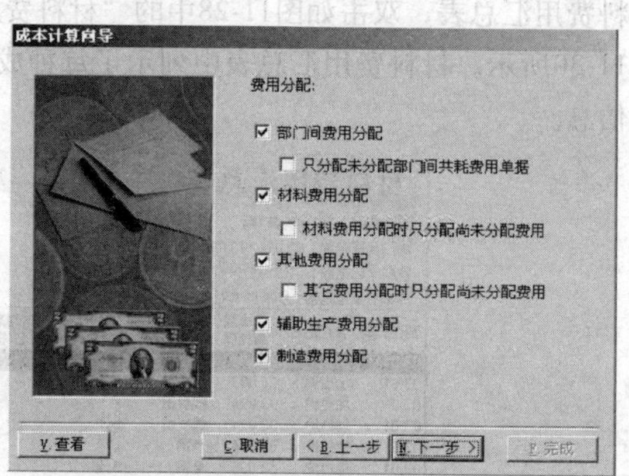

图11-33 成本计算步骤二：费用分配

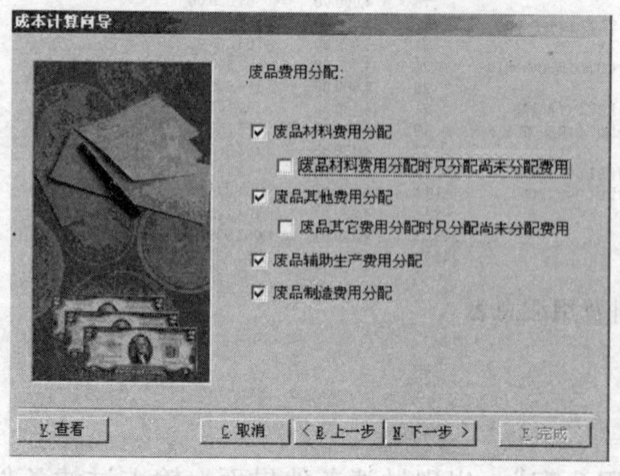

图11-34 成本计算步骤三：废品费用分配

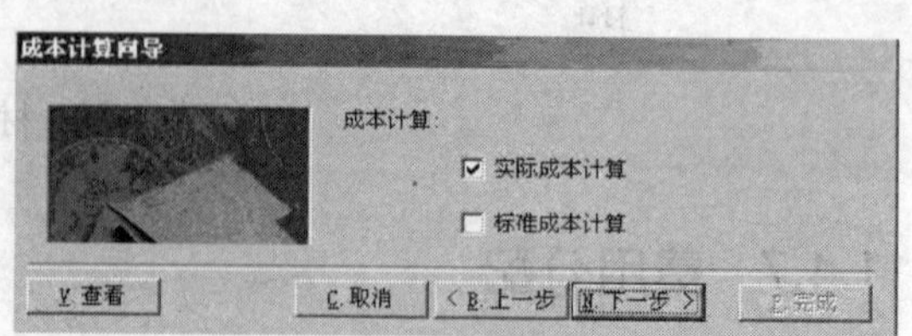

图11-35 成本计算步骤四：成本计算类型设置

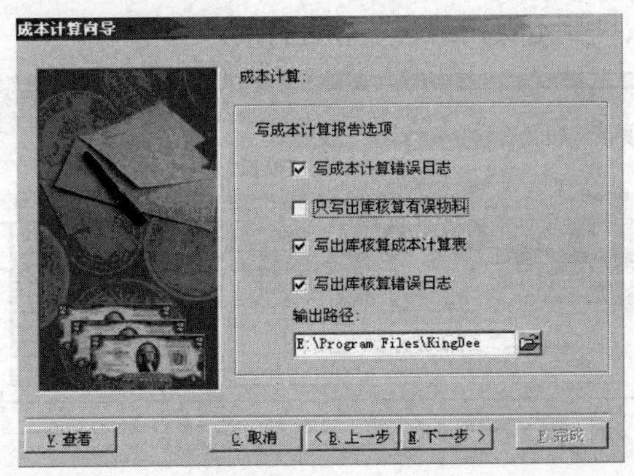

图11-36　成本计算步骤五：成本计算报告选项设置

2. 报表查询

成本报表包括成本计算单、材料成本计算单、材料成本汇总表、产品完工成本汇总表等。用户根据需要设置输出条件后，可生成各类报表。以成本计算单输出为例，其输出界面如图11-37所示。

成本计算单(汇总显示)

起始期间：2011年 第1期　　截止期间：2011年 第1期

成本对象范围：03.023 -- 03.031

成本对象	基本计量单位	期初在产品					本期投入					本期完工产品					
		产量	直接材料	直接人工	制造费用	成本	产量	直接材料	直接人工	制造费用	成本	产量	直接材料	直接人工	制造费用	总成本	单位成本
齿轮钢	吨						10	40,949.97	2,984.80	1,659.83	45,594.60	10	40,949.97	2,984.80	1,659.83	45,594.60	4,559.46
锚杆钢	吨						30	163,860.06	9,700.60	5,394.44	178,955.10	30	163,860.06	9,700.60	5,394.44	178,955.10	5,965.17
螺纹钢	吨						20	106,809.99	6,715.80	3,734.61	117,260.40	20	106,809.99	6,715.80	3,734.61	117,260.40	5,863.02
角钢	吨						25	118,300.02	8,208.20	4,564.53	131,072.75	25	118,300.02	8,208.20	4,564.53	131,072.75	5,242.91
槽钢	吨						35	181,199.88	12,685.40	7,054.27	200,939.55	35	181,199.88	12,685.40	7,054.27	200,939.55	5,741.13
扣件钢	吨						15	64,000.00	5,223.40	2,904.70	72,128.10	15	64,000.00	5,223.40	2,904.70	72,128.10	4,808.54
轻轨	吨						30	154,999.86	9,700.60	5,394.44	170,094.90	30	154,999.86	9,700.60	5,394.44	170,094.90	5,669.83
链条钢	吨						30	119,349.96	9,700.60	5,394.44	134,445.00	30	119,349.96	9,700.60	5,394.44	134,445.00	4,481.50
弹条钢	吨						30	104,400.06	9,700.60	5,394.44	119,495.10	30	104,400.06	9,700.60	5,394.44	119,495.10	3,983.17
合计							225	1,053,869.80	74,620.00	41,495.70	1,169,985.50	225	1,053,869.80	74,620.00	41,495.70	1,169,985.50	5,199.94

图11-37　成本计算单

11.4.9　凭证管理

1. 凭证模板设置

凭证模板的设置可为自动生成凭证打下基础。凭证模板是按成本业务流程中的不同事务类型进行设置，每种事务类型对应一种单据，如事物类型为“材料费用归集与分配”则对应的单据为一般生产领料单，事物类型为“制造费用结转”则对应制造费用分配表。以材料费用归集与分配为例，凭证模板设置界面如图11-38所示。科目来源选择“凭证模板”时可根据业务情况录入会计科目。

2. 凭证生成

成本系统凭证生成的操作过程与其他系统基本相同。需要注意的是，在选择凭证生成方式时，不同事务类型可以选择的方式也不相同。生成记账凭证可以根据具体情况或系统提示选择汇总、按单或按部门生成。本实验生成的凭证是分别按“材料费用归集与分配”、

“人工费用归集与分配”、“制造费用结转”等进行的。

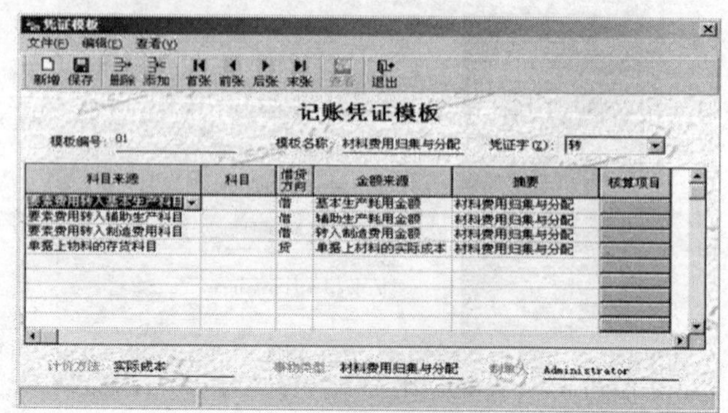

图11-38 凭证模板设置

在此按“材料费用归集与分配”将图11-31的材料费用分配结果生成记账凭证。凭证查询结果如图11-39所示，在查询结果中，双击任意记录，显示该凭证。

会计分录序时簿

期间	凭证字号	摘要	科目代码	科目名称	原币金额	借方	贷方	制单	审核	过账
:011.1	转 - 19	用于锚杆钢生产	5001.01.01	生产成本 - 基本生产成本 - 材料成本	163,860.00	163,860.00		龙胜强	疗江	Administr
			1403	原材料	86,100.00		86,100.00			
			1403	原材料	77,760.00		77,760.00			
:011.1	转 - 2	生产弹条钢	5001.01.01	生产成本 - 基本生产成本 - 材料成本	104,235.00	104,235.00		疗江	龙胜强	Administr
			1403	原材料	50,160.00		50,160.00			
			1403	原材料	54,075.00		54,075.00			
:011.1	转 - 32	用于扣件钢的生产	5001.01.01	生产成本 - 基本生产成本 - 材料成本	64,000.00	64,000.00		龙胜强	疗江	Administr
			1403	原材料	64,000.00		64,000.00			
:011.1	转 - 15	用于齿轮钢生产	5001.01.01	生产成本 - 基本生产成本 - 材料成本	40,950.00	40,950.00		龙胜强	疗江	Administr
			1403	原材料	40,950.00		40,950.00			
:011.1	转 - 48	用于螺纹钢的生产	5001.01.01	生产成本 - 基本生产成本 - 材料成本	106,812.00	106,812.00		龙胜强	疗江	Administr
			1403	原材料	106,812.00		106,812.00			
:011.1	转 - 35	用于轻轨的生产	5001.01.01	生产成本 - 基本生产成本 - 材料成本	155,000.00	155,000.00		龙胜强	疗江	Administr
			1403	原材料	155,000.00		155,000.00			
:011.1	转 - 3	生产角钢	5001.01.01	生产成本 - 基本生产成本 - 材料成本	118,300.00	118,300.00		疗江	龙胜强	Administr
			1403	原材料	118,300.00		118,300.00			
:011.1	转 - 4	生产槽钢	5001.01.01	生产成本 - 基本生产成本 - 材料成本	181,181.00	181,181.00		疗江	龙胜强	Administr
			1403	原材料	181,181.00		181,181.00			
:011.1	转 - 9	生产链条钢	5001.01.01	生产成本 - 基本生产成本 - 材料成本	119,600.00	119,600.00		疗江	龙胜强	Administr

图11-39 凭证查询结果

11.4.10 期末处理

期末结转是将本期的期末余额数据转入下一期的期初余额数据，包括期末在产品的成本余额、分配标准数据录入的数据（不包括实际总工时）、标准成本数据和成本类型数据录入中的数据结转到下期。其中在产品的成本余额包括：在产品各成本项目的余额、在产品的明细材料成本余额两部分。系统自动进行结转，按提示进行即可。期末结转后，可以进行下一期的数据处理。

11.4.11 成本分析

成本分析包括成本结构分析、成本比较分析、成本性态分析、期间成本分析，以及完全、变动成本对比等方法。因本套账只有2011年1期的数据，因此只能进行成本结构分析。

在图11-28中选择成本分析，双击“结构分析”，显示如图11-40所示的结构分析选择界面。填入对应代码，按“确定”，显示如图11-41所示的分析结果。

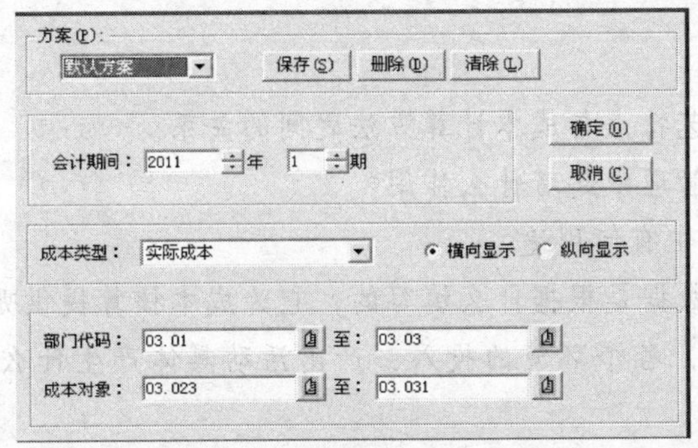

图11-40　结构分析选择界面

成本管理系统 － [成本结构分析]

系统(S)　文件(F)　查看(V)　窗口(W)　帮助(H)

过滤　刷新　打印　预览　页面　精度　图表　退出

成本结构分析

成本类型：实际成本　　　　会计期间：2011年 第1期

成本对象范围：03.023 -- 03.031　　　　部门范围：03.01 -- 03.03

成本对象代码	成本对象名称	规格型号	直接材料		直接人工		制造费用		合计	
			单位成本	百分比（%）	单位成本	百分比（%）	单位成本	百分比（%）	单位成本	百分比（%）
03.023	齿轮钢		4,095.00	89.81%	298.48	6.55%	165.98	3.64%	4,559.46	100.00%
03.030	锚杆钢		5,462.00	91.56%	323.35	5.42%	179.81	3.01%	5,965.17	100.00%
03.024	螺纹钢		5,340.50	91.09%	335.79	5.73%	186.73	3.18%	5,863.02	100.00%
03.025	角钢		4,732.00	90.26%	328.33	6.26%	182.58	3.48%	5,242.91	100.00%
03.026	槽钢		5,177.14	90.18%	362.44	6.31%	201.55	3.51%	5,741.13	100.00%
03.027	扣件钢		4,266.67	88.73%	348.23	7.24%	193.65	4.03%	4,808.54	100.00%
03.028	轻轨		5,166.66	91.13%	323.35	5.70%	179.81	3.17%	5,669.83	100.00%
03.029	链条钢		3,978.33	88.77%	323.35	7.22%	179.81	4.01%	4,481.50	100.00%
03.031	弹条钢		3,480.00	87.37%	323.35	8.12%	179.81	4.51%	3,983.17	100.00%

图11-41　结构分析表

本章小结

制造与成本系统涉及企业的核心业务流程，它集物流、资金流、覆盖全企业的信息流为一体，是协同业务篇的核心。产品的形成过程就是成本的积累过程，因此二者是融为一体的。本章的重点是讲述成本的形成及核算，附带阐述了生产系统中与成本密切相关的部分，并没有全面介绍生产系统，文中仍然使用“生产系统”这一术语以表示它是一个独立于成本系统之外的系统。本章所讲的成本核算过程与手工处理的最大区别体现在费用归集分配方面：系统处理费用分配过程是先分配，后归集汇总；而手工核算是先归集后分配。先后之差揭示了二者的实质性区别。先分配是基于费用单据逐一分配到成本对象，而后按成本对象进行汇总，这种方法是以费用发生时的原始单据为准，是客观情况的反映，并可随时进行和反馈，体现了信息的及时和准确。先归集是按照费用科目进行，而后将各费用科目的期末总额在成本对象之间进行分配，显然这种分配是以人的主观因素和经验为主，并且不能随时进行和反馈，只能定期进行，事后反应。

习　题

1. 简要回答生产工艺特点与成本计算方法之间的关系。
2. 标准成本在成本管理中起着什么作用？
3. BOM在成本系统中有何用途？
4. 生产任务单中的数据是根据什么填写的？它为成本核算提供哪些数据？
5. 试述生产过程中，各个环节的投入、产出活动具体产生什么数据以及在什么文件上记录。
6. 简述成本核算的处理过程。

第12章

销售管理与核算系统

12.1 销售管理与核算系统分析

12.1.1 概述

销售是企业通过销售产品或提供劳务获得生产经营成果，实现企业价值的过程。它在资金运动中表现为从成品资金转化为货币资金的过程。企业只有通过销售获得必要的货币资金，才能使资金周转过程持续下去，企业的再生产过程才能得以进行，因此，销售核算是企业会计核算的重要内容。

销售管理是物料在企业内流动的终点，其过程是从客户和购货机构获得订货需求，将信息传递给计划、采购、仓存等系统，从仓存、采购等系统获得货物并传递给购货单位。其主要的职能是为客户与最终用户提供产品与服务，从而实现企业的资金转化并获得利润，为企业提供生存与发展的动力源泉，并由此实现企业的社会价值。

销售业务分为产品销售和其他销售两类。产品销售是指企业销售产品，包括产成品、自制半成品及工业性劳务等的行为，是企业的基本销售业务。它在账务处理中通过“主营业务收入”、“销售费用”、“主营业务成本”、“营业税金及附加”、“应交增值税”、“应收账款”、“应收票据”和“银行存款”等科目进行核算。

其他销售是指产品销售以外的各种销售，如材料销售、包装物销售、无形资产转让等，在账务处理中通过“其他业务收入”、“其他业务成本”等科目进行核算。

12.1.2 销售管理业务分析

销售管理的主要业务可归为以下几类：

1）制定销售计划和产品报价。销售报价单是销售部门根据企业销售政策、产品成本、目标利润率、以往价格资料等向客户提出的产品报价。它为销售订单提供基本价格信息，是价格资料管理的组成部分。

2）开拓市场，并对企业的客户进行分类管理，维护客户档案信息，制定针对客户的合理的价格政策，建立长期稳定的销售渠道。

3）进行市场销售预测，编制销售计划。

4）销售订单管理。销售订单是购销双方共同签署的，以此确认购销活动的标志。通过它可以直接向客户销货并可查询销售订单的发货情况和订单执行状况，是销售业务中非常重要的管理方式，在整体系统中也处于非常重要的地位。销售订单也是物资在销售业务中流动的起点，是实现以销定产、以销售订计划、以销定购等多种业务处理的依据。因而在所有业务单据中，销售订单的传递途径最多、涵盖的业务范围最广，不仅针对销售系统，对采购系统、存货系统、生产系统都是重要的起源单据和最终目标。

5）发货管理。销售部门核定销售订货成立之后，向仓库部门发出发货通知单。发货通知单是销售订单的重要执行单据，它不仅要处理与销售订单直接关联的执行情况，还要处理销售出库单与销售订单间接关联的执行情况，起到承上启下的业务管理作用。

6）退货管理。退货是指由于质量不合格，或者与销售订单或合同的相关条款不相符等原因，购货单位将销售货物退回。对于退回的货物，要填写退货单。退货通知单是发货通知单的反向处理单据。

7）其他销售业务管理——销售调拨业务。集团企业内部有销售结算关系的销售部门或分公司之间存在销售调拨业务，客户通过销售调拨单取得货物的实际所有权。与正常的销售行为相比，销售调拨业务同样生成应收账款并减少库存，但不涉及销售税金。销售调拨单是一种特殊的确认销售收入的单据，它必须在当地税务机关许可的前提下方可使用，否则处理内部销售调拨业务必须开具发票。销售调拨单经审核后形成应收账款，通知应收款系统收款，记入销售收入，生成发货单和销售出库单，通知仓库备货并进行销售出库登账处理。

销售系统业务流程如图12-1所示。

12.1.3 销售核算业务分析

销售管理核算的主要工作是要反映和监督企业的销售收入、销售成本、销售费用、销售税金及附加增减变动的账务处理工作，并反映监督产品发出和货款结算的完成情况。它要求既要进行总分类核算，也要通过销售收入明细账和发出产品明细账进行明细分类核算，计算出产品销售利润，以便于企业及时掌握销售情况，组织销售工作，降低销售成本，提高企业经济效益。

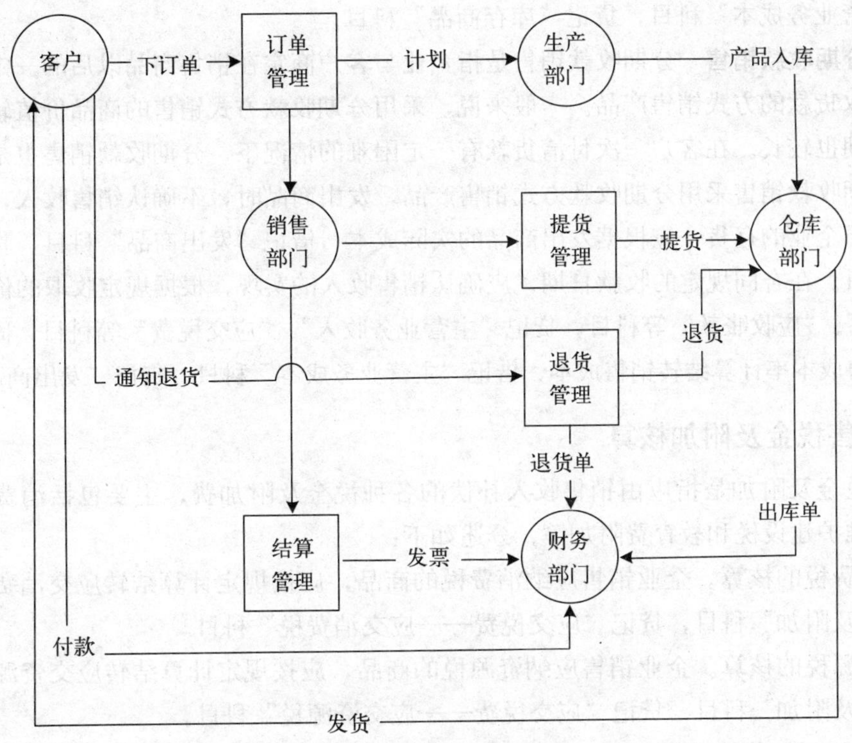

图12-1 销售系统业务流程图

1. 销售收入与销售成本的核算

（1）**现销与赊销** 企业采用现销或赊销方式销售商品，既有相同之处，也有不同之处。现销与赊销的相同之处是：两者均应在符合销售商品收入的确认条件时，确认销售收入，并结转销售成本；两者在确定商品价款时均可能发生商业折扣。现销与赊销的不同之处是：现销能在销售商品时收回货款，一般没有风险；赊销则存在发生坏账的可能，有一定的风险，为了鼓励客户尽快付款，减少风险，赊销产品时还可能发生现金折扣。

企业采用现销或赊销方式销售商品，应根据具体情况，借记“银行存款”、“应收票据”、“应收账款”等科目；根据实际价款贷记“主营业务收入”科目；根据收取的增值税销项税额，贷记“应交税费——应交增值税——销项税额”科目。采用赊销方式销售商品时，如果有现金折扣，可以分别采用总价法或净价法进行核算。

企业已经销售的商品，可能会由于品种、质量等不符合购销合同的规定而被客户退回。企业收到退回的商品时，应退还货款或冲减应收账款，并冲减主营业务收入和增值税销项税额，借记“主营业务收入”、“应交税费——应交增值税——销项税额”等科目，贷记“银行存款”、“应收账款”等科目。应由企业负担的发货及退货运杂费，计入销售费用。在商品的品种、质量等不符合购销合同但客户仍可继续使用的情况下，企业可能给予客户商品价格上的减让，即销售折让。发生销售折让时，应根据销售折让的数额，借记“主营业务收入”、“应交税费——应交增值税——销项税额”等科目，贷记“银行存款”、“应收账款”等科目。

企业不论采用现销或赊销方式销售商品，均应结转已销商品（扣除销售退回）的成本，借记“主营业务成本”科目，贷记“库存商品”科目。

（2）**分期收款销售** 分期收款销售是指企业与客户商定在销售商品以后的一定期间内采用分期收取货款的方式销售产品。一般来说，采用分期收款方式销售的商品价值较高，分期收款的周期也较长。在客户一次付清货款有一定困难的情况下，分期收款销售也是一种促销手段。分期收款销售采用分期收款方式销售产品，发出商品时，不确认销售收入，已发出的商品仍属于企业的存货，应根据发出商品的实际成本，借记“发出商品”科目，贷记“库存商品”科目。在合同规定的收款日期，应确认销售收入的实现，根据规定收取的价款，借记“银行存款”、“应收账款”等科目，贷记“主营业务收入”、“应交税费”等科目；同时按收款比例或销售成本率计算结转销售成本，借记“主营业务成本”科目，贷记“发出商品”科目。

2. 销售税金及附加核算

销售税金及附加是指应由销售收入补偿的各种税金及附加费，主要包括消费税、资源税、城市维护建设税和教育费附加等，分述如下：

1）消费税的核算。企业销售应纳消费税的商品，应按规定计算结转应交消费税，借记“营业税金及附加”科目，贷记“应交税费——应交消费税”科目。

2）资源税的核算。企业销售应纳资源税的商品，应按规定计算结转应交资源税，借记“营业税金及附加”科目，贷记“应交税费——应交资源税”科目。

3）城市维护建设税的核算。企业取得销售收入以后，应按规定计算结转应交城市维护建设税，借记“营业税金及附加”科目，贷记“应交税费——应交城市维护建设税”科目。

4）教育费附加的核算。企业取得销售收入以后，应按规定计算结转应交教育费附加，借记“营业税金及附加”科目，贷记“应交税费——应交教育费附加”科目。

3. 销售费用核算

销售费用是指企业在销售过程中发生的各项费用以及专设销售机构的各项经费，包括应由企业负担的运输费、装卸费、包装费、保险费、广告费、展览费和售后服务费，以及销售部门人员工资、职工福利费、差旅费、办公费、折旧费、修理费和其他经费等。

12.1.4 销售系统与其他系统的关系

销售系统与其他系统的关系如图12-2所示。

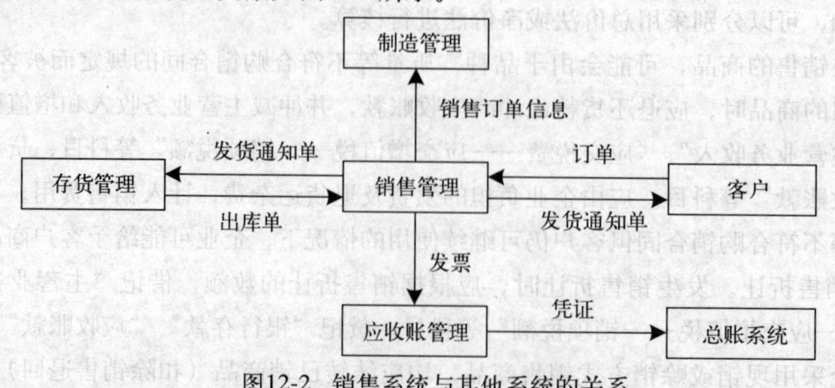

图12-2 销售系统与其他系统的关系

12.2 销售管理与核算系统设计

12.2.1 功能设计

1. 功能结构设计

销售系统的功能结构如图12-3所示。

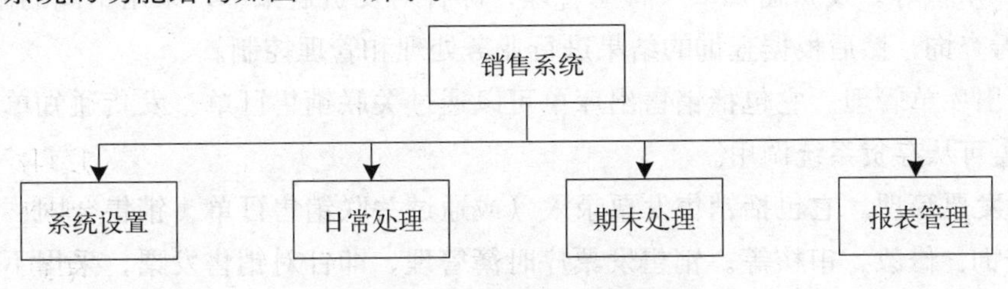

图12-3 销售系统功能结构

2. 功能说明

（1）**系统设置** 这些设置包括公司名称、地址、税务登记号、开户银行及账号、公司代码、专用发票精度、系统名称、增值税率、结算方式、付款条件、价格政策等。

1）客户资料设置。客户资料设置就是对购货的客户建立客户档案，以便于对客户进行管理。在这里最主要的设置是客户代码和客户单位名称、客户的银行账号、税务登记号、电话、邮政编码等客户资料。

2）销售部门和销售人员设置。销售部门和销售人员设置是对独立完成销售业务的企业各部门和个人进行编码，以便在销售业务中明确责任单位、责任人和统计各销售部门、销售人员的销售业绩。为了保证数据的一致性，销售部门和销售人员的编码必须唯一。

3）结算方式设置。企业销售货款的结算方式主要有现金、支票、汇兑、银行汇票、商业汇票、银行本票、托收承付和委托收款等。由于不同的结算方式管理要求不同，进行账务处理时对应的会计科目也不同，因此在设置每种结算方式时需要设置对应的会计科目，为系统自动生成相应的记账凭证提供依据。

4）付款条件设置。采用赊销方式进行销售时为了促使购货单位及时支付货款，当满足一定的付款条件时销售单位可以给予一定的折扣。为了处理这种业务需要进行付款条件的设置。付款条件主要有设置折扣有效期限、对应折扣率和应收账款的到期天数。

5）税率设置。不同的产品应交增值税——销项税额的税率不同，因此需要根据企业销售产品的纳税要求设置所适应的税率，以便在处理销售业务时选择对应的税率由系统自动计算对应的应税金额。

6）价格政策设置。所谓价格政策是指企业为了促进销售对不同的客户和不同的购买数量采取不同的定价，一般可以分成零售价、优惠价、批发价等。

（2）**日常处理** 具体如下：

1）销售报价单管理。它包括销售报价单录入（或通过关联销售报价单和销售合同生成）、查询、修改、审核等。销售报价单序时簿管理，即针对销售报价单，采用不同的筛选条件、汇总依据进行查询，然后根据查询的结果进行业务处理和管理控制。

2）销售订单管理。它包括销售订单录入（或通过关联销售报价单和销售合同生成）、查询、修改、审核等。销售订单序时簿管理，即针对销售订单，采用不同的筛选条件、汇总依据进行查询，然后根据查询的结果进行业务处理和管理控制。

3）发货通知单管理。它包括发货通知单录入（或通过关联销售订单和销售发票生成）、查询、修改、审核等。发货通知单序时簿管理，即针对发货通知单，采用不同的筛选条件、汇总依据进行查询，然后根据查询的结果进行业务处理和管理控制。

4）销售出库单管理。它包括销售出库单可以通过关联销售订单、发货通知单、销售发票等生成，也可从存货系统调用。

5）销售发票管理。它包括销售发票录入（或通过关联销售订单、销售合同、销售出库单生成）、查询、修改、审核等。销售发票序时簿管理，即针对销售发票，采用不同的筛选条件、汇总依据进行查询，然后根据查询的结果进行业务处理和管理控制。

在所有的序时簿管理中，都是通过用户选择，形成关键字组合的筛选条件，生成管理和控制所需要的信息。关键字包括日期、物料代码、客户代码，其代码值选择方法如下：日期，即当前所查询的业务内容发生的起止日期，包括起始日期和截止日期；物料代码，是指所查询业务包括的物料内容，用户通过直接录入或单击筛选按钮来选择正确的起、止物料代码；客户代码，是指所查询业务包括的客户，系统默认为空，即包括所有购货单位，由用户通过直接录入或单击筛选按钮来选择正确的起、止客户代码；销售方式是指具体的销售方式，如现销、赊销、分期收款、委托代销等。

(3) **期末处理** 期末处理的主要功能是进行期末结账，使系统的当前期间自动加1。

(4) **报表管理** 具体如下：

1）各种销售明细表。销售明细表是将销售业务中的有关数据，由用户任选查询条件，逐笔显示出来。销售管理系统的明细表有发货明细表、销售明细表、退货明细表、现收款明细表、发票使用明细表。发货明细表、销售明细表、退货明细表、现收款明细表均可按货物、部门、业务员、仓库、客户生成明细账。“增值税（专用、普通）发票使用明细表”用于会计在月末向税务局申报销售增值税。“专用发票使用明细表”反映专用发票的使用情况，“普通发票使用明细表”反映普通发票的使用情况。

2）各种统计表。包括：

①销售统计表，按货物、部门、业务员、日期等用户选择汇总生成某时间范围内的销售数量、销售金额、销售成本、销售税金、销售价税合计、销售毛利和销售折扣，可按会计期间进行合计或进行本年累计；

②发货统计表，按部门、客户、货物、业务员等用户选择的某时间范围内生成的货物发出情况、开票情况及发货未开票的金额；

③发货销售统计表，按货物、部门、业务员、仓库、客户、发货单据汇总生成发货金额、发货折扣、开票金额、未开票金额、回款金额、未回款金额等项目的统计表；

④销售日报，按货物和日期全面反映企业的各种销售的主要业务，包括销售订货、发货、开票、委托代销、销售调拨、零售等项目的日报表。

⑤销售毛利润表，综合反映一定时期销售收入、销售成本以及销售利润的情况。

3）报表分析。包括：

①产品流向分析。产品流向分析是按购买产品的客户所在区域分析产品销售数量和收入的流向。它的主要内容包括所属地区、产品类别、产品代码、产品名称、客户、计量单位（常用和基本）、销售数量、销售收入等，为使用者提供销售的区域分布情况。产品销售流向分析是针对销售发票进行分析的报表。

②产品销售结构分析。产品销售结构分析是对所有销售产品进行的销售分析，包括占同类销售比率、自身销售增长趋势的各种分析等。它的记录内容包括产品类别、产品代码、产品名称、计量单位（常用和基本）、销售数量、销售收入、占同类销售百分比、与上年同期增长百分比等。

③销售毛利分析。本功能分析货物月或季的毛利变动及影响原因。销售数量、金额数据来自销售发票、销售调拨单、零售日报及其对应的红字单据；销售成本数据来自存货核算系统的存货明细账。

④信用数量分析表。信用数量分析表是对进行信用管理的客户和职员（系统用户）分别进行信用数量分析。它的主要内容应包括客户（职员）代码、客户（职员）名称、产品代码、产品名称、规格型号、计量单位（常用和基本）、信用数量、未收款出库数量、两者差额等，为使用者了解每个客户和职员的信用数量提供整体和分产品情况。

⑤信用额度分析表。信用额度分析表是对进行信用管理的客户和职员（系统用户）分别进行信用额度分析。它的主要内容应包括客户（职员）代码、客户（职员）名称、信用级次、应收款余额、信用额度、两者差额等，为使用者提供每个客户和职员的信用额度管理情况。

⑥信用期限分析表。信用期限分析表是对进行信用管理的客户和职员（系统用户）分别进行信用期限分析。它的主要内容应包括客户（职员）代码、客户（职员）名称、信用期限、信用级次、客户欠款余额等，为使用者提供每个客户和职员的信用期限和折扣政策的管理情况。

12.2.2　数据库设计

销售系统所有输入业务单据和发票，都是系统管理和核算的基础数据，必须设计相应的数据表进行存储，为系统的输出和日常管理提供及时、准确的数据。

1. 业务单据的数据分析

1）销售报价单。销售报价单需要填写编号、日期、购货单位、币别、汇率、审核、主管、部门、业务员、制单、产品代码、产品名称、规格型号、单位、数量段（从）、数量段（到）、单价、折扣率、备注等数据。根据数据分析结果，可将其数据分为两类：一类为单据的共享数据，另一类为产品数据。按照数据的类别，将销售报价单设计为主从表，表结构如图12-4所示。

2）销售订单。销售订单的数据也可分为两类，一类用于描述针对该订单处理过程共性的业务数据，如单据编码、单据日期等，一类用于描述不同产品的基本数据，如每种产品的数量、价格等。其表结构设计为主从表，其表结构如图12-5所示。

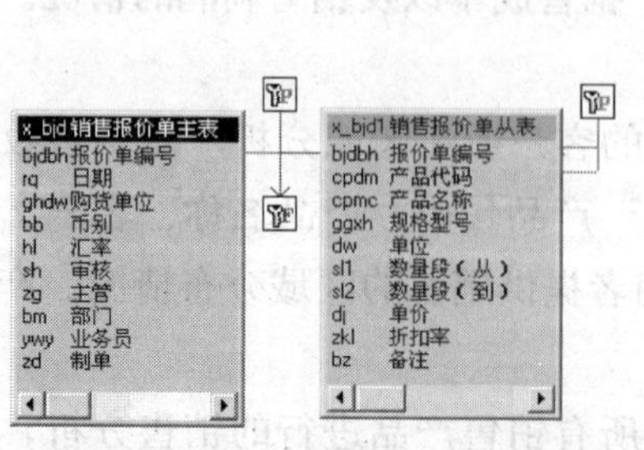

图12-4 销售报价单表结构

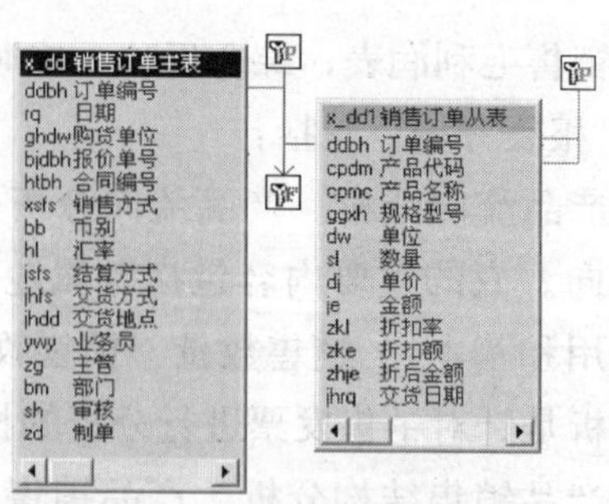

图12-5 销售订单表结构

3）发货通知单。发货通知单数据也可分为两类，一类用于描述针对该发货单处理过程共性的业务数据，如单据编码、单据日期等，一类用于描述不同产品的基本数据，如每种产品的数量、价格等。其表结构设计为主从表，其表结构如图12-6所示。

4）销售发票。销售发票数据也可分为两类，一类用于描述针对该发票处理过程共性的业务数据，如发票号、单据日期等，另一类用于描述不同产品的基本数据，如每种产品的编码、数量、价格、税率、税额等。其表结构设计为主从表，其表结构如图12-7所示。

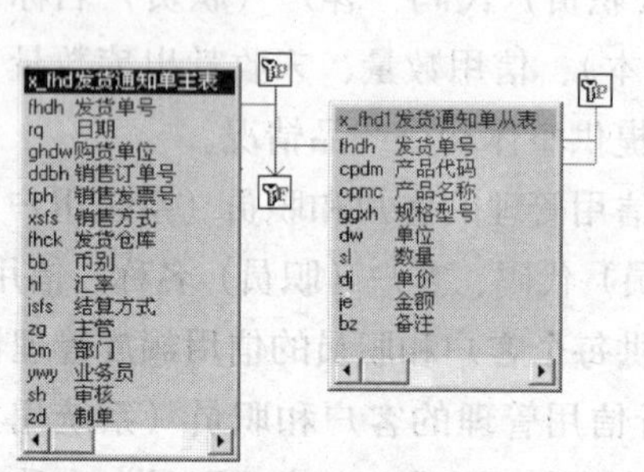

图12-6 发货通知单表结构

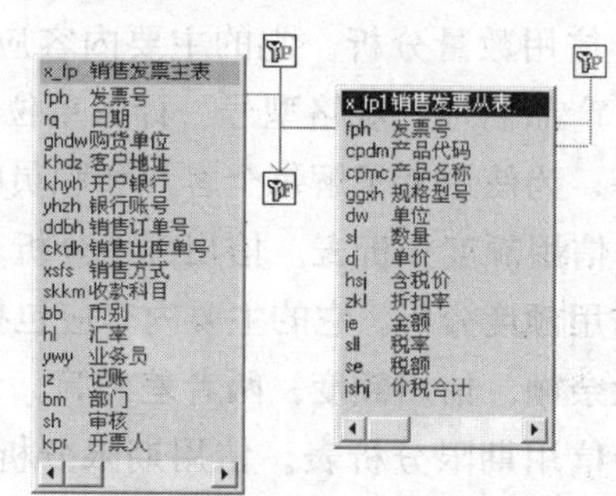

图12-7 销售发票表结构

5）退货单。退货单是发货通知单的反向处理，其表结构如图12-8所示。

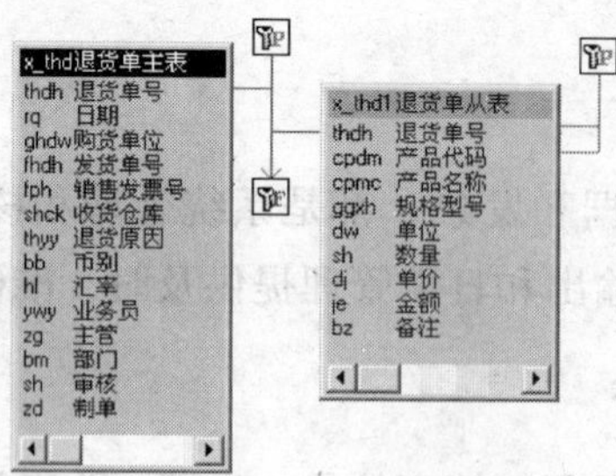

图12-8 退货单表结构

6）销售出库单。销售出库单已在存货系统录入，其表结构见图10-11。

2. 产品库存文件数据分析

销售系统的产成品库存数据，可通过产品入库单和销售出库单结算库存量，但为了随时了解动态库存量，应设置库存表，其表结构见图10-15。

12.2.3　销售系统的数据模型设计

销售系统信息模型如图12-9所示，从中可以看出销售系统中的主要数据表之间的联系，可从本质上理解业务的跟踪管理与控制的实现原理和设计方法。

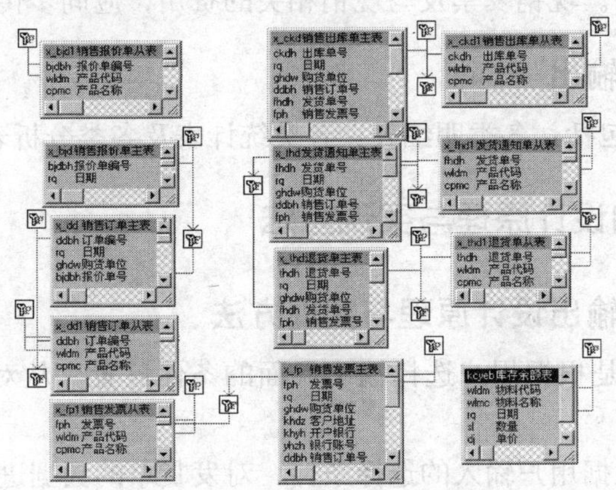

图12-9　销售系统信息模型

1）通过各数据表的主、外键约束实现业务单据的联查。销售订单表中包含了对应的销售报价单号，发货通知单中包括了销售订单号、销售发票号，销售发票中包括了销售订单号，销售出库单中包括了销售订单号、销售发票号、发货通知单号。每一种单据编号在本单据内都是主键，而在其他单据中是外键。根据单据编号便可实现业务的跟踪管理和单据联查。

2）通过产品编号，实现产品的数据管理。产品编号是所有单据中共有的数据项，在数据处理中可采用产品编号进行关联，便可跟踪产品的销售、质量、退货等环节的管理过程。

12.3　系统输出

系统的输出结果分为三类：日常动态查询结果的输出；为其他系统进一步处理提供数据的输出；本系统的最终定期输出，这部分输出信息不再被其他系统进一步处理。

12.3.1　系统输出分类

1. 系统日常动态查询结果的输出

1）根据用户设定的选择条件，生成序时簿。这类序时簿包括销售报价单序时簿、销售订单序时簿、发货通知单序时簿、销售出库单序时簿、销售发票序时簿。

2）根据用户设定的选择条件，生成明细表。这类明细表包括发货明细表、销售明细表、退货明细表、现收款明细表、发票使用明细表。

2. 为其他系统进一步处理提供数据的输出

1）赊销发票及费用。赊销发票及与赊销相关的应收费用是应收款管理系统的主要处理对象。应按客户代码、销售商品、业务发生期间等条件，为应收款管理系统提供信息。

2）销售订单。销售订单是编制生产计划，制定采购计划的主要依据，因此应按订单的编号、所订的产品代码、交货期等条件，为生产系统和采购系统提供信息。

3）发货通知单。发货通知单是存货系统开具销售出库的主要依据，应同步传递给存货系统。

4）现销发票及费用。现销发票及与现销相关的费用，应同步传递给账务处理系统。

3. 本系统的最终输出

本系统的最终输出包括：各类明细表、各类统计表及各类分析表。

12.3.2 系统输出的设计原理与实现方法

1. 各类明细表的输出设计原理与实现方法

所有的明细表，都是根据用户选择输出界面的条件设置，从对应的业务单据中进行过滤，生成的用户视图。

1）发货明细表，根据用户输入的选择条件，对发货单的数据进行筛选生成。

2）销售明细表，根据用户输入的选择条件，对销售发票的数据进行筛选生成。

3）退货明细表，根据用户输入的选择条件，对退货单的数据进行筛选生成。

4）现收款明细表，根据用户输入的选择条件，按照销售方式为“现销”的销售发票的数据进行筛选生成。

2. 各类统计表的输出设计原理与实现方法

各类统计表的生成较明细表复杂，它根据用户选择的条件，关联相关的表进行一定的处理，这些处理分不同情况在不同的对象中进行。

1）销售统计表，其数据可从销售发票获得，但销售成本必须从存货余额表中以产品编码相同为条件获取，销售毛利是一计算列。

2）发货统计表，其数据取自发货单和与发货单相对应的销售发票。

3. 各类分析表的输出设计原理与实现方法

各类分析表主要是根据销售发票及与该销售发票核销的收款单的数据，从不同的角度处理，产生的不同用户视图。

1）产品流向分析表，是以销售发票为数据源，按客户所在的地区基础进行处理产生的报表。

2）产品销售结构分析表，是以销售发票为数据源，以产品类别、销售量为基础，进行处理产生的报表。

3）信用额度分析表，是以销售发票和该销售发票核销的收款单为数据源，以客户和职员为基础进行处理产生的报表。

12.3.3 系统输出举例

通过对系统信息模型和输出原理的描述，我们对系统的输出已有了基本的认识，在此通过实际设计，来说明系统输出的设计步骤和各步骤的具体实现方法。因为所有的输出都是通过用户选择界面，经过对业务单据过滤动态生成的，所以这里只选择产品销售出库明细表为例。

产品销售出库明细表过滤界面如图12-10所示。

（1）**根据图12-10的选择，生成SQL语句**　在图12-10中，起始日期是通过两个控件接受两个参数，假设为RQ1，RQ2。物料代码（此处为产品代码）通过两个控件接受两个参数，假设为WLDM1，WLDM2。销售方式通过一个控件接受参数。汇总可以选择不同的依据，以下将以根据产品汇总的SQL语句的生成为例。

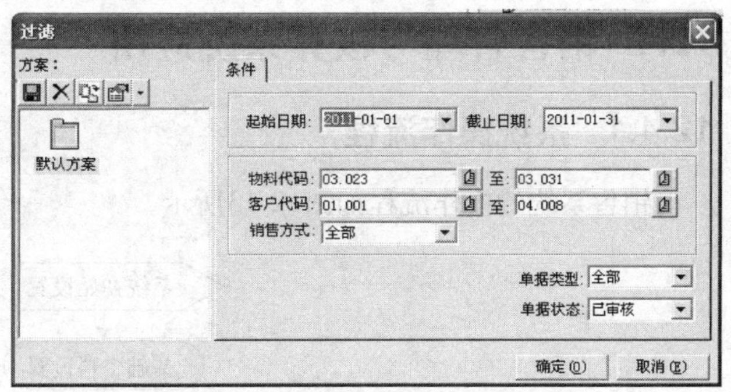

图12-10　销售出库过滤界面

1）定义视图。销售出库明细账的生成原理与采购明细表类似，在此不作详细说明。

2）生成SQL语句。根据如图12-10所示的界面输入的数据，生成SQL语句中的限制条件。

（2）**定义数据窗口**　定义销售出库明细账的数据窗口见图12-11，该数据窗口的数据源就是上一步生成的SQL语句。

日期	单据号码	客户代码	客户名称	产品代码	产品名称	规格型号	出库数量(基本)	出库成本	出库单价	出库金额

图12-11　销售出库明细账数据窗口

（3）**将数据窗口挂在窗口控件上**　定义窗口对象，然后在窗口上填加数据窗口控件，将第2步定义的数据窗口对象与数据窗口控件挂接，即可生成图12-12所示的销售出库明细账。

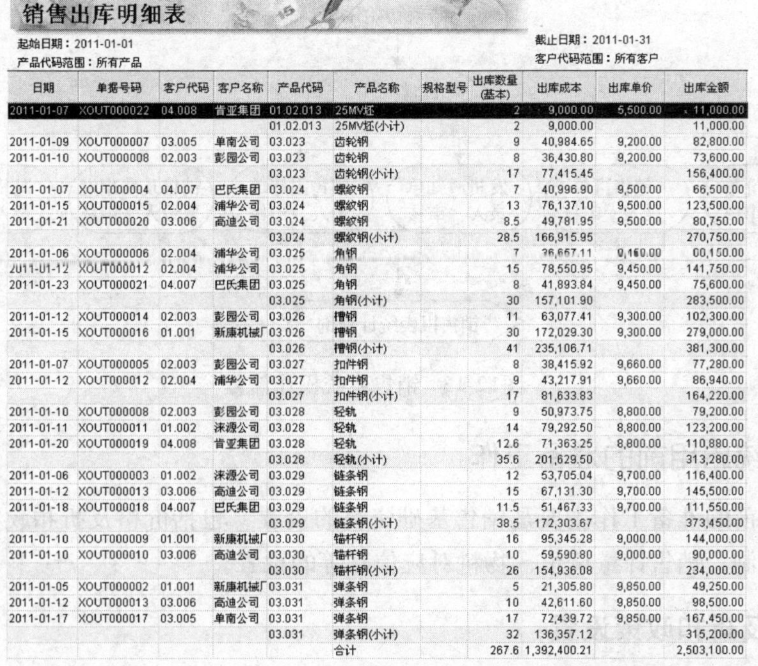

销售出库明细表

起始日期：2011-01-01　　截止日期：2011-01-31

产品代码范围：所有产品　　客户代码范围：所有客户

日期	单据号码	客户代码	客户名称	产品代码	产品名称	规格型号	出库数量(基本)	出库成本	出库单价	出库金额
2011-01-07	XOUT000022	04.008	肯亚集团	01.02.013	25MV坯		2	9,000.00	5,500.00	11,000.00
				01.02.013	25MV坯(小计)		2	9,000.00		11,000.00
2011-01-09	XOUT000007	03.005	单南公司	03.023	齿轮钢		9	40,984.65	9,200.00	82,800.00
2011-01-10	XOUT000008	02.003	彭园公司	03.023	齿轮钢		8	36,430.80	9,200.00	73,600.00
				03.023	齿轮钢(小计)		17	77,415.45		156,400.00
2011-01-07	XOUT000004	04.007	巴氏集团	03.024	螺纹钢		7	40,996.90	9,500.00	66,500.00
2011-01-15	XOUT000015	02.004	浦华公司	03.024	螺纹钢		13	76,137.10	9,500.00	123,500.00
2011-01-21	XOUT000020	03.006	高迪公司	03.024	螺纹钢		8.5	49,781.95	9,500.00	80,750.00
				03.024	螺纹钢(小计)		28.5	166,915.95		270,750.00
2011-01-06	XOUT000006	02.004	浦华公司	03.025	角钢		7	36,667.11	9,160.00	00,150.00
2011-01-12	XOUT000012	02.004	浦华公司	03.025	角钢		15	78,550.95	9,450.00	141,750.00
2011-01-23	XOUT000021	04.007	巴氏集团	03.025	角钢		8	41,893.84	9,450.00	75,600.00
				03.025	角钢(小计)		30	157,101.90		283,500.00
2011-01-12	XOUT000014	02.003	彭园公司	03.026	槽钢		11	63,077.41	9,300.00	102,300.00
2011-01-15	XOUT000016	01.001	新康机械厂	03.026	槽钢		30	172,029.30	9,300.00	279,000.00
				03.026	槽钢(小计)		41	235,106.71		381,300.00
2011-01-07	XOUT000005	02.003	彭园公司	03.027	扣件钢		8	38,415.92	9,660.00	77,280.00
2011-01-12	XOUT000012	02.004	浦华公司	03.027	扣件钢		9	43,217.91	9,660.00	86,940.00
				03.027	扣件钢(小计)		17	81,633.83		164,220.00
2011-01-10	XOUT000008	02.003	彭园公司	03.028	轻轨		9	50,973.75	8,800.00	79,200.00
2011-01-11	XOUT000011	01.002	涞源公司	03.028	轻轨		14	79,292.50	8,800.00	123,200.00
2011-01-20	XOUT000019	04.008	肯亚集团	03.028	轻轨		12.6	71,363.25	8,800.00	110,880.00
				03.028	轻轨(小计)		35.6	201,629.50		313,280.00
2011-01-06	XOUT000003	01.002	涞源公司	03.029	链条钢		12	53,705.04	9,700.00	116,400.00
2011-01-12	XOUT000013	03.006	高迪公司	03.029	链条钢		15	67,131.30	9,700.00	145,500.00
2011-01-18	XOUT000018	04.007	巴氏集团	03.029	链条钢		11.5	51,467.33	9,700.00	111,550.00
				03.029	链条钢(小计)		38.5	172,303.67		373,450.00
2011-01-10	XOUT000009	01.001	新康机械厂	03.030	锚杆钢		16	95,345.28	9,000.00	144,000.00
2011-01-10	XOUT000010	03.006	高迪公司	03.030	锚杆钢		10	59,590.80	9,000.00	90,000.00
				03.030	锚杆钢(小计)		26	154,936.08		234,000.00
2011-01-05	XOUT000002	01.001	新康机械厂	03.031	弹条钢		5	21,305.80	9,850.00	49,250.00
2011-01-12	XOUT000013	03.006	高迪公司	03.031	弹条钢		10	42,611.60	9,850.00	98,500.00
2011-01-17	XOUT000017	03.005	单南公司	03.031	弹条钢		17	72,439.72	9,850.00	167,450.00
				03.031	弹条钢(小计)		32	136,357.12		315,200.00
					合计		267.6	1,392,400.21		2,503,100.00

图12-12　销售出库明细账

对于不同的选择条件，实质是选择界面上控件所接收的参数值不同而已，SQL语句不变，即采用一固定的SQL语句，通过参数的变化达到满足各种需求的目的。

12.4 销售管理与核算系统应用

12.4.1 系统操作流程

销售系统的操作流程如图12-13所示。

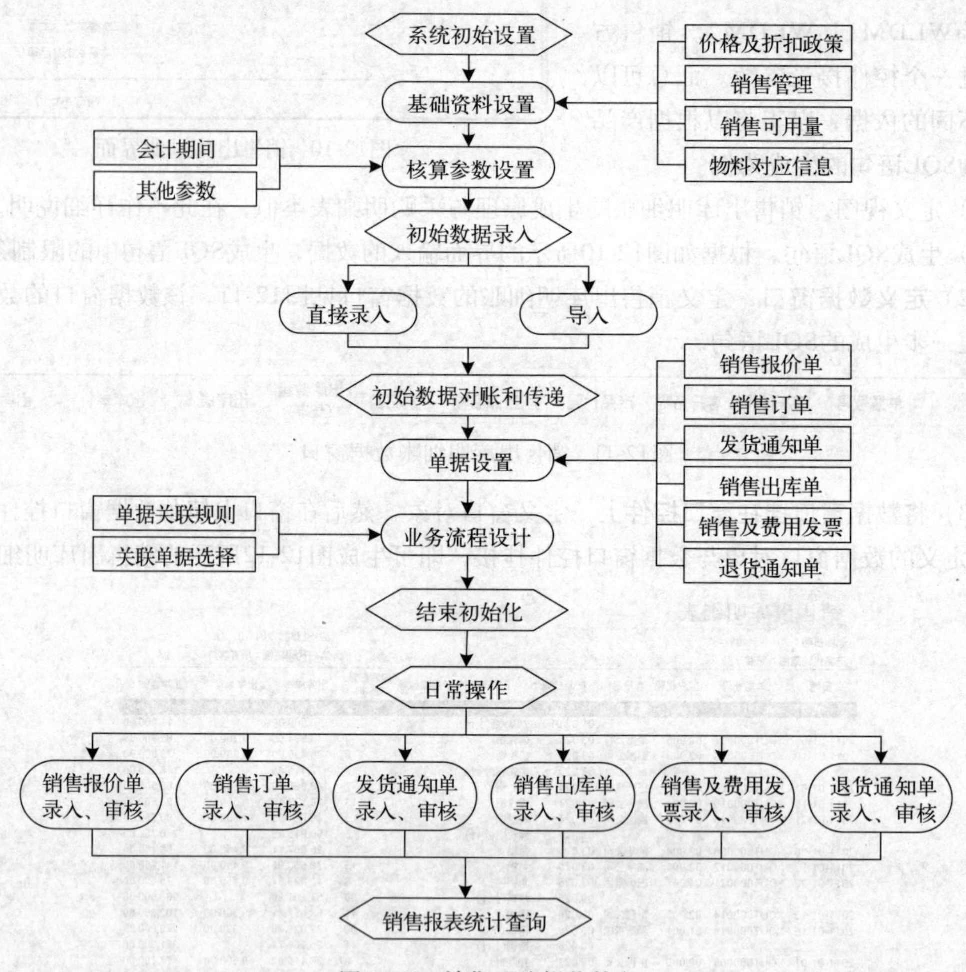

图12-13 销售系统操作流程

12.4.2 系统启用前的准备工作

系统启用前的准备工作主要是销售基础资料的设置，包括价格及折扣政策、信用管理、销售可用量控制、销售计量单位、物料对应信息等的设置。

1. 价格及折扣政策设置

价格政策用于对销售价格的制定，它包括两种价格：基本价格，用于对所有客户设定各产品的基本售价；特价政策，用于按客户、业务员、VIP组设置不同产品的明细销售单价的情况。销售最低限价是销货交易时所能允许的最低价，单据录入时不允许产品价格低于最低限价。折扣政策用于对按客户、业务员、VIP组定义的不同辅助属性、不同计量单位、不同数量段、不同有效日期的产品设置折扣率或折扣额。

2. 信用管理设置

信用管理是针对赊销提供的，其信息设置需要对客户、客户类别、职员、职员类别、部门进行设置。以客户为例，信用信息设置界面如图12-14所示。其管理范围包括销售管理系统业务单据（销售合同、销售订单、销售出库单、销售发票）和应收账款系统业务单据中的信用控制指标（信用额度、信用期限、信用数量）的选择和设置。

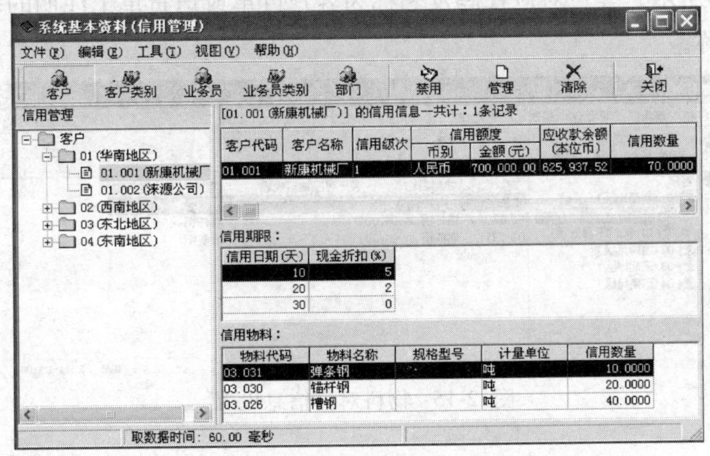

图12-14 客户信用信息设置界面

下面以销售合同为例说明各信用控制指标的计算。信用额度计算公式为：

累计已用信用额度=当前单据金额合计＋（已审核应收款－已审核的已收款发票金额－已审核的现销发票金额）＋（未审核应收款－未审核的现销发票金额）－（已审核未核销的应收退款单金额＋未审核未核销的应收退款单金额）－（已审核未核销的收款单金额＋未审核未核销的收款单金额＋已审核未核销的预收单金额＋未审核未核销的预收单金额）＋（已审核的销售合同金额＋未审核的销售合同金额－已开票的销售合同金额）

信用数量计算公式为：

累计已用产品信用数量=当前单据当前产品数量＋所有已审核蓝字出库单该产品数量－所有已审核红字出库单该产品数量+所有未审核蓝字出库单该产品数量－所有未审核红字出库单该产品数量－已收款出库单据该产品净数量+（已审核的销售合同该产品数量＋未审核的销售合同该产品数量－已被出库单关联的销售合同该产品数量）

信用期限计算公式为：

应收日期＝发票日期＋信用期限＋提前/延迟天数

3. 销售可用量控制设置

销售可用量控制设置主要是对销售订单、销售发票启用缺货预警。此设置将会在销售订单及发票保存时比较可供出库数量与当前订单及发票数量以判断是否缺货，并提供预警功能。其中

可供出库数量=现有库存－安全库存－已分配量＋预计入库量

4. 物料对应信息设置

客户物料对应用于业务单据及相应序时簿处理时同步处理客户对应物料信息，以保证客户的物料信息及时形成销售业务信息，并将销售业务信息及时传递给客户。设置时的操作界面如图12-15所示。客户对应代码及名称为客户订单或送货单上注明的客户对当前所供货物的编码及名称。

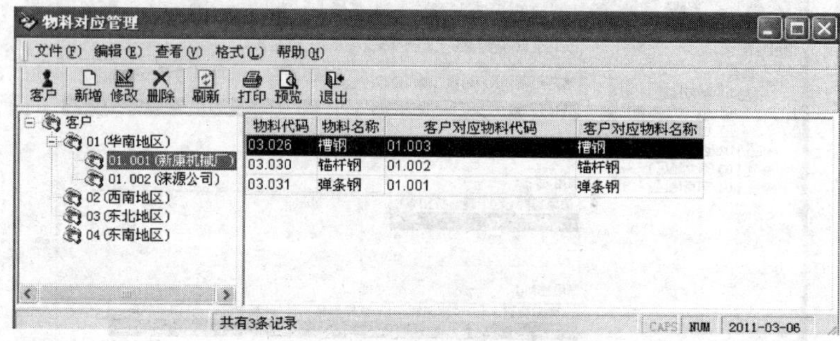

图12-15 物料对应信息设置

12.4.3 系统初始化

1. 核算参数设置

销售系统参数设置是为销售环节设置规则，对主要选项设置的说明见表12-1。

表12-1 参数设置说明

数据项	说明
启用年度和启用期间	业务实际的启用年度和期间，若销售系统先于应收系统启用，两者均启用后销售系统录入的发票可以传递到应收系统，若应收系统先启用，两者均启用后应收系统录入的发票不能传递到销售系统
核算方式	同采购系统
库存结余控制	同采购系统
库存更新控制	同采购系统

2. 初始数据管理

销售系统的管理对象主要是产品，在存货系统启用的情况下，此系统不需录入产品相关的初始数据。

3. 单据设置

单据设置包括对销售报价单、销售订单、发货通知单、销售出库单、销售及费用发票、退货通知单等，根据企业习惯和业务要求进行编码规则及审核设置。单据设置时的数据项说明同采购系统。

4. 业务流程设计

此设置用于控制销售系统单据录入时目标单据与源单据关联所形成的业务路线。设计同采购系统业务流程。

12.4.4 销售单据管理

销售系统的单据管理包括销售订单、发货通知单、销售出库单的录入、审核/反审核、变更等。三者的关系为：销售订单→发货通知单→销售出库单。

2011年1月世纪轧钢厂的销售出库业务如下：

业务1：2011-01-05，以赊销方式销售给新康机械厂产成品弹条钢5吨，单位成本4 261.16元/吨，销售单价9 850元/吨。

业务2：2011-01-06，以赊销方式销售给涞源公司产成品链条钢12吨，单位成本4 475.42元/吨，销售单价9 700元/吨。

业务3：2011-01-07，以赊销方式销售给肯亚集团25MV坯2吨，单位成本4 500元/吨，销售单价5 500元/吨。

业务4：2011-01-07，以赊销方式销售给巴氏集团产成品螺纹钢7吨，单位成本5 856.7元/吨，销售单价9 500元/吨。

业务5：2011-01-07，以赊销方式销售给彭园公司产成品扣件钢8吨，单位成本4 801.99元/吨，销售单价9 660元/吨。

业务6：2011-01-08，以赊销方式销售给浦华公司产成品角钢7吨，单位成本5 236.73元/吨，销售单价9 450元/吨。

业务7：2011-01-09，以赊销方式销售给单南公司产成品齿轮钢9吨，单位成本4 553.85元/吨，销售单价9 200元/吨。

业务8：2011-01-10，以赊销方式销售给彭园公司产成品齿轮钢8吨，单位成本4 553.85元/吨，销售单价9 200元/吨；产成品轻轨9吨，单位成本5 663.75元/吨，销售单价8 800元/吨。

业务9：2011-01-10，以赊销方式销售给新康机械厂产成品锚杆钢16吨，单位成本5 959.08元/吨，销售单价9 000元/吨。

业务10：2011-01-10，以赊销方式销售给高迪公司产成品锚杆钢10吨，单位成本5 959.08元/吨，销售单价9 000元/吨。

业务11：2011-01-11，以赊销方式销售给涞源公司产成品轻轨14吨，单位成本5 663.75元/吨，销售单价8 800元/吨。

业务12：2011-01-12，以赊销方式销售给浦华公司产成品角钢15吨，单位成本5 236.73元/

吨，销售单价9 450元/吨；产成品扣件钢9吨，单位成本4 801.99元/吨，销售单价9 660元/吨。

业务13：2011-01-12，以赊销方式销售给高迪公司产成品链条钢15吨，单位成本4 475.42元/吨，销售单价9 700元/吨，产成品弹条钢10吨，单位成本4 261.16元/吨，销售单价9 850元/吨。

业务14：2011-01-12，以赊销方式销售给彭园公司产成品槽钢11吨，单位成本5 734.31元/吨，销售单价9 300元/吨。

业务15：2011-01-15，以赊销方式销售给浦华公司产成品螺纹钢13吨，单位成本5 856.7元/吨，销售单价9 500元/吨。

业务16：2011-01-15，以赊销方式销售给新康机械厂产成品槽钢30吨，单位成本5 734.31元/吨，销售单价9 300元/吨。

业务17：2011-01-17，以赊销方式销售给单南公司产成品弹条钢17吨，单位成本4 261.16元/吨，销售单价9 850元/吨。

业务18：2011-01-18，以赊销方式销售给巴氏集团产成品链条钢11.5吨，单位成本4 475.42元/吨，销售单价9 700元/吨。

业务19：2011-01-20，以赊销方式销售给肯亚集团产成品轻轨12.6吨，单位成本5 663.75元/吨，销售单价8 800元/吨。

业务20：2011-01-21，以赊销方式销售给高迪公司产成品螺纹钢8.5吨，单位成本5 856.7元/吨，销售单价9 500元/吨。

业务21：2011-01-23，以赊销方式销售给巴氏集团产成品角钢8吨，单位成本5 236.73元/吨，销售单价9 450元/吨。

注意：销售系统只录入销售出库单，用于结转销售成本，转账凭证在存货核算模块生成。下面以业务1为例说明销售订单、发货通知单、销售出库单的录入步骤。

1）录入销售订单。录入界面见图12-16。

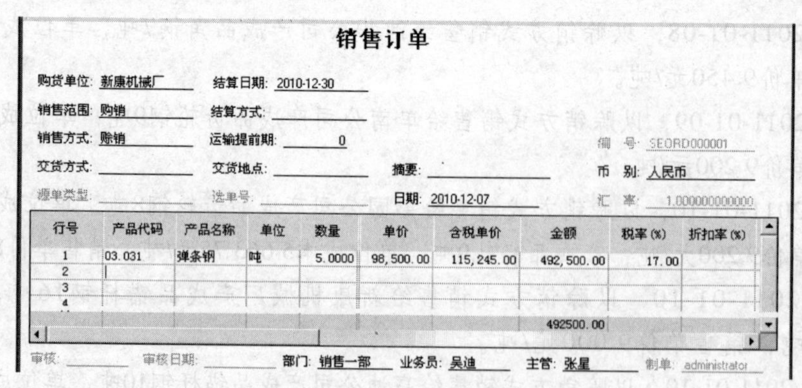

销售订单

购货单位：新康机械厂　结算日期：2010-12-30

销售范围：购销　结算方式：

销售方式：赊销　运输提前期：0　编号：SEORD000001

交货方式：　交货地点：　摘要：　币别：人民币

源单类型：　选单号：　日期：2010-12-07　汇率：1.00000000000

行号	产品代码	产品名称	单位	数量	单价	含税单价	金额	税率(%)	折扣率(%)
1	03.031	弹条钢	吨	5.0000	98,500.00	115,245.00	492,500.00	17.00	
2									
3									
4									
							492500.00		

审核：　审核日期：　部门：销售一部　业务员：吴迪　主管：张星　制单：administrator

图12-16　销售订单录入界面

2）录入发货通知单。录入发货通知单时，源单类型选择“销售订单”及对应的订单号，订单的内容关联填入发货通知单中。录入界面见图12-17。

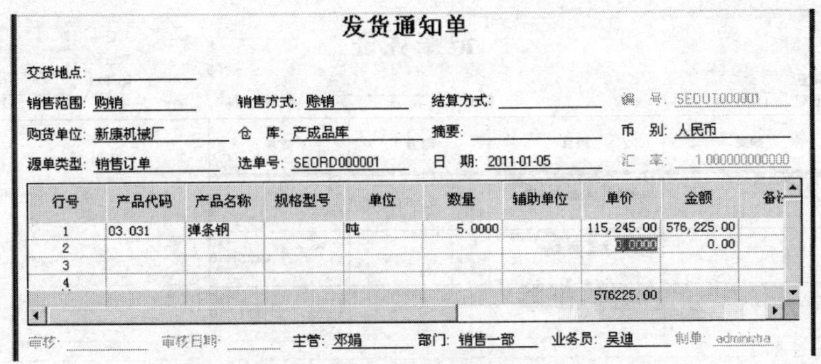

发货通知单

交货地点：

销售范围：购销　销售方式：赊销　结算方式：　编　号：SEOUT000001

购货单位：新康机械厂　仓　库：产成品库　摘要：　币　别：人民币

源单类型：销售订单　选单号：SEORD000001　日　期：2011-01-05　汇　率：1.000000000000

行号	产品代码	产品名称	规格型号	单位	数量	辅助单位	单价	金额	备注
1	03.031	弹条钢		吨	5.0000		115,245.00	576,225.00	
2							0.0000	0.00	
3									
4									
							576225.00		

审核：　审核日期：　主管：邓娟　部门：销售一部　业务员：吴迪　制单：administra

图12-17　发货通知单录入界面

3）录入销售出库单。销售出库录入可关联销售订单、销售发票或发货通知单，此处源单类型选择“发货通知”及对应的通知单号，源单数据关联到销售出库单中，如图12-18所示。

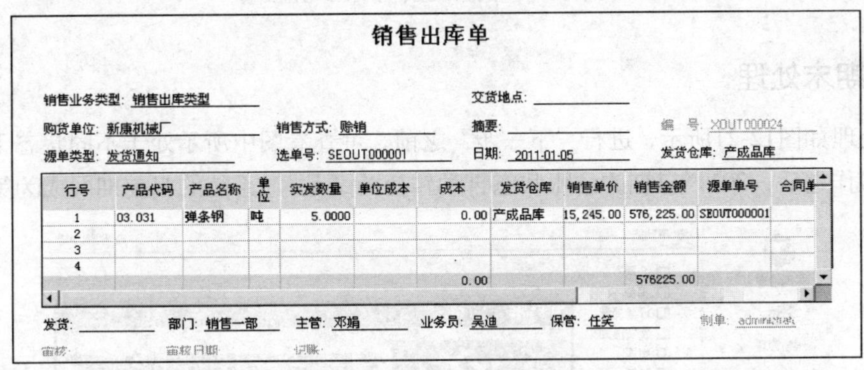

销售出库单

销售业务类型：销售出库类型　交货地点：

购货单位：新康机械厂　销售方式：赊销　摘要：　编　号：XOUT000024

源单类型：发货通知　选单号：SEOUT000001　日期：2011-01-05　发货仓库：产成品库

行号	产品代码	产品名称	单位	实发数量	单位成本	成本	发货仓库	销售单价	销售金额	源单单号	合同单
1	03.031	弹条钢	吨	5.0000		0.00	产成品库	15,245.00	576,225.00	SEOUT000001	
2											
3											
4											
						0.00			576225.00		

发货：　部门：销售一部　主管：邓娟　业务员：吴迪　保管：任笑　制单：administrat

审核：　审核日期：　记账：

图12-18　销售出库单录入界面

注意：被关联的源单必须是经过审核的才可选择，未经审核的单据不能被关联。

销售出库单录入后，进入存货核算下的凭证管理，生成凭证并保存在总账系统凭证库。可从总账系统查阅此业务生成的凭证，如图12-19所示。根据该笔销售业务所开的发票，在应收系统生成的凭证如图12-20所示。

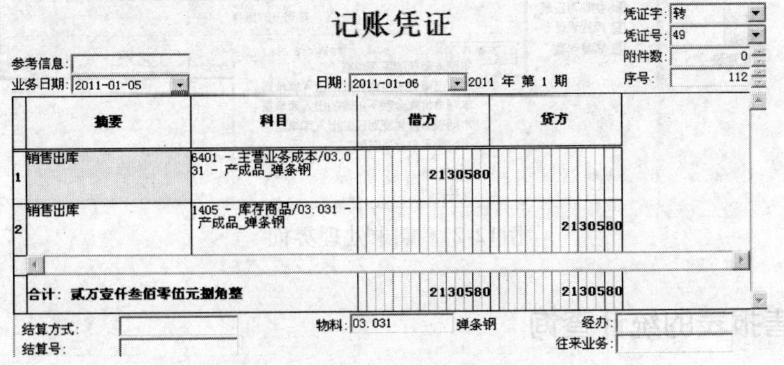

记账凭证

凭证字：转　凭证号：49　附件数：0　序号：112

参考信息：

业务日期：2011-01-05　日期：2011-01-06　2011 年 第 1 期

	摘要	科目	借方	贷方
1	销售出库	6401 - 主营业务成本/03.031 - 产成品_弹条钢	2130580	
2	销售出库	1405 - 库存商品/03.031 - 产成品_弹条钢		2130580
	合计：贰万壹仟叁佰零伍元捌角整		2130580	2130580

结算方式：　物料：03.031　弹条钢　经办：

结算号：　往来业务：

图12-19　销售出库生成的凭证

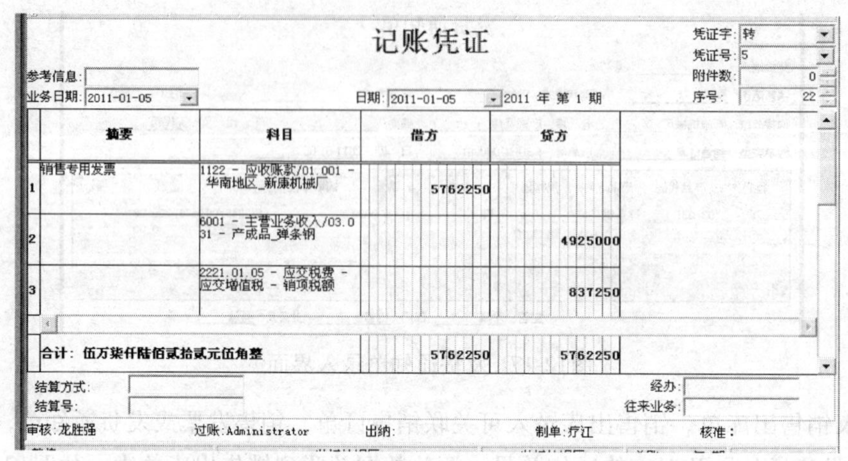

图12-20 销售发票生成的凭证

12.4.5 期末处理

期末处理如图12-21所示，进行“下一步”之前，可查看图中所示处于不同状态下的单据。期末处理操作之后，2011年1期的结账状态自动转变为“是”，系统的当前期间成为第2期。

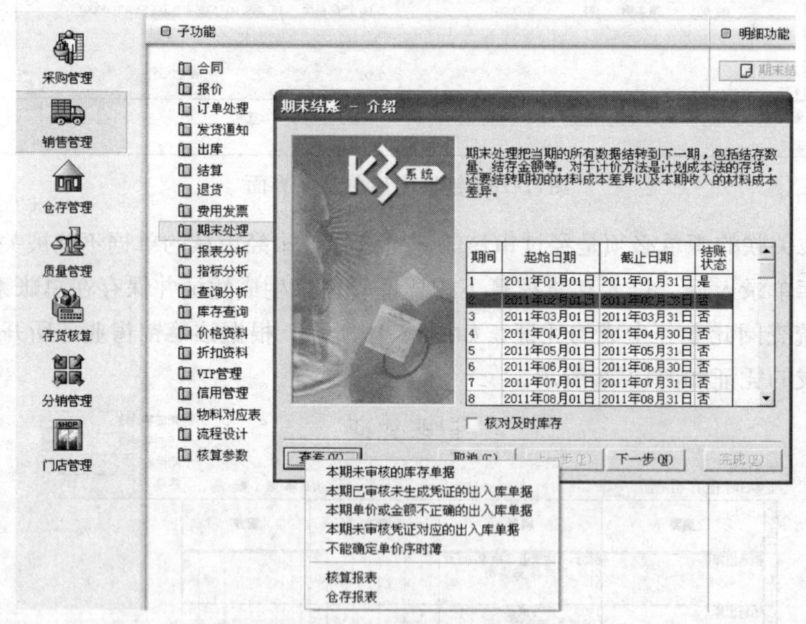

图12-21 期末处理界面

12.4.6 销售报表的统计查询

对于已输入的各类单据，系统提供了任意组合条件的各种业务报表和分析报表的查询。业务报表包括销售报价单查询、销售订单执行情况明细表、销售订单执行情况汇总表、销售订单统计表、订单批次跟踪表、订单预评估表、发货通知单查询、销售出库明细表、销售出库汇总表、客户单位销售情况明细表、销售收入统计表、销售退货统计表、销售发票查询、费用发票明细表、费用发票汇总表、委托代销清单、受托代销清单、分期收款清单等。分析报表包括销售毛利润表、产品销售增长分析表、产品销售流向分析表、产品销售结构分析表、信用数量分析表、信用额度分析表、信用期限分析表、委托代销清单、分期收款清单。

下面以产品销售结构分析表为例说明报表的查询，其查询条件设置界面如图12-22所示。在图12-22中输入查询期间、物料代码、客户代码，选择单据状态（已审核、未审核和全部以供选择），用户可以根据自己的业务处理需要选择。如会计期间选择“2011年1期”，物料代码选择“03.023至03.031”，客户代码选择“01.001至04.008”，单据状态选择“全部”，单击“确定”，显示产品销售结构分析表，如图12-23所示。

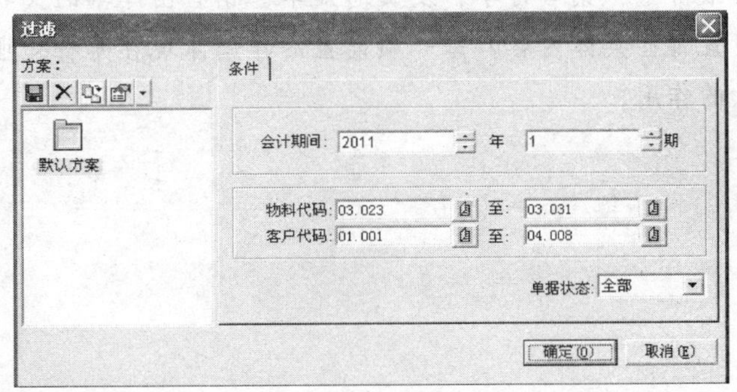

图12-22 产品销售结构分析表输出选择界面

产品销售结构分析

年份：2011　　期间：1

产品代码范围：03.023 -- 03.031　　客户代码范围:01.001 -- 04.008

产品代码	产品类别	产品名称	单位(基本)	单位(常用)	销售数量(基本)	销售数量(常用)	销售收入	占同类销售%	上年同期销售额	增长%
03.023	产成品	齿轮钢	吨	吨	17	17	133,675.21	6.28		100.00
03.024	产成品	螺纹钢	吨	吨	28.5	28.5	231,410.26	10.86		100.00
03.025	产成品	角钢	吨	吨	30	30	242,307.69	11.38		100.00
03.026	产成品	槽钢	吨	吨	41	41	325,897.44	15.30		100.00
03.027	产成品	扣件钢	吨	吨	17	17	140,358.97	6.59		100.00
03.028	产成品	轻轨	吨	吨	35.6	35.6	267,760.69	12.57		100.00
03.029	产成品	链条钢	吨	吨	38.5	38.5	319,188.03	14.99		100.00
03.030	产成品	锚杆钢	吨	吨	26	26	200,000.00	9.39		100.00
03.031	产成品	弹条钢	吨	吨	32	32	269,401.71	12.65		100.00

图12-23 产品销售结构分析表

本章小结

销售管理系统是通过销售报价、销售订货、仓库发货、销售退货、销售发票处理、客户管理、价格及折扣管理、订单管理、信用管理等功能综合运用，对销售全过程进行有效控制和跟踪，从而实现对企业销售信息的全面管理。销售业务的完成需要企业多个部门的协调工作。例如，销售部门在开出销售发票时必须知道准确的库存信息，避免票已开出并付了款，却无法提货的问题。对延期付款的业务，业务处理由销售部门进行，而结算则由财会部门负责。当需要催款时，销售部门必须及时了解结算情况，财会部门与销售部门共享客户资料，以便及时催收货款。另外，系统提供每个销售人员的销售业绩和货款回收情况，以便企业领导合理确定销售人员的报酬和奖励。这就要求销售管理系统必须实现销售业务处理和核算的一体化管理，成为集销售业务处理、计划、核算、监督、分析功能为一体的完整系统。

习 题

1. 简述一项销售业务完成所经过的主要环节。每个环节产生什么业务单据？哪种业务单据可生成记账凭证？
2. 分别说明销售系统与其他系统传递的数据。
3. 分别叙述销售报价单、销售订单、发货通知单、销售出库单的关联生成方法。
4. 单据设置需设置哪些具体内容？每一项设置的作用体现在哪种处理上？
5. 简述流程设计的作用。

参考文献

[1] 韩庆兰．会计信息系统[M]．北京：机械工业出版社，2007．

[2] 韩庆兰．会计信息系统[M]．北京：清华大学出版社，北京交通大学出版社，2004．

[3] 韩庆兰．计算机语言实用程序与编程技巧[M]．长沙：中南工业大学出版社，1995．

[4] 韩庆兰．数据库技术[M]．长沙：湖南科学技术出版社，2001．

[5] George H Bodnar, William S Hopwood．会计信息系统[M]．卢俊，译．8版．北京：清华大学出版社，2003．

[6] 杨周南，赵纳晖，等．会计信息系统[M]．大连：东北财经大学出版社，2001．

[7] George koch ,kevin Loney, Oracle．完全参考手册[M]．梅钢，等译．北京：机械工业出版社，1998．

[8] 中华人民共和国财政部制定．企业会计准则2006[M]．北京：中国财政经济出版社，2006．

[9] 编写组，最新企业会计准则讲解与运用[M]．上海：立信会计出版社，2006．

[10] 金碟K/3用户参考手册．

[11] 韩庆兰．会计电算化教程[M]．上海：立信会计出版社，2011．

[12] 用友ERP-NC的功能介绍. http://www.ufida.com.cn/

[13] 金蝶EAS产品介绍. http://www.kingdee.com

[14] 计算机世界网ERP专区.http://www.ccw.com.cn/app/aprog/

[15] 中国计算机用户管理版.http://www.ccu.com.cn/

会计学

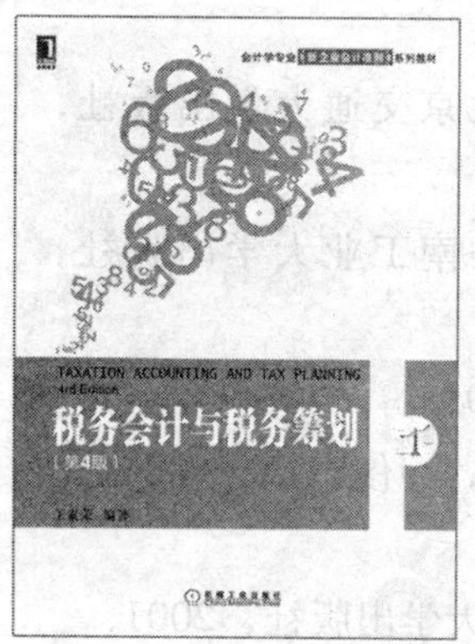

课程名称	书号	书名、作者及出版时间	版别	定价
审计学	978-7-111-19865-4	审计学—基于国际审计准则的视角（第2版）（海斯）（2006年）	外版	49
国际会计	978-7-111-22258-3	国际会计与跨国企业（第6版）（拉德鲍）（2007年）	外版	60
管理会计	978-7-111-27458-2	管理会计（第11版）（加里森）（2009年）	外版	79
管理会计	978-7-111-39512-6	管理会计教程（第15版）（亨格瑞）（2012年）	外版	88
管理会计	978-7-111-27841-2	管理会计学：在动态商业环境中创在价值（第7版）（希尔顿）（2009年）	外版	65
政府与非营利组织会计	978-7-111-45678-0	政府及非营利组织会计（杨洪）（2014年）	本版	39
税务会计与税收筹划	978-7-111-45487-8	纳税会计与税收筹划（王树锋）（2014年）	本版	35
税务会计与税收筹划	978-7-111-43646-1	税务会计与税务筹划（第4版）（王素荣）（2013年）	本版	35
税务会计	978-7-111-41879-5	纳税会计（王红云）（2013年）	本版	39
审计学	978-7-111-35218-1	审计基础与实务（琚兆成）（2011年）	本版	29
审计学	978-7-111-35453-6	审计实务（傅秉潇）（2011年）	本版	32
审计学	978-7-111-32015-9	审计学（第2版）（刘建军）（2010年）	本版	35
审计学	978-7-111-35528-1	审计学（高强）（2011年）	本版	33
审计学	978-7-111-34365-3	审计学（叶陈刚）（2011年）	本版	38
金蝶K/3财务软件系列教材	978-7-111-20769-6	金蝶K/3标准财务培训教材（2009年）	本版	85
金蝶K/3财务软件系列教材	978-7-111-22342-9	金蝶K/3供应链培训教材（2009年）	本版	90
金蝶K/3财务软件系列教材	978-7-111-22360-3	金蝶K/3人力资源培训教材（2009年）	本版	95
金蝶K/3财务软件系列教材	978-7-111-22397-9	金蝶K/3生产制造培训教材（2009年）	本版	140
会计学其他专业课	即将出版	会计岗位综合实训（刘军）（2014年）	本版	35
会计信息系统	978-7-111-44539-5	会计电算化（陈曙光）（2013年）	本版	35
会计信息系统	978-7-111-35695-0	会计信息系统（第2版）（精品课）（韩庆兰）（2011年）	本版	36
会计信息系统	978-7-111-44365-0	会计信息系统—基于用友ERP-U8.72版（鹿翠）（2013年）	本版	30
会计信息系统	978-7-111-38800-5	会计信息系统理论与实验教程（管彦庆）（2012年）	本版	32
会计法规	978-7-111-37607-1	会计法规（第2版）（王红云）（2012年）	本版	32
管理会计	978-7-111-42521-2	管理会计（王永刚）（2013年）	本版	35
管理会计	即将出版	管理会计：理论·模型·案例（第2版）（精品课）（温素彬）（2014年）	本版	39
管理会计	978-7-111-25962-6	管理会计：理论·模型·案例（精品课）（温素彬）（2009年）	本版	38
管理会计	978-7-111-37238-7	现代管理会计（第2版）（宋效中）（2012年）	本版	38
成本会计	978-7-111-20491-6	成本会计（刘志娟）（2007年）	本版	28
成本会计	978-7-111-31688-6	成本会计（束必琪）（2010年）	本版	32
成本会计	978-7-111-38514-1	成本会计学--有效管理的工具（第3版）（赵桂娟）（2012年）	本版	39
成本管理会计	978-7-111-44597-5	成本管理会计（第3版）（精品课）（崔国萍）（2013年）	本版	38
成本管理会计	978-7-111-39241-5	成本与管理会计（第3版）（赵书和）（2012年）	本版	39

HZ BOOKS 华章教育

高等院校精品课程系列

课程名称	书号	书名、作者及出版时间	定价
财务管理（公司理财）	978-7-111-25066-1	公司财务管理：理论与案例（精品课）（马忠）（2008年）	58
电子商务	978-7-111-23774-7	电子商务概论（精品课）（石鉴）（2008年）	36
电子商务	978-7-111-26531-3	电子商务概论（精品课）（孙军）（2009年）	32
电子商务	978-7-111-23214-8	电子商务概论（精品课）（张宽海）（2008年）	32
战略管理	978-7-111-41767-5	战略管理（项目教学版）（刘平）（2013年）	35
战略管理	978-7-111-35475-8	战略管理：思维与要径（第2版）（精品课）（黄旭）（2012年）	38
管理学	978-7-111-44591-3	管理学（第2版）（卢润德）（2013年）	39
管理学	978-7-111-37405-3	管理学原理（精品课）（徐碧琳）（2012年）	35
运筹学	978-7-111-27824-5	运筹学（第2版）（精品课）（熊伟）（2009年）	29
项目管理	978-7-111-29118-3	项目管理导论（第2版·店面）（精品课）（殷焕武）（2009年）	29
项目管理	978-7-111-39041-1	项目管理导论（第3版）（精品课）（殷焕武）（2012年）	35
国际贸易实务	978-7-111-30529-3	国际贸易实务（第2版）（精品课）（胡丹婷）（2011年）	32
国际贸易实务	978-7-111-27751-4	国际贸易实务（精品课）（程进）（2009年）	29
国际贸易实务	978-7-111-37558-6	国际贸易实务（精品课）（张孟才）（2012年）	36
国际金融学	978-7-111-44188-5	国际金融（精品课）（韩博印）（2013年）	39
会计学	978-7-111-30231-5	会计学（精品课）（叶陈云）（2010年）	39
会计信息系统	978-7-111-35695-0	会计信息系统（第2版）（精品课）（韩庆兰）（2011年）	36
管理会计	978-7-111-25962-6	管理会计：理论·模型·案例（精品课）（温素彬）（2009年）	38
行为金融学	978-7-111-31106-5	行为金融学（饶育蕾）（2010年）	36
金融学（货币银行学）	978-7-111-41391-2	货币银行学（第2版）（钱水土）（2013年）	39
金融学（货币银行学）	978-7-111-35641-7	金融学概论（精品课）（丁志国）（2011年）	48
金融学（货币银行学）	978-7-111-35022-4	金融学概论（精品课）（茆训诚）（2011年）	42
金融风险管理	978-7-111-36225-8	风险管理（精品课）（王周伟）（2011年）	48
（证券）投资学	978-7-111-42938-8	证券投资学（第2版）（精品课）（葛红玲）（2013年）	39
（证券）投资学	978-7-111-23293-3	证券投资学原理（精品课）（韩德宗）（2008年）	36
西方经济学学习指导	978-7-111-37954-6	西方经济学习题集（第3版）（精品课）（赵英军）（2012年）	26
西方经济学（微观）	978-7-111-38114-3	西方经济学（微观部分）（第3版）（精品课）（赵英军）（2012年）	32
西方经济学（宏观）	978-7-111-37935-5	西方经济学（宏观部分）（第3版）（精品课）（赵英军）（2012年）	29
统计学	978-7-111-36106-0	统计学（第3版）（精品课）（李金昌）（2011年）	42
统计学	978-7-111-21720-9	统计学（精品课）（郑珍远）（2007年）	32
统计学	978-7-111-44677-4	应用统计学（精品课）（谢忠秋）（2014年）	35
技术经济学	978-7-111-24942-9	技术经济学（精品课）（孙薇）（2008年）	32
计量经济学	978-7-111-25085-2	计量经济学（精品课）（赵卫亚）（2008年）	30
国际经济学	978-7-111-25578-9	国际经济学（精品课）（赵英军）（2009年）	32
产业经济学	即将出版	产业经济学：教程与案例（第2版）（精品课）（干春晖）（2014年）	42
产业经济学	978-7-111-19084-X	产业经济学：教程与案例（精品课）（干春晖）（2006年）	42
组织行为学	978-7-111-26000-4	组织行为学（精品课）（王晶晶）（2009年）	38
组织行为学	978-7-111-22033-6	组织行为学（精品课）（周菲）（2007年）	35
市场营销学（营销管理）	978-7-111-28089-7	现代市场营销学：超越竞争，为顾客创造价值（精品课）（杨洪涛）（2009年）	35
公共关系学	978-7-111-30887-4	公共关系理论与实务（精品课）（谭昆智）（2010年）	32
企业资源计划（ERP）	978-7-111-29939-4	企业资源计划（ERP）原理与实践（精品课）（张涛）（2010年）	36

教师服务登记表

尊敬的老师：

您好！感谢您购买我们出版的________________________________教材。

机械工业出版社华章公司为了进一步加强与高校教师的联系与沟通，更好地为高校教师服务，特制此表，请您填妥后发回给我们，我们将定期向您寄送华章公司最新的图书出版信息！感谢合作！

个人资料（请用正楷完整填写）

<table>
<tr><td>教师姓名</td><td></td><td>□先生
□女士</td><td>出生年月</td><td></td><td>职务</td><td></td><td colspan="2">职称：□教授 □副教授
□讲师 □助教 □其他</td></tr>
<tr><td>学校</td><td colspan="2"></td><td>学院</td><td colspan="2"></td><td>系别</td><td colspan="2"></td></tr>
<tr><td rowspan="2">联系
电话</td><td colspan="3" rowspan="2">办公：
宅电：
移动：</td><td>联系地址
及邮编</td><td colspan="4"></td></tr>
<tr><td>E-mail</td><td colspan="4"></td></tr>
<tr><td>学历</td><td></td><td>毕业院校</td><td colspan="2"></td><td colspan="2">国外进修及讲学经历</td><td colspan="2"></td></tr>
<tr><td>研究领域</td><td colspan="8"></td></tr>
</table>

<table>
<tr><td>主讲课程</td><td>现用教材名</td><td>作者及出版社</td><td>共同授课教师</td><td>教材满意度</td></tr>
<tr><td>课程：
□专 □本 □研 □MBA
人数： 学期：□春□秋</td><td></td><td></td><td></td><td>□满意 □一般
□不满意 □希望更换</td></tr>
<tr><td>课程：
□专 □本 □研 □MBA
人数： 学期：□春□秋</td><td></td><td></td><td></td><td>□满意 □一般
□不满意 □希望更换</td></tr>
<tr><td colspan="5">样书申请</td></tr>
<tr><td colspan="2">已出版著作</td><td colspan="3">已出版译作</td></tr>
<tr><td colspan="2">是否愿意从事翻译/著作工作 □是 □否</td><td colspan="3">方向</td></tr>
<tr><td>意见和建议</td><td colspan="4"></td></tr>
</table>

填妥后请选择以下任何一种方式将此表返回：（如方便请赐名片）

地 址：北京市西城区百万庄南街1号 华章公司营销中心 邮编：100037

电 话：(010) 68353079 88378995 传真：(010)68995260

E-mail:hzedu@hzbook.com marketing@hzbook.com 图书详情可登录http://www.hzbook.com网站查询